北京市住房和城乡建设委员会 编

2011
北京市房地产年鉴

BEIJING REAL ESTATE YEARBOOK

中国质检出版社

图书在版编目（CIP）数据

2011年北京市房地产年鉴 / 北京市住房和城乡建设委员会编. — 北京 : 中国质检出版社, 2011.8

ISBN 978-7-5026-3480-3

Ⅰ. ①2… Ⅱ. ①北… Ⅲ. ①房地产业－北京市－2011－年鉴 Ⅳ. ①F299.271-54

中国版本图书馆 CIP 数据核字（2011）第 153488 号

中国质检出版社出版发行
北京市朝阳区和平里西街甲 2 号（100013）
北京市西城区复外三里河北街 16 号（100045）
网址： www.spc.net.cn
电话：（010）64275360　68523946
北京大地印刷厂印刷
各地新华书店经销
*
开本 880×1230mm　1/16　　印张 23　　字数 580 千字
2011 年 9 月第 1 版　　2011 年 9 月第 1 次印刷
*
定价：298.00 元

目 录

附图表目录

第一章 特稿

郭金龙市长在北京市住房保障工作会议上的讲话

2010 年 3 月 19 日

同志们：

今天的会议非常重要。刚才，陈刚同志全面部署了今年我市住房保障工作的各项任务，我都同意。几个区县和部门的负责同志也作了重点发言，讲得都很好。现在，我就做好全市住房保障工作，强调几点意见。

一、充分肯定住房保障工作取得的成绩

近年来，全市上下深入贯彻落实科学发展观，坚决执行中央的决策部署，紧紧围绕“住有所居”的目标，全面创新体制机制，加快房源建设，强化服务管理，做了大量卓有成效的工作，取得了较好成绩。特别是去年以来，我们坚决贯彻落实国务院保障性安居工程工作会议精神，坚持住房结构调整，不断加大政策性住房建设力度，着力解决群众住房困难，为全面完成“保增长、保民生、保稳定”的任务作出了突出贡献。

2009 年，各类政策性住房供地面积占全市住宅供地的 43%，新开工 938 万平方米，施工面积 2393 万平方米，竣工 229 万平方米，全年投放各类政策性住房 10 万套。扩大了廉租房保障范围，加大实物配租力度，累计配租 1.9 万户。在全国率先实施公共租赁住房管理政策，新开工建设公共租赁房 50 多万平方米。全面启动了三区三片棚户区改造，共搬迁安置居民 8000 多户。坚持旧城风貌保护与解决群众住房困难相结合，旧城房屋保护修缮完成 2.45 万户，比 2008 年增加 1 倍。“无城镇危房户”工程全面完成。创新农宅改造机制，新建、改造抗震节能农宅 2.1 万户，全部完成 6500 户农村特困和优抚家庭危房翻修任务。特别是我们在工作中，通过创新融资机制、审批机制、拆迁办法，以及实施大规模政府土地储备等一系列措施，为住房保障工作顺利推进提供了有力保证。

这些成绩来之不易，是我们认真贯彻党中央、国务院决策部署的结果，是各区县、各部门、各单位共同努力的结果。在此，我代表市委、市政府对大家的辛勤努力，表示衷心的感谢！

二、下更大决心确保完成住房保障建设任务

加强房地产市场调控，保障人民群众的基本住房需求，是政府履行公共服务职责的重要内容，是各级政府义不容辞的责任和义务。近年来，我们充分发挥市场调节和政府调控的作用，坚持住房结构调整，基本形成了高端有市场、中端有支持、低端有保障的住房供应格局，满足居民多层次的住房需求。目前，高端需求的市场化程度较高，可以更多地依靠市场来解决；但是对于部分中低收入家庭来说，完全依靠市场很难解决住房困难，必须依靠政府的保障和支持，这是住房保障工作的重点。

去年，我们明确提出了用三年时间，基本解决全市 28 户居民住房困难。这既是中央的要求，也是我们对广大市民的承诺，是我们必须完成的硬任务。经过一年的努力，已有 9 万户家庭在政府的保障和支持下，通过多种渠道改善了住房条件。但是，今明两年的住房保障任务仍然十分繁重。

为此，今年市委市政府明确提出，要确保完成政策性住房供地面积占全市住宅供地的 50%以上，

确保新开工建设和收购各类政策性住房占全市住宅新开工套数的 50%以上。这是市委市政府推动首都科学发展、促进社会和谐的重大举措，充分表明了我们调整住房结构、加强住房保障、解决群众住房困难的决心。这项措施出台后，在市两会上得到人大代表、政协委员的充分肯定，也得到社会各界的广泛关注。全市各级政府、各有关部门和单位要坚决按照市委、市政府的要求和部署，统一思想，提高认识，以高度的政治责任感和非凡的工作力度，全力以赴完成住房保障各项任务，竭力圆市民安居之梦。

三、坚持改革创新，全面落实住房保障各项任务

住房保障工作任务艰巨、涉及面广、情况复杂。各区县、各有关部门和单位必须进一步把思想和行动统一到市委市政府的部署和要求上来，加强领导，强化责任，创造性地开展工作，确保各项工作又好又快地推进。

第一，全面落实责任。去年底，市委市政府对市住房保障工作领导小组作出调整，由我来担任组长，陈刚同志担任副组长，各区县政府和有关部门的主要负责同志为成员，就是要进一步加强组织领导和统筹协调，确保各项任务落实到位。各区县、各有关部门和单位要讲政治、顾大局，主动承担责任，积极做好服务，全力以赴做好住房保障各项工作。要充分发挥市、区县两级积极性，真正把“以区为主、全市统筹”的建设管理体制落实到位，把审核、建设、分配和管理工作统一起来，把各项保障任务落实到区县。今天，我代表市政府与各区县政府签订的政策性住房建设管理目标责任书，不仅是市政府下达的任务书，更是各级政府向全市人民立下的军令状。市相关部门要加强统筹协调与政策指导，完善各项政策，加快审批速度，做好规划、土地、资金等保障，协调好优质公共资源转移配置，为区县和企业做好服务。要把住房保障工作作为全市督查考核重点，对工作进行跟踪督查，年底全面考核，对工作落实不到位、任务未完成的，要进行通报批评，并责令限期整改。

第二，加快推进改革创新。住房保障是政府的责任和义务，我们必须全力以赴地抓好这项工作。但是，从目前的情况看，完全依靠政府的力量来解决群众住房困难，短期内是难以实现的，也是不可能持续的。这就要求我们必须处理好政府与市场、公平与效率、尽力而为与量力而行的关系，加大住房保障领域改革的力度，既要不断加大政府投入，也要充分调动社会力量，共同参与住房保障。今年，市委市政府提出鼓励集体经济组织依照规划、利用存量建设用地发展公共租赁房，就是在土地供应、资金筹集、建设模式等方面的一项突破。今天挂牌成立的市公共租赁住房发展中心，也是我们的一次改革创新，中心不仅是公共租赁房的运营和管理主体，也是建设的融资平台，通过银行贷款、股权融资等方式，广泛吸引社会资金投入房源建设。我们就是需要勇于探索、大胆实践，通过深化改革，有效动员和综合利用社会资源，加强住房保障工作，实现住房保障事业的可持续发展。

第三，抓好后期管理工作。前几年，住房保障工作以建为主，重点是加快各类政策性住房建设，可以说是手中有房，群众和我们都不慌。随着各类政策性住房大量竣工交付使用，管理工作日显重要，必须坚持建管并重，建好保障房、管好保障房，真正让群众住的放心、住的满意。要重点抓好三个环节：一是抓好资格审核。要进一步完善“三级审核、两级公示”机制，要多角度、全方位抓好审核工作，加强资格审核信息系统建设，实现相关部门信息对接，使有限的住房保障资源全部惠及中低收入住房困难家庭。二是抓好房源分配。近年的实践表明，通过公开摇号配租配售政策性住房，效果很好，也得到广大市民的认可。要继续坚持这一做法，并进一步扩大摇号选房相关信息公开的内容和范围，搞好新闻宣传，保证房源分配公平公开，阳光操作，取信于民。三是抓好物业管理。政策性住房不能因为售价较低，就忽视后期的服务管理。要加强政策性住房小区的服务保障，推动物业管理纳入社区建设，引入第三方监管机制，努力提高服务水平，使广大群众享受到较好的服务，让群众住的舒心、满意。

同志们，做好住房保障工作时间紧迫，任务艰巨。我们要认真贯彻落实这次会议精神，进一步解放思想，开拓创新，加快推进，确保按时完成各项任务，早日实现人民群众住有所居的目标，为建设繁荣、文明、和谐、宜居的首善之区做出应有的贡献。

陈刚副市长在北京市住房保障工作会议上的讲话

2010 年 3 月 19 日

同志们：

这次会议的主要任务是：深入贯彻落实国务院关于住房保障工作的决策部署和全国城市和国有工矿棚户区改造工作会议精神，明确今年我市住房保障工作目标和任务，加大工作力度，层层落实责任，全面推进我市保障性安居工程建设，加快解决群众住房困难，为建设“世界城市”和“人文北京、科技北京、绿色北京”做出新的贡献。今天郭金龙市长和住房城乡建设部姜伟新部长亲自出席会议并作重要讲话，请大家认真贯彻落实。下面，我就今年我市住房保障工作进行部署。

一、提高认识，明确目标，以高度的政治责任感做好今年住房保障工作

在刚刚闭幕的全国十一届人大三次会议上，温家宝总理在《政府工作报告》中强调指出，要坚决遏制部分城市房价过快上涨势头，满足人民群众的基本住房需求。一是继续大规模实施保障性安居工程。各级政府要切实负起责任，严格执行年度建设计划，确保土地、资金和优惠政策落实到位。二是继续支持居民自住性住房消费。增加中低价位、中小套型普通商品房用地供应，加快普通商品房项目审批和建设进度。规范发展二手房市场，倡导住房租赁消费。盘活住房租赁市场。三是抑制投机性购房。加大差别化信贷、税收政策执行力度。完善商品房预售制度。四是大力整顿和规范房地产市场秩序。完善土地收入管理使用办法，抑制土地价格过快上涨。加大对圈地不建、捂盘惜售、哄抬房价等违法违规行为的查处力度。

去年年底，国务院在山西大同召开了全国城市和国有工矿棚户区改造工作会议，会议下发了《关于推进城市和国有工矿棚户区改造工作的指导意见》，李克强副总理出席会议并作重要讲话。住房和城乡建设部姜伟新部长对今年实施城市和国有工矿棚户区改造工作作了具体部署。李克强副总理在讲话中指出，国务院已确定，从 2009 年开始，结合开展保障性住房建设，用 5 年左右时间，有条件的地区争取用 3 年时间，基本完成集中连片的城市和国有工矿棚户区改造工作。推进城市和国有工矿棚户区改造实行省级政府负总责、市县政府具体操作的工作责任制度。各级政府、各部门要进一步提高对棚户区改造重要性和紧迫性的认识，按照政府主导、市场运作、群众参与的原则，认真抓好棚户区改造的重点环节，做到五个确保：确保群众得到实惠，确保资金及时到位，确保优惠政策有效落实，确保改造规范有序，确保分配过程公平公开，把棚户区改造这件改善民生的好事办好。

国务院关于住房保障工作的部署以及全国城市和国有工矿棚户区改造工作会议的召开，对于全面做好住房保障工作和促进房地产市场平稳健康发展具有重要意义。我们要坚决贯彻落实，坚定不移地抓保障、调结构、惠民生，加快推进保障性安居工程，促进和谐社会首善之区建设，促进我市经济社会又好又快发展。

市委、市政府始终高度重视住房保障工作，把解决城市中低收入家庭住房困难作为改善民生的重要工作来抓。刘淇书记、郭金龙市长多次专题研究，对做好住房保障工作做出了一系列重要指示。住

房和城乡建设部姜伟新部长多次到北京调研，对我市住房保障和房地产市场调控工作给予指导和支持。去年市政府专门召开全市保障性安居工程工作会议，明确提出了利用三年时间基本解决全市约 28 万户居民住房困难的工作目标。一年来，各区县、各部门做了大量艰苦细致和卓有成效的工作，保障性安居工程建设加快推进，解决了 9 万多户中低收入家庭的住房困难。住房保障工作的深入发展，不仅进一步改善了民生，也对扩内需、保增长、优化住房供应结构、调控房地产市场以及推进全市重点工程建设、土地储备开发、城乡结合部整治等工作发挥了重要作用。

当前，首都经济社会发展已进入新阶段，市委、市政府审时度势、科学决策，提出了建设“世界城市”的目标。今年我市继续把住房保障工作作为全市重要工作来抓，进一步加强组织领导，强化统筹协调。郭金龙市长亲自担任市住房保障工作领导小组组长，充分表明市委、市政府对住房保障工作的高度重视。今年我市住房保障工作的目标是：加快推进保障性安居工程，加大政策性住房建设力度，确保政策性住房建设用地占全市住宅供地 50%以上；新开工建设收购各类政策性住房 13.4 万套，占全市新开工住宅套数 50%以上，竣工交用 4.6 万套。贯彻落实全国城市和国有工矿棚户区改造工作会议精神，进一步推进全市棚户区改造；统筹抓好旧城人口疏解和房屋保护修缮以及农房改造等各项工作，多渠道、多方式解决群众的住房困难。各部门、各区县要切实把思想统一到市委、市政府的决策和部署上来，把住房保障工作摆在更加重要的位置，以高度的政治责任感，下更大的决心、采取更有力的措施，坚决完成今年工作目标。

二、精心组织、狠抓落实，全面完成今年住房保障“六大任务”

（一）统筹协调，加快推进，务必完成政策性住房建设任务。今年政策性住房建设实现“两个 50%”的目标，是市委、市政府对人民群众的庄严承诺，各区县、各部门要精心组织、狠抓落实，坚决完成今年政策性住房建设任务，务必做到“四个优先”：

一是优先供应建设用地。去年我们完成了 1165 亿元的土地储备开发，为今年政策性住房建设供地打下了坚实基础。市国土部门及各区县政府要拿出已完成土地一级开发的建设用地，优先用于政策性住房建设，二季度要基本完成土地供应。对尚未完成土地一级开发的建设用地，要加快征地拆迁进度，争取在三季度前实现供地。在土地供应时序上，市国土部门要把好关，对没有落实政策性住房建设用地计划的区县，不得为其安排商品房开发建设用地。市国土、规划、住房城乡建设等部门和区县政府要进一步细化今年政策性住房土地供应和建设计划，抓紧安排，逐项落实，确保三季度全面开工建设。

二是优先安排规划选址。市规划、国土部门要综合考虑各区县住房保障需求和区域间协调发展，结合新城建设、旧城人口疏解、城乡结合部整治、产业园区发展、轨道交通沿线土地开发等，统筹安排好各类政策性住房项目的规划布局。坚持集中建设与配建相结合的原则，优先安排政策性住房项目规划选址，提早落实规划方案，为项目尽快开工争取时间。

三是优先保障建设资金。各级财政部门要根据政策性住房建设收购计划，优先安排所需资金；发展改革部门要及时拨付政策性住房红线外市政基础设施建设资金。在加大政府投入的同时，要进一步拓展融资渠道，今年将利用住房公积金 210 亿元支持保障性住房建设，并积极协调金融机构创新金融产品，加大贷款支持力度，广泛吸引社会资金投入。

四是优先办理审批手续。各部门要继续坚持去年绿色审批通道的好做法，大胆简化那些相互掣肘、互为前置的审批条件，压缩审批时限，创新审批方式，全力以赴推动项目早落地、早开工。市住房城乡建设委要会同有关部门和区县政府，进一步完善建设协调推进机制，加强工程调度，加快建设步伐，让住房困难户早日搬进新居。

（二）全面推进我市棚户区改造工作，争取三年内完成城市和国有工矿棚户区改造任务

一是进一步加快“三区三片”棚户区改造，确保今明两年全面完成改造任务。相关区县政府、各有关部门要总结去年经验，进一步抓好组织实施，明年全面完成5万户改造任务。要加快推进定向安置房建设，可以采取先建后拆、边拆边建等方式，尽量减少周转，妥善安排好搬迁群众的居住和生活。

二是落实国务院棚户区改造工作会议精神，扩大我市棚户区改造范围。市有关部门和区县政府要进一步摸清底数，将住房条件困难、安全隐患严重、群众改造要求迫切的危旧平房区、筒子楼、简易楼，以及国有农场、工矿区老旧危房纳入改造范围，同时把棚户区改造与土地储备开发、城乡结合部环境整治等工作结合起来，加快解决群众住房困难，彻底改善城乡环境面貌。要抓紧梳理改造项目，制定实施计划，因地制宜，分类推进，争取年内全面启动。

三是要落实各项优惠政策，切实抓好组织实施。区县政府作为棚户区改造责任主体，要加强组织领导，加大统筹协调力度。有改造任务的国有农场、工矿企业要认真抓好改造项目的组织实施。各有关部门和市政专业企业要按照《关于推进城市和国有工矿棚户区改造工作的指导意见》，将各项优惠政策落实到位。在实施过程中，要着力解决好资金筹措和安置房源建设两大关键问题。采取财政补助、银行贷款、企业支持、群众自筹、市场开发等多种方式，筹措改造资金。区县政府要通过就地回迁、异地安置、对接政策性住房以及收购转化等多种方式筹集安置房源，让搬迁居民早日入住。

（三）加大旧城人口疏解力度，全面提升历史文化风貌保护和修缮工作水平

旧城区作为城市中心区，既是政治、文化功能集中的核心区，也是历史文化风貌与现代国际城市形象集中体现的重要区域。近年来，我市通过“微循环、渐进式”的方式组织保护性修缮，群众住房条件和居住环境有了一定改善，但旧城现有人口密度仍然过大，城市面貌没有根本性改变，制约了旧城可持续发展。今年，要加大人口疏解力度，全面提升房屋修缮和风貌保护的水平档次，打造历史文化风貌与现代国际城市形象交相辉映、充满生机与活力的旧城区。

要实现这个目标，必须处理好改善居民住房条件、保护古都风貌与促进旧城发展三者关系，核心是下大力气疏解人口，为旧城可持续发展留下空间。城四区要结合本区实际，认真研究制定人口疏解计划和实施方案，疏解工作要坚持以人为本，通过提供定向安置房、对接政策性住房以及货币补偿等多种方式，鼓励人口外迁，改善搬迁居民住房、生活条件，提高医疗、教育等社会保障和公共服务水平。

疏解旧城人口的关键是抓好定向安置房建设。今年，市政府统筹调度土地资源，专门为城四区分别划定地块，总建设规模不低于600万平方米，用于安置疏解人口和政策性住房建设。今后随着疏解人口的增加，还要进一步扩大定向安置房建设规模。市规划、国土部门要在4月底前完成具体地块的选址工作。城四区政府要尽快确定实施主体，抓好定向安置房建设和管理工作。输入区要从全市工作大局出发，在选定地块、进地和市政配套设施建设等方面继续给予大力支持和配合，市发改、财政等有关部门要在市政建设、社会服务供给等方面对输入区给予政策和管理上的支持，城四区要将教育、医疗等社会公共服务优势资源向输入区同步转移，实现协调发展，互利共赢。

在疏解人口基础上，要着力提高旧城风貌保护修缮、更新改造的水平。城四区政府要充分借鉴国内外历史文化名城改造与发展的成功经验，按照建设“世界城市”的标准和要求，结合区域功能定位和历史文化街区保护规划，聘请国内外一流专家，统一规划，统一设计，整体推进，培植文化创意等特色产业，打造精品院落和特色街区，提升城市品位，促进旧城可持续发展。

（四）大力发展公共租赁住房，进一步推动住房保障向租售并举转变

一是要多种方式增加建设收购规模。今年要确保完成建设收购公共租赁房1万套以上，满足目前已申请家庭的租房需求。在此基础上，要进一步拓宽建设渠道，鼓励国有企业、产业园区和社会单位利用自用土地建设公共租赁房，解决本单位职工和引进人才住房需求。朝阳、海淀、丰台等区要把城乡结合部整治与公共租赁房建设结合起来，支持农村集体经济组织采取自建、参股或出租土地等方式建设公共租赁房，既增加农民收入，又解决外来务工人员租房需求。

二是要抓紧落实各项支持政策。市国土部门要尽快研究制定以租赁方式供应土地、利用集体土地建设公共租赁房的具体实施办法；市住房城乡建设部门要研究制定公共租赁房配租程序、租金标准，退出机制及后期管理办法；住房公积金中心要加大贷款支持力度，今年用于建设收购公共租赁房的公积金贷款不少于45亿元。同时，要积极创新融资模式，广泛吸引社会资金用于公共租赁房建设、收购和持有经营。

三是完善建设管理体制机制。今天，市和区县公共租赁住房发展中心正式挂牌成立，这是我市进一步加强公共租赁房建设管理工作的重大举措。市区两级公共租赁住房发展中心要进一步充实人员，完善管理制度，切实抓好建设、收购、融资以及资格准入、配租、退出等后期运营管理工作，推动公共租赁房可持续发展。

（五）切实抓好定向安置房建设管理工作，为首都城乡建设发展提供有力保障

在推进首都城乡建设发展和城市化进程中，重点工程建设、南城发展、新城建设和旧城修缮、棚户区改造、城乡结合部整治等工作任务越来越繁重，解决好搬迁居民安置问题至关重要。今年13.4万套政策性住房建设任务中，有6万套是定向安置房，建设和管理任务十分艰巨。各区县和有关部门要高度重视，着力抓好三项工作：一是完善相关管理制度。市住房城乡建设委等部门要研究制定定向安置房建设管理办法，将计划、建设、分配、管理纳入住房保障体系，形成一整套管理制度和机制；二是抓好房源建设管理。定向安置房建设项目多，分布面广，管理难度大，但建设标准不能降，管理力度不能减。要优先选择融资能力强、设计施工水平高的企业负责项目实施，保证住房建设的高品质；三是严格规范房源分配使用。各区县要严格审核安置对象的资格，制定规范的配售办法，确保房源专项用于安置居民。节余的安置房源必须用于住房保障，严禁挪作他用。

（六）继续推进农村抗震节能住宅改造工程，提高新农村建设管理水平

农村危房改造是我市保障性安居工程的重要内容，也是在新农村建设中推进建筑节能的重要工作。今年全市要完成2.2万户农民住宅节能改造，新建抗震节能住宅4160户。有关区县政府要认真安排，抓好组织实施。同时要落实村庄规划建设管理的指导意见，积极探索新农村建设管理新模式，完善村镇工程建设管理服务体系，加强规划引导，强化服务监督，继续开展送技术下乡活动，加大培训力度，把建筑节能和先进建设理念扩展到农村，提高新农村建设的水平。

三、坚持建设和管理并重，完善体制机制，切实把保障住房建设好、分配好、管理好

（一）进一步落实“以区为主、全市统筹”的建设管理体制，建立和完善住房保障工作责任体系

住房保障是各级政府义不容辞的责任，是政府公共服务的重要组成部分。完成今年住房保障各项工作任务，必须进一步加强组织领导和统筹协调，切实把“以区为主、全市统筹”的建设管理体制落实到位。各区县政府是本区县住房保障工作的第一责任人，要切实担负起住房保障建设管理工作职责，统筹抓好计划制定、资格审核、房源建设、分配和管理工作，建立和完善从融资、建设、审核、分配到后期管理等各个环节一整套的运行管理体制机制。市住房城乡建设、规划、国土、发展改革、财政等住房保障工作领导小组成员单位，要加大对全市住房保障工作的统筹协调、服务、指导和监督。今天会上，市政府要与相关区县政府和主要责任部门签订住房保障工作目标责任书，并将按照责任书要求进行目标责任制考核。

（二）强化住房保障各环节的监督管理，把保障民生的好事办好

一是要创新建设模式。对政策性住房建设要建立专门的招投标组织模式，坚持优中选优，选择有投融资能力、具备相应资质、并有政策性住房开发经验的建设、施工企业承担建设任务，推行工程总承包模式，充分发挥大型骨干企业设计、开发、建设、施工一体化的产业链优势，鼓励采取“交钥匙工程”等方式组织建设。二是强化监督，确保工程质量。要进一步落实市、区两级政策性住房工程质

量监管体系，实施政策性住房专项监督，加强监督检查。在此基础上，要充分利用社会监督力量，继续组织开展业主验房活动，建立第三方抽样检测机制，做好房屋交付前的质量管理。各建设单位、施工单位要以建设“人文住宅、科技住宅、绿色住宅”为目标，落实政策性住房建设技术导则要求，积极推广使用先进技术、新材料、新工艺和新设备，大力推进技术创新和管理创新，推进住宅产业化，打造精品工程。三是加强监管，确保房源分配公平、公正、公开。严格执行公开摇号制度，做到政策、程序、房源、配租配售对象、摇号过程、摇号结果“六公开”，主动接受人大、政协和新闻媒体、人民群众的监督，保证全过程规范透明、阳光操作。市有关部门要进一步完善政策，加大对各区县指导力度，推进住房保障审核、分配规范化管理。四是要切实抓好后期管理。政策性住房项目后期管理工作由项目所在区负责，政策性住房开发单位、物业管理企业、街道和社区要加强政策性住房后期管理，做好配租配售后的各项管理和服务，让群众住得安心、住得满意。

（三）加强组织领导，完善各项政策和管理制度，建立健全住房保障长效工作机制

目前全市“审、建、分、管”的住房保障实施体系已经基本建立。下一步，要结合编制“十二五”住房保障规划，全面梳理我市住房保障各项政策，建立部门间的长效工作机制，推动住房保障工作持续发展。重点做好三个方面的工作：一是动态调整政策性住房准入标准，进一步扩大保障范围，让住房保障政策惠及更多中低收入家庭。二是加快完善政策性住房配租配售后的管理政策，按照属地管理原则，构建市、区县、街乡分层级、部门间协调联动、与社区管理、物业管理紧密结合的后期管理体制。三是加强部门协作，形成合力。市住房城乡建设委作为牵头部门，要建立健全部门间横向联动、密切配合的工作机制。各区县、各部门一把手要亲自抓，主管负责同志具体抓，部门之间要加强协同配合，着力构建五个工作机制：土地供应机制，保证建设用地及时供应；资金保障机制，为政策性住房建设收购、旧城修缮和棚户区改造等建立稳定的资金来源渠道；绿色审批机制，确保政策性住房建设早立项，早开工；工程建设协调推进机制，加快建设进度，确保工程质量，使配套工程建设与住宅主体工程竣工同步交付使用；督查考核机制，加强对住房保障工作完成情况的监督考核，确保责任落实、任务落实。

四、坚决贯彻落实中央决策部署，加强调控和监管，促进房地产市场平稳健康发展

在全面落实住房保障各项工作任务的同时，要进一步抓好房地产市场调控，遏制房价过快上涨，保持房地产市场稳定健康发展。近期我市按照中央文件精神，出台了一系列政策措施，提出了贯彻落实的 11 条实施意见。各部门、各区县要认真抓好落实。

一是切实增加普通商品房土地供应。加强土地供应管理和批后监管，科学把握土地供应节奏和时序，严格控制商品房项目单宗土地出让面积，严格地价款首付比例及支付时限。对已供地未开工、已开工未入市的普通商品房项目，加强监督管理和跟踪服务，发挥绿色审批通道机制的作用，促开工、促上市。二是进一步清理规范 2008 年底以来各项购房优惠政策，抑制投资投机性购房。严格执行国家关于住房交易营业税征收的有关规定和二套住房贷款政策，恢复对境外个人在京购房的居住年限和所购房屋的限制性措施。三是加强商品房销售管理，加大房地产市场执法检查力度。市、区有关部门要建立联合执法机制，严厉打击无证售房、不按期开盘、捂盘惜售、囤积房源、散布虚假信息等扰乱市场秩序的违法违规行为，严肃查处违法违规用地和囤地、炒地行为。四是进一步加强房地产市场统计、分析和监测，完善房价分类统计和发布机制，稳定市场预期。

同志们，做好住房保障工作，促进房地产市场稳定健康发展，责任重大，任务艰巨。各部门、各区县、各开发建设单位要深入贯彻落实科学发展观，按照市委、市政府和住房城乡建设部的工作部署和要求，开拓创新，扎实工作，全面完成今年各项住房保障工作任务，为实现“住有所居”目标，加快推进“世界城市”和 “人文北京、科技北京、绿色北京” 建设做出新的贡献！

市住房城乡建设委领导
在全市住房保障工作会议上的发言

2010年3月19日

市政府召开全市住房保障工作会议，对于进一步改善民生，促进我市房地产市场平稳健康发展具有重要意义。市住房和城乡建设委将会同有关部门和区县政府认真贯彻落实会议部署，加强统筹协调，建设与管理并重，全力抓好各项工作任务的组织落实。

一、充分发挥牵头部门统筹协调作用，坚决完成今年住房保障各项工作任务。

一是加大协调服务力度，确保完成13.4万套政策性住房建设计划。今年市委市政府确定“两个50%”的目标，是促发展、保民生、调结构的重大举措。市住房城乡建设委将会同有关部门尽快落实建设用地，加快规划选址和项目审批，指导和协调各区县抓紧制定具体实施计划，细化落实到具体项目。市区建设部门要整合力量，加大协调服务力度，及时解决项目建设过程中的困难和问题，全力以赴推动项目尽早落地，力争三季度全部开工建设。二是全面推进全市棚户区改造工作。在加快推进“三区三片”棚户区改造工作的基础上，将其它符合条件的城市和国有工矿棚户区纳入改造范围，目前初步确定将丰台长辛店、首农集团永乐店农场、京煤集团王坪村煤矿等纳入棚户区改造计划，年内启动实施。市住房城乡建设委将会同相关部门落实各项优惠政策，指导各区县制定实施方案，搭建融资平台，抓好安置房源建设筹集工作，争取用三年时间全部完成城市和国有工矿区棚户区改造任务。三是全力支持定向安置房建设，切实抓好旧城人口疏解和房屋保护修缮工作。会同规划、国土部门尽快完成旧城人口疏解和中心城区保障性住房选址、确地工作，指导和协调城四区尽快确定实施主体，抓紧进场施工。积极协调建立中心城区与发展新区人口疏解与经济发展、社会服务功能同步转移、协调合作的机制，实现互利共赢。会同规划、文物等部门和区政府进一步研究深化旧城风貌保护修缮方案，统一规划，整体推进，打造精品院落和特色街区，全面提升旧城风貌保护和修缮工作水平。四是大力推进农村抗震节能住宅新建、改造工作。今年完成2.2万户农民住宅节能改造，新建抗震节能住宅4160户。进一步加强新农村建设的指导和服务，建立村镇工程质量安全管理体系，完善村镇工匠培训与使用管理制度，探索农村建设管理的新模式，提高新农村建设管理水平。

二、切实加强政策性住房建设管理，建设民心工程、精品工程。

一是会同规划部门抓好政策性住房规划设计，组建专家组，严把规划设计关，优选设计方案，编制政策性住房规划设计图集，使政策性住房更加经济实用、方便舒适。二是加强招投标管理，优先选择实力强、信誉好、设计、施工管理水平高的大型企业作为政策性住房的建设主体，严禁随意指定建设、施工单位和转包、挂靠行为。三是加强工程质量监督，对政策性住房项目实施专项监督，深化网格化管理制度，加强执法检查。创新质量管理方式，积极开展质量保险试点。引入社会监督机制，全面推行工地开放日活动。进一步加强公共配套设施建设，保证与住宅工程同步交用。大力推广使用新技术、新材料、新工艺和新设备，开展50万平方米政策性住房产业化试点，建设节能环保住宅。

三、完善住房保障政策和管理体系，推动住房保障事业持续健康发展

一是进一步完善“三级审核、两级公示”制度，加强对各区县审核分配管理工作的指导和监督，保证房源分配公平公正；加快建立全市住房保障信息管理平台，提高资格审核的科学性和准确性；定期开展资格复核，严厉打击骗租骗购行为。二是会同有关部门出台定向安置房管理办法，规范其建设、分配和后期管理，确保定向安置住房专项用于安置重点工程建设、棚户区改造、旧城人口疏解、城乡结合部整治等搬迁居民，为首都城乡建设发展提供有力保障。三是创新公共租赁住房组织实施方式，增加建设收购规模。建立健全市、区公共租赁住房管理机构，加强公共租赁住房持有运行管理，完善建设、收购、融资以及准入、配租、退出等各个环节的管理制度。四是充分发挥建设单位、物业管理企业、街道和社区等各方面作用，做好政策性住房配租配售后的各项管理和服务工作，落实入住交用后建设、施工单位保修责任，指导成立业主委员会，选择优秀物业企业做好居民入住后的服务管理工作。

在全面推进保障性安居工程建设的同时，要认真贯彻贯彻国务院关于促进房地产市场平稳健康发展的调控政策，抓好我市 11 条具体实施意见的落实。继续加强协调服务，促开工、促入市，增加中低价位、中小套型普通商品住房有效供应。严格执行差别化的信贷和税收政策，发展二手房市场，培育和规范住房租赁市场，支持自住型、改善型住房消费，抑制投资投机性购房需求。加强商品房销售管理，加大房地产市场执法检查力度，维护群众合法权益。完善房地产市场监测分析和信息发布机制，稳定市场预期，促进房地产市场稳定健康发展。

第二章 北京社会经济发展概况

第一节 自然环境

北京市位于北纬 39° 56′ ，东经 116° 20′ ；西北毗邻山西、内蒙古高原，南与华北大平原相接，东近渤海；市中心海拔 43.71 米。西、北、东三面环山，主要河流有永定河、潮白河、北运河等。北京市属暖温带半湿润季风型大陆性气候，四季分明，春季干燥多风，秋季清爽，是一年中最好的季节，冬季寒冷、少雪。2010 年平均气温 12.6℃。年极端最高气温为 40.6℃，出现在 7 月 5 日，年极端最低气温-16.7℃，出现在 1 月 6 日。

全年平均降水量 522.5 毫米，比上年增长 8.7%。

第二节 行政区划

截止到 2010 年，北京市共辖 14 个区、2 个县。按功能区划分为首都功能核心区：东城区、西城区；城市功能拓展区：朝阳区、丰台区、石景山区、海淀区；城市发展新区：房山区、通州区、顺义区、昌平区、大兴区；生态涵养发展区：门头沟区、怀柔区、平谷区、密云县、延庆县。

全市共辖街道办事处 140 个、建制镇 142 个、建制乡 40 个、有社区居委会 2717 个、村民委员会 3943 个。

表 2-1 2010 年北京市行政区划表（单位：个）

地区	街道办事处	建制镇	建制乡	社区居委会	村民委员会
全市	140	142	40	2717	3943

第三节 经济发展

一、经济增长

2010 年北京地区生产总值为 14113.6 亿元，按可比价格计算，比上年增长 10.3%。

按常住人口计算，全市人均地区生产总值达到 75943 元（按年平均汇率折合 11218 美元）。

表 2-2　2006-2010 年北京市地区生产总值

年份	地区生产总值（亿元）	人均地区生产总值（元）
2006 年	8117.8	52054
2007 年	9846.8	61274
2008 年	11115.0	66797
2009 年	12153.0	70452
2010 年	14113.6	75943

二、产业结构

2010 年，第一产业增加值 124.4 亿元，下降 1.6%；第二产业增加值 3388.4 亿元，增长 13.7%；第三产业增加值 10600.8 亿元，增长 9.3%。第三产业中，房地产业实现增加值 1006.5 亿元，下降 14.2%，居民服务和其他服务业增长 25.5%、批发和零售业增长 20.9%、住宿和餐饮业增长 15.2%、交通运输仓储和邮政业增长 11.7%。三次产业结构由 2005 年的 1.3:29.1:69.6 变化为 2010 年的 0.9:24.0:75.1。

表 2-3　2010 年地区生产总值

指　　　　标	2010 年（亿元）	比上年增长（%）
地区生产总值	14113.6	10.3
第一产业	124.4	-1.6
第二产业	3388.4	13.7
工业	2764.0	14.9
建筑业	624.4	8.3
第三产业	10600.8	9.3
交通运输、仓储和邮政业	712.0	11.7
信息传输、计算机服务和软件业	1214.1	10.6
批发和零售业	1888.5	20.9
住宿和餐饮业	317.3	15.2
金融业	1863.6	8.6
房地产业	1006.5	-14.2
租赁和商务服务业	953.2	10.0
科学研究、技术服务和地质勘查业	941.1	7.9
水利、环境和公共设施管理业	75.3	4.7
居民服务和其他服务业	99.3	25.5
教育	516.2	8.5
卫生、社会保障和社会福利业	254.5	11.6
文化、体育和娱乐业	294.6	6.2
公共管理和社会组织	464.6	5.3

三、固定资产投资

2010年是“十一五”规划收官之年，也是经济最为复杂的一年，更是投资从“扩大规模保增长”走向“调整结构促优化”的转变之年，又恰逢房地产市场调控措施的实施。在此背景下，我市投资增长压力较大、调控力度较大、波动幅度较大，呈现出“高开—低走—回升”的运行态势。

2010年，我市完成全社会固定资产投资5493.5亿元，完成年度任务5300亿元的103.7%，实现了投资两年1万亿的调控目标，为“十二五”开局积蓄了深厚的发展势能。

从增速来看，尽管投资规模符合预期，但近年来我市投资增速波动较大的特征仍然明显，投资增速“过山车”的特点并未改变。

1. **增速波动较大。**波动明显近年来已成为我市投资的重要特征。2008年以来，我市投资月度增速出现较大波动，平稳性明显降低。2009年月度增速波动高达71.7个百分点。2010年，我市投资增速波动幅度有所缩小，但仍达到33.7个百分点。

高开低走。年初，我市投资高速增长，1–2月同比增速高达37.2%；但随后增速持续快速下滑，上半年增速已经降至13.3%。1–8月，我市全社会投资增速探至谷底，仅为3.5%，低于一季度30.8个百分点，低于上半年9.8个百分点。

平稳回升。9月以来，我市投资增速平稳回升，各月增速逐步走高。全年增速达到13.1%，成为下半年以来的高点。

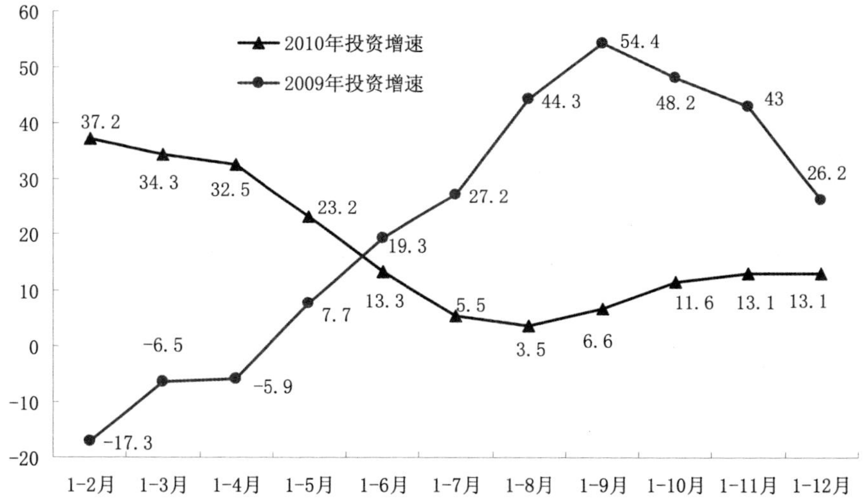

图2–1 2009年以来我市累计投资增速情况（单位：%）

2. **基数影响和调控措施是投资波动较大的主要因素。**二者共同作用，共同影响，但基数因素的影响更为直接，也更为明显。一是基数影响。2009年我市投资“低开—走高—回落”的运行态势使得月度增速波动高达71.7个百分点，由此带来的基数变动对2010年投资运行态势产生了巨大影响，两年的运行态势截然相反。二是调控措施。房地产调控措施的积极贯彻实施对占全社会投资比重过半的房地产开发投资，特别是二级市场土地购置费用的平稳运行产生了一定的影响。

分产业看，第一产业投资43.2亿元，下降24.8%；第二产业投资528.1亿元，增长28.4%，其中工业投资522.3亿元，增长28.6%；第三产业投资4922.3亿元，增长12.1%。

分城乡看，完成城镇投资5002.6亿元，增长14.3%。其中，房地产开发投资2901.1亿元，增长24.1%，占全社会固定资产投资的比重为52.8%，比上年提高4.7个百分点。在房地产开发投资中，住宅投资1509亿元，增长66.4%；其中，经济适用住房投资49亿元，下降28%。完成农村投资490.9亿元，增长2.2%。

表 2-4 “十一五”时期全社会固定资产投资（单位：亿元）

	“十一五”时期	2006 年	2007 年	2008 年	2009 年	2010 年
全社会固定资产投资合计	21538.5	3371.5	3966.6	3848.5	4858.5	5493.5
城镇固定资产投资	19678.6	3086.3	3656.7	3554.8	4378.2	5002.6
#房地产开发投资	10863.2	1719.9	1995.8	1908.7	2337.7	2901.1
农村投资	1859.9	285.2	309.9	293.7	480.2	490.9
#农村非农户投资	1699.3	265.8	286.4	271.6	436.7	438.8
农户投资	160.6	19.4	23.5	22.1	43.5	52.1

表 2-5 2006-2010 年产业投资结构表（单位：亿元）

年份	全社会固定资产投资	第一产业	第二产业	第三产业
2006	3371.5	14.5	363.2	2993.8
2007	3966.6	16.7	484.1	3465.8
2008	3848.5	28.1	386.0	3434.4
2009	4858.4	57.4	411.4	4389.5
2010	5493.5	43.2	528.1	4922.3

表 2-6 2010 年分行业全社会固定资产投资（单位：亿元）

行业名称	投资额	比上年增长（%）
总　　计	5493.5	13.1
农、林、牧、渔业	43.2	-24.8
采矿业	9.3	-59.8
制造业	355.3	63.3
电力、燃气及水的生产和供应业	157.8	-4.7
建筑业	5.7	10.2
交通运输、仓储和邮政业	736.1	0.8
信息传输、计算机服务和软件业	143.3	2.4
批发和零售业	30.8	52.3
住宿和餐饮业	36.1	-10.5
金融业	30.3	309.7
房地产业	3196.2	17.2
租赁和商务服务业	27.7	4.9
科学研究、技术服务和地质勘查业	85.3	40.5

续表

行业名称	投资额	比上年增长（%）
水利、环境和公共设施管理业	378.2	5.1
居民服务和其他服务业	6.8	3.4
教育	88.8	34.8
卫生、社会保障和社会福利业	39.1	-5.7
文化、体育和娱乐业	71.9	-7.1
公共管理和社会组织	51.6	-38.9

四、财政收支

2010 年，全市完成地方财政收入（一般预算）2353.9 亿元，比上年增长 16.1%。其中，实现增值税和营业税 210 亿元和 855.4 亿元，分别增长 16.8%和 13.7%，实现企业所得税和个人所得税 513.1 亿元和 215.3 亿元，分别增长 19.2%和 21.1%。地方财政支出（一般预算，含中央追加支出）2717.3 亿元，增长 17.2%。

“十一五”期间，地方财政收入（一般预算）和支出（一般预算，含中央追加支出）累计分别达到 8827.9 亿元和 9942 亿元，分别是“十五”时期的 2.7 倍和 2.6 倍。

五、人民生活

2010 年，城镇居民人均可支配收入达到 29073 元，比上年实际增长 6.2%。城镇居民恩格尔系数为 32.1%，比上年下降 1.1 个百分点。农村居民人均纯收入 13262 元，实际增长 8.1%。农村居民恩格尔系数为 30.9%，比上年下降 1.5 个百分点。城乡居民居住水平继续提高。城镇居民人均住宅使用面积 19.49 平方米；农村居民人均住房面积 40.62 平方米，增加 1.2 平方米。

表 2-7　2010 年城乡居民家庭收入情况

指　标	城镇居民		农村居民	
	人均可支配收入（元）	比上年增长（%）	人均纯收入（元）	比上年增长（%）
高收入户	53739	6.5	26335	10.9
低收入户	13692	13.2	5358	8.2

“十一五”期间，全市城镇居民人均可支配收入年均实际增长 9.2%，低于“十五”时期平均增速 2.4 个百分点。农村居民人均纯收入年均实际增长 9%，低于“十五”时期平均增速 0.9 个百分点。

六、对外经济

2010 年，北京地区进出口总额 3016.6 亿美元，比上年增长 40.4%。其中出口 554.4 亿美元，增长 14.6%；进口 2462.2 亿美元，增长 47.9%。

表 2-8　2010 年北京市进出口情况统计表（单位：亿美元）

指　标	2010 年	比上年增长（%）
北京地区进出口总值	3016.6	40.4
出口	554.4	14.6
进口	2462.2	47.9

“十一五”期间，北京地区进出口总额累计达到 11391.8 亿美元，是“十五”时期的 2.9 倍。其中出口 2481.8 亿美元，进口 8910 亿美元，分别是“十五”时期的 2.7 倍和 3 倍。

七、旅游

全年接待入境旅游者 490.1 万人次，比上年增长 18.8%。其中，外国人 421.6 万人次，增长 23%；港、澳、台同胞 68.4 万人次，下降 1.7%。旅游外汇收入 50.4 亿美元，增长 15.8%。全年接待国内旅游者 1.8 亿人次，增长 10.1%。国内旅游收入 2425.1 亿元，增长 13.1%。国内外旅游收入总计达到 2767.9 亿元，增长 13.3%。全年出境游人数 149.6 万人次，增长 76.2%。

“十一五”期间，全市共接待入境旅游者 2107.4 万人次，国内旅游者 7.6 亿人次，均为“十五”时期的 1.4 倍。累计实现国内外旅游收入 11334.6 亿元，是“十五”时期的 1.8 倍；其中旅游外汇收入 224.7 亿美元，国内旅游收入 9712.9 亿元，分别是“十五”时期的 1.5 倍和 2 倍。

第四节　社会发展

一、人口

2010 年末，全市常住人口 1961.9 万人，比上年末增加 206.9 万人。其中，外来人口 704.7 万人，占常住人口的比重为 35.9%。常住人口中，城镇人口 1686.4 万人，占常住人口的 86%。全市常住人口出生率 7.48‰，死亡率 4.41‰，自然增长率 3.07‰。全市常住人口密度为 1195 人/平方公里，每平方公里比上年末增加 126 人。年末全市户籍人口 1257.8 万人，比上年末增加 12 万人。

二、科学技术

2010 年全市研究与试验发展（R&D）经费内部支出 821.8 亿元，比上年增长 22.9%；相当于地区生产总值的 5.8%，比上年提高 0.3 个百分点。全市研究与试验发展（R&D）人员 26.9 万人，比上年增长 6.8%。专利申请量与授权量分别为 5.7 万件和 3.4 万件，分别增长 14.1%和 46.2%；其中发明专利申请量与授权量分别为 3.3 万件和 1.1 万件，增长 14.1%和 22.4%。全年共签订各类技术合同 5.1 万项，增长 1.8%；技术合同成交总额 1579.5 亿元，增长 27.8%。

三、文化

年末全市共有公共图书馆 25 个，总藏量 4613 万册。全市拥有注册博物馆 156 座。年末有线电视入户数达到 448.1 万户，有线电视入户率为 91.7%。北京地区 102 个院线影院共放映电影 74.3 万场次，观众 2923.3 万人次，票款收入 11.8 亿元。全市共有国家综合档案馆 18 个，建筑面积 9.8 万平方米。

四、教育

2010 年，全市共有研究生培养机构 170 所，在学研究生 22.5 万人，毕业生 5.9 万人。全市 89 所普通高等院校在校生 57.8 万人，毕业生 15 万人。

全市普通高中在校生 19.8 万人，毕业生 6.2 万人；初中在校生 31 万人，毕业生 10.1 万人；普通小学在校生 65.3 万人，毕业生 10.3 万人。各类中等职业教育在校生 21.9 万人，毕业生 7 万人。特殊教育在校生 7981 人，毕业生 1914 人。

五、卫生

2010 年全市共有卫生机构 6539 个，比上年末减少 64 个，其中医院 550 个。卫生机构共有床位

9.3万张，比上年末增加0.3万张，比2005年末增加1.4万张；其中医院实有床位8.6万张。全市卫生技术人员达到17.1万人，比上年末增加1.1万人，比2005年末增加5.1万人；其中执业（助理）医师6.6万人，注册护士6.7万人。全市医院共诊疗93374.7千人次。

六、体育

2010年末全市共有体育场地6151个。全市分等级运动员发展人数为1644人，获得国际性比赛奖牌71枚，其中金牌43枚，银牌18枚。获得全国性比赛奖牌155枚，其中金牌57枚，银牌64枚。

第五节　公共事业

一、供电

2010年，北京地区用电量达到809.9亿千瓦时，比上年增长9.6%。其中城乡居民生活用电139.3亿千瓦时，增长8.2%，城乡居民生活用电占用电总量的17.2%。

表2-9　2009-2010年北京电力供应情况（单位：亿千瓦时）

项目	全社会用电	第一产业	第二产业	第三产业	城乡居民生活用电	#城市	#农村
2009	739.1	15.7	302.8	291.8	128.8	98.3	30.5
2010	809.9	16.9	327.9	325.8	139.3	95.2	44.1

二、水资源及供水

2010年，我市进一步完善与河北省的高层调水协调机制，从黄壁庄、王快等水库集中输水3.3亿立方米；将安各庄水库纳入河北应急输水的新水源，可年增加调水量5000万立方米；继续实施向密云、官厅两大水库集中输水，累计输水1.38亿立方米；利用再生水增加到6.8亿立方米。稳步推进了万家寨引黄工程前期工作。建成引温入潮二期工程，年调水能力增加3500万立方米。完成第九水厂应急改造工程，增加市区自来水日供水能力7万立方米，完成供水管网改造100公里。

2010年全市自来水销售总量8.9亿立方米，其中，居民家庭用水4.5亿立方米，比上年增长7.8%；生产运营用水1.2亿立方米，比上年下降10.2%。

表2-10　2009-2010年北京市城市供水情况

项目	自来水综合生产能力（万立方米/日）	供水管道长度（公里）	销售总量（万立方米）	#生产运营用（万立方米）	公共服务用（万立方米）	居民家庭用（万立方米）
2009	424	14791	86881	13060	30975	41999
2010	445	16144	89185	11733	31413	45284

三、燃气

为进一步净化首都大气环境，天然气作为清洁能源得到快速增长。2010 年完成六环路二期天然气管线敷设及连通城市燃气管网的 170 多公里远郊区高压输气管线，新建并投产运行了本市规模最大，接收陕京三线气源的阎村天然气接收门站。阎村与衙门口、次渠、采育及通州五座天然气接收门站，日天然气接收能力已经达到 7000 万立方米。全市天然气管网运行长度近 1.3 万公里，燃气管网已覆盖了全部城区以及远郊区县的 85% 以上。北京城市居民炊事气化率已超过 96%，基本实现了城市居民炊事燃气化。清洁能源天然气在全市主要能源消费中所占比例超过 13%。首都北京仍为全国最大的管道天然气化城市。

截止到 2010 年末，我市天然气居民用户总数已达到 454.9 万户；液化石油气居民用户为 179.3 万户。两种气源的居民用户总数已达到 634.2 万户。

全年液化石油气供气总量 32.3 万吨，比上年下降 12%；天然气供气总量 72 亿立方米，增长 5.4%。

表 2-11　2009-2010 年北京市城市燃气情况

项目	液化石油气供气总量（吨）	销售气量（吨）	#家庭用量（吨）	家庭用户（万户）	天然气供气总量（万立方米）	销售气量（万立方米）	#家庭用量（万立方米）	家庭用户（万户）	居民燃气用户（万户）
2009	367323	332693	226538	180.0	682839	645356	89087	420.0	600.0
2010	323104	299392	215133	179.3	719740	677009	101450	454.9	634.2

四、供热

2010 年，全市投入资金 20 亿完成了 5655 处，近 1.2 万余项供热设施的检修更新。完成 300 个老旧小区供热管网改造任务。全市集中供热面积为 4.7 亿平方米。比上年增长 5.6%。

表 2-12　2009-2010 年北京市集中供热情况

项目	供热面积（万平方米）	#住宅（万平方米）	供热能力（兆瓦）	供热总量（万吉焦）	#热电厂供热（万吉焦）	#锅炉房供热（万吉焦）	供热管道长度（公里）
2009	44240	27694	32674	36015	4228	31787	12156
2010	46715	32305	35684	36112	5387	30725	12224

五、污水处理

2010 年水污染治理继续全面发展。卢沟桥再生水厂主体工程完工，清河二期、北小河二期等污水处理厂升级改造工程进展顺利。定福庄至高碑店污水调配工程通水，五里坨、垡头、东坝三座污水处理厂开工建设。完成城区污水和再生水管线新建、改造 147 公里。完成海淀翠湖、通州永乐店、朝阳北甸和房山窦店等污水处理厂新建改建任务，已全部投入运行，新增污水日处理能力 7 万立方米。污泥无害化处理取得新进展，新北水和小红门污泥处理设施投入运行，全市年处理污泥 42 万吨。

表 2-13 2009-2010 年北京市污水处理情况

项 目	污水处理能力（万立方米/日）	污水年处理量（万立方米）	污水处理率（%）	污水排放总量（万立方米）	排水管道长度（公里）	#污水管（公里）
2009	356	109604	80.3	136511	9344	4495
2010	365	116288	81.0	141651	10172	4479

六、公共交通

2010 年，我市先后实施了 40 条公交线路优化方案，其中新开线路 11 条，调整线路 26 条，撤销线路 1 条；并开通了 2 条城区观光线路，进一步缓解了部分区域交通拥堵。2010 年仅公交集团客运总量达 50.5 亿人次。日均客运量达到 1384 万人次，日最高客运量达到 1586.65 万人次，平均每 7.5 天就运送 1 亿人次，均创历史最高水平。

轨道交通建设得到大力发展，大兴线、亦庄线、十五号线首开段、昌平线一期、房山线等五条轨道交通新线开通试运营，大兴、北京经济技术开发区、顺义、昌平和房山与中心城区的交通往来将更加便捷，轨道交通网络进一步完善。

年末全市公共交通运营线路 727 条，比上年末增加 26 条；其中轨道交通运营线路 14 条，增加 5 条。公共交通运营线路长度 19079 公里，比上年末增长 3.1%；其中轨道交通线路长度 336 公里，增长 47.7%。公共交通运营车辆 2.4 万辆，比上年末增长 1.2%；其中轨道交通运营车辆 2463 辆，增长 22.3%。全年公共交通客运总量 69 亿人次，比上年增长 4.7%；其中轨道交通 18.5 亿人次，增长 29.8%。

表 2-14 2009-2010 年北京市公共交通情况

项目	公共交通年末营运车辆（辆）	#轨道交通（辆）	营运线路条数（条）	#轨道交通（条）	营运线路长度（公里）	#轨道交通（公里）	客运量（万人次）	#轨道交通（万人次）
2009	23730	2014	701	9	18498	228	658785	142268
2010	24011	2463	727	14	19079	336	689788	184645

七、垃圾处理

2010 年，我市拥有环卫机械 7461 辆，清扫街道面积 13804 万平方米/日。市区生活垃圾产生量继续下降，由上年的 669.1 万吨下降到 634.9 万吨。全市生活垃圾无害化处理率达到 96.9%。工业危险废物和医疗废物无害化处置率均达到 99%以上。

表 2-15 2009-2010 年北京市垃圾处理情况

项目	清扫街道面积（万平方米/日）	生活垃圾无害化处理率（%）	粪便清运量（万吨）	生活垃圾无害化处理能力（吨/日）	环卫机械数量（辆）	公共厕所（座）
2009	12835	98.2	211.2	13680	6881	6022
2010	13804	96.9	194.4	16680	7461	5966

八、空气质量

2010 年，我市空气质量 10 余年持续改善，二级和好于二级天数达到 78.4%。

表 2-16　2009-2010 年北京市空气质量情况

项目	空气质量达到二级和好于二级天数（天）	可吸入颗粒物年日均值（毫克/立方米）	二氧化硫年日均值（毫克/立方米）	二氧化氮年日均值（毫克/立方米）	区域环境噪声平均值（分贝）	道路交通干线噪声平均值（分贝）
2009	285	0.121	0.034	0.053	54.1	69.7
2010	286	0.121	0.032	0.057	54.1	70.0

九、园林绿化

2010 年，我市采取拆迁建绿、见缝插绿等多种形式，大力拓展城市绿色空间。京津风沙源治理、太行山绿化等重点工程全面推进。年末公园绿地面积达到 19020 公顷，森林覆盖率达到 37%，林木绿化率达到 53%，城市绿化覆盖率达到 45%，人均公园绿地面积达到 15 平方米。

表 2-17　2009-2010 年北京市园林绿化情况

项目	年末公园绿地面积（公顷）	人均公园绿地面积（平方米/人）	城市绿化覆盖率（%）	全市林木绿化率（%）	年末园林绿地面积（公顷）
2009	18070	14.5	44.4	52.6	61695
2010	19020	15.0	45.0	53.0	62672

十、道路建设

2010 年，我市蒲黄榆路、阜石路二期、温榆河大道于年底建成通车。同时顺利完成前三门大街的路面大修工程。全长 37.24 公里的 111 国道改建一期工程（河防口—汤河口）建成通车。全长 8.83 公里的京开高速公路（辛立村收费站—市界）工程也正式建成通车，实现了京开高速公路（北京段）全线贯通。

年末境内道路、公路总里程 27907 公里，比上年末增长 1.7%；其中，高速公路里程 903 公里，比上年末增长 2.1%。

表 2-18　2009-2010 年北京市道路建设情况

项目	境内道路、公路总里程（公里）	#城市快速路长度（公里）	城市主干道长度（公里）	城市道路立交桥数（座）	城市过街天桥数（座）	城市地下通道（座）
2009	27436	242	805	393	405	200
2010	27907	263	874	411	420	200

注：城市道路及桥梁数据统计范围为城八区及北京经济技术开发区。

第六节 交通运输

2010年，货物周转量513.7亿吨公里，比上年增长16.4%。其中，铁路257.5亿吨公里，增长12.2%；公路101.6亿吨公里，增长15.6%；民航48.2亿吨公里，增长35.8%；管道106.4亿吨公里，增长20.4%。铁路、公路、民航、管道各种运输方式货物周转量比重分别为50.1%、19.8%、9.4%和20.7%。

全年旅客周转量1399.5亿人公里，比上年增长22.1%。其中，铁路99.6亿人公里，增长6.4%；公路290.6亿人公里，增长8.6%；民航1009.3亿人公里，增长28.5%。铁路、公路、民航三种运输方式旅客周转量比重分别为7.1%、20.8%和72.1%。

年末全市机动车拥有量480.9万辆，比上年末增长19.7%，增加79万辆。其中民用汽车452.9万辆，增长21.7%，民用汽车中私人汽车374.4万辆，增长24.7%，私人汽车中轿车拥有量275.9万辆，增长26.5%。

第七节 基础设施建设

2010年，我市在基础设施建设方面，突出轨道交通和城市道路等方面建设，极大地改善了居民的出行和居住环境。2010年，全市完成基础设施投资1403.5亿元，比上年同期下降4.0%，占全社会固定资产投资的比重为25.5%。其中，城市公共交通建设完成投资410.8亿元，市政工程管理业完成投资232.9亿元。

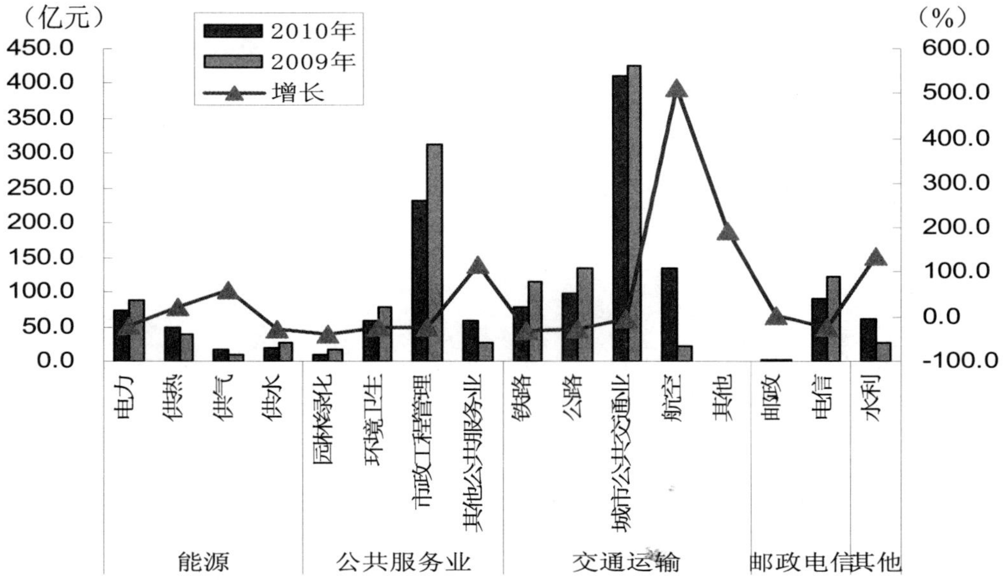

图2-2 2010年我市基础设施投资完成情况

第三章
城市规划与建设

第一节　北京城市规划综述

2010年，北京市规划工作坚持以科学发展观为指导，充分把握首都发展新阶段和新趋势，积极开展城市发展重大战略问题研究，加快空间结构调整，全面推进重点地区、重要项目规划实施，努力创新规划管理机制，在首都城市建设中有效发挥了统筹引导作用。

一、加强对首都发展重大问题战略研究

1. 开展北京城市总体规划实施评估，围绕人口资源环境、产业、城镇化发展等制约首都发展的瓶颈问题，开展了百余项专题研究，形成了一批重要研究成果。客观分析了首都发展面临的机遇和挑战，对重点、难点问题进行了深入研究，提出了进一步贯彻落实国务院对总体规划批复的实施策略。

2. 紧扣全市重点工作，组织开展了世界城市、产业布局与功能区划统筹、低碳城市规划发展纲要、环京区域合作等重大问题研究。在全市可开发土地资源规划研究、中心城路网系统建设等涉及首都城市发展问题的研究上取得了重要成果，为城市发展科学决策提供了依据。

二、加强城乡规划编制，科学构建北京城乡规划体系

1. 按照建设现代化国际新城的要求，编制完成了《北京新城建设实施规划（2010–2015）》和《通州区新城控制性详细规划（街区层面）》，开展了通州新城规划建设标准和实施时序研究，并对运河核心区规划设计进行了深化。

2. 围绕建设世界城市目标，重点推进了中关村国家自主创新示范区建设，组织开展了《中关村国家自主创新示范区空间范围和布局规划》，以及研发服务和高新技术产业聚集区海淀新区、昌平部分的控制性详细规划编制工作，完成了北部聚集区规划整合，促进了中关村核心竞争力的提升。

3. 加强对重点地区规划引导，组织编制了永定河丽泽金融商务区、CBD东扩、昌平未来科技城、雁西湖生态发展示范区、浅山区、首钢及周边“三区一厂”、潮白河绿色生态发展带、中关村科学城规划、北京市域水环境与两侧土地开发规划等20个重点地区规划，以及永定河两岸环境建设与整治规划等37项重要专项规划。

4. 依据轨道交通发展战略，编制完成了《北京市轨道交通近期建设规划（2007–2015）》、《北京市城市轨道交通建设规划线网（2015–2020）》、《北京地下空间规划》等城市基础设施规划，积极推进城市轨道交通和基础设施建设。

5. 组织开展了乡镇和新农村规划。按照首都要率先形成城乡经济和社会发展一体化新格局的要求，开展了以42个重点镇为龙头的小城镇规划实施研究，全部完成了3955个村庄的规划编制工作，为统筹推进城乡协调发展打下了坚实基础。

三、积极推动规划实施，努力保障和改善民生

1. 大力开展历史文化名城保护和利用。结合行政区划调整，开展了首都功能核心区战略规划研究，配合组织开展了“十二五”时期历史文化名城保护建设规划的编制工作，加快城区人口疏解及安置用房的规划选址和布局研究。2010年，我市还成立了北京历史文化名城保护委员会，统筹领导名城保护和发展工作。

2. 按照加快城乡结合部城市化建设的要求，坚持城乡统筹、一村（乡）一策，组织完成了50个市级重点村规划实施方案的编制与安置用房的规划审批工作，加快了城乡结合部建设。

3. 加强政策性住房的规划设计工作，编制了《政策性住房建筑设计标准图集》、《北京市公共租赁住房建设技术导则（试行）》，审批了 2400 万平方米的政策性住房项目，对 70 多个大型政策性住房设计方案进行了审查，为保障性住房政策落地提供了保证。

4. 积极推进重大基础设施规划建设，保障了轨道交通亦庄线、大兴线、房山线、昌平线一期、15 号线开通试运行，完成了 7、8、9、10、14 号线和燕房线、西郊线规划。加快了长安街西延、东西二环地下隧道、阜石路等城市道路前期规划进程，积极推进四惠、望京西等交通枢纽建设和新能源电动汽车充电站的选址工作。开展了北京东站、星火站、丰台火车站等规划选址研究，完成了《北京市生活垃圾处理设施规划方案》和 1.1 万户“煤改电”工程改造、陕京三线北京段选线、南水北调配套工程规划配合等一批重大基础设施规划，为全市重点工作提供了规划保障。

四、狠抓法规建设，坚持依法行政

1. 加强了法规制度建设。组织开展了《北京市城乡规划条例》等法规宣传，制定了《北京市关于建立制止和查处违法用地违法建设联动工作机制》，提出了《北京市村庄规划建设管理指导意见》，开展了《北京历史文化名城保护条例》立法后的评估工作。完成了《北京市查处违法建设若干规定》（草案）、《北京快速公共交通系统规划设计导则》、《地名规划方案审查批准规程》、《公共建筑节能设计标准》等技术标准和技术规范的制定工作，为开展规划管理工作提供了技术支持。

2. 加大了规划监督和违法建设查处力度，制定了《北京市建设工程规划监督工作规程》，运用卫星查违技术，执行查违联动机制，依法对全市建设项目进行了规划监督检查，强化工作机制，形成工作合力，有效遏制了违法建设蔓延的势头。

五、加强规划干部队伍建设

1. 加强纪检监察工作。为做好廉政风险防范工作，对 16 项行政许可行为重要环节进行了风险明示，制定了防控措施，初步形成了廉政风险防范管理体系。大力推行阳光规划，建立了公示机制，构建了行政督查、效能监察、业务督查督导“三查合一”的联合督查机制，有力促进了规划事业健康发展。

2. 加强领导班子和干部队伍建设。通过公开竞争选拔局、处级领导干部，选优配强领导班子，为规划工作提供坚实的领导和组织保证。建立处级领导班子和干部培训机制，加强以处级领导班子为重点的规划人才队伍素质和能力建设，健全考核评价体系，创新绩效考核方式方法，为新时期规划工作提供了人才支持和机制保障。

第二节　北京市规划编制和研究

一、北京城市总体规划实施评估

年内，市规划委依据《城乡规划法》和《北京市城乡规划条例》，完成了 2005 年 1 月 27 日国务院批复的《北京城市总体规划（2004-2020）》实施情况评估工作。评估报告已获市人大、市政府通过，为进一步落实城市总体规划，推进首都城市科学发展，编制“十二五”规划，提供了有力支撑。

二、北京市城市轨道交通建设规划方案（2011 年-2020 年）》编制完成

年内，由市规划委编制完成。本次规划地铁线网总长约 1000 公里，将形成“中心城棋盘式+新城放射式”的线网格局。线网建成后，轨道交通将实现对中心城全面覆盖及中心城与新城的贯

通连接。四环路内站点覆盖率将达95%（实现居民步行15分钟或自行车5分钟内到达一个地铁车站的目标），线网密度1.4公里/平方公里。

三、北京2015年轨道交通线网沿线地下空间开发利用规划编制完成

该规划由市规划院编制，主要针对拟在2015年以前建成的轨道交通（不包括建成线）沿线地下空间，共涉及10条轨道线路、209个车站（含163个地下站）。规划通过定性定量分析，确定了轨道站点周边优先发展地下空间，设定了开发建设等级，针对每个站点编制了地下空间“控规”图则，为地铁周边地下空间的开发利用提供了依据。

四、北京都市圈轨道交通线网资源整合规划研究完成

由市规划委和铁道部计划司共同完成。北京都市圈是指北京市以及周边与北京接壤并联系紧密的地区，即廊坊市区、固安、三河、香河、大厂、涿州等。该项研究借鉴国外大都市圈轨道交通发展经验，分析了北京城市发展特点及其都市圈发展进程趋势，提出了区域内各种轨道交通方式的功能定位和全面互联互通的解决方案，为北京城市轨道交通远景线网规划、中长期铁路网规划、环渤海京津冀地区轨道交通网规划，以及北京市轨道交通建设规划修编奠定了理论基础。

五、《地铁2015-2020年线路沿线土地利用资源调查报告》编制完成

由市规划委编制。2015—2020年，计划建成3号线、12号线、16号线、8号线三期、燕房线共5条轨道交通线路，全长156公里，共100个站点。此次调查主要集中在这 100 个站点周边1000米范围内，综合考虑用地权属、用地性质、建筑年代、建筑质量、建设强度等相关因素，共筛选出可利用土地资源约80平方公里，建设规模约5300万平方米。

六、市浅山区协调发展规划编制完成

年内，由市规划院编制完成的《北京市浅山区协调发展规划（2010年-2020年）》通过评审。规划对浅山区生态质量作出了评价，计算了浅山区碳储量汇量，确定了存量建设用地空间位置、权属与规划意图，提出了依托浅山区规划七环、放射线及新城和重点镇，加快浅山联络线建设，按照“一带、三区、多点”空间结构，打造北京浅山区1小时郊区休闲旅游带的发展策略。

七、中关村国家自主创新示范区空间规划与产业发展统筹研究完成

该项研究是国务院批复的《中关村国家自主创新示范区发展纲要》的重要组成部分，是市政府《中关村国家自主创新示范区建设条例》实施政策的一部分。内容包括：调研发展情况，分析评价问题，解析内在动因，为新时期发展研究做准备；研究符合国家战略的自主创新示范区空间模式与产业提升内容；研究重要建设区域的发展问题与对策。取得了三项成果：1、《中关村科技园区规划建设情况调研》；2、《中关村国家自主创新示范区空间布局与产业优化研究》；3、《中关村国家自主创新示范区分区域发展规划研究》。由市规划院完成。

八、大运河遗产保护规划（北京段）编制完成

由市规划院联合市文物研究所、市古代建筑研究所共同编制完成。共确定了40处与运河相关的物质遗产及四类非物质文化遗产作为保护对象，涉及通州、朝阳、新东城、新西城、海淀、昌平六区县，总面积约77.8平方公里，其中河道总长约80公里。是北京市纳入大运河申请世界遗产范围的基本文件依据。

九、通州新城运河核心区规划完成

由市规划院编制完成，已经市委审查通过。内容包括核心区总体规划调整、城市设计、控制性详细规划、综合交通规划、地下空间综合规划。通州新城运河核心区总用地规模约16平方公里，本规划区域为运河核心区启动区，位于五河（温榆河、小中河、北运河、通惠河及运潮减河）交汇处，总用地面积约306公顷。规划期限为2010年-2020年。

十、首钢工业区基础设施专项规划编制完成

由市规划委组织编制完成。该规划属首钢工业区改造项目，位于西部发展带和长安街西延线节点，占地面积8平方公里。

十一、北京商务中心区（CBD）核心区规划研究完成

年内，由市规划委完成。该研究重点突出了核定区公共空间和地下空间设计，内容涵盖建筑、景观、市政、交通等多个方面。核心区位于朝阳区国贸桥东北角，西临东三环路、东临针织路、北临光华路、南临建国路，总用地面积约29.8公顷，规划地上总规模约270万平方米，建筑内容以办公、商业为主，地标性建筑高度控制在500米左右。

十二、雁栖湖生态发展示范区规划完成

年内，由市规划院编制完成。该区域是市委、市政府确定的重大产业带动示范项目，旨在提升首都国际化职能，建设国际活动聚集之都，打造国际一流的首都高端会议服务平台和特色突出的北京生态旅游休闲胜地。包括《北京雁栖湖生态发展示范区概念规划》、《北京雁栖湖生态发展示范区整体规划》和《北京雁栖湖生态发展示范区控制性详细规划及景观规划》。

十三、大型生活垃圾综合利用循环经济园区选址规划编制完成

园区将建设生态、循环、可持续的垃圾处理系统，升级垃圾处理相关产业链，采用焚烧、生化处理等垃圾资源化技术，实现生活垃圾减量化、资源化、无害化目标。由市规划委组织编制。

十四、北京工业遗产保护利用规划研究完成

由市规划院完成，主要对市域范围内有价值的工业遗产资源进行了研究。阐明了北京工业遗产的界定、构成、价值、特点和评价体系的概念，梳理挖掘了北京工业遗产资源，首次建立了北京市准工业遗产企业名录。提出了与城市整体空间发展相结合、与城市经济产业发展相结合、与城市文化建设相结合、与生态环境发展相结合、与近期建设相结合的保护利用思路，和“去粗取精、科学评估，分级保护、高效利用，区域统筹、产业带动，模式创新、多元发展，治理污染、恢复生态，政府引导、市场运作”的策略。

十五、长城保护范围及建设控制地带划定

受市文物局委托，由市规划院依据国务院《长城保护条例》，会同市古建研究所、市测绘院完成。该项工作历时5年半，现场采集了北京段526.7公里长城城墙（含烽火台）及147个城堡的文物本体资料，运用GIS等新技术精细划定了保护范围与建控范围。

十六、保障性住房基础设施规划研究完成

通过研究下一年度竣工的保障性住房项目规划，为基础设施规划编制、建立基础设施规划档案、推动基础设施工程落实、创建基础设施规划实施动态保障机制，提出了初步结论和建议。

十七、市养老设施专项规划编制完成

由市规划委、市民政局组织，市规划院编制完成。以空间资源协调配置为基础，以中心城“控规”和新城“控规”为依托，提出了以下发展策略：1、通过现状挖潜、其它设施利用和新建的方式整合资源，扩大全市总量供给；2、坚持“全面照顾、重点关怀”的理念，逐步完善养老设施服务结构；3、针对不同区域人口、土地、环境的发展特点，明确设施发展思路，优化空间布局；4、按照因地制宜、节约土地、保障基本的原则，确定不同区域机构养老设施建设标准。

十八、市南水北调东干渠输水管选线规划工作初步完成

由市规划院完成。市南水北调配套工程东干渠水管线起自第九水厂西庄站，向东、向南沿五环路敷设，重点至亦庄水厂与南干渠相接，全长约44公里。该规划协调了东干渠线位与沿线规划建设用地的关系，协调了东干渠线位及高程与沿线规划道路及轨道交通线的关系，为今后规划道路及轨道交通线的建设预留了良好的条件。

十九、《北京城市土地使用与交通协调发展研究》获奖

年内，由市规划院完成的《北京城市土地使用与交通协调发展研究》获2009年“中国建研院“CABR”杯华夏建设科学技术奖二等奖。该研究针对北京市在城市发展过程中出现的城市交通及土地使用问题、面临的机遇和挑战，首先从城市土地使用与城市交通协调发展的视角，对北京市土地使用交通系统协调发展问题进行了研究。

第三节 规划管理和规划标准

一、各类项目受理和审批情况

2010年，市规划委共受理各类建设项目15768件，办结核发各类建设项目15450件，审批用地规模5451公顷，建设规模5473万平方米，市政管线260万延米。审批政策性住房项目约2400万平方米。

二、卫星查违情况

年内，共完成5次卫星查违工作，对5003处卫星图斑进行了现场核查，共确认并处理违法建设1231处，面积658.6万平方米。组织开展了全市卫星查违专项整治工作。

三、长安街西延道路工程规划方案获批

年内，由市规划批复。该工程东起古城南路，向西经现状首钢东大门、首钢厂区后跨现状丰沙铁路及永定河，经现状西六环路、规划门城公园及门头沟滨河商务区后继续向西，终点至现状三石路与规划石龙西路相接，道路全长约6.4公里。

四、未来科技城控制性详细规划获批复

年内，由市规划委审查批复。该规划符合中央关于“建设创新型国家、加快引进海外高层人才、加大科技创新力度”的战略部署，规划范围北至顺于路西延、东至京承高速路和昌平区界、南至规划二十八路、西至北七家镇中心组团东边界。规划用地面积约10平方公里，未来科技城安排教育科研用地面积约267.98公顷，依温榆河和定泗路为界，分为北区和南区，南北区各安排一处公共服务核心区。南区位于小汤山镇东南部，规划用地面积分别为2.15平方公里；南区位于北七家镇东部，规划用地面积约4.47平方公里。

五、未来科技城市政基础设施专项规划获批

由市规划委组织编制。规划涉及河道、污水、雨水、电力、热力、燃气、通信多个专业，体现“创新、开放、人本、低碳、共生”五大核心规划理念，包括区域能源中心、生态水环境系统、市政综合管沟等一系列具体建设项目。

六、丽泽金融商务区规划综合方案获通过

年内，由市政府审议通过。方案主要包括丽泽金融商务区规划范围、用地布局、市政、交通基础设施和地下空间利用规划等方面内容，体现了“绿色商务区、金融不夜城、智能交通网和信

息高速路”特征，将成为北京信息化基础设施提升综合示范区。

七、丽泽金融商务区综合交通规划方案获批

年内，由市规划委批准。该规划核心区用地范围内道路网总长 30.2 公里，道路网密度为 10.8 公里/平方公里，形成 1 条城市快速路、7 条主干路、10 条次干路和若干条支路的棋盘式路网格局。地铁 M14 号线和 M16 号线分别沿丽泽路通过核心区，并在三路居站实现换乘。实现公交出行比例 60%（其中轨道交通承担 35%、地面公交承担 25%），将小汽车出行比例控制在 20%左右的目标。

八、南水北调配套工程团结湖调节池规划方案获批

年内，由市规划委批复。该规划设计范围 185 公顷，位于北京市绿化隔离地区和重要的水源保护区，在三山五园历史风貌区和世界文化遗产颐和园外围文物缓冲区范围内。规划确定用地性质为绿化用地和水面。团结湖调节池规划水面面积约 33 公顷，总占地约 76 公顷，调蓄水位 49—45 米，调蓄容积为 127 万立方米。

九、八达岭经济开发区控制性详细规划获批

由市规划委批复。该规划范围东至邦水峪排洪沟，南至京张高速公路，西至康庄镇兴隆南街，北至京包铁路。规划总用地面积 480.79 公顷，其中，工业用地 222.39 公顷，居住用地 20.87 公顷，公共服务设施用地 28.78 公顷，市政设施用地 12.19 公顷，仓储用地 21.02 公顷，公共绿地 57.65 公顷，道路广场用地 85.37 公顷。

十、大望京商务区规划获批

年内，由市规划委完成，获市政府批复。该商务区将以商业、商务功能为主导，总用地面积约 97.47 公顷，建设用地面积约 40.5 公顷，总建筑规模约 129.22 万平方米，区域规划建筑高度在 100 ~ 150 米，标志性建筑控制高度为 220 ~ 250 米。

十一、南水北调调节池工程规划方案获批

年内，东干渠、团城湖两个南水北调调节池工程规划方案获批。东干渠工程含亦庄调节池。项目包括大宁调蓄水库工程、南干渠输水工程、新建改建水厂等工程。

十二、陕京三线北部供气方案获批

年内，获市政府批准。该线位于北京西部，主要包括“一线三站”。即房山区琉璃河至昌平区西沙屯 100 公里高压（10 兆帕）天然气管线，西沙屯末站、阎村末站、琉璃河分输站。

十三、永定河绿色生态走廊建设启动

年内，石景山莲石湖建设项目启动，永定河绿色生态走廊建设开始启动。整个工程计划在 2010 年至 2014 年实施完成。莲石湖项目包括石景山至京原桥，长 4.3 公里，水面 106 公顷，规划总体景观格局为“一轴二心三组团”。一轴为永定河为主体的水域景观空间带状轴，二心指莲石湖长安街西延及莲石路西延的两处生态湿地型景观湖，三组团分别指以莲石湖为中心，采用动—静—动的模式，结合三大不同主题的滩地休闲运动景观组团。

十四、地铁 16 号线工程规划方案获批

年内，地铁 16 号线工程规划方案获批。该线是城市西部南北方向干线，起于海淀区巴沟地区地铁 10 号线苏州街站，沿苏州街、西三环、三里河路、莲花河西侧路、万寿路南延、富丰路至丰台区榆树庄，全长 23 公里，主要服务西北三环地区、三里河行政办公区、丽泽商务区、丰台火车站、丰台科技园区等重要城市功能区。

十五、地铁 8 号线北段联络线工程设计方案获批准

该线与昌平线相接，起点为昌平线朱辛庄站，沿育知西路东侧下穿回龙观城北市场，沿规划回南北路至黄平西侧路折向南，与地铁 8 号线二期

工程相接，全长 6.30 公里，共设车站 3 座。建成后，将起到缓解城铁 13 号线客流承载压力的作用。

十六、轨道交通昌平线一期工程初步设计获批

该线北起昌平区十三陵景区站，南至海淀去西二旗站，全线设置车辆段和停车场各 1 座，分两期建成。一期工程北起昌平区南邵站，由北向南下穿规划京密引水渠后由地下转向高架布置，上跨现状京包铁路后转向南，沿京包铁路至海淀区 13 号线西二旗站，全长 21.35 公里，共设车站 7 座和 1 座停车场。是城市西北方向的重要放射线。

十七、地铁 7 号线规划方案获批

年内，地铁 7 号线规划方案获批，并取得国家发改委立项。7 号线西起北京西客站，向东沿两广大街、垡头西路、垡头南路到达焦化厂，全长约 23.67 公里，设 21 座车站，在原焦化厂内设置车辆段一处。

十八、轨道交通燕房线规划方案获批

年内，轨道交通燕房线规划方案获批。该线自燕化产业区南端起，沿燕房路向东南方向走行，入房山线西延终点站；支线起自周口店地区，至京周路，接入主线。全线以高架线为主，线路全长约 21.4 公里，新建车站 12 座、车辆段 1 座。

十九、2010 年通车的轨道交通线路配套变电站选址规划及相关规划审批完成

年内，由市规划委审批完成。2010 年市轨道交通运营线路总里程 329 公里，包括大兴线、房山线、昌平线、亦庄线、十五号线一期等线路，规划建设 102 座变电站。现状变电站 46 座，新建变电站 56 座。

二十、《城市轨道交通无障碍设施设计规程》发布实施

由市规划委组织编制，自 2010 年 4 月 1 日起实施。本规程以安全、适用、可达为原则，针对车站广场、无障碍停车位、车站入口、台阶、楼梯、扶手、服务台、轮椅坡道、无障碍通道、盲道及触摸导行图、无障碍垂直电梯、升降机（升降平台）、自动扶梯、低位服务设施（电话、低位饮水器、售票窗口、自动查询台等）、无障碍检票通道、无障碍厕所、无障碍车厢、无障碍标志、标识牌等提出了无障碍设计技术要求，为北京城市轨道交通无障碍工程建设规划、设计和验收提供了基本依据。

二十一、市五线划定标准及综合规划研究通过评审

由市规划院依据住建部《城市绿线管理办法》、《城市紫线管理办法》、《城市黄线管理办法》、《城市蓝线管理办法》完成的“北京市五线划定标准及综合规划研究”项目通过专家评审。“五线”指道路红线、河湖蓝线、市政基础设施黄线（含轨道交通）、历史文化街区和历史建筑紫线、绿地绿线。研究成果将为北京市“五线”规划管理和中心城“控规”动态维护提供技术支持。

二十二、《村庄规划编制标准》通过专家验收

年内，由市规划委编制完成。该标准对村庄规划设计到的用地分类、计算、布局、公共服务设施、道路交通、市政基础设施、防灾减灾等内容做出了规定和要求，是地方规划标准体系的完善和补充，将对北京村庄规划工作起到指导作用。

二十三、市城市雨水系统规划设计标准研究完成

由市规划委组织，市规划院会同气象、水文、水利、设计等专业多家单位联合完成。该项研究涵盖全市历史降雨变化规律统计分析、暴雨空间分布规律研究和重要道路、一般地区、一般道路的划分原则等多项内容。研究成果将为编制全市雨水系统规划设计地方标准，提高城市防洪排水能力、保障城市安全运行、减少洪涝灾害提供技术支持。

二十四、两大热电中心开工建设

年内，西南热电中心（草桥热电厂）和东南热电中心（华能热电厂）方案通过市规划委审查并核发设计条件，正式开工建设。建成后的西南热电中心将新增丽泽商务区 300 万平方米供热范围；东南热电中心将新增 1300 万平方米供热面积，新增发电能力 92.3 万千瓦。

二十五、《快速公共汽车交通系统规划设计导则》发布实施

年内，由市规划委组织编制的《北京市快速公共汽车交通系统规划设计导则》发布实施。本导则将对快速公交规划、快速公交总体设计、快速公交车道设计、快速公交车站与驻车场、快速公交智能系统、快速公交交通安全设施的规划设计工作起到指导作用。

二十六、《城区行人和非机动车交通系统设计导则》发布实施

年内，由市规划委组织编制的《北京城区行人和非机动车交通系统设计导则》发布实施。导则提倡步行和自行车出行，步行者优先，针对行人和非机动车交通系统设计提出了具体要求。

二十七、《地下联系隧道规划设计导则》发布实施

年内，由市规划委组织编制的《北京市地下联系隧道规划设计导则》发布实施。导则秉承安全运行、资源节约、环境协调理念，是开展地下联系隧道总体设计和道路、结构、消防给水与灭火设施、通风与排烟系统、车辆及人员安全疏散、火灾自动报警系统、给排水系统、供配电系统、照明及控制系统、监控系统、运营管理中心设计的重要依据。

二十八、《人行天桥及人行地下通道无障碍设施设计规程》编制完成

本规程主要包括人行天桥和人行地下通道中的坡道、梯道、电梯、自动扶梯、升降平台、盲道、标识和引导系统、扶手与栏杆等无障碍设施的设计等技术内容。由市规划委组织编制完成。

二十九、《公共建筑节能设计标准》发布实施

由市质量技术监督局、市规划委联合发布，自 2010 年 7 月 1 日起实施。本标准增加了对维护结构热工性能进行权衡判断的内容，加强了对采暖空调系统、给排水系统和电器系统等方面的节能设计要求，新增章节包括建筑给排水的节能设计和电气节能设计，附有若干节能设计判定文件格式、节能维护结构的典型构造示例和计算资料等方面内容，适用于北京地区新建、扩建的公共建筑的节能设计。

三十、《建筑抗震鉴定与加固技术规程》发布实施

由市质量技术监督局、市规划委联合发布，自 2010 年 4 月 1 日起实施。本规程涵盖了对多层砌体房屋、多层和高层钢筋混凝土房屋、内框架和底层框架砌体房屋、单层工业厂房、单层空旷房屋、预制装配式大板房屋等各种建筑的鉴定与加固内容。

三十一、《再生混凝土结构设计规程》编制完成

本规程由市规划委组织编制，主要包括再生混凝土结构、再生混凝土集料、再生混凝土的性能指标、再生混凝土配合比设计、再生混凝土制备、再生混凝土框架结构、剪力墙结构、框剪结构设计（含一般规定、截面设计、构造）等方面标准。

三十二、《历史文化街区工程管线综合规划规范》正式实施

由市规划委会同市政设计院编制。内容包括：北京历史文化街区狭窄道路内工程管线实施的功能要求和管理要求，统一管线综合规划设计标准，规范工程管线布置，等等。是北京历史文化街区工程管线规划设计和实施的重要依据。

三十三、《北京地区冬季冷却塔供冷系统设计指南》编制完成

根据《公共建筑节能设计标准》，市规划委组织编制了本指南。指南着重推荐采用冷却塔供冷技术，从冷却塔供冷负荷、冷源设计、能耗计算，冬季房间冷负荷确定和分配，风机盘管负担冷量的计算，冷源系统、空调冷水水温、总冷量和流量的简化计算等方面，为冷却塔供冷系统设备配置提供了技术依据。

三十四、《太阳能热水系统应用技术规程》发布实施

本规程由市规划委组织编制，主要包括太阳能热水系统设计的用水量定额及热水设计计算温度；北京地区太阳能保证率及辅助热源系统设置要求；太阳能热水供应系统设计及热水储存方式；解决太阳能热水系统自动控制及计量问题；太阳能热水系统的安装、运行以及整体系统的安全等技术内容，是民用建筑太阳能热水系统设计的重要技术依据。

三十五、《民用建筑通信和广播电视基础设施设计规范》编制完成

本规范涵盖通信和有线广播电视基础设施建设，技术内容包括通信和有线广播电视机房、小区管道、楼内暗配管、用户线接入、固定交接设备间、固定设备间、电源、抗震、防雷及其他配套设施建设等。由市规划委组织编制完成。

三十六、《地籍调查技术规程》地方标准通过审查

年内，由市国土资源局、市规划委组织编制，通过市质量技术监督局审查。该标准规范了北京市地籍权属调查、地籍测量、地籍数据库建设等地籍调查工作，为统一地籍调查成果，提高地籍调查成果质量，规范地籍管理工作提供了相应的技术保障。

三十七、建筑通用图集编制情况

年内，市规划委编制完成八册建筑通用图集。1、09BJZ33《WH 硬泡聚氨酯保温体系》；2、10BJZ40《保全–纤维增强硅酸盐防火板》；3、10BJZ42《HG–保温砌块组合填充墙》；4、10BJZ46《新元素（PPT）环保板材》；5、10BJZ47《利达–有机硅橡胶防水涂料》、；6、10BJZ48《科瑞超薄绝热保温装饰板》；7、10BJZ49《刘房子天然钠基膨润土防水毯》；8、08BJ12–1《无障碍设计》。

三十八、新建轨道交通工程档案入馆

年内，新建成的大兴线、亦庄线、昌平线、房山线、15 号线等五条轨道交通线路通过验收，3000 余卷工程档案全部移交至城建档案馆。

三十九、市城建档案馆完成目标管理任务

年内，市城建档案馆共接收工程竣工档案 23383 卷，缩微胶片 9412 卷。接收建设工程竣工备案档案、资质行政许可和勘察设计招标档案 3935 项，5402 卷；重点工程项目电子照片档案 10623 张，录像带 40 盘；“绿色通道”项目档案 526 件，行政许可类档案 126 件。拍摄缩微片母片 2242 盘，拷贝片 4379 盘。完成建设用地档案登图 367 项，拍摄重点工程建设纪实照片 8906 张、视频资料 1443 分钟。向社会提供馆藏档案 20284 卷次，声像档案照片 380 张；复印还原图纸 98200 页。

四十、城建档案数字化建设

年内，市城建档案馆完成馆藏工程竣工档案文件级著录 10 万卷；各类规划管理档案三级著录和全文扫描 1846 卷；扫描信息公开档案 1040 项、2616 卷，市政工程规划管理档案 875 项、61000 余页。

四十一、城建档案科研成果获奖

年内，市城建档案馆的科研课题《北京市城市规划管理审批档案动态管理研究》获市档案优秀科技成果二等奖、国家档案局科研成果评选三等奖。

四十二、八项规划成果受全国表彰

年内，中国城市规划协会颁发“2009 年全国优秀城乡规划设计奖”，市规划院编制的《南沙河综合整治规划（2008—2020）》获得一等奖，《北京城市近期建设规划年度实施计划（2008—2009）》等 6 个规划设计项目获二等奖，《北京历史文化保护区市政基础设施规划实施典型案例—大栅栏地区市政工程综合规划》获表扬奖。

第四节　城市雕塑管理

一、5 组雕塑全国评比获奖

年内，住建部公布 2009 年全国优秀城市雕塑建设项目评选结果，北京共有 5 组雕塑获奖。其中，《北京花博会-花魂》雕塑和《航空博物馆系列雕塑》获得年度大奖，《北京庆丰公园系列雕塑》、《北京地铁四号线公共艺术项目系列雕塑》、《中国科技馆-生命螺旋》获得优秀奖。北京城市雕塑建设管理办公室获得“2009 年度全国优秀城市雕塑建设项目优秀组织奖”。

二、5 件雕塑送展上海世博会

年内，向上海世博会选送了“中国风”、“生物链”、“国风”、“奥林匹克风”、“和谐阙”等 5 件雕塑作品，在北京馆展出。

三、希望之光雕塑在什邡建成

年内，北京援建的《希望之光》主题纪念雕塑在什邡建成揭幕。该雕塑呈三角棱形，高 10.8 米，上部分为青铜镂空和平鸽图案，下部分为花岗岩石刻长城烽火台图案，正面刻有“京什 2008-2010”字样，寓意京什携手共建、共创未来。

四、地铁大兴线公共艺术通过验收

年内，北京地铁大兴线公共艺术通过验收。该线与地铁 4 号线连接，全长 23 公里，设有 11 座车站，8 座车站建有壁画、1 座车站建有雕塑，其公共艺术具有 4 号线风格和大兴历史文化特征，是该线独特的文化符号。

五、北京奥运公共艺术画册出版

年内，由市规划委组织编辑的《北京奥运公共艺术》画册正式出版。画册共收录了 210 余幅奥运公共艺术图片，汇集了北京奥运会期间建设的全部城市雕塑和主要环境设施资料。

六、奥运冠军墙雕塑选址工作完成

年内，完成了北京奥运会冠军墙雕塑的选址工作。根据选址方案，该雕塑将建设在国家体育场北侧，与拆移立建的奥运火炬共同组成奥运火炬广场。

七、地铁房山线公共艺术方案确定

年内，地铁房山线公共艺术设计方案获通过。该方案以北京根祖、古道幽韵，山水秀地，宜居之城为理念，由中央美术学院整体设计，将在沿线 4 个站点建设 8 幅壁画，对所有站点的电梯作艺术化处理。

第五节　工程设计

一、地铁大兴线等新建线路开通试运行

年内，地铁大兴线、亦庄线、房山线、昌平一期、15号线首段开通试运行。大兴线北起丰台公益西桥，终点至魏永路南侧，全长约21.75公里，设置11座车站。亦庄线全长23.23公里，以换乘5号线、10号线二期的宋家庄站为起点，终点亦庄火车站，共有8个高架车站、6个地下车站。房山线西南起于房山区苏庄站，东北至丰台区郭公庄站， 全长24.7公里，车站11座，其中高架站9座、地下站2座。昌平线一期全长21.3公里，设5个高架站、1个地下站、1个地面站。15号线全长45.7公里，设置车站21座，首开段为北沙滩至望京西，全长20多公里，设9个车站。

二、加快研究地铁西郊线规划设计

年内，市规划委加快现代有轨电车西郊线规划设计研究。1.研究论证沿线环境景观规划设计方案、桥梁及车站建筑景观形式；2.统筹规划沿线道路近远期设计方案，优化道路断面和人行过街设施，与西郊线同步设计；3.结合香山地区综合交通规划，研究确定西郊线交通接驳方案；4.统筹规划西郊线与沿线道路的管线综合方案和具体建设时序；5.突出西郊线的旅游观光功能，车站及附属工程建筑方案将与站前广场、交通接驳统一规划、统一设计。

三、地铁S1号线、6号线等总体设计通过专家评审

S1线西起门头沟新城石门营站，东至苹果园，全长约10.2公里，设8个车站、1个车辆段。6号线起自一期工程终点草房站东端，沿北运河向东南，终点为东小营站，全长约12.4公里，设7座个车站。

四、地铁8号线三期工程规划方案通过专家评审

8号线三期工程北起中国美术馆南，南至五福堂，线路全长17.4公里，设置14座车站。该工程是城市南中轴线上的交通动脉，将与该线一期、二期工程共同构成贯穿中心城的轨道交通走廊。

五、良常路（六环路～务滋村）道路工程初步设计完成

年内，由市市政工程设计研究院完成。该道路是房山区重点建设项目之一，位于房山区东南部，道路全长14.7公里。本工程设计范围为六环路以南路段，起点为六环路，终点为K8+687.849,与现况乡村道路接,全长8687.849m。规划红线宽度50m，道路等级为一级公路，设计车速为（60～80）km/h。

六、阜石路快速公交系统工程可行性研究报告完成

该工程东起西二环阜成门，向西沿阜成门外大街,延阜成路经西四环定慧桥至西六环高架段，途经苹果园枢纽、双峪路至双峪环岛、大峪南路、中门寺街、门头沟路，至场站门城至场站，全长25.1km，共设中间站20对，平均站距1.2km，高峰小时设计运力1～1.2万人/小时/方向。由市市政总院完成。

七、广渠路（东四环—通州区怡乐西路）市政工程道路工程初步设计完成

该工程自东四环路大郊亭桥,向东经五环路、机场二通道（长营路），至通州区怡乐西路，全长约12km，主线设计速度80km/h，红线宽度为65-70m，为城市快速路。由市市政总院承担设计。

八、京石二通道高速公路（大苑村-市界段）工程设计完成

该工程位于房山区中部，起点位于大苑村

（西六环东侧 1.4 公里处），经青龙湖镇、城关镇、阎村镇、窦店镇、石楼镇、韩村河镇、长沟镇、张坊镇、大石窝镇，至终点市界（京冀界），全长 50.942 公里，设计速度 120 公里/小时。由市市政总院承担设计。

九、朝阳区温榆河大道市政配套工程—道路工程初步设计完成

该道路规划为城市主干路，北起机场南线，沿东苇路向南，经机场高速、首都机场第二通道、规划京平高速公路，南至朝阳北路，全长 16.97km，设计车速为 60km/h。该道路溶环境、景观、交通功能于一体，是北京城区东北部一条南北向的主要交通走廊。

十、北小河污水处理厂再生水厂二期工程设计完成

该污水厂是城区已建成的 14 座城市污水处理厂之一。流域范围北以北小河以北约 400m 为界，南到土城北路以北，东起来广路，西到昌平路，总流域面积 109.3km^2。厂址在市区北部的北小河北岸，东临黄草湾村，西靠辛店村，北接辛店村路，厂区占地面积 5.2 公顷。一期工程规模为 4 万 m^3/d，本期工程规模为 6 万 m^3/d，水质满足《再生水回用于景观水体的水质标准》，部分水质达到《地表水环境质量标准》IV 类水体水质要求。市市政总院承担设计。

十一、全国注册土木工程师考评工作在京举行

年内，由住房和城乡建设部组织的全国一级注册结构工程师、全国勘察设计注册土木工程师（岩土）专业考试评分工作在京举行，1 万余人参加了考试。北京现有勘察设计从业人员 10 万余名，执业注册人员近 2 万人，占全国近四分之一。

十二、首届城市规划设计论坛举行

年内，市勘察设计测绘行业工作会和首届城市规划设计论坛举行，国内外知名专家围绕“服务北京建设、提高设计质量、提升设计水平”这一主题，分别从城市规划设计角度做了演讲，全市规划、勘察、设计、测绘行业代表 1000 余人参加会议。

十三、测绘行业换证工作完成

按照住房和城乡建设部、国家测绘局要求，年内对全市测绘行业证件进行了审查，共办理资质行政许可 708 件，换发变更资质证书 641 件。

十四、开展注册培训工作

年内，按照住房和城乡建设部的要求，对公共设备、电气、化工专业从业人员进行了注册。完成其它初始注册、变更注册、延续注册、更改补办注册 4563 项，组织机构培训和注册建筑师、结构师、城市规划师培训 5632 人次。

十五、工程勘察设计大师申报工作完成

年内，按照住房和城乡建设部要求，完成了工程勘察设计大师申报工作。共有勘察类 2 个专业、设计类 12 个专业的 12 家勘察设计单位和 21 个申请人获得申报资格。

十六、国贸大厦三期竣工

该大厦高 330 米，位于东三环中路与建国门外大街交界处，是北京商务中心区的核心，被誉为“京城第一高”。由美国 SOM 建筑师事务所设计。

十七、中国船舶工业集团公司船舶系统工程部永丰基地竣工

由市建筑设计研究院设计。基地位于海淀区中关村永丰产业基地，用地面积 4.59 公顷，总建筑面积 64225 平方米，地上总建筑面积 50443 平方米，地下总建筑面积 13782 平方米。

十八、海军总医院二期医疗大楼获奖

年内，由市建筑设计研究院设计的海军总医院二期医疗大楼的结构工程获“长城杯”金杯奖。

十九、长辛店低碳社区规划获环保建筑大奖

年内，由市规划院和奥亚纳工程咨询有限公

司合作完成的《中国北京长辛店低碳社区规划—引领中国低碳分区规划准则的发展》，获香港绿色建筑议会颁发的"环保建筑大奖"、"香港及亚太地区规划类优异奖"。

二十、北京节能减排工作获得好评

年内，北京的节能减排工作在住房和城乡建设部检查中获得好评。11 个建筑工程项目、9 个建筑工程现场、3 个污水处理厂、3 个垃圾填埋场、2 条道路照明工程接受了检查。

二十一、测绘工作受到国家测绘局表彰

年内，北京在全国省级测绘工作考评中获优秀，市测绘设计研究院第一测绘分院获"全国测绘系统先进集体"，第六测绘分院孟志义被评为"全国测绘系统先进工作者"。

第六节　勘察与测绘管理

一、7 项工程获全国优秀工程勘察设计行业奖

2009 年度全国优秀工程勘察设计行业奖揭晓，由市勘察设计研究院有限公司完成的国家体育场、北苑居住区工程勘察项目获一等奖，奥林匹克中心区多功能转播塔、市危险废物无害化处理中心、呼家楼商务居住区、西门子中国公司总部办公楼工程勘察项目获二等奖，首都机场二通道工程勘察项目获三等奖。

二、8 项成果获国家专利

由市勘察设计研究院有限公司开发的工程勘察与地基基础评价计算机专家系统、城市建设工程勘察信息系统、桩基工程差异沉降分析软件、边坡抗滑稳定性分析计算软件、城市高层建筑地基与基础信息系统、城市浅层地下水信息管理系统、村镇崩塌滑坡监测数据采集与管理系统等 7 个计算机软件，获国家著作权登记证书；棱镜监测装置，获国家知识产权局实用新型专利证书。

三、奥运期间道路安全风险对策研究获奖

年内，由市勘察设计研究院有限公司等单位与市交通安全应急指挥部合作完成的《北京市奥运期间道路交通安全突发事件风险评估与对策》项目获北京公路学会科学技术奖三等奖。

四、地下水动态监测网通过规划审查

年内，《北京市浅层地下水位动态监测网运行维护项目》（2009 年度）通过审查，监测网点得到及时补充，并进行了自动监测试验。

五、地下水对结构抗浮研究通过规划审查

该项目利用地下水渗流场三维瞬态流数学模型对南水北调进京后不同时段内的地下水位进行了预测，研制了《北京市地下水预测管理信息系统》，编制了《北京地区建筑结构抗浮技术导则》，提出了地下水位回升条件下等效抗浮设计水位基本概念和取值方法，为规范北京地区抗浮咨询工作提供了重要依据。

六、东部地面沉降监测网通过评审

年内，由市勘察设计研究院有限公司与市测绘设计研究院共同完成的《北京东部区域地面沉降监测网络的建设与应用》（2010-2011 年）项目实施方案通过评审。完成了地面沉降水准监测网两期 760 公里水准测量、GPS 监测网的外业观测和数据分析，对 17 期历史资料进行了整理，共搜集整理、分析水文观测孔 75 组、地质勘探资料 222 份，绘制综合地质剖面 12 条，建立了地层三

维模型和水文地质模型。

七、高填方路基监测研究通过评审

由市勘察设计研究院有限公司历时3年完成的《京津高速公路第二通道道路工程高填方路基综合监测研究》项目通过首发公司验收。该项研究填补了北京东南部地区高填方路基沉降变形对工程设计与施工影响研究的空白。

八、地下空间开发研究通过规划评审

由市勘察设计研究院有限公司完成的《北京市中心城深部地下空间开发规划的重大环境工程地质问题综合研究（一期项目）》通过市规划委评审。该课题以两年为研究周期，范围为
地面以下100米以内的深部地下空间区域。

九、污染场地原位修复技术研究通过验收

年内，由市勘察设计研究院有限公司与中科院地理科学与资源研究所共同承担的《北京市典型场地污染的关键原位修复技术研究与示范》课题通过市科委验收。该课题选择北京焦化厂遗留的重污染场地建立1000平方米示范基地，采用具有自主知识产权的场地原位化学氧化修复技术、土壤气相抽提修复技术和微生物修复技术进行修复，修复率达90%。该项研究填补了国内空白。

十、京石二通道勘察完成

由市勘察设计研究院有限公司承担的京石二通道（北京段）第四标段工程勘察设计工作完成。该标段全长14.5公里，设跨河桥6座、分离式立交桥1座、互通式立交桥1座、隧道3条，桥梁总长4.6公里，隧道总长3.6公里。

十一、7个污水厂再生水改造工程勘察完成

年内，市勘察设计研究院有限公司完成了卢沟桥、清河、北小河、吴家村、酒仙桥、小红门、高碑店等7个污水处理厂再生水改造岩土工程勘察工作，为年均生产10亿立方米再生水改造工程的顺利实施奠定了基础。

十二、3项基础测绘项目完成

年内，市测绘院完成了3项基础测绘工作。基础控制方面，共完成北京市域GPS C级网复测23点，采用网络RTK一级加密复测城市一、二级导线约1500点，城市一、二级导线四等水准复测约1200公里，玉渊潭水准原点监测网复测（一等水准）及东部沉降区水准观测工程（一、二等水准）约1066公里；基本比例尺地形图更新方面，共完成四环范围1:500地形图更新8450幅、六环范围1:2000地形图更新3376幅、全市域1:10000地形图更新933幅；地理信息数据库建设方面，共完成2009年更新的8450幅1:500地形图、3376幅1:2000地形图数据和2008年、2009年制作的11937幅1:2000、1:10000正射影像图加工入库工作。

十三、保障抢险救灾应急测绘

年内，市测绘院按照国家测绘局指令，紧急完成了甘肃舟曲特大泥石流灾害发生前后的数字地面模型和正射影像图的制作任务，为抢险救灾提供了及时有效的测绘保障。

十四、什邡地震工业遗址测绘工作完成

年内，市测绘院采用三维激光扫描技术，完成了什邡地震工业遗址测绘、三维扫描和测量建模工作。

十五、完成新农村建设测绘工作

年内，市测绘院配合新农村规划，共计完成了189个村镇的新农村大比例尺地形图测绘工作。

十六、城市地理空间框架数字化建设启动

年内，东城、西城、通州开始启动地理空间数字化建设。该项建设采用三维地理信息技术，建构规划、应急、房管等辅助决策系统，可为信息互联互通、政府科学决策和城市综合监管提供服务。该项目由市测绘院提供技术支持。

十七、北京市政务版电子地形图数据更新

年内，市测绘院完成了六环以内1:2000和全市域1:10000比例尺北京市政务版电子地形图数据更新。目前已有26家通过审批的单位享受免费使用。

十八、7个地理信息系统开发完成

年内，市测绘院完成了7个地理信息系统开发建设项目。1、北京市空间数据共享与协同审批系统；2、北京市房屋全生命周期管理信息平台；3、房山区三维辅助规划审批系统；4、绿化隔离地区动态监测管理系统；5、北京市土地资源和建设用地综合决策分析平台系统设计与开发；6、北京市文物资源信息数据库建设；7、北京市邮政设施管理信息系统。

十九、北京人文地理杂志陆续出版

年内，由市测绘院编制的《北京人文地理•房山访古探源》和《北京人文地理•西城卷》出版发行。该杂志，是第一本专门记录北京人文地理资源的刊物。

二十、多种地图出版

年内，市测绘院编制出版了多种地图。主要包括:《北京市土地利用总体规划图集》、《北京城市交通图—国家高速公路网命名编号调整特刊》、《北京市中小学生社会大课堂指南》、《城区及全市小区代码图》、《内蒙古电网图集》、《北京交通旅游地图》、《北京驾车旅游地图》、《北京市全图》、《北京城市交通图》等。

二十一、首个测绘博士后科研工作站建成

年内，经市人力资源和社会保障局批准，全市首个测绘博士后科研工作站在市测绘院建成。

第七节　地名命名、更名

概况：2010年，本市地名命名、更名共计216个。按地名类别划分，道路和居住区名称111个，桥梁名称16个，地铁车站名称89个。

道路和居住区命名、更名（111个）

东城区命名、更名（6个）

和平里南街、十字坡东小街、香河园西街、香河园中街、香河园北街、左安门西街

西城区命名、更名（2个）

南营房中街、参政西巷

朝阳区命名、更名（20个）

立通路、褡裢坡北街、褡裢坡南街、褡裢坡中街、定福庄北街、定福庄路、定福庄一路、定福庄二路、三间房北街、三间房东路、三间房东一路、三间房南街、三间房南小街、三间房西路、三间房中街、三间房中路、来广营建设路、单店西路、东坝南一街、东坝中街

海淀区命名、更名（40个）

稻香湖北路、帘青路、瑞府路、道公府路、龙背村路、篓斗桥路、双槐树路、蔚秀园路、畅春园西路、承泽园路、清溪书屋路、朗润园路、扇子河路、大成坊路、西苑医院路、西苑操场路、翠湖北路、冠城园北路、南坞路、云会里南街、麦钟桥西街、铁家坟路、二里庄环巷、七贤村南一巷、七贤村南二巷、七贤村南三巷、白家疃尚峰园、白家疃尚水园、白家疃尚品园、白家疃尚居园、丰滢西路、皂甲屯路、渌水亭北路、前章村西路、上庄中路、上庄家园西路、南沙河西路、南沙河东路、翠湖南路、逸清南路

丰台区命名、更名（5个）

公益西街、兴景路、五圈南路、金桥东街、榴乡路

大兴区命名、更名（6个）

枣园巷、枣园西巷、枣园东巷、魏北路、魏西路、德贤路、

顺义区命名、更名（15 个）

金马园一街、金马园二街、金马园三街、金益街、兴朝路、兴仁路、兴天路、兴定路、达盛路、联盛路、金恒街、张庄家园、张家庄水岸家园、水岸佳庭、吉顺街

通州区命名、更名（17 个）

鑫隅二街、鑫隅三街、鑫隅四街、鑫觅西二路、商通大道、源盛西街、源盛东街、滨榆东路、榆东一街、榆东二街、榆东四街、榆东五街、安北一路、榆西三街、榆景中路、榆景东路、榆西二街

桥梁名称（16 个）

海淀区桥梁（7 个）

杨庄东桥、杨庄桥、苹果园桥、金顶桥、广宁桥、高井桥、麻峪永定河桥

大兴区桥梁（9 个）

庑殿桥、旺兴湖桥、集贤桥、旧宫新桥、榆垡桥、黄各庄桥、魏各庄桥、西瓮各庄桥、西黄垡桥

地铁车站命名（89 个）

肖村站、小红门站、旧宫站、亦庄桥站、亦庄文化园站、万源街站、荣京东街站、荣昌东街站、同济南路站、经海路站、次渠南站、次渠站、亦庄火车站、生命科学园站、朱辛庄站、巩华城站、沙河站、沙河高教园站、南邵站、北沙滩站、安立路站、关庄站、望京站、望京东站、崔各庄站、马泉营站、孙河站、国展站、花梨坎站、后沙峪站、南法信站、石门站、顺义站、俸伯站、新宫站、西红门站、高米店北站、高米店南站、枣园站、清源路站、黄村西大街站、黄村火车站、义和庄站、生物医药基地站、天宫院站、中国美术馆站、什刹海站、安德里北街站、安华桥站、林萃桥站、永泰庄站、西小口站、育新站、回龙观东大街站、苏庄站、良乡南关站、良乡大学城西站、良乡大学城站、良乡大学城北站、广阳城站、篱笆房站、长阳站、稻田站、大葆台站、郭公庄站、丰台科技园站、科怡路站、丰台南路站、丰台东大街站、七里庄站、六里桥站、六里桥东站、北京西站、白堆子站、白石桥南站、海淀五路居站、慈寿寺站、花园桥站、车公庄西站、北海北站、南锣鼓巷站、东大桥站、金台路站、十里堡站、青年路站、褡裢坡站、黄渠站、常营站、草房站

第四章
土地供应与市场

第一节　2010年北京市土地管理综述

2010年北京市国土资源工作深入贯彻落实科学发展观，着眼建设世界城市，加快推进“人文北京、科技北京、绿色北京”建设，按照保增长、调结构、促转变的要求，巩固应对国际金融危机成果，积极落实国家和北京市各项宏观调控政策要求，深入开展“双保工程”和“两整治一改革”专项行动，各项重点工作有序推进，努力为经济社会平稳较快发展服务。

2010年，全市通过建设用地预审项目1404个，总面积18911.6公顷，同比增加6.8%。审批建设用地4955.4公顷，同比减少41.1%，其中农转用2897.6公顷，同比减少47.9%，含耕地1806.5公顷，同比减少49.1%。全市土地实际供应总量6489公顷，完成计划101%。国有土地有偿使用收入征缴入库约1314.4亿元。国土资源基础性工作进一步加强，全面完成第二次全国土地大调查工作，全市国有土地登记发证14722宗，发证土地面积9145.9公顷，土地使用权抵押登记9232宗，贷款金额4569.2亿元。

一、土地供应保障有力，重大项目加快落地，保障首都经济社会平稳较快发展。

1. 加强计划引导，有效供应土地。2010年度实际供应土地总量6489公顷，完成年度土地供应计划101%，同比增长7%。住宅用地供应按计划完成，保障性住房用地供应提前超额完成。土地供应向新城、城南等重点发展区域倾斜。保障新增建设用地需求，共安排使用新增建设用地指标3488.4公顷，农用地指标3360.3公顷，耕地指标1999.3公顷，分别完成年度土地利用计划指标数的86%、94%和88%。转变土地利用方式，促进产业结构和布局优化调整。建立和完善我市建设项目节约用地标准管理机制。积极开展开发区土地集约利用评价工作。深入开展国土资源节约集约模范县（市）创建活动，西城区、石景山区和北京经济技术开发区经部批准选定为土地主导型创建试点。土地供应工作较好满足了经济平稳发展用地需求，有力保障全市经济社会发展目标的实现。

2. 提高效率加强服务，积极推进重点项目投资落地。落实责任分工，加大专项协调力度，建立多项制度措施，确保重大项目土地供应落到实处。持续不断推进绿色审批通道机制的普遍化、规范化、常态化，共采取12项具体措施，压缩审批时限约78个工作日。积极推进中关村国家自主创新示范区的建设，配合开展“十百千工程”。对于涉及占用耕地的非农建设项目，全面落实占补平衡任务，保障项目顺利落地。利用“先行用地”政策，向国土部上报了轨道交通房山线（房山段）、亦庄线、地铁M15号线等9个项目先行用地手续。

二、保障性住房供地亮点突出，保民生各项工作成效显著。

1. 全力供应保障性住房用地，保障中低收入居民住房需求。优先优质供应保障性住房用地,全年供应保障性住房用地1332公顷，占已供应住宅用地的52.8%，提前超额完成计划任务，得到中央和市委市政府的充分肯定。保障性住房及自住性中小套型普通商品房用地供应量约占住宅用地供应总量的72%。深入研究制定支持公共租赁住房建设的土地供应政策，积极探索农村集体土地上发展公共租赁住房的用地政策,申报试点工作取得积极进展。

2. 加强征地制度改革，保障农民合法权益和长远生计。继续积极稳妥推进征地补偿安置多元化试点工作，在50个重点村整治项目中采取了一村一策的补偿安置方式。研究制定北京市征地补偿区片指导价，进一步完善征地补偿价格确定机制。不断完善我市绿化隔离地区相关政策，合理安排绿隔产业用地。既保护被征地农民合法权益和长远生计，又加快相关重点工程用地进度。

三、加强调控，创新政策，维护土地市场健康平稳发展。

1. 继续加大土地储备开发力度，夯实宏观调控基础。市级政府统筹、区县政府指挥、乡镇政府操作、土地储备机构为主体、委托开发公司具体实施的政府主导型土地储备开发模式不断完善。2010年，全市新增土地储备开发面积约6400公顷；基本完成开发土地面积4101公顷；全市土地储备开发实现投资1470亿元，其中土地储备开发投资1000亿元，完成全年计划的100%；重点区域土地储备开发专项投资470亿元。全年完成农居民搬迁改造约4万户。制定土地储备资金管理规范，确保资金安全、规范使用。

2. 切实执行调控要求，注重政策创新。在坚决执行中央调控政策的同时，探索稳定市场新政策，通过“限地价、竞政策性住房面积”等方式完善土地使用权招拍挂出让方式，抑制非理性竞价。积极开展全市基准地价更新工作，形成宏观、中观、微观三种不同空间尺度的级别基准地价、区片基准地价和街区基准地价，探索建立基准地价管理平台应用体系；组织城市地价动态监测工作，为土地管理参与宏观调控提供依据。

3. 保障土地市场平稳供应，规范土地市场秩序。2010年，我市土地交易市场共成交土地280宗，土地面积3012公顷，住宅、商服用地供应充足、平稳。缩小单宗商品住宅用地出让规模，防止开发企业囤地，加强对房地产开发企业购地和融资的监管。实施国有建设用地开发利用申报和信息公示制度，禁止或限制出现不良信用和违约行为的公司及其关联公司参与土地竞买。积极开展房地产用地突出问题专项整治和在建工程领域专项治理工作。妥善对涉嫌闲置和违约的房地产项目用地进行分类处置。

四、按照建设世界城市的总体目标，积极推进城乡一体化建设。

1. 加快推进区（县）、乡（镇）土地利用总体规划审批，构建科学合理的土地利用格局。围绕土地规划管理面临的重点难点问题开展专题研究，为规划修编奠定坚实基础。全面开展14个区县土地利用总体规划方案的技术审查工作。石景山等4个区县的区县级土地利用总体规划方案于年内获得市政府批复；平谷、怀柔等9个区县的土地利用总体规划方案于年内上报市政府。乡镇土地利用总体规划进展顺利，所有乡镇级规划成果已通过专家评审。新一轮市级规划实施的评估、监督检查项目招标工作进展顺利。

2. 加强政策集成、模式创新，积极促进新农村和小城镇建设。联合市农委出台《关于加强土地管理推进小城镇建设的意见》，为解决小城镇建设过程中的资金瓶颈、产业发展和升级、农民长远生计等问题提供政策支持。积极探索农村集体建设用地流转相关政策，支持新农村建设。积极推进城乡结合部50个重点村城乡一体化建设，其中37个村以土地储备开发模式进行，年内完成拆迁的12个，正在拆迁的16个。海淀分局通过国有土地使用权收储后入市交易的方式为唐家岭项目解决了开发建设资金。鼓励和引导通过城镇化整理、生态搬迁、撤并改造等方式，促进缩减农村居民点用地规模。

3. 加强地籍管理，同步推进国有和集体土地产权管理工作。全面上报第二次全国土地调查工作成果，加强二调成果在相关领域的应用。稳步推进二调信息系统建设，荣获中国地理信息优秀工程银奖。建立月清、季累、年更新的变更调查新机制。积极推进全市农村土地确权登记颁证工作，3个市级批准的试点区县工作进入了权属审查阶段。研究出台《地籍管理办法》，系统规范地籍管理工作。加强对区县分局土地登记审批工作的监督和指导。历史档案全部实现数字化，并与档案日常数字化进行有效衔接。

五、切实保护耕地，加强执法监察，坚守耕地“红线”。

1. 落实耕地保护责任，加大土地开发整理力度。按照“总量不减少，用途不改变，质量有提高”的要求，积极推进基本农田示范区建设，积极落实基本农田上图工作。继续规范耕地储备库管理，全面落实非农建设占补平衡任务。顺利完成北京市2009年度耕地保护责任目标履行情况检查工作。不断完善耕地破坏程度鉴定工作机制。积极研究出台设施农用地管理政策。进一步加大土地开发整理投入和工作力度。2010 年已完成土地开发整理规划设计审查项目总规模 13.1 万亩（1 亩=666.7m^2），拟新增耕地 4.5 万亩，完成全年计划的 150%；完成开发整理项目总验收 35 个，新增耕地 2.79 万亩,完成全年计划的 111.6%；在施土地开发整理项目总数 113 个，正按项目实施计划有效推进。

2．加强执法监察，有效制止违法势头蔓延。严肃查处违法违规各类案件，行刑衔接连动机制得到加强，切实遏制乱占滥用土地行为。较好完成各专项执法检查任务，积极组织落实第 10 次土地卫片执法检查工作，违法违规用地处罚（理）率为 100%、处罚（理）到位率为 97.4%；开展未报即用违法用地清查工作，结案比例 91.7%。

3．积极建立“双巡查机制”，执法监管共同责任机制进一步加强。由国土系统巡查、地方政府巡查构建的“双巡查机制”正逐步建立，巡查“早发现、早制止、早报告”作用开始显现。加大装备投入，运用高科技手段辅助开展巡查工作。积极构建执法监察共同责任机制，土地违法约谈制度建立健全。各区县分局执法监察职能得到切实发挥。

第二节 征地管理

一、征地管理工作情况

2010 年市国土局征地管理工作进一步转变工作作风、树立服务意识、简化审批程序，确保了重点工程、保障性住房、挂账村改造等项目落地。同时，加大政策研究，积极研究征地中出现的新情况、新问题，有效化解各种矛盾，妥善解决历史遗留问题，为满足首都经济社会发展用地需求提供了有力保障。

继续稳步推进征地制度改革。2010 年，市国土局按照市政府关于推进“绿通机制常态化，变绿通为普通”的相关工作要求，进一步简化审批程序，压缩审批时限，加快集体土地征收及农用地转用项目的办理工作。积极落实国土部相关用地政策，对重点急需用地工程，在积极推进正式用地报批进度的同时，组织先行用地报批工作，先后为轨道交通房山线（房山段）、轨道交通亦庄线、地铁 M15 号线、京石客专（房山段）、蒲黄榆路南延、108 复线和北京动车段及走行线等 10 个项目向国土部申报了先行用地手续，确保我市重大项目依法依规落地。

组织拟定了北京市征地补偿区片价。为保护被征地农民利益，完善征地补偿机制，在综合考虑实际补偿标准、当地经济发展水平、农民生活水平、社会平均保障水平、土地区位、土地供求关系等多方面因素的基础上,形成了北京市征地补偿区片价初步成果并征求了区县政府和有关部门意见，组织开展了《北京市征地补偿区片价》听证工作，待市政府批准后正式实施。

加强批后监管工作。严格对征地补偿费的及时到位进行监管，同时利用北京一号小卫星继续开展对 2007 年、2008 年、2009 年集体土地征收及农用地转用项目批后的利用情况进行监测。

二、征（占）地及农用地转用审批情况

2010 年，国务院及市政府共审批征（占）用集体土地及农用地转用项目 383 个，总用地面积 4955.36 公顷，其中经国务院批准用地面积 712.71 公顷，经市政府批准用地面积 4242.64 公顷。

三、土地利用年度计划执行情况

2010 年，国土资源部下达及奖励北京市新增建设用地指标为 4063 公顷，其中农用地 3583 公顷，耕地指标 2277 公顷。北京市安排使用 2010

年新增建设用地指标3488公顷，农转用指标3360公顷，耕地指标1999公顷。（详见本章附表《2010年审批建设用地情况》）

第三节 国有土地使用权出让情况

一、2010年北京市国有土地使用权出让概况

2010年北京市共出让土地622宗，出让土地总面积约2367.3378公顷，合同地价款总额约为人民币1458.47亿元（表4-1）。其中出让新建项目用地360宗，出让土地面积约为2129.022公顷，占出让总土地面积的89.93%，合同地价款总额约为人民币1436.01亿元，占出让地价款总额的98.46%；以现状补办出让项目用地262宗，出让土地面积约238.3158公顷，占出让总土地面积的10.07%，合同地价款总额约为人民币22.46亿元，占全市出让地价款总额的1.54%。

表4-1 按区域划分2010年北京市国有土地使用权出让情况

区县	宗数	宗地面积（公顷）	合同地价款（万元）
东 城 区	35	5.8124	101687.21
西 城 区	25	2.5102	14737.4
崇 文 区	8	1.0263	38898.53
宣 武 区	23	2.8256	6607.87
朝 阳 区	69	97.8502	3000044.13
丰 台 区	46	126.1237	1426490.06
石景山区	8	12.4488	155559.1
海 淀 区	32	67.8948	926689.01
门头沟区	9	30.1919	108946.2
房 山 区	34	197.1963	1677581.59
通 州 区	30	194.3157	1375543.16
顺 义 区	74	537.0377	1311996.54
昌 平 区	70	281.4241	1196815.15
大 兴 区	53	301.4755	2082410.35
怀 柔 区	7	19.9662	39745.71
平 谷 区	20	106.7942	317819.16
亦庄开发区	47	214.0709	321490.44
密 云 县	22	121.4669	445479.76
延 庆 县	9	46.9064	36127.48
合计	622	2367.3378	14584668.85

二、2010 年北京市国有土地使用权市场交易出让情况

2010 年北京市土地交易市场和 10 个远郊区县、北京经济技术开发区土地交易分市场共成交土地 280 宗，土地面积约 3012.04 万平方米，规划建筑面积约 3350.46 万平方米，成交价款 1677.27 亿元，其中，政府土地收益 948 亿元（表 4-2）。

表 4-2　2010 年北京市国有建设用地使用权入市交易成交统计表

交易地点	成交宗数	土地总面积（万平方米）		规划建筑面积（万平方米）	成交价款（亿元）
		合计	其中建设用地		
市土地交易市场	106	1446.30	875.51	1786.71	1433.08
远郊区县土地交易市场	174	1565.74	1194.64	1563.65	244.19
合计	280	3012.04	2070.15	3350.46	1677.27

三、2001 年-2010 年北京市国有土地使用权出让情况

2001 年-2010 年北京市国土资源局共审批出让国有土地使用权 7812 宗，涉及土地面积约 20544 公顷，规划建筑面积约 32837 万平方米。

第四节　划拨城镇建设用地情况

1992—2010 年的 19 年间，共办理划拨城镇建设用地 1595 宗，总用地面积 9821.25 公顷。

表 4-3　划拨城镇建设用地分年度统计表（单位：公顷）

年度	宗数	比例	面积	比例
1992	25	1.57%	204.64	2.08%
1993	36	2.26%	241.02	2.45%
1994	39	2.45%	404.80	4.12%
1995	36	2.26%	215.33	2.19%
1996	24	1.50%	55.16	0.56%
1997	33	2.07%	122.24	1.24%
1998	38	2.38%	157.76	1.61%
1999	33	2.07%	187.10	1.91%
2000	35	2.19%	67.40	0.69%
2001	72	4.51%	412.95	4.20%

2002	65	4.08%	311.21	3.17%
2003	79	4.95%	501.66	5.11%
2004	73	4.58%	447.67	4.56%
2005	123	7.71%	611.16	6.22%
2006	183	11.47%	2086.16	21.24%
2007	294	18.43%	1400.08	14.26%
2008	181	11.35%	1409.29	14.35%
2009	133	8.34%	721.62	7.35%
2010	93	5.83%	264.00	2.69%
总计	1595	100.00%	9821.25	100.00%

1、从用地宗数来看，从1992年的25宗开始逐年增加，至1994年达到最高点39宗，之后1995年开始下降，至1996年下降至最低点24宗，从1997年开始又逐年上升，到2007年达到最高点294宗,从2008年开始又逐年下降，至2010年下降至93宗。

从用地面积来看，从1992年的204.64公顷开始逐年增加，至1994年达到最高峰404.8公顷，之后1995年开始直线下降，至1996年下降至最低点55.16公顷，从1997年开始又逐步上升，到1999年达到一个小高峰187.1公顷，2000年有所下降至67.4公顷，2003年达到又一个高点501.66公顷，2004年稍有回落至447.67公顷，到2006年达到最高点2086.16公顷，从2009年开始又逐年下降，至2010年下降至264.00公顷。

2、从用地项目来看，公共管理和公共服务用地最多，共677宗，占42.45%，用地面积2704.00公顷，占27.56%，其次是其他住房项目共364宗，占22.82%，用地面积2800.26公顷，占28.54%；随后是交通运输用地，共305宗，占19.12%，用地面积2439.68公顷，占24.86%；经济适用住房共145宗，占9.09%，用地面积1302.41公顷，占13.27%；最少的是特殊用地共104宗，占6.52%，用地面积565.91公顷，占5.77%。

表4–4 划拨城镇建设用地分项目统计表（单位：公顷）

项目名称	宗数	比例	用地面积	比例
公共管理和公共服务	677	42.45%	2704.00	27.56%
经济适用住房	145	9.09%	1302.41	13.27%
其他住房	364	22.82%	2800.26	28.54%
交通运输用地	305	19.12%	2439.68	24.86%
特殊用地	104	6.52%	565.91	5.77%
总　计	1595	100.00%	9812.25	100.00%

3、自1992—2010年的19年间，市局办理划拨用地涉及我市所有区县，从用地位置来看，东城、西城、崇文、宣武、朝阳、海淀、丰台等七城区办理的最多，共1244宗，占80.00 %，用地面积6787.07公顷，占69.11%。

表 4–5 划拨城镇建设用地分区县统计表（单位：公顷）

区县	宗数（宗）	比例	用地面积（公顷）	比例
东城	134	8.40%	551.66	5.62%
西城	194	12.16%	710.39	7.23%
崇文	116	7.27%	631.45	6.43%
宣武	139	8.71%	537.94	5.48%
朝阳	268	16.80%	2069.31	21.07%
海淀	242	15.17%	1562.63	15.91%
丰台	151	9.47%	723.68	7.37%
石景山	40	2.51%	137.88	1.40%
门头沟	20	1.25%	82.66	0.84%
大兴	26	1.63%	255.55	2.60%
通州	34	2.13%	140.73	1.43%
昌平	57	3.57%	610.16	6.21%
顺义	32	2.01%	1213.99	12.36%
平谷	15	0.94%	49.23	0.50%
房山	28	1.76%	160.33	1.63%
怀柔	27	1.69%	75.43	0.77%
密云	47	2.95%	155.59	1.58%
延庆	20	1.25%	93.76	0.95%
亦庄	5	0.31%	58.85	0.60%
总计	1595	100.00%	9821.25	100.00%

2010 年共办理划拨城镇建设用地 93 宗，总用地面积 264.00 公顷。

表 4–6 2010 年按划拨土地用途分类统计表

项目类型 用地	宗数（宗）	比例	面积（公顷）	比例
公共管理和公共服务	63	67.74%	107.09	40.56%
经济适用住房	18	19.35%	81.14	30.73%
其他住房	3	3.23%	0.63	0.24%
交通运输用地	4	4.30%	22.20	8.41%
特殊用地	5	5.38%	52.95	20.06%
总 计	93	100%	264..00	100%

2010 年市局办理划拨用地涉及我市所有区县，从用地位置来看，各区县办理件数以及用地面积相差不大。

表 4-7　2010 年按各项目用地位置分类统计表

区县	宗数（宗）	比例	用地面积（公顷）	比例
东城	3	3.23%	0.86	0.33%
西城	1	1.08%	0.18	0.07%
崇文	7	7.53%	22.25	8.43%
宣武	5	5.38%	7.50	2.84%
朝阳	8	8.60%	6.64	2.51%
海淀	7	7.53%	53.81	20.38%
丰台	6	6.45%	6.83	2.59%
石景山	2	2.15%	1.28	0.49%
门头沟	4	4.30%	7.90	2.99%
大兴	3	3.23%	28.24	10.70%
通州	6	6.45%	10.22	3.87%
昌平	6	6.45%	42.82	16.22%
顺义	7	7.53%	13.23	5.01%
平谷	5	5.38%	9.37	3.55%
房山	10	10.75%	27.63	10.47%
怀柔	5	5.38%	2.61	0.99%
密云	4	4.30%	5.91	2.24%
延庆	4	4.30%	16.70	6.33%
亦庄	3	3.23%	0.86	0.33%
总计	93	100.00%	264.00	100.00%

第五节　土地储备和一级开发

一、土地一级开发情况

2010 年，核批土地一级开发授权批复 154 个（含延期），土地总面积 7767 公顷。全市新增土地储备开发面积 6400 公顷，基本完成土地储备开发面积 4101 公顷，实现土地储备开发投资及重点区域专项投资 1470 亿元。

二、政府土地储备情况

全年新增收购储备项目 9 个，土地面积 130 公顷；新增市、区联合储备项目 8 个，土地总面积 1300 公顷。

三、经营性土地入市交易情况

2001 年至 2010 年，全市共有 1082 宗 9666.21 万平方米土地入市成交，成交价款为 4185.92 亿元，其中政府土地收益 2078.81 亿元（详见本章附表）。

2010年4月,《关于坚持和完善土地招拍挂制度的意见（试行）》报请市政府批准后实施，其中调整综合评标分值比例、试点“不设评标委员会”招标，“限房价、竞地价”、“限地价，竞政策性住房面积”挂牌等完善土地招拍挂出让举措，在抑制地价非理性过快上涨方面发挥了重要作用。

表4-8 2001-2010年北京市国有建设用地使用权入市交易成交统计表

年度	成交宗数	交易类型			土地面积（万平方米）		规划建筑面积（万平方米）	成交价款（亿元）	
		招标	拍卖	挂牌	合计	其中建设用地		合计	其中政府收益
2001	1	1	0	0	13.97	13.97	14.14	3.17	0.59
2002	8	2	1	5	250.48	174.79	331.26	61.35	14.93
2003	48	3	1	44	201.7	158.7	277.87	49.14	19.05
2004	89	4	0	85	537.92	403.53	609.51	115.31	32.85
2005	50	2	0	48	357.39	242.12	451.97	117.51	39.31
2006	87	29	1	57	856.2	594.96	935.05	257.67	92.11
2007	85	41	0	44	897.92	600.63	1233.01	438.1	204.34
2008	184	26	0	158	1573.43	1110.19	1810.43	500.12	170.82
2009	250	20	1	229	1965.16	1385.27	2391.19	966.28	556.76
2010	280	81	0	199	3012.04	2070.15	3350.46	1677.27	948.05
合计	1082	209	4	869	9666.21	6754.31	11404.89	4185.92	2078.81

第六节 地价监测

一、城市地价动态监测工作简介

城市地价动态监测是土地参与宏观调控的一项重要基础性工作。通过确定地价监测范围，设立标准宗地，组织土地估价师及时跟踪采集标准宗地地价信息，定期收集、汇总、整理、分析形成季度和年度监测成果，实现对地价水平和变动情况的实时监测，及时准确把握土地市场运行态势和价格走势，为增强市场监管和调控能力提供服务，为国土资源管理部门参与宏观调控提供决策依据，同时满足社会公众的信息需求。

二、北京市地价监测基本情况介绍

北京是首批国家级城市地价动态监测重点城市之一，自2001年开展此项工作。2008年，根据国土资源部《关于进一步加强城市地价动态监测工作的通知》（国土资发［2008］51号）要求，进一步夯实基础性工作，重新划定监测范围和地价区段，布设标准宗地，按照“政府组织、市区联动、协会监管、专业实施”的工作模式开展工作。

北京市地价动态监测分国家级监测范围及市级监测范围，国家级监测范围为城市建成区及工业集聚区内的居住、商业、工业三种用途，市级监测范围为十一个规划新城内居住、商业、办公三种用途。国家级监测范围内标准宗地共257宗（居住105宗、商业91宗、工业61宗），市级监测范围内标准宗地共241宗（居住55宗、商业53

宗、办公 133 宗)。北京市共 53 家土地估价机构的 229 名土地估价师参与了地价监测工作。标准宗地信息采集仍然采取同一宗地由两名估价师背对背分别评估的方式进行。监测结果客观地反映了北京市土地价格水平及地价变化情况，对于政府部门全面、系统、及时地掌握地价水平及动态变化情况，宏观调控土地市场提供了参考依据。

三、2010 年北京市地价监测的主要成果

根据《城市地价动态监测技术规范》(TD/T1009—2007)及《关于进一步加强城市地价动态监测工作的通知》(国土资发[2008]51 号)要求，2010 年北京市国家级监测范围内地价监测结果见下表。

表 4–9　国家级监测范围各用途地价水平值及增长率(季度)

土地用途	2010 年一季度		2010 年二季度		2010 年三季度		2010 年四季度	
	地价水平值(元/平方米)	环比地价增长率	地价水平值(元/平方米)	环比地价增长率	地价水平值(元/平方米)	环比地价增长率	地价水平值(元/平方米)	环比地价增长率
居住	11449	6.16%	12029	5.07%	12634	5.03%	13357	5.72%
商业	10646	3.20%	11024	3.55%	11454	3.90%	12207	6.57%
工业	1252	4.51%	1305	4.23%	1360	4.21%	1397	2.72%
平均	7587	5.40%	7943	4.69%	8319	4.73%	8795	5.72、%

表 4–10　城市地价动态监测指数(年度)

年度	2009 年	2010 年
全市平均水平	220	269
一、住宅用地	301	373
二、工业仓储用地	168	196
三、商业、旅游、娱乐用地	187	221

附表 2010年审批建设用地情况

填报单位（盖章）： 2010年1–12月 计量单位：公顷

	批准建设用地合计					国务院批准建设用地					省级政府审批				
		新增建设用地					新增建设用地					新增建设用地			
			农用地转用		未利用地			农用地转用		未利用地			农用地转用		未利用地
				耕地					耕地					耕地	
甲	1	2	3	4	5	7	8	9	10	11	13	14	15	16	17
合　计	4955.3554	3026.2059	2897.5728	1806.5247	128.6331	712.7112	344.8534	324.3178	194.9263	20.5356	4242.6442	2681.3525	2573.2550	1611.5984	108.0975
市辖区	4811.9582	2917.7400	2795.3210	1736.9761	122.4190	712.7112	344.8534	324.3178	194.9263	20.5356	4099.2470	2572.8866	2471.0032	1542.0498	101.8834
朝阳区	213.8275	121.7913	118.0607	90.1540	3.7306	213.8275	121.7913	118.0607	90.1540	3.7306					
丰台区	401.8338	164.4091	156.9348	108.9366	7.4743	191.7465	47.0880	47.0880	30.5731		210.0873	117.3211	109.8468	78.3635	7.4743
石景山区	53.2835	38.8197	38.8197	2.7735		15.2408	7.8981	7.8981	2.0959		38.0427	30.9216	30.9216	0.6776	
海淀区	290.2163	174.1920	173.7320	48.1069	0.4600	100.8694	35.6871	35.6871	0.2040		189.3469	138.5049	138.0449	47.9029	0.4600
门头沟区	133.2680	70.5504	70.2429	39.0712	0.3075						133.2680	70.5504	70.2429	39.0712	0.3075
房山区	276.2545	192.7074	178.0583	114.2415	14.6491						276.2545	192.7074	178.0583	114.2415	14.6491
通州区	523.5669	314.5942	301.8098	254.5231	12.7844	34.1853	25.7225	25.7225	23.2605		489.3816	288.8717	276.0873	231.2626	12.7844
顺义区	830.2724	585.9801	558.6175	269.6357	27.3626	96.0147	77.5402	70.7829	42.0949	6.7573	734.2577	508.4399	487.8346	227.5408	20.6053
昌平区	627.4654	318.2273	286.5763	172.8281	31.6510	60.8270	29.1262	19.0785	6.5439	10.0477	566.6384	289.1011	267.4978	166.2842	21.6033
大兴区	1325.3097	852.2620	833.6412	585.5698	18.6208						1325.3097	852.2620	833.6412	585.5698	18.6208
怀柔区	96.9586	56.9169	51.5382	29.1410	5.3787						96.9586	56.9169	51.5382	29.1410	5.3787
平谷区	39.7016	27.2896	27.2896	21.9947							39.7016	27.2896	27.2896	21.9947	
县	143.3972	108.4659	102.2518	69.5486	6.2141						143.3972	108.4659	102.2518	69.5486	6.2141
密云县	62.6463	40.5053	37.4792	36.3457	3.0261						62.6463	40.5053	37.4792	36.3457	3.0261
延庆县	80.7509	67.9606	64.7726	33.2029	3.1880						80.7509	67.9606	64.7726	33.2029	3.1880

单位负责人： 填表人： 年 月 日

第五章
房地产开发投资与建设

2010 年我市房地产开发投资增长高开低走，四季度趋稳回升。新开工面积超过 2007 年以来各年水平，呈现出持续快速增长的特点。政策房建设得到有力保障，全年完成年初制定的“各类政策性住房用地占全市住房供地 50%以上，新开工建设和收购政策性住房占全市住房新开工套数的 50%以上”计划。房地产市场宏观调控政策效果显现，商品房销量大幅下降，价格快速增长势头得到有效抑制。

第一节　房地产开发投资

2010 年年初，受土地购置费大幅增长和上年同期基数较低影响，全市房地产开发投资高位开局。随着同期基数逐渐回升，从 4 月份开始，房地产开发投资增速持续回落。一季度全市房地产开发投资同比增长 74.5%，上半年回落至 38.8%，前三季度探至谷底 16.4%，四季度小幅回升。全年完成房地产开发投资额为 2901.1 亿元，比上年增长 24.1%，增速比前三季度回升 7.7 个百分点。（见图 5-1）。

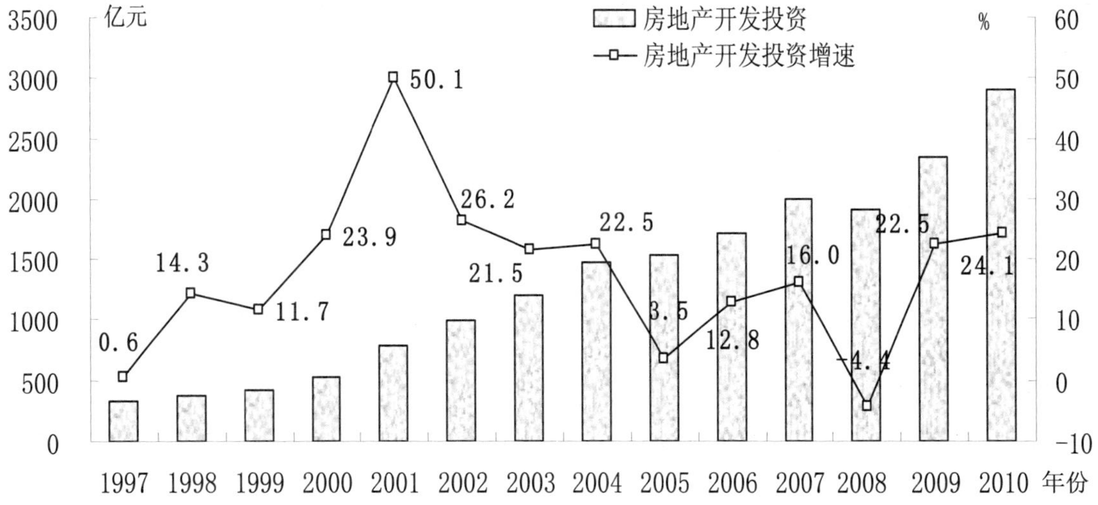

图 5-1　1997 年以来我市房地产开发投资增速图

房地产开发投资中，住宅完成投资 1509 亿元，增长 66.4%；写字楼完成投资 259.1 亿元，增长 55.4%；商业及服务业等经营性用房完成投资 336.3 亿元，增长 67.5%。

从地区投资结构看，2010 年核心区、拓展区、发展新区和生态涵养区房地产开发投资占全市房地产开发投资的比重分别为 5.1%、51.5%、39.5% 和 3.9%。其中核心区投资比重比上年回落 4.8 个百分点，拓展区比重与上年持平，发展新区和生态涵养区所占比重分别比上年提高 4.5 个和 0.3 个百分点（见图 5-2）。

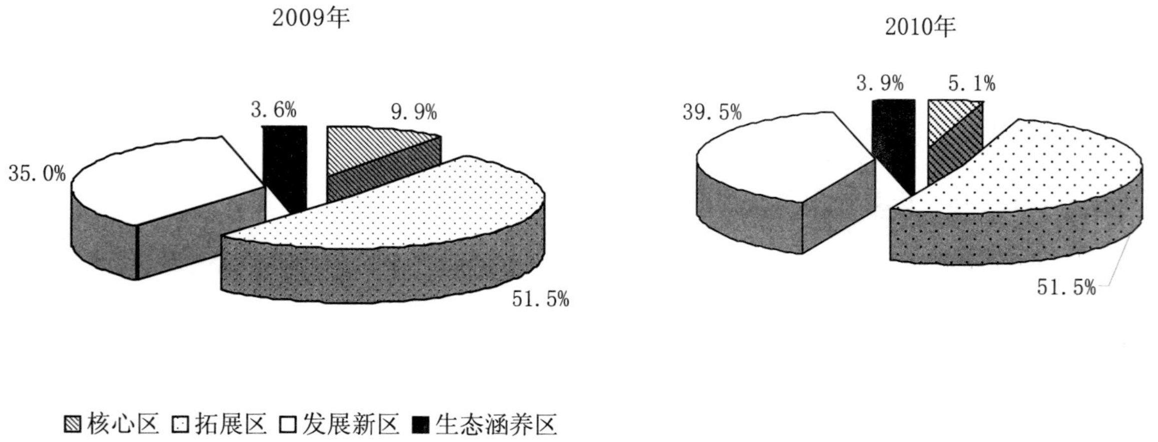

图 5-2　分区域房地产开发投资比重

2010 年，房地产开发项目本年到位资金 5790.6 亿元，比上年下降 5.5%。其中，金融贷款为 1439.1 亿元，下降 39.2%；自筹资金为 1763 亿元，同比增长 71.7%；定金及预收款为 1611 亿元，下降 3.2%。

表 5-1　2009-2010 年房地产开发投资情况统计表

单位：亿元，%

	房地产开发投资	全社会固定资产投资	所占比重
2009 年	2337.7	4858.4	48.1
2010 年	2901.1	5493.5	52.8

2010 年，全市经济适用房建设自年初累计完成投资 67.9 亿元，比上年下降 32.7%。其中住宅投资 49 亿元，下降 28%（见表 5-2）。

表 5-2　2010 年经济适用房投资额完成情况统计表

单位：亿元，%

	2009 年累计完成	2010 年累计完成	同比增长
自年初累计完成投资	100.9	67.9	-32.7
其中：住宅	68.0	49.0	-28.0

一、2010 年房地产开发投资及投资完成情况（分区县分用途）

从完成房地产开发投资的区域分布看，朝阳区仍是投资的大户，其次是丰台区；比重分别为 27.6%和 11.5%（见表 5-3）。

表 5-3　2010 年按区县划分房地产开发投资完成情况统计表

单位：亿元

	区县	完成投资合计
功能核心区	东城区	31.8
	西城区	36.8

续表

	区县	完成投资合计
	崇文区	31.3
	宣武区	47.0
功能拓展区	朝阳区	799.6
	丰台区	333.1
	石景山区	115.7
	海淀区	247.0
发展新区	房山区	164.7
	通州区	274.6
	顺义区	196.1
	昌平区	230.7
	大兴区	279.5
生态涵养保护区	门头沟区	10.3
	怀柔区	26.9
	平谷区	36.8
	密云县	31.4
	延庆县	7.8

二、历年房地产开发投资完成情况（分用途）

2010年全市房地产开发投资中，用于住宅完成投资1509亿元，增长66.4%；写字楼完成投资259.1亿元，增长55.4%；商业及服务业等经营性用房完成投资336.3亿元，增长67.5%。（见图5–3）。

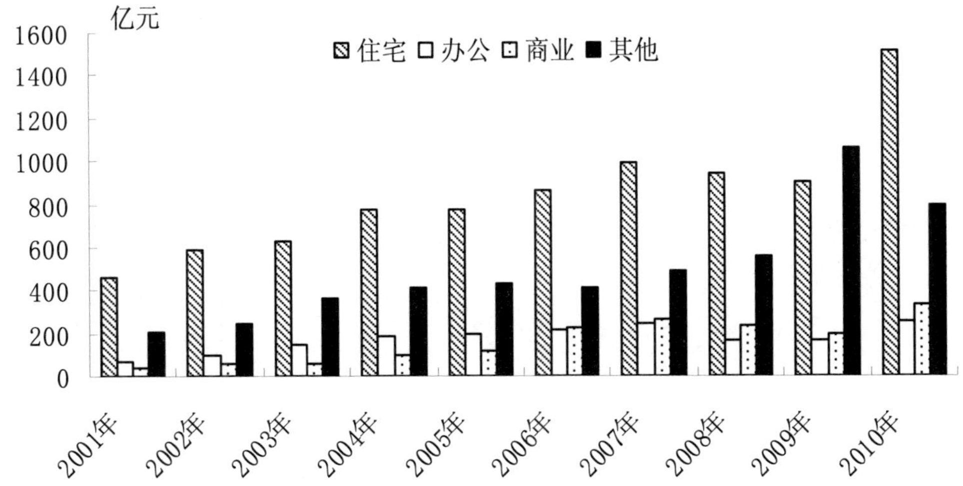

图5–3 2001–2010年按用途划分房地产开发投资完成情况

三、2010 年房地产开发投资构成及变动情况

在 2010 年全市房地产开发投资中，用于建筑工程投资为 896.4 亿元，同比增长 8.3%；用于安装工程的投资为 14.4 亿元，同比增长 4.8%；用于设备、工器具购置的投资为 46.3 亿元，同比增长 1.2%；用于其他费用的投资为 1943.9 亿元，同比增长 34%（见表 5–4）。

表 5–4　2010 年房地产开发投资构成及变动情况统计表

单位：亿元，%

指标	2009 年	2010 年	同比增长
建筑工程	827.8	896.4	8.3
安装工程	13.8	14.4	4.8
设备、工器具购置	45.7	46.3	1.2
其他费用	1450.4	1943.9	34.0

四、2010 年房地产开发资金来源情况

2010 年，房地产开发项目本年到位资金 5790.6 亿元，比上年下降 5.5%。其中，金融贷款为 1439.1 亿元，下降 39.2%；自筹资金为 1763 亿元，同比增长 71.7%；定金及预收款为 1611 亿元，下降 3.2%。（见表 5–5）。

表 5–5　2004–2010 年房地产开发资金来源情况统计表

单位：亿元

	2004 年	2005 年	2006 年	2007 年	2008	2009	2010
自年初累计资金来源	2872.5	3788	3922	5083.6	4398.4	7065.8	7334.4
#上年末结余资金	469.3	686.1	756.5	929.1	1076.6	936.0	1543.8
本年资金来源小计	2403.2	3101.9	3165.5	4154.5	3321.8	6129.8	5790.6
#金融贷款	550	676.9	841.4	1063.2	889.4	2367.8	1439.1
利用外资	48.5	38.6	38.6	39.9	38.9	29.8	13.9
#外商直接投资	22.9	29.2	23.4	19	24.9	25.0	13.4
自筹资金	434.5	604.1	555	867.9	931.8	1026.8	1763.0
#自有资金	249.1	337	307.5	552.8	585.8	558.7	939.9
其他资金来源	1370.1	1782.3	1730.5	2183.5	1461.8	2705.4	2574.6
#定金及预付款	1240.3	1234	1116.2	1518.6	922.6	1663.6	1611.0

第二节 房屋建设情况

一、房屋建设总体情况

截至 2010 年 12 月末，全市商品房施工面积为 10300.9 万平方米，比上年末增长 6%。商品房新开工面积为 2974.2 万平方米，比上年增长 32.4%。（见图 5-4）。

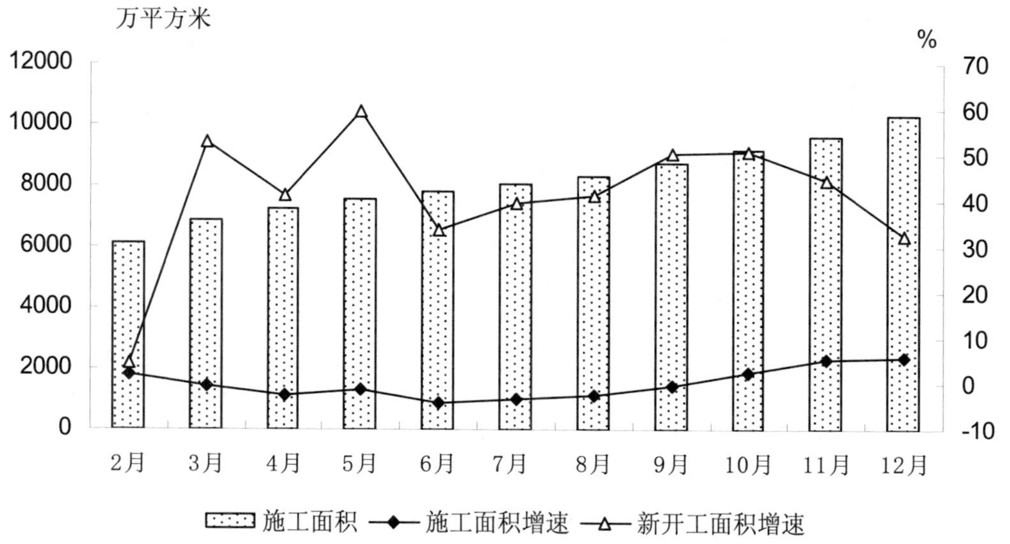

图 5-4 2010 年商品房开发面积及增速走势图

截至 12 月底，住宅施工面积为 6176 万平方米，增长 11.2%；其中，住宅新开工面积为 2063.4 万平方米，增长 49.5%。

解决百姓的住房问题上，北京市政府一方面用政策规范、控制房价过快增长；另一方面加快政策性住房建设步伐。2010 年，全市完成政策性住房投资 412.7 亿元。年末政策性住房施工面积 4023.4 万平方米。全年政策性住房竣工面积 495.1 万平方米（见表 5-6）。

表 5-6 2010 年经济适用房建设情况统计表

单位：万平方米，%

	2009 年累计完成	2010 年累计完成	同比增长
房屋施工面积	795.1	756.2	-4.9
其中：住宅	628.7	572.7	-8.9
房屋竣工面积	120.3	203.9	69.5
其中：住宅	98.2	144.6	47.3
本年新开工住宅面积	149.1	156.3	4.8

二、商品房新开工及施工情况概述

截至2010年12月末，全市商品房施工面积为10300.9万平方米，比上年末增长6%。商品房新开工面积为2974.2万平方米，比上年增长32.4%。（见表5-7）。

表5-7 2010年商品房施工面积及新开工情况统计表

单位：万平方米，%

	2009年	2010年	同比增长
施工面积	9719.1	10300.9	6.0
新开工面积	2246.6	2974.2	32.4

三、2010年商品房新开工、施工情况（分区县分用途）

从区域上看，施工面积朝阳区最多，为2844.4万平方米，大兴区位于第二1269.9万平方米，分别占全市商品房施工面积27.6%和12.3%（见表5-8）。

表5-8 2010年按区县分商品房施工面积统计表

单位：万平方米

区县	施工面积	区县	施工面积
东城区	221.2	房山区	529.2
西城区	177.4	通州区	915.6
崇文区	102.8	顺义区	612.5
宣武区	148.1	昌平区	810.9
朝阳区	2844.4	大兴区	1269.9
丰台区	824.1	怀柔区	95.6
石景山区	269.4	平谷区	134.0
海淀区	994.5	密云县	245.0
门头沟区	57.2	延庆县	49.1
合计		10300.9	

四、历年商品房新开工、施工情况（分用途）

2010年，全市全年商品房新开工面积为2974.2万平方米，比上年增长32.4%。其中，住宅新开工面积为2063.4万平方米，增长49.5%；写字楼为203.3万平方米，同比下降20.6%；商业及服务业等经营性用房为242.4万平方米，增长6.1%。（见图5-5）。

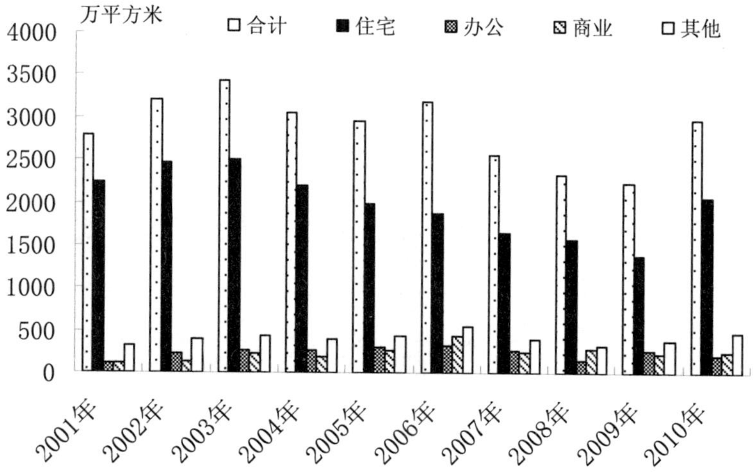

图 5-5 2001-2010 年商品房新开工面积情况

五、商品房竣工情况概述

2010 年，全市全年商品房竣工面积为 2386.7 万平方米，比上年下降 10.9%。其中，住宅竣工面积为 1498.5 万平方米，下降 7.1%（见表 5-9）。

表 5-9 2010 年商品房竣工面积统计表

单位：万平方米，%

	2009 年	2010 年	同比增长（%）
竣工面积	2678.6	2386.7	-10.9
其中：住宅	1613.2	1498.5	-7.1

六、2010 年商品房竣工情况（分区县分用途）

从区域上看，全市商品房竣工面积为 2386.7 万平方米，朝阳区最多，丰台区位于第二，分别占 33.7%和 11.5%（见图 5-6）。

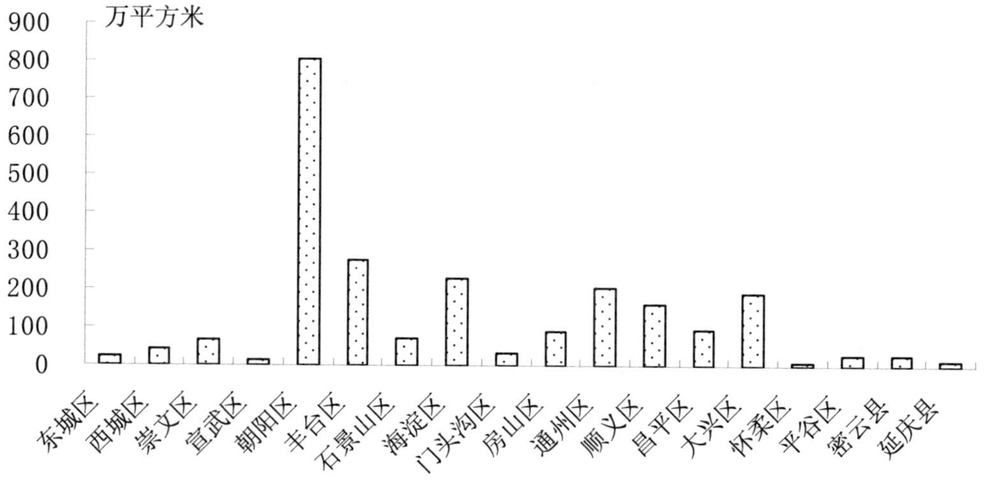

图 5-6 2010 年按区县划分商品房竣工面积统计表

七、历年商品房竣工情况（分用途）

2010年，全市全年商品房竣工面积为2386.7万平方米，比上年下降10.9%。其中，住宅竣工面积为1498.5万平方米，下降7.1%；写字楼为198.4万平方米，下降37.3%；商业及服务业等经营性用房为271.9万平方米，下降15.7%。（见表5-10）。

表5-10 2001-2010年按用途划分商品房竣工面积统计表

单位：万平方米

	合计	住宅	办公	商业	其他
2001年	1707.4	1393.4	97.9	48.2	167.8
2002年	2384.4	1926.2	97.5	83.0	277.9
2003年	2593.7	2080.8	93.6	117.5	301.8
2004年	3067.0	2344.0	153.9	225.3	343.9
2005年	3770.9	2841.4	287.8	180.9	460.8
2006年	3193.9	2193.3	304.4	289.2	407.0
2007年	2891.7	1854.0	314.8	315.1	407.8
2008年	2558.0	1399.3	364.6	313.1	481.0
2009年	2678.6	1613.2	316.6	322.4	426.3
2010年	2386.7	1498.5	198.4	271.9	417.9
合计	27232.3	19144.1	2229.5	2166.6	3692.1

第三节　商品房待售情况

截至2010年12月底，全市商品房待售面积为1482.7万平方米，比2009年末增加131.3万平方米，为1998年房地产市场深化该改革以来的历史最高位。其中，住宅待售面积为511.9万平方米，比2009年末增加85.1万平方米，仅次于2008年末和2009年初的住宅待售面积。（见表5-11）。

表5-11 2010年商品房待售情况统计表

单位：万平方米，%

	2009年	2010年	同比增长
待售面积	1351.4	1482.7	9.7
其中：住宅	426.8	511.9	19.9

一、2010年商品房待售情况（分区县分用途）

2010年末，全市商品房待售面积从区域分布看，朝阳区待售面积最多，达587.5万平方米，占39.6%；其次是丰台区，183.5万平方米，占

12.4%，第三是海淀区，129.7 万平方米，占 8.7%（见图 5-7）。

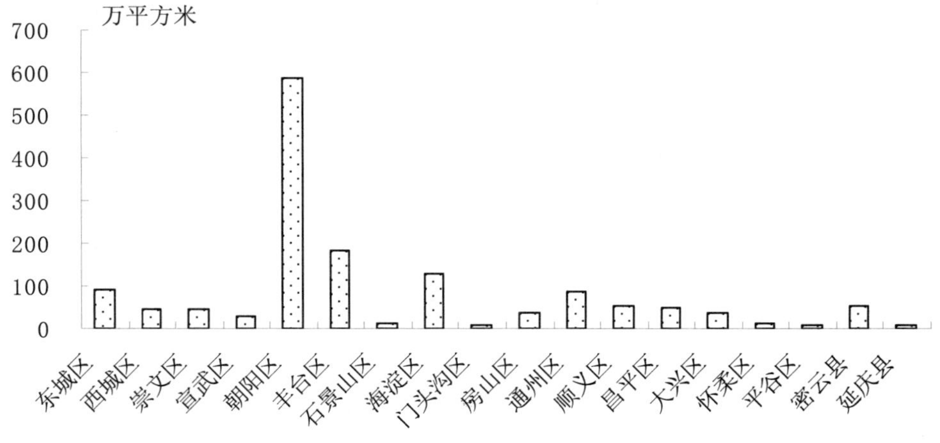

图 5-7　2010 年按区县划分商品房待售面积情况统计图

2010 年末，全市商品房待售面积按时间划分，待售 1 年以内的面积为 810.4 万平方米，1 年至 3 年的面积为 432.6 万平方米；3 年以上的面积为 239.7 万平方米（见表 5-12）。

表 5-12　2001-2010 年按用途分待售一年以上商品房面积

单位：万平方米

一年以上待售面积	合计	住宅	办公	商业	其他
2001 年	336.0	281.4	25.5	14.1	15.0
2002 年	406.3	323.0	45.2	22.8	15.3
2003 年	377.9	310.7	37.5	17.8	11.8
2004 年	298.8	226.7	35.4	20.2	16.6
2005 年	380.1	252.6	37.5	56.6	33.4
2006 年	411.4	210.0	46.5	92.3	62.6
2007 年	439.0	177.0	40.5	129.2	92.4
2008 年	493.2	187.4	59.4	157.1	89.4
2009 年	583.4	159.8	92.3	180.0	151.3
2010 年	672.3	209.6	109.8	185.1	167.8

二、历年商品房待售情况（分用途）

2010 年商品房待售面积为 1482.7 万平方米，比上年末减少 131.3 万平方米。从用途上看，住宅待售面积为 511.9 万平方米，同比增长 19.9%；写字楼（办公楼）待售面积为 223.9 万平方米，同比下降 9.2%；商业待售面积为 387.6 万平方米，增长 9.5%；其他待售面积为 359.3 万平方米，同比增长 10.9%（见表 5-13）。

表 5-13 2001-2010 年商品房待售情况统计表

单位：万平方米

待售	合计	住宅	办公	商业	其他
2001 年	774.1	634.1	73.5	26.4	40.1
2002 年	919.0	763.2	73.0	49.0	33.4
2003 年	1123.4	896.9	94.2	81.2	51.1
2004 年	1044.1	723.9	110.1	123.8	86.4
2005 年	1374.2	799.7	198.9	197.8	177.8
2006 年	1039.7	494.1	175.8	227.1	142.7
2007 年	1136.2	411.8	198.1	319.8	206.5
2008 年	1438.3	522.7	244.6	379.9	291.1
2009 年	1351.4	426.8	246.5	354	324.1
2010 年	1482.7	511.9	223.9	387.6	359.3

第四节　房屋拆迁情况

一、北京市拆迁管理体制

本市城市房屋拆迁实行市和区县二级管理体制。市住房和城乡建设委主管本市城市房屋拆迁管理工作，负责拆迁办法的组织实施和监督检查；区县住房和城乡建设委（房管局）负责本行政区域内的城市房屋拆迁管理工作。具体拆迁项目的管理以区县为主，区县建委（房管局）负责进行拆迁公示、核发拆迁许可证、拆迁纠纷裁决等。

二、北京市现行拆迁政策主要内容：

根据国务院《城市房屋拆迁管理条例》，本市制定了《北京市城市房屋拆迁管理办法》及其他一系列拆迁相关规定，同时，根据《北京市集体土地房屋拆迁管理办法》的规定，本市城市房屋拆迁主要有以下两种方式：

（一）国有土地房屋拆迁

根据国务院《城市房屋拆迁管理条例》和《北京市城市房屋拆迁管理办法》规定，本市房屋拆迁，拆迁人对被拆迁房屋所有权人按照被拆迁房屋的房地产市场评估价给予补偿。

本市就拆迁评估出台了一系列配套规定，主要包括：《北京市房屋估价办法》（1996 年）、《北京市住宅楼房估价技术规范》（1999 年）、《北京市非住宅房屋拆迁评估技术标准》（1999 年）、《北京市房屋拆迁评估规则（暂行）》（2001 年）、《北京市房屋拆迁评估管理暂行规定》（2001 年），《关于进一步做好本市城市房屋拆迁安置和补偿工作的若干意见》（2009 年）等。

对于公有住宅房屋，本市规定了承租人可以先按房改政策购买现住房，然后作为房屋所有权人按照拆迁办法规定得到拆迁补偿。本市规定拆迁范围内的公有住房，不论平房楼房、成套非成套，都可以按照房改政策出售。

其中，为加快城市危旧房改造，进一步改善城市居民住房条件，2000 年 3 月份本市出台了《北京市加快城市危旧房改造实施办法（试行）》，在崇文、宣武、丰台三区五个危改片进行房改带危改的试点；2001 年 3 月，在总结三区五片试点经验的基础上，市政府决定扩大试点范围；2001 年 11 月 1 日新修改实施的《北京市城市房屋拆迁管理办法》专条对房改危改方式作了规定。在房改危改区，被拆迁人可以实行就地安置、异地安置或者货币补偿三种方式，其中实行就地安置的，被拆迁人按照房改相关政策购买经济适用住房。

（二）集体土地房屋拆迁

为了规范集体土地上房屋的拆迁，本市出台了《北京市集体土地房屋拆迁管理办法》及相关配套政策，于 2004 年 8 月 1 日起开始实施。该办法对适用范围、拆迁管理、补偿安置等方面做了明确规定；其规定的拆迁管理制度与国有土地房屋拆迁管理既有相同之处，也有不同的内容；确定了房、地分开补偿的原则。

三、本市房屋拆迁情况统计

（一）近十年全市启动拆迁房屋情况

2001 年—2010 年，全市共启动拆迁居（农）民约 61.2 万户，住宅建筑面积 4343 万平方米。具体如下面图表所示：

表 5–14　近十年全市启动拆迁房屋情况表

年　　度	户　数（万户）	住宅建筑面积（万平方米）
2001	9.8	196.7
2002	9.4	356.2
2003	7.4	482.5
2004	5	318
2005	5	326
2006	5.7	287.6
2007	6.7	380
2008	0.68	114
2009	6	933
2010	5.55	948.7

（二）2010 年全市拆迁情况：

2010 年，全市核发拆迁许可证项目 169 个，拆迁房屋建筑面积 1539.9 万平方米；其中住宅 55502 户，住宅建筑面积 948.7 万平方米。

签约方面，全市全年累计住宅房屋拆迁签约 63144 户、934.5 万平方米。与 2009 年同期（51800 户，775.2 万平方米）相比增加 21.9%、20.5%。

四、2010 年拆迁管理工作情况

（一）编制并下达 2010 年度全市房屋拆迁计划，要求各区县做好计划落实和拆迁管理工作

市住房和城乡建设委会同市发展改革委等 9 部门组织北京市 2010 年度房屋拆迁计划编制工作，经市政府同意，下发了《关于下达 2010 年度房屋拆迁计划的通知》（[2010] 246 号），要求各区县政府一是高度重视，坚持政府主导，统筹做好计划项目房屋拆迁各项工作；二是切实做好被拆迁群众的安置补偿工作，保障拆迁安置房源供应，妥善安置被拆迁群众；三是在按照年度计划要求做好新启动项目拆迁工作的同时，要加快推进辖区内拆迁滞留项目的清理工作；四是落实属地责任，毫不松懈的抓好建设拆迁过程中的维护稳定工作。

（二）贯彻落实国办《关于进一步严格征地拆迁管理工作切实维护群众合法权益的紧急通知》

按照国办《关于进一步严格征地拆迁管理工作切实维护群众合法权益的紧急通知》要求，市住房和城乡建设委出台了《关于开展房屋拆迁工作专项检查的通知》（京建发［2010］323 号），

紧紧围绕促进城市建设健康发展，保护群众合法权益和维护社会稳定的工作目标，统一思想认识，以维护群众利益、推进阳光和谐拆迁为重点，以全市房屋拆迁专项检查等工作为抓手，展开各项贯彻落实工作，会同各区县拆迁管理部门从加强拆迁管理、规范拆迁市场秩序、遏制违法违规拆迁行为和维护拆迁当事人权益等方面进行全市检查，并将贯彻落实工作按时报送市政府。

（三）做好房屋拆迁社会稳定风险评估工作

为深入贯彻落实科学发展观，进一步从源头上规避、预防、降低、控制和应对拆迁社会稳定风险，认真学习领会安顺书记指示，以建立社会稳定风险评估机制为契机，全面启动房屋征收搬迁社会稳定风险评估的调研工作，会同市维稳办起草了《北京市房屋拆迁社会稳定风险评估办法》（初稿）。配合市维稳办现场调研，并在朝阳、昌平两区选取若干项目进行拆迁社会稳定风险评估试点，为北京市全面推进拆迁社会稳定风险评估积累经验。

（四）推进全市拆迁滞留项目清理工作

考虑到新政策实施后对已启动的遗留拆迁项目的影响，深入研究采取积极措施加快清理拆迁遗留项目。2010 年，市住房和城乡建设委制定了《关于组织拆迁滞留项目清理工作的通知》（京建发［2010］225 号），要求继续推进拆迁滞留项目清理工作，通过建立拆迁滞留项目台帐，充分做好政策和项目的衔接，加大拆迁安置补偿力度，积极推进在拆项目和遗留项目的拆迁工作，减少滞留项目隐患。取得较明显成效。

（五）加强对重点拆迁项目的指导

市住房和城乡建设委全面参与了城乡结合部 50 个重点村城市化工程，积极采取多种措施，主动服务和指导重点村搬迁及建设工作，针对搬迁中出现的一些新情况及问题，在市城乡结合部建设领导小组的指导下，会同领导小组办公室及市农委及时出台了《关于推进城乡结合部建设中住房搬迁工作的指导意见》（京城乡结建办［2010］2 号），对本市城乡结合部房屋搬迁工作中的政府主导与相关单位个人配合、搬迁安置方式、违法建设拆除、搬迁腾退程序、区域间补偿补助费总体平衡、强制腾退搬迁决定及执行、安置房建设管理等方面做了规定，进一步规范和加强了城乡结合部房屋搬迁腾退工作，为城乡结合部建设整治稳步推进奠定了基础。

此外，积极参与通州区运河核心区和棚户区改造、西城区府右街旧城保护和居民住房改善工程、CBD 核心区等一系列重点拆迁项目，深入区县和拆迁一线，帮助提供政策指导、培训、方案制定以及做好安置房源调配等工作。

（六）努力做好信访工作

在市、区两级共同努力下，与 2009 年相比，北京市 2010 年度房屋拆迁工作总体平稳，呈现出“两高一低”特点，即全市拆迁启动量和签约量同时走高，而拆迁信访量持续走低：2010 年拆迁住宅面积增加 1.7%，签约面积增加 20.5%；接待拆迁类群众来访批次下降 24.98%、人次下降 23.54% 和来信下降 17%。

第六章
房地产交易市场运行

第一节 房地产交易市场综述

2010 年，我市积极贯彻落实国家房地产市场宏观调控精神，以稳定房价、促进市场平稳健康发展为目标，抑制不合理住房需求、增加有效供应、加大住房保障力度、加强市场监管，通过一系列政策措施，取得明显成效，房地产开发投资、税收、信贷指标继续保持增长，商品房施工面积由连降 6 年转升，新开工面积增加，商品住房成交量回落，投资投机购房比重下降，住房价格同比涨幅连续 7 个月回落，住房保障两个 50%目标顺利完成，市场秩序总体平稳向好。

一、房地产市场宏观调控情况

2010 年 1 月 10 日，国务院办公厅发布《关于促进房地产市场平稳健康发展的通知》（国办发〔2010〕4 号），要求各地增加保障性住房和普通商品住房有效供给，合理引导住房消费，抑制投资投机性购房需求，加强风险防范和市场监管，加快推进保障性安居工程建设。4 月 17 日，国务院发布《关于坚决遏制部分城市房价过快上涨的通知》（国发〔2010〕10 号），进一步要求各地区、各有关部门切实履行稳定房价和住房保障职责，坚决抑制不合理住房需求，增加住房有效供给，加快保障性安居工程建设，加强市场监管。住房和城乡建设部等部委也相继出台多项房地产调控政策文件，坚决遏制房价过快上涨，促进房地产市场平稳健康发展。

为全面落实国务院及有关部委房地产调控决策部署，4 月 30 日我市出台了《北京市人民政府贯彻落实国务院关于坚决遏制部分城市房价过快上涨文件的通知》（京政发〔2010〕13 号），在全国率先推出“限购”等系列措施，要求同一购房家庭只能在本市新购买一套商品住房，严格执行国发〔2010〕10 号文件关于首套及二套住房贷款首付款比例和贷款利率的要求。要求商业银行根据风险状况，暂停对购买第三套及以上住房，以及不能提供 1 年以上本市纳税证明或社会保险缴纳证明的非本市居民发放贷款。这些措施有效打击了投机投资性需求，使刚性需求得到保护和释放，取得良好效果。市各有关部门陆续出台了《北京市商品房预售资金监督管理暂行办法》（京建发〔2010〕612 号）、《关于加强我市商品房预售方案管理的通知》（京建发〔2010〕632 号）、《关于贯彻落实国家有关部门房地产市场宏观调控政策有关问题的通知》（京建发〔2010〕677 号）等多项具体执行细则，严格落实国家和北京市房地产调控政策。随着各项政策措施的落实到位，我市房地产市场出现积极变化，投机投资购房需求得到有效抑制，5 月份起房价同比涨幅持续回落。

二、新建商品房市场成交情况

2010年，我市商品房成交面积1906.3万平方米，同比减少866.6万平方米，降幅为31.3%；成交额3429.0亿元，同比减少390.6亿元，降幅为10.2%。

其中预售成交面积1330.7万平方米，同比减少654.7万平方米，降幅为33.0%；成交额2604.5亿元，同比减少207.8亿元，降幅为7.4%;预售商品住宅成交面积1008.6万平方米（9.5万套），同比减少572.9万平方米，降幅36.2%；成交额1831.5亿元，同比减少291.6亿元，降幅为13.7%，预售经济适用住房和限价房成交面积180.6万平方米（2.3万套）。

现房成交面积575.5万平方米，同比减少211.8万平方米，降幅为26.9%；成交额824.5亿元，同比减少182.8亿元，降幅为18.2%；现售商品住宅成交面积219.6万平方米（1.5万套），同比减少246万平方米，降幅为52.8%；成交额375.6亿元，同比减少231.0亿元，降幅为38.1%,现售经济适用住房销售面积2.5万平方米（219套）。

三、存量房市场情况

2010年，我市存量房成交面积1776.6万平方米，同比减少14.0%，成交金额1389.5亿元，同比增加7.5%。其中存量住房成交面积1548.3万平方米，同比减少16.5%，成交金额1184.8亿元，同比增加4.5%。从占存量房成交比重来看，存量住房成交16.7万套，占92.8%（其中存量商品住房占77%，已购公房及经济适用住房再上市占33%）；存量办公用房成交0.39万套，占2.2%；存量商业营业用房成交0.3万套，占1.7%；其他类型存量房屋成交0.6万套，占3.3%。

第二节　新建商品房供应情况

一、北京市商品房批准预售总体情况

2010 年，北京市共批准预售许可证 416 个，面积 1620.8 万平方米，同比基本持平；其中批准住宅类房屋 11.4 万套，面积 1197.6 万平方米，比 2009 年增加 7.8%，批准办公、商业面积分别为 222.4 万平方米、92.5 万平方米，比 2009 年分别增加 10.7%和减少 30.3%。

表 6–1　2001–2010 年北京市商品房批准预售面积

单位：万平方米

年份	合计	住宅	其中				商业	办公	其他
			普通住宅	公寓别墅	经济适用住房	限价房			
2001 年	2107	2001.7	1251	186.4	564.3	—	20.8	61.2	23.3
2002 年	2038.4	1779.4	1305.4	187.3	286.7	—	99.5	138.5	21
2003 年	3206.5	2721.5	1841.9	279.9	599.6	—	99.9	148.2	236.9
2004 年	3434.8	2862.9	2238.2	190.7	434	—	182.8	211.5	177.6
2005 年	2852.5	2205	1922	170.3	112.7	—	233.8	195.6	218.1
2006 年	2460.6	1706	1410.4	103.6	192	—	261.9	318	174.7
2007 年	1928.7	1329.6	1164.3	77.4	87.9	—	171.3	222.6	205.2
2008 年	1988.7	1477	1072.6	49.9	104.3	250.3	156.7	161.4	193.6
2009 年	1608.5	1111	926.8	19.1	47.9	117.5	132.7	200.9	96.4
2010 年	1620.8	1197.6	970	11.3	40.8	175.6	92.5	222.4	108.3

从区域分布看，朝、大、通、顺、昌、房六区商品房批准预售面积最多，为 781.2 万平方米，占全市批准预售总量的 48.2%（其中朝阳、大兴、通州、顺义分别为 385.5 万平方米、237.9 万平方米、195.7 万平方米，居于各区县前列）。东城、西城两区商品期房批准预售面积为 80 万平方米，占全市总量的 4.9%。其余九个区县批准预售面积为 759.7 万平方米，所占比重为 46.9%。

表 6-2 2010 年北京市新建商品房各区县批准预售情况

区县	上市套数（套/或单元）	上市面积（万平方米）
朝阳区	40378	385.5
大兴区	28199	237.9
通州区	20429	195.7
顺义区	11158	142.4
昌平区	11983	103.0
房山区	10707	102.2
丰台区	9132	99.3
海淀区	7951	85.7
石景山	5023	52.9
密云县	4208	52.2
东城区	4114	49.2
开发区	3852	45.7
西城区	3613	30.8
怀柔区	1735	20.7
平谷区	966	10.2
延庆县	648	5.7
门头沟区	132	1.8
合计	164228	1620.8

二、住宅

2010 年，北京市住宅批准预售面积为 1197.6 万平方米，比 2009 年增加了 86.3 万平方米，增幅为 7.8%。从用途看，普通住宅和公寓别墅批准预售面积分别为 970 万平方米和 11.3 万平方米，同比分别增加 4.7%和减少 40.8%；经济适用住房批准预售面积为 40.8 万平方米，同比减少 14.8%，限价房批准预售面积为 175.6 万平方米，同比增加 49.4%。

表 6-3 2001–2010 年住宅分类型批准预售面积

单位：万平方米

年份	住宅	其中			
		普通住宅	公寓别墅	经济适用住房	限价房
2001 年	2001.7	1251	186.4	564.3	—
2002 年	1779.4	1305.4	187.3	286.7	—
2003 年	2721.5	1841.9	279.9	599.6	—
2004 年	2862.9	2238.2	190.7	434	—
2005 年	2205	1922	170.3	112.7	—
2006 年	1706	1410.4	103.6	192	—

年份	住宅	其　中			
		普通住宅	公寓别墅	经济适用住房	限价房
2007年	1329.6	1164.3	77.4	87.9	—
2008年	1477.0	1072.6	49.9	104.3	250.3
2009年	1111.3	926.8	19.1	47.9	117.5
2010年	1197.6	970	11.3	40.8	175.6

从区域分布看，期房住宅供应集中在朝、大、通、顺、房五区，2010年这五区住宅批准预售面积为884.5万平方米，占全市住宅批准预售面积总量的73.9%（其中，朝阳批准预售面积为275.1万平方米，居各区县之首）。东、西城住宅批准预售面积为27.6万平方米，占全市住宅供应总量的2.3%。其余10个区县住宅批准预售面积为285.5万平方米，占全市总量的23.8%。

表6-4　2003-2010年各区县批准预售住宅面积

单位：万平方米

区　县	2003年	2004年	2005年	2006年	2007年	2008年	2009年	2010年
东城区	34.4	20.4	10.4	8.5	6.9	8.6	4.1	9.8
西城区	27.2	38.8	26	29.4	19.4	11.7	9.4	0
崇文区	101.3	35.8	53.3	28.2	23.7	17.1	27.9	6.1
宣武区	72.6	68.2	34.6	33.9	17.6	27.3	27.4	11.7
朝阳区	687.4	1019.1	841.7	630.6	481.6	447.9	221.4	275.1
海淀区	510.1	339.5	211.3	146.1	129	101.5	111.7	54.9
丰台区	280.6	432.8	359.4	217.2	98	157.5	91.5	43.2
石景山区	63.8	100.7	83	58.7	22.8	69.5	36.3	33.5
通州区	316.2	198.2	82.7	75.1	58.3	164.6	172.6	167.7
房山区	18.7	53.6	51.5	60.3	97.3	62.7	88.4	100.3
顺义区	56	56.5	74.1	56.5	108.8	158.2	81.5	128.6
门头沟区	24.6	12.5	26.1	6.8	12.3	3.5	0	0
大兴区	42.3	93.9	82.4	69.7	57	45.6	82.9	212.8
怀柔区	3.6	14	19.4	10.5	26.2	14.0	13.1	17.9
密云县	0	0	10.5	16.2	29.1	22.7	14.1	51.8
昌平区	482.7	379	180.7	241.1	119.5	138.2	96.9	64.0
延庆县	0	0	0	0	11.4	7.1	6.0	5.5
平谷区	0	0	23.2	10.9	7.3	12.2	20.1	10.2
开发区	0	0	34.5	6.4	3.5	7.2	6.0	4.5
合　计	2721.5	2862.9	2205	1706	1329.6	1477	1111.3	1197.6

注：2010年北京市行政区划调整，撤销北京市东城区、崇文区，设立新的北京市东城区，以原东城区、崇文区的行政区域为东城区的行政区域；撤销北京市西城区、宣武区，设立新的北京市西城区，以原西城区、宣武区的行政区域为西城区的行政区域。

三、办公用房

2010年，北京市办公用房批准预售面积222.4万平方米，比2009年增加了21.5万平方米，增幅为10.7%。办公用房供应以朝阳、开发区、昌平、丰台为主，四个区的办公用房批准预售面积占全市供应总量的60.5%，其中朝阳区的供应量最大，为52.9万平方米，占全市的比重为23.8%。通州、密云、延庆、平谷四个区县批准预售面积均为0。

表6-5　2003-2009年办公用房分区县批准预售面积

单位：万平方米

区　县	2003年	2004年	2005年	2006年	2007年	2008年	2009年	2010年
东城区	34	10	4.3	25.1	12.6	8.7	2.9	16.3
西城区	10.2	38.1	54.4	51.2	54.6	8.5	18	4.3
崇文区	12.1	0	3.6	4.6	6.9	0.0	2.5	0
宣武区	0	7.8	5.4	8.7	22.2	0.0	13.9	7.9
朝阳区	40.5	85.8	71.5	124.2	46.1	71.1	95.1	52.9
海淀区	49.1	47.2	43.6	84.2	29	23.9	24.9	15.9
丰台区	0.6	19.4	8.9	17.8	10.8	11.5	0.7	22.1
石景山区	0	0	0.3	0	0	8.3	3.5	17.0
通州区	1.6	0	2.8	0	0	5.8	5.6	0
房山区	0	0	0	0	0	1.0	1.9	0.4
顺义区	0	0	0	0	2.3	4.2	1.1	11.6
门头沟区	0	0	0	0	0	0.0	0	1.8
大兴区	0	0	0	1.8	1.8	0.0	3	11.6
怀柔区	0	0	0.8	0	0	0.0	0	1.2
密云县	0	0	0	0	0	0.0	0	0
昌平区	0	3.3	0	0	30.3	10.6	2.2	25.7
延庆县	0	0	0	0	0	0.0	0	0
平谷区	0	0	0	0.4	0	0.5	0	0
开发区	0	0	0	0	6	7.4	25.5	33.8
合　计	148.2	211.5	195.6	318	222.6	161.4	200.9	222.4

四、商业营业用房

2010年，北京市商业营业用房批准预售面积92.5万平方米，比2009减少了40.2万平方米，降幅为30.3%。商业营业用房的供应主要分布在朝阳、通州，这两个区供应量占全市供应总量的63.7%；其中朝阳区供应面积37.5万平方米，占全市供应总量的40.5%，位列各区县第一位。

表 6-6　2003-2009 年北京市商业营业用房批准预售面积

单位：万平方米

区　县	2003 年	2004 年	2005 年	2006 年	2007 年	2008 年	2009 年	2010 年
东城区	3	3	1.3	5.5	4.3	2.6	2.3	8.8
西城区	1.6	9.6	13.7	28.5	7	2.5	9.1	0
崇文区	19.9	3.1	7.1	9.6	2.1	2.5	2.4	0.3
宣武区	2.3	8.3	6.8	9.4	7.8	1.4	6.1	1.0
朝阳区	22.1	72.4	98.7	121.9	66.7	73.3	47.1	37.5
海淀区	18.3	34.1	49.1	38.1	34	17.7	20.8	7.0
丰台区	14.7	20.5	20.8	30.8	20.5	23.8	8	4.4
石景山区	1.5	3.3	4	3.3	0.5	12.6	3.3	9.2
通州区	13.4	17	11.5	2.4	2	0.9	4.6	21.4
房山区	0	0	1	2	2.6	1.0	9.9	1.4
顺义区	0	0	0	0.9	3.5	0.9	2.8	1.0
门头沟区	0.2	0.9	7.6	0	0.3	0.0	0	0
大兴区	0.7	5.2	1.8	2.3	4.8	1.7	4.1	0.9
怀柔区	0	2.4	2.3	0	0	0.5	2.8	1
密云县	0	0	0	0.4	0.2	0.2	2.6	0.4
昌平区	2.3	2.9	6.2	4.8	10.3	11.8	1.3	5.3
延庆县	0	0	0	0	0.4	0.4	0	0.3
平谷区	0	0	0.6	1	1.1	1.7	1.5	0
开发区	0	0	1.2	1	3.2	1.1	3.8	0.8
合　计	99.9	182.8	233.8	261.9	171.3	156.7	132.7	92.5

五、可售房屋情况

截止到 2010 年底，全市期房可售面积 1601.2 万平方米；其中可售住宅 7.2 万套，面积 879.9 万平方米；可售商业 1.1 万套或单元，面积 232.4 万平方米；可售办公 2.2 万套或单元，面积 261.2 万平方米。

表 6-7　2010 年底北京市可售期房按用途分类情况

用　途	可售套数（套）	可售面积（万平方米）
住宅	71719	879.9
商业	11028	232.4
办公	22279	261.2
其它	30554	227.7
合　计	135580	1601.2

第三节 新建商品房销售情况

一、北京市新建商品房预售成交情况

2010年，北京市商品期房成交12.9万套，成交面积1312.4万平方米，比2009年分别减少31%和34.0%。其中住宅成交9.4万套，成交面积991.3万平方米，比2009年分别减少35.5%和37.4%，办公、商业成交面积分别为179.9万平方米、100.8万平方米，比2009年分别减少6.5%和6.1%。

表6-8 2009年新建商品房各用途房屋预售成交情况

用途		成交套数（套或单元）	成交面积（万平方米）
住宅		93640	991.3
其中	普通住宅	69492	795.2
	经济适用住房	3968	26.7
	公寓别墅	1016	15.4
	两限房	19164	153.9
商业		8418	100.8
办公		21048	179.9
其它		5628	40.4
合计		128734	1312.4

从区域分布看，商品期房预售成交主要集中在朝阳区、大兴区、通州区、海淀区、昌平区，成交面积均高于100万平方米。五区成交面积为864.3万平方米，占全市商品期房成交总量的65.9%（其中朝阳区成交面积331.3万平方米）。其余各区县新建商品房预售成交面积均低于90万平方米，占全市比重为34.1%，其中门头沟、延庆、平谷三区县成交面积均低于10万平方米。

表6-9 2003—2009年新建商品房分区县预售成交情况

单位：万平方米

区县	2003年	2004年	2005年	2006年	2007年	2008年	2009年	2010年
东城区	47.8	46.3	29.2	50	10	8.0	10.7	36.6
西城区	22	22	55.6	69.9	80.3	26.3	28.8	22.4
崇文区	18.7	30.2	53.4	38.7	12.7	14.5	42.2	13.4
宣武区	21.6	48.9	54.1	44.8	30.4	31.5	74.3	16.4
朝阳区	52.6	61.3	934	827	553.1	474.4	563.6	331.3
海淀区	335.2	658	286.8	260.1	198.9	129.3	217.3	117.6
丰台区	330.7	372	351.9	306.8	152.4	132.8	134.8	73.5
石景山区	202.7	397.3	72	51.1	15.5	56.7	78.1	40.7

区　县	2003年	2004年	2005年	2006年	2007年	2008年	2009年	2010年
通州区	31.3	93.5	148.5	100.4	62.1	56.8	228.9	127.6
房山区	89.4	143.8	26.9	61	72	43.8	113.2	67.0
顺义区	0	13.8	41.7	61.2	100.7	62.2	139.6	89.5
门头沟区	27.7	35.7	21.2	11.2	10.1	3.3	5.2	2.1
大兴区	11.2	12.8	71.7	85.8	85.2	34.7	88.9	173.0
怀柔区	84.7	86.9	8	12.6	25.1	10.7	17.2	15.7
密云县	8.8	10.6	0.8	5.2	19.2	12.5	24.8	41.4
昌平区	0	0	185.5	245.5	199	130.8	144.4	114.7
延庆县	282.8	449.2	0	0	10.2	5.2	6.4	2.7
平谷区	0	0	7.9	10.7	14	12.4	26.3	9.6
开发区	0	0	29	7.2	7.4	9.2	31.5	17.0
市权属登记中心	259.4	337	0	0	262	39.6	11.1	0.0
合　计	1826.7	2819.2	2378.1	2249.1	1920.2	1294.6	1987.3	1312.4

二、住宅预售成交情况

2010年，北京市住宅期房成交9.4万套，成交面积991.3万平方米；其中普通住宅成交795.2万平方米，占住宅成交总量的80.2%；别墅、高档公寓成交15.4万平方米，占1.6%；经济适用住房成交26.7万平方米，占2.7%；限价房成交153.9万平方米，占15.5%。从区域分布看，住宅成交主要集中在朝阳、大兴、通州、昌平、顺义，五区住宅成交686.5万平方米，占全市住宅成交总量的69.3%（其中朝阳区成交232.8万平方米，占全市住宅成交总量的23.5%，居于各区县之首）。其余各区县商品住宅成交面积占全市住宅成交总量的30.7%，其中门头沟、延庆、平谷、开发区四区县成交面积均低于10万平方米，合计成交占比为1.7%。

表6–10　2010年住宅分区县预售成交情况

单位：万平方米

区　县	住　宅	其　中			
		普通住宅	公寓别墅	经济适用住房	两限房
东城区	2.7	1.9	0.7	0.0	0.0
西城区	4.9	4.6	0.3	0.0	0.0
崇文区	11.3	11.3	0.0	0.0	0.0
宣武区	13.1	13.1	0.0	0.0	0.0
朝阳区	232.8	167.8	11.7	1.2	52.0
海淀区	56.7	55.1	1.2	0.3	0.1
丰台区	50.7	37.4	0.1	0.5	12.7
石景山区	28.3	26.6	0.0	0.1	1.6
通州区	115.3	77.1	0.0	4.3	33.9

区 县	住 宅	其 中			
		普通住宅	公寓别墅	经济适用住房	两限房
房山区	64.2	64.2	0.0	0.0	0.0
顺义区	82.3	72.9	0.0	0.0	9.4
门头沟区	1.2	0.0	1.2	0.0	0.0
大兴区	165.8	126.6	0.0	20.3	18.8
怀柔区	14.7	14.7	0.0	0.0	0.0
密云县	41.1	41.1	0.0	0.0	0.0
昌平区	90.4	65.0	0.0	0.0	25.4
延庆县	2.7	2.7	0.0	0.0	0.0
平谷区	9.1	9.1	0.0	0.0	0.0
开发区	4.2	4.2	0.0	0.0	0.0
合计	991.3	795.2	15.4	26.7	153.9

三、办公用房预售成交情况

2010 年，北京市办公用房预售成交面积 179.9 万平方米（2.1 万套或单元），成交金额 447.9 亿元。从区域分布看，办公用房成交主要集中在朝阳、海淀、东城、西城、昌平五个区，共成交 136.2 万平方米，占全市办公用房成交总量的 75.7%。其中朝阳成交面积居于各区县之首，为 59.4 万平方米，所占比重为 33.0%。

表 6–11　2010 年北京市办公用房分区县预售成交情况

区 县	办 公		
	成交套数（或单元）	成交面积（万平方米）	成交金额（亿元）
东城区	1004	20.0	106.1
西城区	721	15.0	39.8
崇文区	64	0.4	0.4
宣武区	207	1.4	4.3
朝阳区	7049	59.4	135.0
海淀区	1631	20.7	44.9
丰台区	1383	7.0	19.5
石景山区	1239	9.6	19.3
通州区	563	4.3	5.0
房山区	108	0.7	1.3
顺义区	912	6.1	8.4
门头沟区	73	0.9	0.6
大兴区	855	5.2	9.8
怀柔区	89	1.0	1.2
密云县	0	0.0	0.0
昌平区	3950	19.5	36.5

区　县	办　公		
	成交套数（或单元）	成交面积（万平方米）	成交金额（亿元）
延庆县	0	0.0	0.0
平谷区	0	0.0	0.0
开发区	1200	8.9	15.7
合计	21048	179.9	447.9

四、商业营业用房预售成交情况

2010 年，北京市商业营业用房预售成交面积 100.8 万平方米（0.8 万套或单元），成交金额 286.6 亿元。从区域分布看，商业营业用房成交主要集中在朝阳、海淀、东城三个城区，共成交 74.1 万平方米，占全市办公用房成交总量的 73.5%。其中海淀成交面积居于各区县之首，为 33.6 万平方米，所占比重为 33.3%。

表 6–12　2010 年北京市商业营业用房分区县预售成交情况

区　县	商　业		
	成交套数（或单元）	成交面积（万平方米）	成交套数（或单元）
东城区	391	10.4	65.7
西城区	40	1.5	4.8
崇文区	173	1.5	3.9
宣武区	138	1.6	6.1
朝阳区	1749	28.6	90.0
海淀区	3435	33.6	75.6
丰台区	523	6.7	11.2
石景山区	138	1.8	3.2
通州区	643	6.5	9.9
房山区	171	1.6	2.3
顺义区	32	0.4	1.0
门头沟区	0	0.0	0.0
大兴区	322	1.2	2.9
怀柔区	0	0.0	0.0
密云县	43	0.3	0.3
昌平区	528	3.2	6.0
延庆县	0	0.0	0.0
平谷区	27	0.5	0.6
开发区	65	1.3	3.0
合计	8418	100.8	286.6

五、2010年期房住宅购买对象情况

从购买对象分析，2010年，北京市期房住宅购买主要以本地居民购买为主。本地居民购买住宅6.4万套，面积651.6万平方米，成交套数占全市住宅成交总套数的68.7%，所占比重与2009年相比上升3个百分点。外省市个人购买商品住宅2.7万套，面积316万平方米，成交套数占全市的29.4%，所占比重与2009年相比下降3个百分点。境外个人购买住宅198套，面积4.4万平方米，成交套数占全市的0.2%，所占比重与2009年相比下降0.5个百分点。

表6-13 2010年期房住宅购买对象情况

单位：套、万平方米

购买对象	成交套数	成交面积	住宅	
			成交套数	成交面积
本市个人	80319	759.2	64324	651.6
外省市个人	42828	428.3	27539	316.0
华侨、港澳台同胞、外国人购买	304.	5.4	198	4.4
境内单位	5280	119.5	1579	19.3
境外单位	3	0.03	0	0

表6-14 2006年-2010年期房住宅购房对象所占比重情况表

时 间	本地居民	外省市个人	境外个人
2006年	63.80%	33.30%	1.50%
2007年	63.87%	33.45%	0.56%
2008年	69.41%	27.67%	0.78%
2009年	65.4%	32.5%	0.7%
2010年	68.7%	29.4%	0.2%

六、商品房现房转让情况

2010年，北京市新建商品房现房转移登记7.8万套，面积919.0万平方米，比2009年分别减少7.3%、10.0%，其中住宅4.6万套、581.7万平方米，比2009年分别减少10.9%、14.6%，办公用房为90.1万平方米，比2009增加28.0%，商业用房为111万平方米，比2009增加21.6%。

表6-15 2010年商品房现房转让成交情况

用途	成交套数（或单元）	成交面积（万平方米）
住宅	45972	581.7
办公	4169	90.1
商业	7552	135.0
其他	19828	112.1
合计	77521	919.0

第四节　存量房市场

一、存量住房交易总体情况

2010年，我市存量房成交面积1776.6万平方米，同比减少14.0%，成交金额1389.5亿元，同比增加7.5%。

2010年存量房成交18.0万套，其中存量住宅16.7万套，占92.8%（其中存量商品住宅占77%，已购公房和经济适用住房再上市占33%）；存量办公用房成交3937套，占2.2%；存量商业营业用房成交3024套，占1.7%；其他类型存量房屋成交5885套，占3.3%。

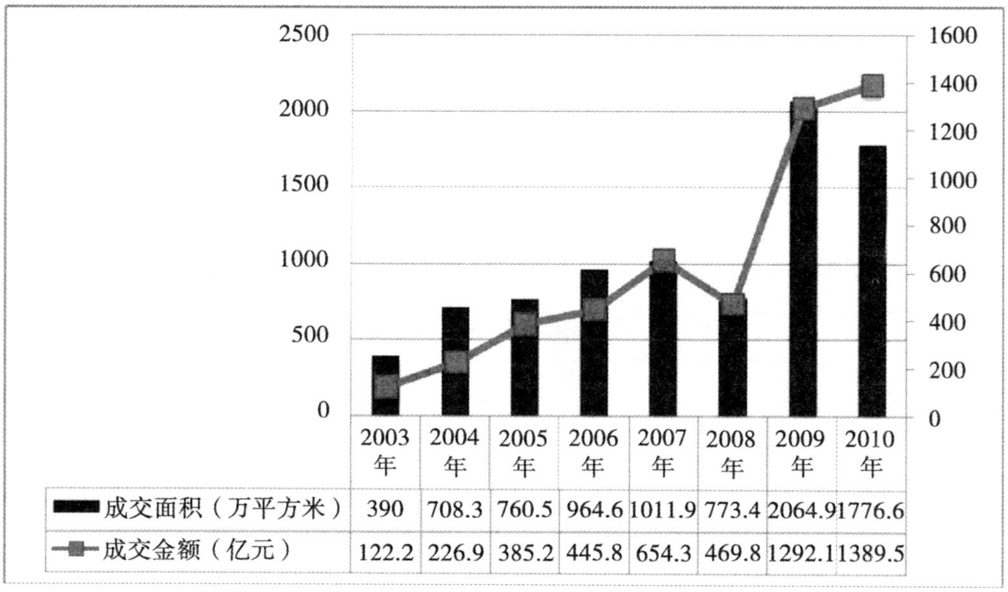

图6-1　2003-2010年度存量房交易情况表

2010年存量房成交1776.6万平方米，存量住宅1548.3万平方米，占87.1%（其中存量商品住宅占74.1%，已购公房和经济适用住房再上市占25.9%）；存量办公用房成交60.0万平方米，占3.4%；存量商业营业用房成交58.5万平方米，占3.3%；其他类型房屋成交121.7万平方米，占6.2%。

表6-16　2010年存量房成交总体情况

万平方米；亿元

类　别		成交套数	成交面积	成交金额
存量住宅		166755	1548.3	1184.8
其中	存量商品住房	111645	1088.5	838.5
	再上市房	55110	459.8	346.3
存量办公		3937	59.9	78.6
存量商业		3024	58.5	64.1

类　别	成交套数	成交面积	成交金额
其　他	5885	109.8	62.0
合　计	179601	1776.6	1389.5

从区域分布上看，朝阳区、昌平区、海淀区与丰台区成交面积居于各区县前列。朝阳区成交面积477.5万平方米，远高于其他区县，其次是昌平区、海淀区、丰台区分别是284.8万平方米、192.7万平方米、154.2万平方米。

表6-17　2010年各区县存量房成交情况表

	成交套数（套）	成交面积（万平方米）
东城区	8387	74.1
西城区	10437	76.9
朝阳区	47048	477.5
海淀区	19288	192.7
丰台区	18486	154.2
石景山区	4516	39.9
通州区	12300	112.3
房山区	5738	55.1
顺义区	6795	83.9
门头沟区	4579	26.3
大兴区	8548	85.8
怀柔区	1486	19.5
密云县	2744	35.6
昌平区	23706	284.8
延庆县	1279	14.4
平谷区	1543	16.5
开发区	2712	27.0
合　计	179601	1776.6

二、北京存量商品住房情况

2010年存量商品住房成交111645套，同比减少25.3%；成交面积1088.5万平方米，同比减少25.9%。

表6-18　2003-2009年北京市存量商品住房成交情况

年度	2003年	2004年	2005年	2006年	2007年	2008年	2009年	2010年
成交套数	17218	26584	38419	46373	58114	45789	149466	111645
月均成交套数	1435	2215	3202	3864	4843	3816	12456	9304
成交面积（万㎡）	186.7	334.1	403.7	493.8	619.7	470.7	1468.2	1088.5

从区域分布上来看，朝阳区、丰台区成交面积居于各区县前列。朝阳区成交面积 325.3 万平方米，远高于其他区县，其次是海淀区、通州区、昌平区、丰台区，分别是 102.3 万平方米、100.4 万平方米、98.0 万平方米、97.8 万平方米。

表 6-19　2010 年各区县存量商品住房成交情况表

	成交套数（套）	成交面积（万平方米）
东城区	4930	39.5
西城区	5154	37.0
朝阳区	29917	325.3
海淀区	9791	102.3
丰台区	11580	97.8
石景山区	2416	20.1
通州区	10964	100.4
房山区	4301	39.9
顺义区	5838	71.7
门头沟区	3404	16.5
大兴区	6687	62.9
怀柔区	1125	11.3
密云县	2565	23.9
昌平区	8932	98.0
延庆县	989	10.0
平谷区	1479	13.2
开发区	1569	19.4
合　计	111645	1088.5

三、北京市已购公房和经济适用房再上市情况

2010 年已购公房和经济适用房再上市成交 55510 套，成交面积 459.8 万平方米。成交套数同比增加 4%，成交面积同比增加 19%。

表 6-20　2003–2009 年北京市已购公房和经济适用住房再上市情况

年度	2003 年	2004 年	2005 年	2006 年	2007 年	2008 年	2009 年	2010 年
成交套数	17097	30223	31033	30022	34919	23717	53364	55110
月均成交套数	1425	2519	2586	2502	2910	1976	4447	4593
成交面积（万㎡）	117.4	260.4	245.6	214.9	257.9	166.4	386.3	459.8

从区域分布上来看，朝阳区、昌平区、海淀区、丰台区成交面积居于个区县前列。朝阳区成交面积 93.08 万平方米最高，其次是昌平区、海淀区、丰台区，分别是 71.69 万平方米、60.02 万平方米、41.12 万平方米。

表 6-21 2010 年已购公房和经济适用住房再上市各区县成交情况表

区 县	成交套数（套）	成交面积（万平方米）
东城区	2683	18.0
西城区	4374	28.5
朝阳区	12359	88.8
海淀区	7469	49.7
丰台区	6211	46.4
石景山区	1934	12.7
通州区	1087	7.7
房山区	1220	8.2
顺义区	786	5.5
门头沟区	899	5.7
大兴区	1667	13.8
怀柔区	236	1.7
密云县	0	0
昌平区	13937	171.3
延庆县	248	1.8
平谷区	0	0
开发区	0	0
合 计	55510	459.8

第五节 房屋租赁市场

2010 年北京住宅租赁市场交易同比出现量价齐升现象，租赁市场处于活跃态势。

一、2010 年北京市租房租赁市场交易情况

根据我爱我家、链家、中大恒基、中原等 6 家指导价格信息采集单位 10 年租赁成交数据测算，中介机构全年成交 40.7 万套，日均成交 1094 套左右，同比上涨约 20.1%。

受流动性充裕和通胀预期强烈等因素影响，2010 年上半年租金上涨较快。全年我市住房租赁市场平均租金为 59.1 元/（平方米・月），同比上涨 12.1%，租赁价格整体呈上涨趋势。

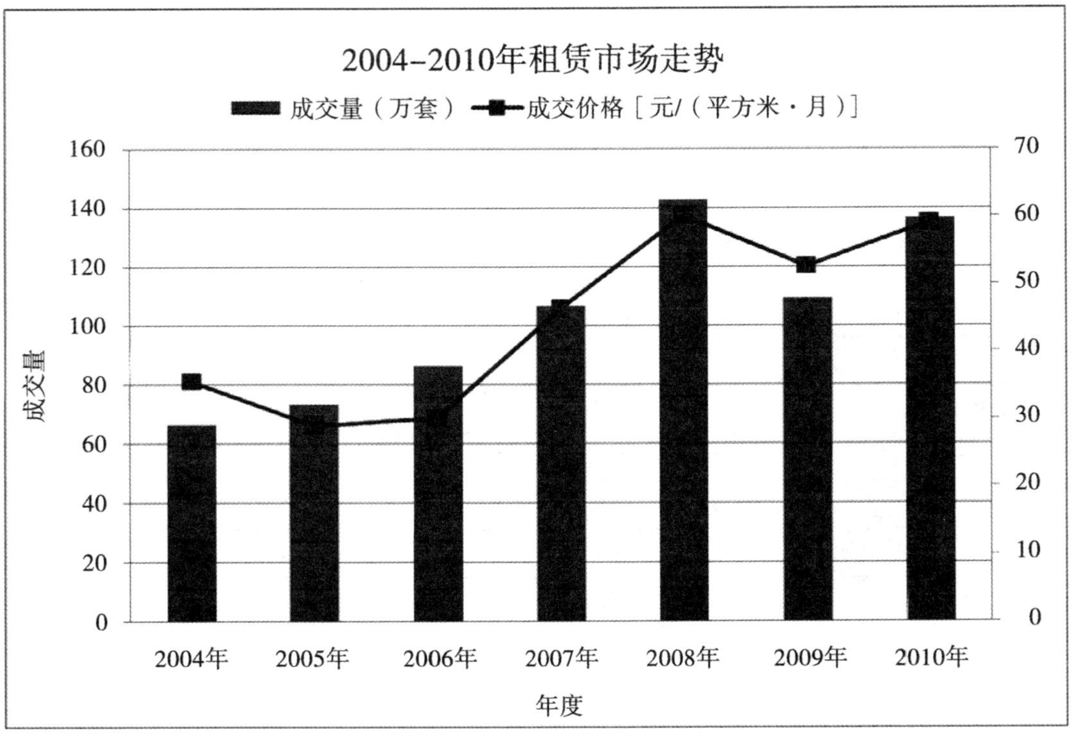

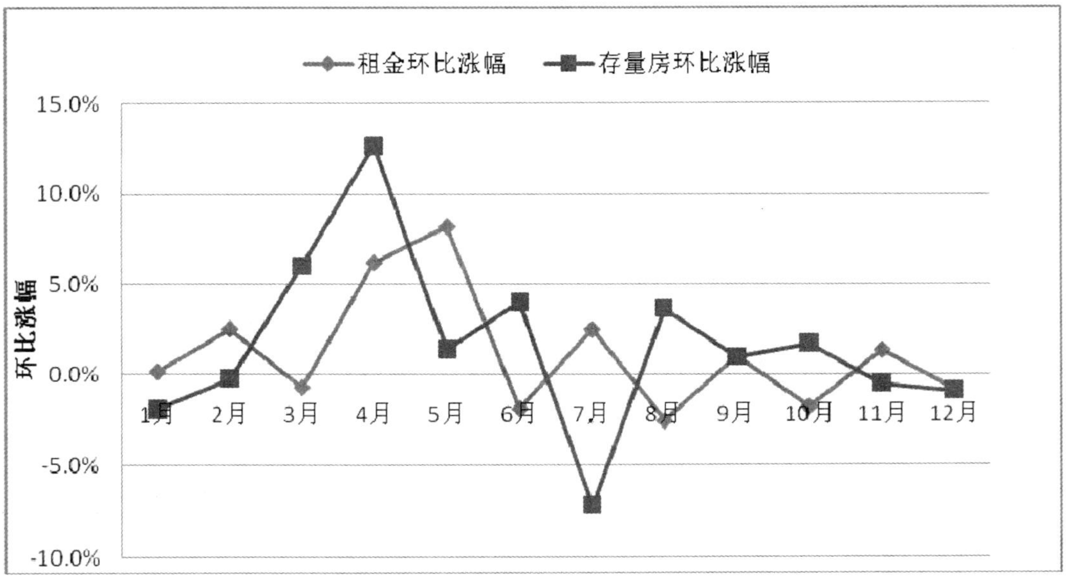

二、租售比情况

2010 年存量房交易价格平均月度涨幅为 3.4%，而住房租赁价格平均涨幅为 1%。从价格月度变化可以看出 2010 年上半年存量房交易价格和住房租赁价格上涨较快，下半年存量房交易价格涨幅收窄，住房租赁价格有涨有落，基本平稳。

第六节 房屋市场价格

一、房地产价格总体情况

2010 年我市大力贯彻落实“国十条”等一系列遏制房价过快上涨、稳定楼市的政策措施，努力推进房地产市场稳定、健康发展。在此背景下，从 5 月份开始，全市房屋销售价格同比涨幅放缓，价格环比平稳运行。与上年 12 月相比，全市房屋销售价格上涨 6.3%。受一、二级市场价格高位运行以及高校毕业生离校、新生开学等因素影响，租赁市场需求旺盛，全市房屋租赁价格环比持续上涨。与上年 12 月相比，全市房屋租赁价格上涨 19.1%，物业管理价格运行平稳，土地交易价格上涨 22.1%。

从全国范围看，与上年 12 月相比，2010 年北京市房屋销售价格累计涨幅在全国 70 个大中城市中位居第 29 位，前三位分别是三亚（43.3%）、海口（35.5%）和岳阳（15.6%）。重庆上涨 6.9%（23 位），天津上涨 5.6%（35 位），上海上涨 2.2%（60 位），深圳上涨 1.4%（65 位），广州上涨 0.4%（69 位）。

表 6–22　2010 年 12 月（四季度）房屋销售价格指数

单位：%

指　标	同比指数
房屋销售价格	106.3
新建房	108.9
住宅	109.9
按房屋性质分	
政策性住房	102.4
纯商品住宅	110.9
按房屋类型分	
普通住宅	111.1
公寓、别墅	107.6
其他住宅	111.3
非住宅	104.0
办公楼	105.8
商业营业用房	101.8
其他用房	102.1
二手房	102.5
其中：住宅	102.6
房屋租赁价格	119.1
其中：住宅	121.6
物业管理价格	100.4
土地交易价格	122.1

二、房屋销售价格指数情况

2010 年前 4 个月，我市房价延续了上年的上涨态势，1–4 月房屋销售价格环比分别上涨 1.5%、0.4%、1.5%和 2.6%。与上年同月相比，4 月份，房屋销售价格上涨 14.7%，并达到全年以来最高值。为了抑制住房价格过快上涨，4 月 17 日国务院出台了“国十条”，即《国务院关于坚决遏制部分城市房价过快上涨的通知》国发〔2010〕10 号。我市也于 4 月 30 日出台了《北京市人民政府贯彻落实国务院关于坚决遏制部分城市房价过快上涨文件的通知》，从而对抑制房地产开发企业捂盘惜售、哄抬房价等违法违规行为，遏制投资、投机购房、稳定房价起到了良好的作用。从 5 月份开始，全市房屋销售价格运行趋稳。5、6 月环比分别下降 0.1%和 0.4%，7、8 月价格均与 6 月持平，此后各月增幅均在 0.1%–0.2%的范围内波动。与此同时，与上年同月相比，全市房屋销售价格同比涨幅自 5 月份起也连续出现 8 个月的回落。在政策作用下，房价虽然有所停涨或小幅下降，但未出现人们预期的快速回落，由此使此前处于持币观望的部分刚性需求入市购房，并带动了一些定价相对较低项目的热销，造成部分楼盘价格有所回升，9 月份房屋销售价格环比自 4 月份“国十条”出台后首次走高，上涨 0.2%，此后连续 4 个月小幅上涨（见图 6–2）。

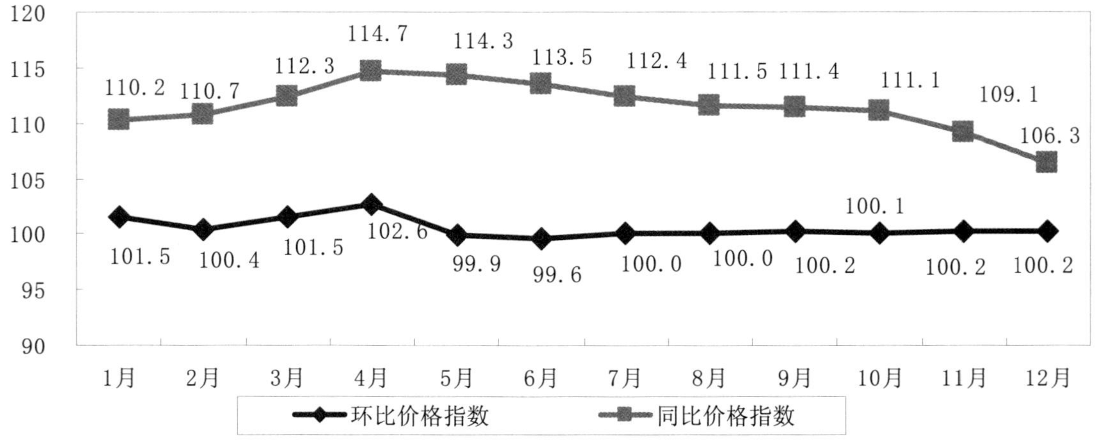

图 6–2　2010 年房屋销售价格同比与环比指数对比（单位：%）

1. 新建住宅价格环比由升转稳。2010 年前四个月，全市新建住宅销售价格继续保持了上年的快速上涨态势，1–4 月环比价格分别上涨 2.5%、0.8%、2%和 2.6%。5 月份在政府稳定房地产市场，抑制房价过快上涨的政策指引下，各月环比涨幅逐步趋缓。12 月份，新建住宅价格上涨 0.2%，涨幅比 11 月提高 0.1 个百分点。其中，纯商品住宅上涨 0.1%，涨幅已连续 5 个月持平；经济适用房和限价房价格在连续三个月持平后，受新开项目价格较高影响，12 月环比涨幅加大，上涨 1%。分房屋类型看，新建住宅中普通住宅类上涨 0.3%，涨幅比 11 月扩大 0.2 个百分点，公寓、别墅类自 9 月份连续 3 个月小幅上涨后 12 月停涨，价格与 11 月持平，其他住宅类上涨 0.1%，涨幅与 11 月持平。

2. 新建住宅价格同比涨幅先扬后抑。宏观政策出台后，全市新建住宅销售价格在 5 月份达到 2010 年的高点（同比上涨 22%）后，此后涨幅连续 7 个月回落。12 月份，全市新建住宅销售价格同比上涨 9.9%，涨幅比 11 月回落 4.4 个百分点，比涨幅最高的 5 月份回落 12.1 个百分点。其中，纯商品住宅上涨 10.9%，比 11 月回落 4.9 个百分点，经济适用房和限价房上涨 2.4%，比 11 月扩大 0.5 个百分点（见图 6–3）。

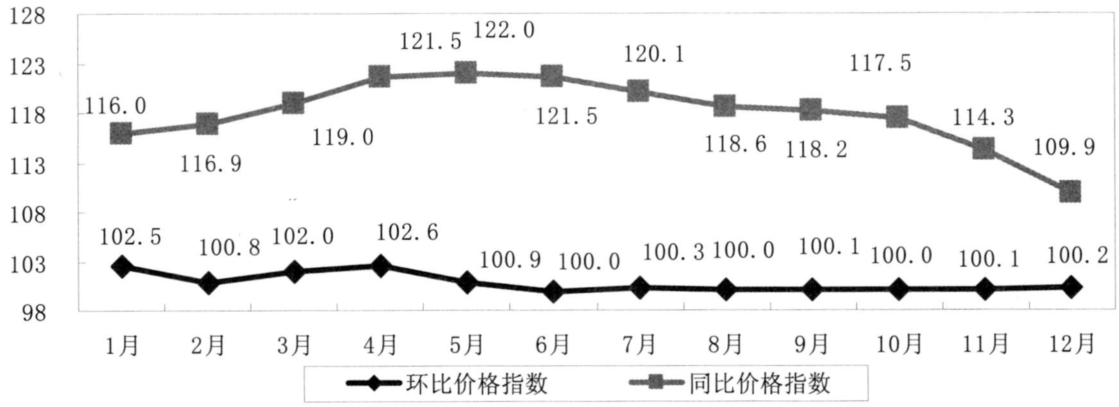

图 6-3　2010 年新建住宅价格同比与环比指数对比（单位：%）

3. 普通住宅价格环比涨幅仍较高。延续 2009 年末房地产市场销售旺盛、房价快速上涨的态势，2010 年 1–4 月普通住宅类销售价格环比分别上涨 2.4%、0.9%、2.5%和 3.1%，5 月份涨幅有所回落，为 1%，当月同比涨幅则达到 29.1%的峰值，此后在调控政策作用下，环比涨势趋缓，同比涨幅亦逐月回落。12 月份普通住宅类销售价格同比上涨 11.1%，比 1 月份低 10.3 个百分点，比涨幅最高的 5 月份低 18 个百分点；公寓、别墅类上涨 7.6%，比 1 月份低 1.8 个百分点，比涨幅最高的 4 月份低 5.5 个百分点；其他住宅类上涨 11.3%，比 1 月份低 3 个百分点，比涨幅最高的 5 月份低 10 个百分点。

4. 新建非住宅销售价格环比趋于平稳，同比涨幅持续回落。从环比价格看，受新建住宅价格持续上涨影响，2010 年前 4 个月非住宅价格也小幅走高，4 月份环比涨幅达到 2009 年以来最高的 1.5%后，从 5 月开始价格趋于平稳。与 11 月相比，12 月份新建非住宅价格与 11 月持平，其中办公楼（写字楼）上涨 0.1%，涨幅比 11 月回落 0.1 个百分点，商业营业用房和其他用房价格均与 11 月持平。

与 2009 年同期相比，2010 年各月价格同比变动与环比趋同。12 月份，全市新建非住宅同比上涨 4%，涨幅比 11 月回落 0.4 个百分点。其中，新建办公楼（写字楼）上涨 5.8%，比 11 月回落 0.6 个百分点；商业营业用房上涨 1.8%，比 11 月回落 0.4 个百分点；其他用房上涨 2.1%，涨幅连续 6 个月持平（见图 6–4）。

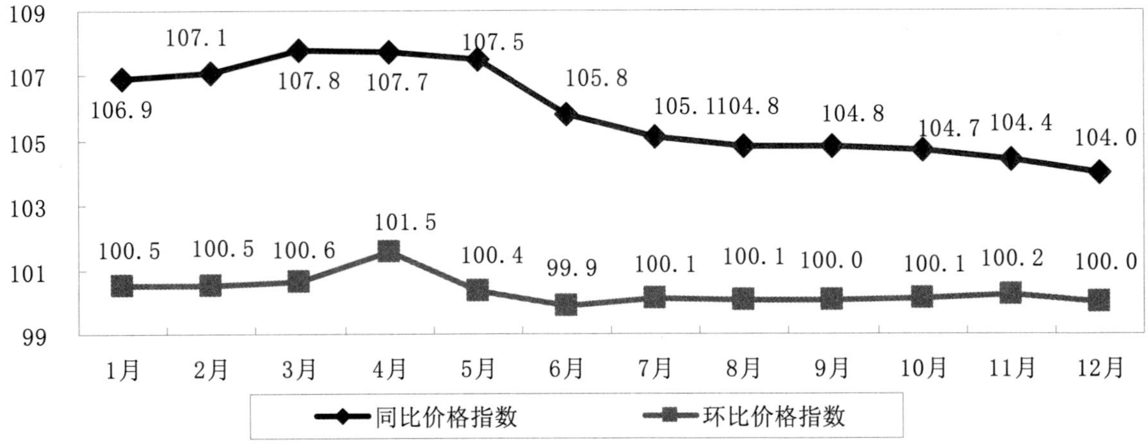

图 6-4　2010 年新建非住宅价格同比与环比指数对比（单位：%）

5. 二手住宅交易价格与新建住宅价格联动。从环比价格看，前四个月中，除 2 月份受春节影响价格有所回落外，其余三个月均与新建住宅价格保持联动上涨态势。4 月份楼市调控政策出台后，二手住宅价格由升转降，5–8 月分别下降 1.6%、0.9%、0.5%和 0.2%。随着政策的消化以及新建房市场销售好转，从 9 月份开始全市二手住宅价格止跌回升。9 月 29 日再次出台的政策要求首付款比例调整到 30%及以上，暂停发放第三套及以上住房贷款等均未对全市二手住宅市场产生较大影响，10 –12 月份二手住宅价格环比分别上涨 0.1%、0.4%和 0.3%。此外，CPI 指标节节走高，9 –11 月统计局公布的 CPI 同比涨幅分别为 2.6%、3.4%、4.3%，加速上升的势头非常明显，通胀预期进入 11 月份再次抬头，不论是卖方还是买方都有通过持有房产来抵御通胀的需求，卖方惜售的心态造成市场房源的紧张，从而使得二手住宅价格涨幅高于新建住宅（见图 6–5）。

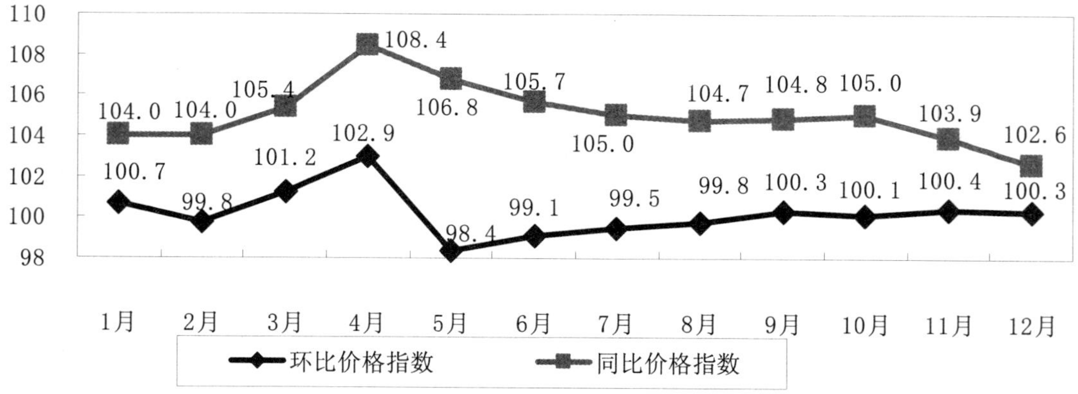

图 6–5　2010 年二手住宅价格同比与环比指数对比（单位：%）

与 2009 年同期相比，全市二手住宅交易价格在 4 月份达到 8.4%的年内同比最大涨幅后，涨幅逐渐趋缓。12 月份，全市二手住宅交易价格同比上涨 2.6%，涨幅比 11 月回落 1.3 个百分点。其中，普通住宅类上涨 2.8%，涨幅比 11 月回落 1.4 个百分点；公寓、别墅类价格仍低于 2009 年同期，下降 1.3%。

三、2010 年房屋租赁价格指数情况

1. 房屋租赁价格环比持续上涨。2010 年，由于房价持续高位运行，政府加大了楼市调控力度，在未来市场走向尚不明朗的情况下，部分人群选择持币观望，暂时转向租赁市场，因此受需求增加影响，全市房屋租赁价格环比持续上涨。1–4 季度全市房屋租赁价格环比分别上涨 4.1%、8.9%、3.3%和 2%。其中，住宅分别上涨 4.2%、10.4%、3.8%和 2.3%，非住宅分别上涨 4%、0.1%、0.3%和 0.4%。

2. 房屋租赁价格同比涨幅持续扩大。随着各月环比价格的持续上涨，同比涨幅也持续扩大。1–4 季度全市房屋租赁价格同比分别上涨 3.9%、12.8%、16.3%和 19.1%。其中住宅分别上涨 4%、14.3%、18.3%和 21.6%；非住宅分别上涨 3.6%、3.9%、4.6%和 4.9%（见图 6–6）。

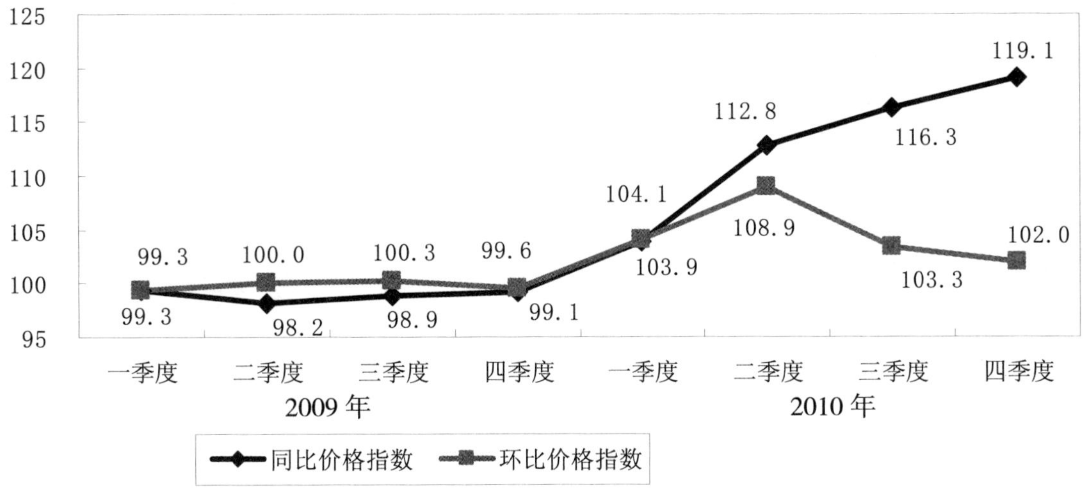

图 6-6 2009 年以来房屋租赁价格同比与环比指数对比（单位：%）

四、土地交易价格环比稳步上升

在土地“卖一块少一块”的稀缺性影响下，2010年企业拿地的竞争愈发激烈，2010年全市房地产企业土地购置面积为858.7万平方米，比2009年增长37.4%，成交价款为1040.6亿元，是2009年的2.4倍。从环比价格看，土地交易价格自2009年2季度以来持续上涨。2010年4季度全市土地交易价格环比上涨5.4%，涨幅比3季度缩小0.5个百分点。其中，居住用地上涨5.7%，比3季度扩大0.7个百分点，环比涨幅达年内最大值；工业用地上涨2.7%，比3季度回落1.5个百分点；商业营业用地上涨6.6%，比3季度回落5.6个百分点（见图6-7）。

2010 年全市土地交易价格同比涨幅持续扩大。1-4 季度分别上涨 8.7%、14.2%、18.5%和22.1%。

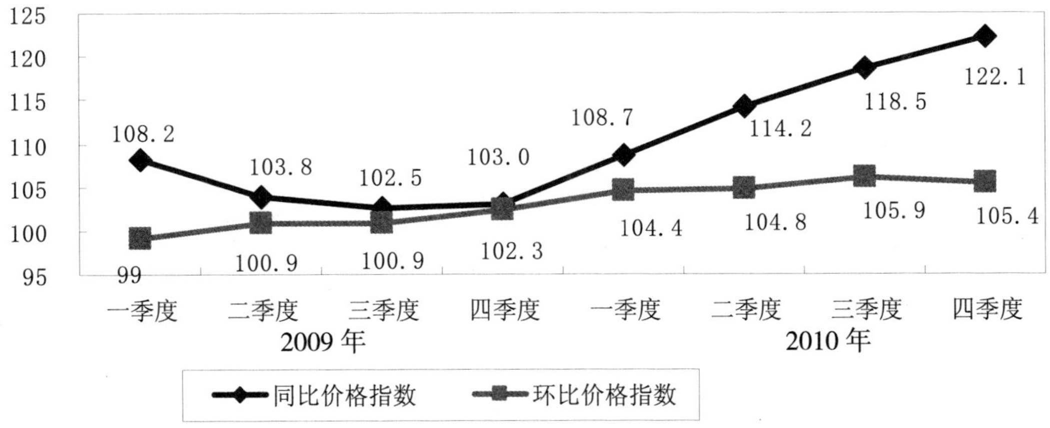

图 6-7 2009 年以来土地交易价格同比与环比指数对比（单位：%）

第七章
房地产市场监管

第一节　房地产开发市场监管

一、全市房地产开发企业基本情况

截至 2010 年 12 月底，全市资质证书有效期内的房地产开发企业共计 3272 家，同比增长 3%。其中，一级企业 113 家,占总数的 3%；二级企业 244 家，占总数的 7%；三级企业 316 家，占总数的 10%；四级企业 1590 家，占总数的 49%；暂定企业 1009 家，占总数的 31%。

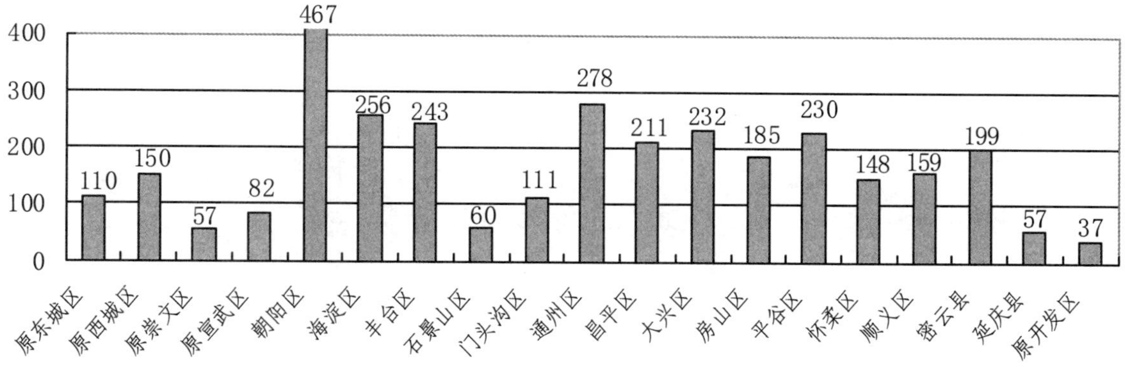

图 7–1　2010 年各区县房地产开发企业注册数量分布（单位：家）

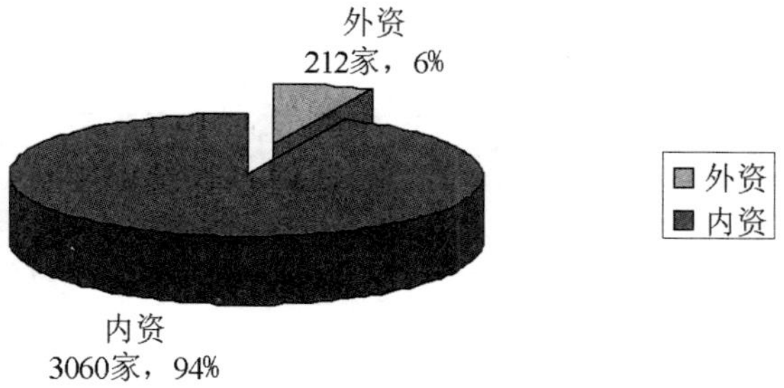

图 7–2　2010 年全市房地产开发企业性质分类情况（单位：%）

二、行政许可及服务类事项办理情况

（一）房地产开发企业资质等级核定情况

2010 年度共审查房地产开发企业资质等级核定 1689 项，同比增长 45%。其中，四级资质核定 567 项，同比增长 206%；三级资质核定 103 项，同比增长 72%；二级资质核定 68 项，同比增长 31%；一级资质核定 37 项，同比增长 68%；暂定资质延续 220 项，同比下降 21%；资质变更 367 项，与去年同期基本持平；新备案企业资质 327 项，同比增长 68%。

表 7-1　2010 年度房地产开发企业资质等级核定情况表

单位：家

	总计		四级核定		三级核定		二级核定		一级核定		暂定延续		资质变更		新备案	
	受理	审查	受理	审查	受理	审查	受理	审查	受理	审查	受理	审查	受理	审查	受理	审查
内资	1973	1662	764	567	110	92	81	64	47	36	223	220	418	356	330	327
外资	6	27	1	0	1	11	0	4	0	1	0	0	4	11	0	0
合计	1979	1689	765	567	111	103	81	68	47	37	223	220	422	367	330	327

（二）不使用政府投资的城建类投资项目核准情况

2010 年度共审查不使用政府投资的城建类投资项目核准 134 项，同比下降 12%；总建筑面积 2348.35 万平方米，同比下降 22%；总投资 2108.87 亿元，同比增长 22%。

表 7-2　2010 年度不使用政府投资的城建类投资项目核准情况表

单位：件；万平方米；亿元

类别	总计	新立项	重新核准	立项延期	其它（变更，调整）
项目	134	89	18	15	12
面积	2348.35	1586.48	331.13	231.94	198.80
投资	2108.87	1553.29	315.08	125.10	115.40

（三）年度投资计划调整单审查情况

2010 年度共审查年度投资计划调整单 88 项，同比下降 16%；总建筑面积 815.55 万平方米，同比下降 2%,；总投资 202.73 亿元，同比下降 12%。

表 7-3　2010 年度投资计划调整单审查情况表

单位：件；万平方米；亿元

类别	总计	其中	
		新建	续建
项目	88	72	16
面积	815.55	658.11	157.44
投资	202.73	140.31	62.42

（四）项目建设方案备案情况

本年度全市共公示了涉及 16 个区县 142 个项目的建设方案，项目总数同比增长 6%；总建筑面积 2741.05 万平方米，同比下降 0.4%。

表 7-4 2010 年度项目建设方案备案情况表

单位：万平方米

序号	所属区县	项目总数	总建筑面积	序号	所属区县	项目总数	总建筑面积
1	原东城区	1	1.55	9	顺义区	7	242.21
2	原宣武区	3	23.93	10	怀柔区	6	70.92
3	朝阳区	18	576.42	11	大兴区	21	367.70
4	海淀区	7	107.79	12	房山区	11	253.47
5	丰台区	14	151.80	13	平谷区	1	7.51
6	石景山区	3	40.72	14	密云县	17	159.03
7	昌平区	14	370.46	15	延庆县	2	29.23
8	通州区	15	311.52	16	原开发区	2	26.79

三、认真贯彻国务院房地产调控政策

一是按照《国务院关于坚决遏制部分城市房价过快上涨的通知》(国发［2010］10 号)的要求，市住房城乡建设委迅速起草了《北京市人民政府贯彻落实国务院关于坚决遏制部分城市房价过快上涨文件的通知》(京政发［2010］13 号)，从坚决抑制不合理住房需求、增加住房有效供给、加快保障性安居工程建设、加强市场监管等方面提出了十二条落实意见。二是通过多渠道、多种形式宣传政策，并组织行业协会、专家学者等开展政策解读，引导正确的舆论导向。各方普遍认为北京市落实国家政策动作快、调控准、力度大，在国发［2010］10 号文件为地方政府留出的具体操作空间中实行了最严厉的措施，显示出北京市遏制房价过快上涨的决心。 三是出台《关于落实同一购房家庭只能在本市新购买一套商品住房有关政策的通知》等配套文件，进一步完善网上签约系统，从技术上确保同一家庭只能新购买一套商品住房的规定落到实处，并积极提供个人住房情况查询，协助金融、税务部门做好二套及以上住房的认定工作。

四、加强绿色通道项目协调调度

截至 2010 年底，本市共有七批 163 个房地产开发项目纳入市政府绿色审批通道，同比增长 57%，总建筑规模 3929.86 万平方米，同比增长 49%，总投资 3045.07 亿元，同比增长 72%。其中，2010 年计划投资 607.00 亿元，同比增长 61%，已完成投资 107.88 亿元，同比下降 11%，2010 年开工面积 869.65 万平方米，同比增长 134%，2010 年竣工面积 176.01 万平方米，同比增长 789%。与去年相比，2010 年纳入市政府绿色审批通道的房地产开发项目在计划投资及开、竣工面积等方面增长迅速，显示出市政府相关主管部门的综合调度及绿色通道的审批效率，提振了企业持续投资的信心。

五、多角度创新开发管理模式

一是针对我市房地产开发企业数量众多、开发项目信息庞杂等特点，构建了北京市房地产供应侧监管系统。该系统基于政府主管部门提供的行政许可或管理信息，可对开发企业从事房地产开发、销售的整个过程进行全程监控，包括土地转让、施工招标、施工许可、竣工验收、房屋销售的各个环节，及时发现和纠正市场不良行为，并对供求关系进行实时监控，保障市场的平稳健康运行；二是组织召开全市新设立房地产开发企业负责人培训，包括施工质量安全、竣工交付使用、工程保修等具体行为如何规范，同时涉及企业诚信经营及社会责任，有效提升了开发企业经营管理水平，规范了各项开发行为。

六、扎实推进开发项目动态监管

在实施房地产开发项目动态监测监管过程中，不断创新、完善机制，进一步规范了房地产开发项目手册的工作流程，组织区县、开发企业进行系统填报培训，强化区县主体责任。通过项目跟踪管理，推出短信督报机制，积极引导企业填报，进一步强化为企业服务的理念。及时组织与区县沟通交流，分析问题，总结经验。加大对企业培训的力度， 共有145家企业175人参训。房地产开发项目手册信息系统累计完成项目账号注册891个；265个开发项目完成房地产开发项目手册备案。

七、不断加快建立完善信用体系建设

为探索建立符合北京市房地产市场发展的信用管理模式，2010年，市住房城乡建设委通过网络调研、实地考察、专家座谈等多种途径学习信用管理工作经验，并主要完成以下几项工作，一是全面清理了2008年施行资质动态记分管理以来的违法违规企业200余家，为北京房地产市场监管和宏观调控提供了管理依据。二是从5月份起按月向建设部、市区县政府、市区两级建设房管部门通报房地产开发企业信用信息，初步建立了信用信息共享机制，为下一步各委办局信息共享和联动监管奠定了基础。三是在广泛调研的基础上，通过学习相关城市的管理经验，初步拟定了《关于加快开展房地产市场信用管理工作的方案》、《北京市房地产市场主体信用信息管理暂行办法》。四是完成了《北京市房地产行业信用管理信息平台系统需求方案》，为下一步信用信息平台建设奠定了基础。

第二节　房地产交易和权属管理

一、房屋交易管理情况

（一）房地产市场基本情况

截止到2010年9月，市住房城乡建设委共批准预售许可证260个，批准商品期房上市面积1035.8万平方米，其中商品住宅646万平方米；确认商品现房上市面积391.9万平方米，其中商品住宅159.4万平方米。新建商品房网上签约量累计1335.1万平方米，其中商品住宅成交728.2万平方米。存量房网上签约量累计1286.1万平方米，其中存量住宅成交1097万平方米。

（二）加强市场调控，促进房地产市场平稳发展

《国务院关于坚决遏制部分城市房价过快上涨的通知》下发后，市住房城乡建设委认真开展政策落实工作，在全国率先出台了《北京市人民政府关于贯彻国发〔2010〕10号文件精神坚决遏制房价过快上涨的通知》，推出一系列具有针对性的政策措施。为确保政策贯彻落实，配合文件出台，迅速组织制定一系列配套措施，下发了《关于落实同一购房家庭只能在本市新购买一套商品房住房有关政策的通知》，明确规定自2010年5月1日起同一购房家庭只能在本市新购买一套商品住房。为确保措施落到实处，市住房城乡建设委召开了全市各区县建委、房管局工作会议部署工作。随着各项政策措施的落实，北京市房地产市场发生积极变化，交易基本平稳，价格同比涨幅回落，房地产市场保持平稳健康发展。

（三）出台政策措施，进一步加强预售管理

一是为加强商品房预售资金监督管理，保证商品房预售资金专款专用，市住房城乡建设委多次邀请北京银监局、人民银行营业管理部、商业银行、担保公司、开发企业、律师代表研讨制定北京市商品房预售资金监管政策。在全面调研、论证的基础上，于2010年10月31会同北京银监局、中国人民银行营业管理部联合出台了《北京市商品房预售资金监督管理暂行办法》（草案），并于12月1日起正式实施。二是针对北京市酒店类项目的分割销售的问题，会同相关委办局联合发布了《关于加强酒店类项目销售管理有关问题

的通知》，明显规范了市场行为。三是落实《关于进一步加强房地产市场监管完善商品住房预售制度有关问题的通知》要求，对现行房屋预售管理工作进行了总结分析，多次组织召开座谈会听取相关部门、企业的意见，起草了《关于加强我市商品房预售方案管理的通知》，对房地产开发企业提交的商品房预售方案做了全面规定。四是正在着手研究商品限价房、加强预售质量管理等政策。

（四）进一步加强预售行政审批的日常管理

一是进一步细化、规范行政审批工作，结合房地产调控政策，对涨幅过大、过快的项目进行预售审核，严格落实明码标价政策，合理引导开发商定价预期。二是加强对各区县建委、房管局商品房预售许可受理、初审工作的指导和监督，定期组织区县业务人员进行集中培训，提高业务水平，多次派出工作人员到各区县进行业务指导，建立及时沟通机制，有效保证了预售审批工作的良好开展。

（五）积极开展存量房交易服务平台建设工作

市住房城乡建设委相关部门组成平台建设项目小组，确立每周例会制度，积极开展存量房交易服务平台建设研讨工作，并从存量房交易平台数据资源日常维护、存量房市场动态监测监管及加强经纪机构和从业人员信用管理三个方面拟定了存量房交易平台数据应用需求方案。根本目标是通过存量房交易服务平台，为百姓买卖存量房提供一系列安全保障服务，确保买卖双方及中介机构的合法权益。

（六）实施信息化技术手段提高预售管理水平

一是设置网上签约系统自动验核，实现签约时的实际价格，不高于预售许可申报价。二是完善网签系统的购房人家提供信息审查功能，从技术上确保同一家庭只能购买一套商品住宅政策落到实处。三是注重信息共享和沟通，通过信息系统向商业银行和税务部门提供个人住房情况查询支持；联合银行监管部门，利用信息系统加强对非住宅房地产开发项目的融资贷款监管。四是通过监测业务系统中的交易数据，实时监测企业销售、退房情况，打击违法违规行为。

（七）加强日常投诉管理工作

房地产市场动态监管平台运行以来，畅通投诉举报渠道，强化快速反应能力，建立日常监管长效机制，对规范房地产市场秩序、切实维护群众住房消费权益发挥了重要作用。2010 年 1–9 月份平台接受投诉、咨询、建议 11039 件，其中投诉 3339 件、咨询和建议 7700 件，投诉件和咨询件分别占收件总量的 30.2%和 69.8%。同时加强市区两级沟通，积极开展案件督办、回访工作，案件办结率和群众满意度同步提高。2009 年 12 月份–2010 年 8 月份分派的 3187 件案件中，市、区两级主管部门按期办结 2722 件，总体办结率 85.4%。2010 年 1–9 月份成功回访已处理案件 1431 件，群众满意 892 件，总体满意率 62.3%，较去年同期提高 14.3 个百分点。

（八）加强基础性研究，为制定科学决策提供坚实支撑

一是市住房城乡建设委承担北京市“十二五”房地产规划重要子课题《首都住房管理趋势研究》的研究任务，系统探索前瞻性的政策储备，现已进入专家评审阶段；二是受住房和城乡建设部委托，承担《房屋销售合同问题研究》的课题，已起草了《商品房预售合同》、《商品房现房买卖合同》、《存量房屋买卖合同》示范文本初稿，报送住房建设部研提意见，预计年内结题。三是承担了北京市对“群租房的管理问题”调研任务，通过开展调研工作，探索出群租房管理的有效机制。

二、房屋权属管理情况

（一）2010 年，全市办理房屋登记约 95 万件，其中房屋所有权登记约 67.9 万件、抵押权登记 26.7 万件。全年制定房屋登记规范性文件 11 件；对区县、各委办局、法院的批复、复函、函件 52 件；协调处理企事业单位来信来函问题 110 件；办理人大和政协代表提案和建议 6 件；制发撤销房屋登记决定书 56 件；发布各类房屋登记公告 1500 余条；全年共发生涉及房屋登记的行政诉讼 329 件，行政复议 18 件；处理信访及政风行风、市长热线书面答复 163 件；做出撤销房屋登记决定书 69 件。

（二） 2010 年初，出台了《关于历史遗留房地产开发项目房屋登记有关问题的通知》(京建发［2010］1 号)，以解决因开发商下落不明造成购房人长期拿不到房产证的问题。选取了西城、崇文、宣武、朝阳、海淀、顺义六个区共 7 个项目作为首批要解决的历史遗留房地产项目。5 月 31 日至 6 月 4 日在《北京日报》、《北京晚报》连续 5 天进行公告，要求开发企业 7 月 5 日前主动到房屋管理部门申请房屋登记，逾期不申请的，购房人可按 1 号文规定单方办理房屋登记。12 月 24 日，发布了第二批共 9 个项目的公告，涉及大兴、通州、西城和朝阳区，部分项目正在积极推进。

(三)为完善和加强房屋登记工作，出台了一系列政策文件。为加强空白房屋权属证书管理，维护交易安全，制定了《北京市空白房屋权属证书管理规定》；为加强登记业务质量管理，提高房屋登记规范化管理水平，制定了《北京市房屋登记业务质量抽检规定》；为进一步深化房产测绘体制改革，规范房产测绘市场，制定了《关于进一步加强房产测绘管理的通知》；为规范境外机构和个人购买并办理房屋登记，制定了《关于境外机构和境外个人办理房屋登记有关问题的通知》；为规范房屋登记档案管理，实现档案管理工作的规范化、标准化、现代化，有效保护和利用房屋登记档案，制定了《北京市房屋登记档案管理暂行办法》，于 2010 年 12 月 1 日实施。

(四)为进一步提高工作效率和服务质量，创新工作思路，2010 年 6 月 1 日起，全市房屋登记部门实现个人存量房屋转移登记等 18 种业务的“即时办理”，大大缩短了登记时限。

(五)2010 年 4 月，北京市住房城乡建设委对全市 19 个房屋登记部门在大厅窗口建设、业务办理、系统使用及数据整合、档案管理情况、政风行风建设以及内部管理等六个方面进行集中考核。朝阳、丰台、怀柔、延庆、石景山、海淀名列前 6 名。向住房城乡建设部推荐朝阳区、丰台区、怀柔区为本年度全国房屋交易与权属登记规范化管理先进单位的考核对象。10 月，住房城乡建设部组成检查考核专家组对推荐为“全国房地产交易与权属登记规范化管理先进单位”的朝阳区房管局、丰台区房管局和怀柔区住房城乡建设委进行考核，并认定为先进单位。

(六)2010 年 4 月和 12 月，分别举办全市房屋登记系统“风采杯”演讲比赛和第二届“红叶杯”岗位能手大赛；

(七)2010 年全市累计接收房屋登记档案入库 908630 卷。累计接待查询 264886 卷次，为产权办理、资产评估、房屋改造、建筑拆违和法院协助执行等工作提供了高效快捷的登记档案信息查询服务。

(八)开展历史数据整合工作。为落实住房和城乡建设部“全面建立房屋电子登记簿”的要求，2010 年 7 月，市住建委以门头沟区为试点，开展了房屋权属历史数据整合，着手建立完整的房屋电子登记簿。在此基础上，2011 年初，北京市住房城乡建设委又在朝、海、丰三区启动了历史数据整理的试点工作，力争在全市推广。

(九)调整房产测绘管理职能。11 月 5 日，北京市住房城乡建设委印发《关于调整房产测绘相关职能的通知》，将房产测绘单位资质初审、房产测绘成果备案及测绘市场监管职能划入房屋登记管理处。将房地产勘察测绘所的行政职能与经营职能剥离，解决了长期以来政事企不分的弊端。同时，按照北京市住房城乡建设委行政审批制度改革的精神，将测绘成果备案的事务性工作交由综合服务中心办理。

第三节 经纪、评估机构管理

一、经纪机构管理工作开展情况

（一）基本情况

截至2010年12月31日，我市在建设、房管部门备案取得《北京市房地产经纪机构备案证书》的房地产经纪机构（含分支）共有6805家，其中房地产经纪机构2614家，分支机构4191家。2010年新备案的房地产经纪机构534家、分支机构1727家，一共为2261家。

（二）规范房地产经纪机构经营场所信息公示

2010年2月，出台了《关于规范房地产经纪机构经营场所信息公示的通知》，明确了经纪机构经营场所明确公示的11项内容，进一步规范房地产经纪行业行为。市或各区县房屋行政主管部门定期对本辖区内房地产经纪机构公示情况进行检查。发现存在未按本通知规定公示有关信息的，责令改正或按有关规定进行处理。

（三）完善存量房买卖合同网上签约流程

2010年4月，出台了《关于完善存量房买卖合同网上签约流程等有关问题的通知》，进一步明确由房地产经纪机构居间、代理的存量房买卖合同网上签调整为草拟阶段、打印合同、完成签约三个阶段，并明确了存量房买卖合同网上签约信息注销流程。

二、评估机构管理工作开展情况

（一）基本情况

2010年，北京市具备房地产价格评估资质的机构共149家（含外地在京分支机构3家），其中一级机构35家，二级机构28家，三级（暂定）机构83家，仅在军队系统内执业的机构3家，2010年新批准成立的估价机构5家。

（二）严格行政审批，加强估价机构资质升级检查。2010年开始对申请资质升级的估价机构除进行文件审查外实行实地检查，重点查处虚假人员注册问题，对发现问题责令整改，合格后再申报资质升级。

（三）开展估价机构报告评审检查工作。北京市住房城乡建设委组织房地产估价机构2009年度估价报告检查，提高估价报告质量。共抽查124家机构的246份报告，占估价机构的84%。参加检查的一级机构32家、二级机构27家、三级机构65家。

（四）开展法定代表人和专职估价师资格专项检查。对全市房地产估价机构进行专项检查，对12家估价机构存在专职注册房地产估价师人数不符合规定的问题下发《责令改正通知书》，并提交书面整改报告。

第四节　房屋租赁管理和普通地下室安全使用管理

一、房屋租赁管理情况

针对北京市房屋租赁市场成交量大、管理难度大、交易透明度不高的问题，北京市住房城乡建设委从加强立法、加强专项整治和鼓励租赁行业自律三个方面规范管理。

（一）加强租赁立法。北京市住房城乡建设委会同市法制办、流管办、公安局等部门对《北京市房屋租赁管理若干规定》（194 号令）进行修改。

（二）加强租赁经纪机构排查整治工作。1 季度，北京市住房城乡建设委组织开展了房屋租赁代理市场专项检查，共检查机构 85 家，立案 11 家；2-3 季度，制定《社会治安重点地区房屋租赁经纪机构排查整治工作实施方案》，对注册和经营在 50 个重点整治村的经纪机构和分支机构以及在 50 个重点整治村有租赁代理业务的机构进行检查，共排查出房地产经纪机构 50 家，涉及房屋 1121 间。

（三）加强行业自律，规范房屋租赁代理业务。指导北京房地产中介行业协会开展“房屋租赁代理业务流程”推广活动，全市 26 家主要房屋租赁代理机构参与，并签署了规范业务流程承诺书。

二、普通地下室安全使用管理

（一）大力加强普通地下室使用安全管理

2010 年 9 月 3 日，北京市住房城乡建设委召开了《打击普通地下室非法违法生产经营建设行为专项行动》动员部署会；国庆节前夕，陈刚副市长带领有关委办局，对海淀区民族大学西路 8 号地下旅馆进行了检查；市住房和城乡建设委多次到各区县检查、督查、调研；各区县建委（房管局），坚持日常检查和巡查，对发现的问题进行了严格的执法和处理。截止 9 月 30 日，全市共有普通地下室网上数据 19664 处（部分含中央机关、军队）重点检查普通地下室 7948 处，发告知单 820 份，发协查单 633 份，发出整改通知 141 份，处罚 8 处，罚款 6.65 万元，关闭 8 处。

（二）理顺地下室使用安全管理职能

为提升政府监管效能、理顺工作关系，科学调整职能分工，2010 年 8 月份，北京市住房城乡建设委将地下空间的管理职能做出相应调整，把地下空间的管理纳入房屋安全管理范畴，更有利于对地下空间的日常检查监管。

（三）以保障行业平稳健康发展为前提，做好日常监管工作，开展了普通地下室安全使用专项督查和检查工作。2010 年初，北京市住房城乡建设委专门组成了督查组，市旅游局、市消防局等部门参加，对宣武、崇文、丰台、密云、平谷和通州六个区县地下空间经营场所安全生产大检查工作进行了督查和现场检查；春节前夕，陈刚副市长带队对丰台区太平桥西里 39 号楼普通地下室安全使用情况进行了检查；2009 年 11 月至 2010 年 3 月底，对用于开设商市场、娱乐场所、旅馆等经营场所以及居住使用等人员密集场所的普通地下室开展了安全大检查，坚决防范和遏制各类安全事故的发生。全国两会期间，北京市住房城乡建设委参加了对会场和驻地周边等生产经营单位的安全生产执法检查；“两节”、“两会”期间，各区县住房建设委（房管局）都组织对辖区普通地下室安全使用的执法检查，并参加了联合检查。截至 2010 年 5 月 31 日，全市共检查普通地下室 4124 处，698.68 万平方米，对检查中发现的问题除当即责令改正外，已下发整改通知书 297 份，罚款 11 处（共 8.36 万元），责令停业 30 处，关闭 12 处。

第五节 房地产市场秩序专项整治

一、加强执法检查，规范市场行为

针对北京市经纪机构数量多，人员流动性强，管理难度大的问题，开展分阶段、由点到面的执法检查。2010 年 1 季度，北京市住房城乡建设委对投诉前 10 名的房地产经纪机构进行了约谈，并提出整改要求；2010 年 2、3 季度，对全市房地产经纪机构和分支机构经营场所信息公示情况进行了全面系统的检查。截至 9 月底，全市共检查机构 3186 家，发现问题 814 起，行政处理 189 家，立案处罚 56 起，市场秩序明显改善。

二、加强监督检查，整顿交易秩序

一是建立新开盘项目日常巡查制度，截至目前共检查开发项目 80 余项次，重点查处新开盘项目的捂盘惜售、现场公示不全等违法违规问题。二是落实 72 号文件精神，约谈了 42 家项目规模较大的开发企业，就增大市场供应、稳定市场秩序等方面提出了明确要求。三是组织开展捂盘惜售和“零成交”项目专项执法检查，会同相关部门累计检查项目 100 多个。四是对新闻媒体报道的违规项目及时查处，前 3 季度累计对 15 个相关商品房项目及 50 家房地产中介机构进行了检查，对违法违规行为责令整改。五是按照《关于贯彻落实国发〔2010〕10 号文件精神开展房地产开发企业经营行为联合执法检查工作的通知》，联合相关委办局对投诉多、涨幅高、囤房量大三类项目进行联合检查，累计共检查开发企业 27 家，下达《责令改正通知书》14 份，立案处罚 4 起。六是加大开发企业违规行为曝光力度，通过北京建设网共对 10 家房地产开发企业的违法违规行为进行了通报，有力震慑了不法企业。七是开展了打击散发房地产小广告专项整治行动，与市相关部门建立了联动查处机制，严肃查处了 5 家房地产经营机构。

三、健全机制，部门联动，全面开展房地产开发企业经营行为专项检查工作

为贯彻国务院房地产市场调控政策，打击囤积房源、捂盘惜售、恶意炒作、哄抬房价等扰乱市场秩序的违法违规行为，2010 年 5 月初，北京市住房城乡建设委与市发展改革委、市监察局、市财政局、市国土局、市规划委、市国资委、市地税局、市工商局、市统计局等十部门建立了北京市房地产企业经营行为专项检查联席会议，负责监督、指导和协调全市检查工作，并联合印发了《北京市房地产开发企业经营行为专项检查实施方案》，对全市各区县、各部门检查内容和职责分工做了详细规定。各区县人民政府负责对本区县在建、在售的房地产开发项目及开发企业经营行为组织检查；市政府各部门重点检查房地产开发企业在开发用地、房屋拆迁、规划建设、房屋销售等方面的行为。截至专项检查工作结束，北京市各区县、各部门累计开展房地产执法检查 4664 项次，涉及开发企业 561 家，中介机构 1021 家，物业项目 566 个，地下空间 2071 处，拆迁项目 167 个，对发现的各类违法违规行为，共实施行政处理和行政处罚 305 起。

四、开展社会治安重点地区房屋租赁经纪机构专项整治

2010 年 4 月，北京市住房城乡建设委制定了《社会治安重点地区房屋租赁经纪机构排查整治工作实施方案》。7 月，市住房城乡建设委、市发展改革委、市公安局、市工商局、市地税局联合制定了《联合开展社会治安重点地区房屋租赁经纪机构检查、督查工作方案》。北京市有重点整治村的 9 个区（朝阳、海淀、丰台、石景山、大兴、通州、顺义、昌平、房山）对 50 个重点整治村的房屋租赁经纪机构进行了自查、排查和

联合检查。各区县对群众投诉、媒体曝光、社会影响大的房地产经纪机构进行联合检查。市住房城乡建设委联合市发展改革委、市公安局、市工商局、市地税局先后对朝阳、丰台、房山区专项整治情况进行了督查。全市共检查机构3186家，发现问题814起，行政处理189家，立案处罚56起，罚款586000元。

五、开展房屋租赁代理市场专项检查

北京市住房城乡建设委制定下发了《关于开展房屋租赁代理市场专项检查的通知》(京建发〔2010〕80号)，从2月22日至3月20日对全市有租赁代理投诉(网上、电话、信访)2次以上的机构进行全面检查,共检查机构80家,下发《责令改正通知书》20份，立案查处8家。从4月20日至6月20日北京市住房城乡建设委对房地产经纪机构和分支机构经营场所信息公示内容和投诉多的机构进行专项检查。

通过连续开展房地产经纪行业整治活动，有效遏制了房屋租赁市场的违法违规行为，进一步改善了房屋租赁市场环境。

第八章
住房保障

第一节　北京市住房保障制度建设综述

2010年，按照住房保障工作的统一部署和要求，北京市大力加强住房保障制度建设，进一步健全廉租住房保障制度，规范廉租住房后期管理；进一步完善公共租赁住房各项制度，大力推进公共租赁住房发展；进一步加强保障性住房申请审核、配租配售管理；创新保障性住房监督管理制度，为保障性住房建设提供了有力制度支撑。

一、进一步健全廉租住房保障制度

为加快解决本市城市低收入家庭住房困难，进一步健全廉租住房保障制度，2010年7月29日市住房城乡建设委、市财政局、市民政局联合印发《关于调整本市廉租住房家庭收入准入标准有关问题的通知》（京建发［2010］434号），自2010年8月1日起城六区居民申请廉租住房家庭收入准入标准调整为家庭人均月收入低于960元（含）。此后，各远郊区县政府陆续调整廉租住房家庭收入准入标准，除通州区廉租住房家庭收入准入标准调整为家庭人均月收入低于960元（含）外，其他区县均调整为家庭人均月收入低于731元（含）。

此外，为进一步加强和规范廉租住房后期管理，明确和落实廉租住房监管职责，为廉租住房和公共租赁住房并轨运行打下良好基础，市住房保障工作领导小组办公室发布《关于进一步加强我市廉租住房建设和管理的若干意见》（京住保［2010］36号），重点解决廉租住房后期管理中资格动态复核、物业管理、社会管理、退出及原住房腾退等问题。《若干意见》要求承租家庭户籍所在区县住保部门负责廉租家庭居住情况的定期巡查和抽查、资格核查管理等工作，区县政府应当建立公安、城管、卫生、工商等部门的联合巡查执法制度。社区服务站为承租家庭联系、代办社会保障、医疗等公共服务事务，协助开展廉租住房使用管理等工作。规范申请家庭原住房腾退，规定了具体腾退程序、补偿方式以及腾退住房的管理。

二、进一步完善各项制度，大力推进公共租赁住房发展

1、加强公共租赁住房建设管理。为加强公共租赁住房建设管理，2010年7月，下发了《关于印发〈北京市公共租赁住房建设技术导则（试行）〉的通知》（京建发［2010］413号），公共租赁住房应当以满足住房困难家庭阶段性需求为导向，坚持安全、环保、实用和经济原则，合理选择实用的建设技术和建筑工程材料，达到节地、节能、节水、节材和环境保护要求。导则对公共租赁住房的规划设计、建筑设计、结构设计、设备设计、电气设计、室内外装修设计标准等方面提出了具体标准、要求。

2、创新推出“人才公共租赁住房”。为落实国家和北京市中长期人才发展规划，培养和聚集优秀创新人才特别是产业领军人才，2010年12月，中关村管委会、市委组织部、市发展改革委、市财政局、市国土局、市规划委、市住房城乡建设委联合下发了《关于中关村国家自主创新示范区人才公共租赁住房建设的若干意见》，以加快推进示范区人才公共租赁住房建设，多渠道满足人才的住房需求。

3、积极研究起草配套政策，大力推进公共租赁住房建设。为进一步创新建设管理机制，加快推进我市公共租赁住房建设，积极研究起草了《关于加快推进公共租赁住房建设（增加供应等有关问题）的通知》、《关于贯彻落实公共租赁住房税收优惠政策有关问题的通知》、《关于北京市公共租赁住房资金管理有关问题的指导意见》等相关配套文件，并已多次征求区县、有关部门意见。

三、加强保障性住房申请审核、配租配售管理

为进一步规范保障性住房申请资格审核管理，加强保障性住房管理，2010 年 4 月市下发了《关于进一步加强廉租住房、经济适用住房和限价商品住房申请资格审核管理有关工作的通知》(京建发［2010］206 号)，对资格审核备案管理、资格变更取消管理、年度复核管理、举报查处管理等方面提出了具体要求。9 月 13 日下发了《北京市住房和城乡建设委员会关于加强廉租住房、经济适用住房和限价商品住房审核配租配售管理等问题的通知》(京建发［2010］523 号)，就资格审核管理、摇号配售管理、房屋退出管理等方面进一步明确了要求。9 月 28 日下发了《北京市经济适用住房、限价商品住房申请家庭原住房腾退办法》(京住保［2010］30 号)、明确了申请家庭原住房腾退工作坚持的原则及具体腾退、补偿措施。

此外，为加强保障性住房资格审核及后期管理工作，确保资格审核及管理的公平、公正、公开，坚决打击保障性住房申请中存在的虚报、瞒报及工作人员徇私舞弊等行为，5 月份市住房保障工作领导小组办公室下发了《关于开展经济适用住房等保障性住房资格及管理专项核查工作的通知》(京住保［2010］16 号)。通知明确要求建立核查长效机制，建立全市统一的保障性住房审核信息管理系统，实现与房屋交易、权属、住房公积金、民政、公安车管、社保、地税等系统数据的信息比对，充分利用信息技术手段，提高审核准确性，进一步加强保障性住房申请审核管理。

四、创新监督管理制度，打造保障性住房全程“阳光工程”

借鉴北京奥运建设“阳光工程”经验，进一步完善保障性住房监督管理体系，2010 年 5 月，市住房保障工作领导小组印发了《北京市保障性住房全程阳光工程实施方案》(京住保［2010］14 号)，对工程建设、资格审核、房源分配及后期管理等重点环节，提出了政策制定、建设计划、土地供应、建设过程、资格审核、房源分配、资金使用、后期管理、违规查处、办事程序等十项具体公开措施，充分保障人民群众的知情权、参与权、监督权。

五、加快城市和国有工矿棚户区改造

为全面推进城市和国有工矿棚户区改造工作，加快解决群众住房困难，北京市制定了《北京市加快城市和国有工矿棚户区改造工作的实施方案》，12 月 3 日经市政府会议通过。实施方案明确了加快城市和国有工矿棚户区改造工作的基本原则、棚户区的认定标准及程序等问题，对改造资金筹措、税费政策支持、土地供应、安置补偿等方面均提出了具体政策措施。

第二节　廉租住房建设供应情况

2010年，全市在施建设廉租房项目59个，累计开复工99.3万平方米，可提供约1.8万套房源。实现新开工建设7.2万平方米，1725套；实现竣工13.9万平方米，3088套。

表8-1 在建廉租房项目建设情况汇总表

单位：平方米，套

序号	项目名称	项目位置	开复工情况		竣工情况		新开工情况	
			总面积	套数	总面积	套数	总面积	套数
1	宋家庄	丰台区	31239	723				
2	朝阳新城二期	朝阳区	27100	580				
3	丰台区东铁匠营宋庄路38号	丰台区	8656	192	8656	192		
4	朝阳区常营乡居住及公共服务设施等用地A组团	朝阳区	16286	350				
5	东柳居住组团	朝阳区	19420	400				
6	保利嘉园	朝阳区	18671.4	435	18671	435		
7	福临家园	朝阳区	6026					
8	常营二期经济适用房C标段	朝阳区	24840	530	24840	530		
9	常营	朝阳区	24120	560	24120	560		
10	北京市通州区半壁店大街25号住宅项目	通州区	16716.4	374				
11	上庄镇中心B-09经济适用房	海淀区	11441.8	207				
12	常营二期经济适用房A标段	朝阳区	17151	402				
13	朝阳区常营B2组团	朝阳区	12728.5	275	12728.5	275		
14	东坝经济适用房	朝阳区	31220	696				
15	房山区城关markdown榆树小区经济适用住房项目	房山区	17568.3	348	17568.3	348		
16	房山洪顺家园	房山区	23732	256				
17	华电（北京）热电公司集资房配建廉租房	宣武区	10384	210				
18	苏家坨C02、C03地块	海淀区	61339.4	1189	7411.38	168		
19	北京华贸城	朝阳区	26433					
20	小屯馨城	丰台区	9000.67	207				
21	六道口居住小区	海淀区	3926.83	76	3926.83	76		
22	玉龙小镇	怀柔区	1172.26	24				
23	长辛店老镇西区经济适用房	丰台区	34505	638				
24	大红门西路16号廉租房	丰台区	17939.3	349				
25	溪城家园	昌平区	21457.1	504	21457.1	504		

续表

序号	项目名称	项目位置	开复工情况		竣工情况		新开工情况	
			总面积	套数	总面积	套数	总面积	套数
26	海淀中关村甲3号配建廉租	海淀区	9418.72	147				
27	昌平西关廉租房	昌平区	23700	322				
28	北苑南区	朝阳区	17203.5	391				
29	北京工具厂	通州区	22865.8	479				
30	东关伟业嘉园	房山区	51145.6	942				
31	海淀区吴家场经济适用房	海淀区	17200.9	358				
32	朝阳区东坝驹子房经济适用房项目	朝阳区	11050	228				
33	丰台区郭庄子村住宅及配套	丰台区	13144	294				
34	大兴新城康庄经济适用房（含廉租）项目	大兴区	23368	464				
35	廉租房（春光置地）	朝阳区	27300	552				
36	石景山站前小区	石景山区	14154.6	312				
37	丰台区南苑西经济适用住房项目	丰台区	25557.9	590				
38	朝阳区南沙滩东路3号	朝阳区	10332	242				
39	朝阳管庄小寺村	朝阳区	9952	240				
40	朝阳区大羊坊	朝阳区	5000	125				
41	大兴旧宫三角地	大兴区	20106.9	406				
42	德外F1住宅配建廉租房	西城区	2300	55				
43	石景山衙门口东路北侧居住项目配建廉租	石景山区	2000	0	0	0		
44	广安门铁路住宅小区配建廉租房	宣武区	5000					
45	北京制线厂经济适用住房	通州区	4728	96				
46	朝阳区广渠门外10号地配建廉租	朝阳区	5002	107				
47	朝阳区王四营乡住宅及公共服务配套设施	朝阳区	50000					
48	大兴区西红门二期经济适用住房配建廉租房项目	大兴区	22017.3	449				
49	丰台区六里桥住宅项目	丰台区	5000	85				
50	房山区良乡拱辰1-5街定向安置房	房山区	6791.16	118				

续表

序号	项目名称	项目位置	开复工情况		竣工情况		新开工情况	
			总面积	套数	总面积	套数	总面积	套数
51	大吉危改小区项目7#地块（廉租）	宣武区	25521					
52	两站一街E5E6	东城区	20000	648			20000	648
53	苹果园交通枢纽H地块	石景山	18000	354			18000	354
54	西山木材厂配建廉租房	石景山	5000	106			5000	106
55	张家湾	通州区	4000	80			4000	80
56	新城9号地	顺义区	3100	108			5500	108
57	昌平新城5－1街区沙阳路南一村地块北区	昌平区	10400	234			10400	234
58	站西路南侧	密云县	5000	105			5000	105
59	1＃街区七中西侧居住地	延庆县	4200	90			4200	90

第三节　公共租赁住房建设供应情况

2010年，全市在施建设公共租赁房项目27个，累计开复工178.7万平方米，可提供约2.5万套房源。实现新开工建设122.5万平方米，17257套；实现竣工15.8万平方米，2044套。

表8-2　在建公租房项目建设情况汇总表

单位：平方米，套

序号	项目名称	项目位置	开复工情况		竣工情况		新开工情况	
			总面积	套数	总面积	套数	总面积	套数
1	北苑南区政策性住房	朝阳区	32161.8	557				
2	海淀区清河看守所公共租赁房项目	海淀区	117945	1410				
3	武警北京总队北苑住宅小区	朝阳区	15120	252				
4	石景山区石槽居住项目	石景山区	30000	544				
5	开发区X17R1限价商品房配建公共租赁房项目	经济技术开发区	134434	1500	134434	1500		

序号	项目名称	项目位置	开复工情况		竣工情况		新开工情况	
			总面积	套数	总面积	套数	总面积	套数
6	海淀区西二旗公共租赁房	海淀区	52215.7	692				
7	通州区台湖镇光机电一体化产业基地二期E地块居住项目	通州区	32165	378				
8	朝阳区东坝驹子房居住及公共服务设施项目	朝阳区	21003	357				
9	丰台区彩虹家园	丰台区	20917	312				
10	通州区梨园镇公共租赁房	通州区	51967	1014				
11	大吉危改小区项目7#地块（公租）	宣武区	31030					
12	亦庄X1地块	西城	20000	382			20000	382
13	半步桥	西城	24400	366			24400	366
14	京桥一号地公租房	朝阳区	97000	1300			97000	1300
15	苏家坨C02C03经转公	海淀区	66000	1004			66000	1004
16	苏家坨C02C03廉转公	海淀区	61300	1382			61300	1382
17	黄土岗	丰台区	60000	1200			60000	1200
18	金源路七号地	石景山	87100	2230			87100	2230
19	高教园区		140000	2484			140000	2484
20	新城9号地	顺义区	10900	189			10900	189
21	东沙河西侧局部地块	昌平区	10000	188			10000	188
22	北七家镇海鹊落租赁房	昌平区	134500	1749			134500	1749
23	西红门	大兴区	1800	1707			1800	1707
24	亦庄X31地块		186400	723			186400	723
25	亦庄X17地块		325600	2353			325600	2353
26	福临家园	朝阳区	6026	144	6026	144		
27	东柳	朝阳区	17220	400	17220	400		

第四节　经济适用住房建设供应情况

2010年，全市在施建设经济适用住房项目58个，累计开复工933万平方米，可提供约11万套房源。实现新开工建设225万平方米，约3.4万套；实现竣工175万平方米，2.03万套。

表8-3　在建经济适用房项目建设情况汇总表

单位：平方米，套

序号	项目名称	项目位置	开复工情况		竣工情况		新开工情况	
			总面积	套数	总面积	套数	总面积	套数
1	宋家庄	丰台区	265773	3660	263935	3668		
2	宣祥家园	丰台区	25194	216				
3	怡然家园	丰台区	19589	233	19589	233		
4	五道口	海淀区	117193	634				
5	翠成馨园	朝阳区	415952	3113	80188	312		
6	弘善家园	朝阳区	1182420	9210	330620	2410		
7	长阳新城	房山区	148035	1536				
8	海淀区苏家坨镇中心区A地块经济适用房	海淀区	47180.2	555	133300	1608		
9	通州玉桥东小区经济适用房项目	通州区	141360	1834	141360	1834		
10	成寿寺二期	丰台区	128246	1238	65238	686		
11	东柳居住组团	朝阳区	339057	3718				
12	福临家园	朝阳区	128695	1200				
13	常营二期经济适用房C标段	朝阳区	283622	2924	217299	2924	6099	
14	常营	朝阳区	220555	2980	220555	2980		
15	上庄镇中心B-09经济适用房	海淀区	101337	1330				
16	常营二期经济适用房A标段	朝阳区	187567	2072	153677	2072		
17	朝阳区豆各庄经济适用房	朝阳区	312948	2928				
18	东坝经济适用房	朝阳区	215900	2128				
19	定福家园经济适用房	朝阳区	83699	636	579			
20	房山区城关槠榆树小区经济适用住房项目	房山区	77824.5	911	35498.6	408		

序号	项目名称	项目位置	开复工情况		竣工情况		新开工情况	
			总面积	套数	总面积	套数	总面积	套数
21	东坝七棵树经济适用住房（定向安置）项目	朝阳区	15218.9	216				
22	房山洪顺家园	房山区	276268	3423				
23	苏家坨C02、C03地块	海淀区	161455	2177				
24	衙门口经济适用房	石景山区	88354	1170	88900	1170		
25	玉龙小镇	怀柔区	74695.7	954				
26	长辛店老镇西区经济适用房	丰台区	19080	255				
27	北京工具厂	通州区	178610	2461				
28	东关伟业嘉园	房山区	157655	1738			40000	560
29	海淀区吴家场经济适用房	海淀区	37888.8	594				
30	朝阳区东坝驹子房经济适用房项目	朝阳区	233788	2344				
31	大兴新城康庄经济适用房（含廉租）项目	大兴区	129564	1578				
32	石景山站前小区	石景山区	5572.95	90				
33	丰台区南苑西经济适用住房项目	丰台区	542050	7141				
34	大兴旧宫三角地	大兴区	81614.3	1060				
35	顺义建新南区等8处锅炉房改造项目	顺义区	14156.5	186				
36	首座御园一期	大兴区	270843	2424				
37	北京制线厂经济适用住房	通州区	98257	1243				
38	武警北京总队北苑住宅小区	朝阳区	107630	676				
39	大兴区西红门二期经济适用住房配建廉租房项目	大兴区	219482	3119			69896	940
40	丰台区彩虹家园	丰台区	41833	612				
41	两站一街	东城	224000	3200			224000	3200
42	长阳7号地	西城区	220000	4136			220000	4136
43	大兴旧宫1号地		176000	2514			176000	2514
44	双桥	朝阳区	230000	3000			230000	3000
45	华纺星海家园	朝阳区	70000	860			70000	860

序号	项目名称	项目位置	开复工情况		竣工情况		新开工情况	
			总面积	套数	总面积	套数	总面积	套数
46	大瓦窑	丰台区	116600	2170			116600	2038
47	中奥家园	丰台区	148800	2667			148800	2667
48	宛平	丰台区	46000	750			46000	750
49	燕山水泥厂	石景山区	259000	4158			259000	4164
50	第二水泥管厂	石景山区	61400	843			61400	843
51	高佃三村	房山区	71400	826			71400	826
52	张家湾	通州区	39900	561			39900	561
53	新城9号地	顺义区	94100	1388			94100	1388
54	昌平新城5－1街区沙阳路南一村地块北区	昌平区	95200	1856			95200	1856
55	驸马庄项目	怀柔区	71600	947			71600	947
56	天元开成经适房	平谷区	24700	476			24700	476
57	站西路南侧	密云县	25000	363			25000	363
58	1＃街区七中西侧居住地	延庆县	9600	200			9600	200

第五节　限价商品住房建设供应情况

2010年，全市在施建设限价商品房项目100个，累计开复工1575万平方米，可提供约14.4万套房源。实现新开工建设225万平方米，约3.1万套；实现竣工261万平方米，2.6万套。

表8-4　在建限价商品房项目建设情况汇总表

单位：平方米，套

序号	项目名称	项目位置	开复工情况		竣工情况		新开工情况	
			总面积	套数	总面积	套数	总面积	套数
1	丰台区东铁匠营宋庄路38号	丰台区	151942	1585	151942	1585		
2	朝阳区常营乡居住及公共服务设施等用地A组团	朝阳区	441535.1	3541	306299	3541		
3	清河小营	海淀区	16734	42	12916			
4	西三旗	昌平区	122907		39415			
5	保利嘉园	朝阳区	382761.9	3764	355834	3764		

序号	项目名称	项目位置	开复工情况		竣工情况		新开工情况	
			总面积	套数	总面积	套数	总面积	套数
6	金顶街三区住宅及配套公建"两限"商品房项目	石景山区	36948					
7	鸿业兴园二区	丰台区	211680.3	2130	239471	2346		
8	北京市通州区半壁店大街25号住宅项目	通州区	562469.7	5974				
9	朝阳区常营B2组团	朝阳区	251858.3	2659	205898.9	2243	400	
10	王佐自然城	丰台区	22718.24	220				
11	康庄项目（兴城丽源）	大兴区	285483	2556				
12	大兴区黄村镇永华南里住宅小区	大兴区			21248	165		
13	昌平新城东区	昌平区	467600	4335				
14	开发区X31F1住宅项目	经济技术开发区	311378.3	2223				
15	空港工业区B区配建限价商品房	顺义区	48500	538				
16	昌平东小口镇商业金融居住项目配建限价房	昌平区	42480.94	538				
17	小屯馨城	丰台区	201730.2	2064				
18	海淀区温泉镇F11地块	海淀区	5241.06	60	82435	796		
19	顺义现代花园住宅小区一期	顺义区	721987	5362				
20	顺义新城8号地	顺义区	48192	192				
21	大兴新城北区8号地	大兴区	236369.9	1885	241000	1885		
22	京张路东	延庆县	5156	75	5156	76		
23	融科香雪兰溪家园	通州区	27366	378				
24	溪城家园	昌平区	236910.3	2638	236910.3	2638		
25	昌平回龙观镇居住商业	昌平区	35592.8	387				
26	回龙观黄土店多功用地	昌平区	58354	691	58942	691		
27	回龙观居住及公共设施（朱辛庄）	昌平区	166597.5	1918				
28	大兴康庄限价商品住房（二期）项目	大兴区	226537	2258				
29	后沙峪居住及商业金融	顺义区	20508.65	280				
30	昌平沙河北区	昌平区	236930					

序号	项目名称	项目位置	开复工情况		竣工情况		新开工情况	
			总面积	套数	总面积	套数	总面积	套数
31	丰台区郭庄子村住宅及配套	丰台区	107742	1224				
32	东亚·瑞晶苑	通州区	122463	1521				
33	芙蓉花园	通州区	194591	2172				
34	昌平东沙河项目	昌平区	129836	814				
35	大兴区康庄限价商品住房（一期）项目	大兴区	228335	2220	228335	2220		
36	朝阳管庄小寺村	朝阳区	206345	2707				
37	朝阳区大羊坊	朝阳区	5000	56				
38	通州太和保兴	通州区	20070.51	232				
39	良乡高教园区	房山区	235000	2313				
40	金顶北街	石景山区	32945	144	32945	144		
41	高碑店北花园	朝阳区	824700	783				
42	通州运河新城3号地	通州区	110571	1076				
43	珠江国际家园3号地	通州区	34984.22	446				
44	衙门口限价房	石景山区	54172	624				
45	运通人和良园	通州区	28682.85	319				
46	顺义站前街居住项目	顺义区	105614	1280				
47	大兴新城北区22#地块（一期）	大兴区	94347	884	94347	884		
48	西六环寨口矿	门头沟区	129000	1113	38303.18	388		
49	房山东羊庄	房山区	41515	480				
50	长阳镇独义村	房山区	84716.99	830				
51	长阳镇高佃一村	房山区	65760	616				
52	长阳镇高佃四村	房山区	71520.01	676				
53	晓月园六组团	丰台区	79570	930				
54	岳各庄居住区东区配建限价房	丰台区	8106	103				
55	朝阳新城E.F限价房	朝阳区	319756.6	3469			75100	778
56	大兴生物医药基地东配套区	大兴区	476188	4528				
57	房山良乡航天花园配建限价房	房山区	37000	438				
58	石景山第二水泥管厂	石景山区	110000	0				
59	轨道交通大兴线枣园站	大兴区	245535.2	2154				
60	大兴区瀛海镇	大兴区	77236.41					
61	房山长阳镇军留庄	房山区	51366	570				

序号	项目名称	项目位置	开复工情况		竣工情况		新开工情况	
			总面积	套数	总面积	套数	总面积	套数
62	昌平区回龙观村	昌平区	276734.1	3282				
63	大兴康庄（四期）配建限价房	大兴区	0				80000	1003
64	房山区农林路东侧居住项目配建限价房	房山区	6236	60				
65	房山区青龙湖镇中心	房山区	108500	1218				
66	房山长阳镇水碾屯	房山区	101600					
67	轻轨L2线通州段两站一街	通州区	995012	7621				
68	采育镇城镇中心区	大兴区	462987	5051				
69	顺义区牛栏山镇张庄片区旧村改造二期	顺义区	28690	320				
70	平谷区岳各庄城中村改造一期	平谷区	49326	518				
71	平谷区夏各庄新城	平谷区	539000	5308				
72	朝阳区王四营乡住宅及公共服务配套设施	朝阳区	472525					
73	开发区X17R1限价商品房配建公共租赁房项目	经济技术开发区	175960.2	853				
74	朝阳区东坝驹子房居住及公共服务设施项目	朝阳区	111505	1288			91500	997
75	房山区良乡拱辰1-5街	房山区	360237.8	3601	13000	120		
76	通州区宋庄镇静水园A1区居住项目	通州区	100000	1182			100000	1182
77	两站一街E5E6	东城		848			100000	848
78	长阳7号地	西城区	120000	1620			120000	1620
79	亦庄X1地块	西城区	80000	1116			80000	1116
80	东坝单店	朝阳区	212700	2964			212700	2964
81	城建道桥	朝阳区	354300	3695			354300	3695
82	福临家园	朝阳区	108031	1200	108031	1200		
83	东柳	朝阳区	142484	1682	142484	1682		
84	清河小营东	海淀区	50000	448			50000	448
85	温泉C0708	海淀区		3000				3000
86	上庄C14	海淀区		3000				3000
87	黄土岗	丰台区	60000	755			60000	755
88	六圈	丰台区	50000	650			50000	1022

序号	项目名称	项目位置	开复工情况		竣工情况		新开工情况	
			总面积	套数	总面积	套数	总面积	套数
89	青龙湖	丰台区	48500	576			48500	576
90	冯村新城	门头沟区	39400	441			39400	441
91	聚豪苑	房山区	12000	162			12000	162
92	马驹桥中心区	通州区	141700	1455			141700	1455
93	砖厂	通州区	70000	852			70000	852
94	新城9号地	顺义区	110500	1164			110500	1164
95	回龙观18片区19街区028号地快	昌平区	193000	1140			193000	1140
96	中关村科技园区昌平园东区三期0303—03—2	昌平区	102700	1000			102700	1000
97	昌平新城东区南邵0302—122地块	昌平区	106800	1000			106800	1000
98	驸马庄项目	怀柔区	40000	470			40000	467
99	檀府家园	密云县	6000	63			6000	63
100	园林东路2号	密云县	5500	61			5500	61

第六节　定向安置住房建设供应情况

2010年，全市在施建设定向安置房项目58个，全部为2010年开工项目，累计开复工1413.4万平方米，可提供约14万套房源。

表8–5　在建定向安置房项目建设情况汇总表

单位：平方米、套

序号	项目名称	项目位置	开复工情况		新开工情况	
			总面积	套　数	总面积	套　数
1	定福庄南	东城区	360000	3819	360000	3819
2	昌平对接西城回龙观项目	西城区	1000000	10000	1000000	10000
3	张仪村	西城区	500000	5000	500000	5000
4	驹子房	朝阳区	20000	291	20000	291
5	朝阳新城	朝阳区	25900	381	25900	381
6	翠城	朝阳区	163200	1789	163200	3073
7	苏家坨A2	海淀区	110000	1090	110000	1090
8	上庄回迁房	海淀区	133000	1276	133000	1276

序号	项目名称	项目位置	开复工情况		新开工情况	
			总面积	套　数	总面积	套　数
9	唐家岭回迁房	海淀区	400000	3800	400000	4625
10	八家回迁房	海淀区	450000	2300	450000	2300
11	西北旺B3地块	海淀区	63000	746	63000	746
12	玉泉新城	海淀区	56000	381	56000	381
13	郭庄子三定三限	丰台区	125000	1390	125000	1390
14	彩虹家园	丰台区	25800	288	25800	288
15	大红门重点村	丰台区	320000	3376	320000	3376
16	石榴庄	丰台区	140000	1608	140000	1706
17	丽泽C9	丰台区	367000	3126	367000	3126
18	第二水泥管厂	石景山	116000	1040	116000	1040
19	老古城	石景山	190000	1898	190000	1898
20	刘娘府改造定向安置房	石景山	387800	3765	387800	3765
21	五里坨建设组团01号地定向安置房	石景山	576700	5525	576700	5525
22	小白楼地区二期危改和异地安置用房	门头沟	78000	924	78000	924
23	采空棚户区改造石门营A地块定向安置房	门头沟	426200	4778	426200	4778
24	采空棚户区改造石门营B地块定向安置房	门头沟	341100	4622	341100	4622
25	采空棚户区改造石泉砖厂A地块定向安置房	门头沟	290000	4268	290000	4268
26	采空棚户区改造石泉砖厂B地块定向安置房	门头沟	300000	3352	300000	3352
27	轨道交通东沿村定向安置房	房山区	134400	1500	134400	1500
28	佛子庄乡上英水等村山区煤矿关闭险户搬迁定向安置房	房山区	40000	480	40000	480
29	长沟镇中心区安置房	房山区	90700	1110	90700	1110
30	北京市玻璃钢制品厂一期居住项目	通州区	215300	2398	215300	2398
31	嘉华国际新城9＃地	通州区	131000	1337	131000	1337
32	宋庄文化创意产业集聚区土地一级开发项目	通州区	196000	1650	196000	1650
33	制线厂	通州区	108200	1243	108200	1243
34	化六	通州区	167600	1752	167600	1752

序号	项目名称	项目位置	开复工情况		新开工情况	
			总面积	套　数	总面积	套　数
35	铜牛	通州区	138900	1424	138900	1424
36	海阔12、13号	通州区	30000	337	30000	337
37	陶家坟安置房	顺义区	173000	1784	173000	1784
38	前进村安置房	顺义区	214000	1772	214000	1772
39	太平村安置房	顺义区	396000	3545	396000	3545
40	望泉寺安置房	顺义区	257200	2136	257200	2136
41	花梨坎安置房	顺义区	135000	994	135000	994
42	张庄安置房	顺义区	140000	1283	140000	1283
43	胡各庄安置房	顺义区	950000	8750	950000	8750
44	牛栏山半壁店	顺义区	35000	396	35000	396
45	火神营、东庄安置房	顺义区	160000	1122	160000	1122
46	巩华城区回迁安置房	昌平区	1130000	10952	1130000	10952
47	康庄三期限价	大兴区	298700	3079	298700	3079
48	西红门	大兴区	196800	2294	196800	2294
49	庞各庄	大兴区	340600	3812	340600	3812
50	亦庄X1	大兴区	366000	2812	366000	2812
51	三合庄	大兴区	185700	2094	185700	2094
52	孙村	大兴区	262000	2654	262000	2654
53	旧宫东站	大兴区	371200	3557	371200	3557
54	怀柔张各长村（东区20号地）	怀柔区	33300	328	33300	328
55	平谷区马坊镇中心区北区定向安置房	平谷区	193000	1968	193000	1968
56	云水名苑	密云县	50000	565	50000	565
57	檀西路西侧	密云县	9100	91	9100	91
58	东关	延庆县	20400	209	20400	242

第七节　旧城房屋保护性修缮和棚户区改造工作

按照市委、市政府的工作要求，稳步推进旧城房屋保护修缮工作，采取申请式修缮和疏散方式，安排旧城风貌区 2 万户危房保护修缮计划；改善 1.7 万户居民住房条件，截至 2010 年底，城四区共修缮房屋 33242 间，涉及居民 23097 户，疏散居民 2004 户，修缮及疏散户数完成年初计划的125%。全面推进城市和国有工矿棚户区改造工作，一方面持续推进门头沟采空棚户区、通州老城区和南苑老镇三片改造项目，并将其列入了2010年市政府实事和折子工程。截止2010年12月31日，三片试点棚户区已累计建设和收购267.8万平方米安置用房；三片棚户区顺利启动。本年度搬迁居民8000余户，建设和收购定向安置房源104.8余万平方米。

一、首都功能核心区对接安置和保护性改造

表8-6　2010年首都功能核心区人口疏解对接安置项目建设情况

区	土地面积（公顷）	建筑规模（万平方米）	住宅规模（万平方米）	房屋套数（套）
东城	118	265	183	28699
西城	125	341	245	32507
合计	243	605	428	58206

1、加强领导、统筹协调工作。进一步加强组织领导力度，成立了北京历史文化名城保护委员会，刘淇书记担任名誉主任，郭金龙市长担任主任；并成立了专家顾问小组，进一步加强了专家指导。刘淇书记、郭金龙市长、陈刚副市长、张玉平副秘书长等市领导多次召开专题会议，协调推进相关工作。

2、积极编制、完善相关政策。2010年7月中旬在多方征求市发展改革、规划、国土、财政等相关部门，广泛采纳人大代表、政协委员、居民代表等方方面面的意见后，草拟了《首都功能核心区对接安置和保护性改造若干规定（送审稿）》报送市政府，明确了对接安置原则、方式、补偿办法、对接安置房建设要求等内容；同时为加快对接安置房建设，草拟了对接安置房建设审批流程。

3、加快推进对接安置房建设。市住房城乡建设委将首都功能核心区9个对接安置房项目（预计规模605万平方米）全部纳入绿色通道，目前已开工昌平回龙观、丰台张仪村、房山长阳7号地、朝阳定福庄和丰台X1-1B地块5个项目，可提供房屋约2.5万套、规模约218万平方米，其余4个项目将计入明年建设指标。

4、明确各区人口疏解试点项目。东城区和西城区立足本区实际，明确了府右街、金鱼池西、天坛东简易楼等五片人口疏解试点。目前，府右街项目已启动，剩余试点项目力争尽快启动。

5、搭建投融资平台推进融资工作。今年拟投资218.84亿元（东城90.07亿元，西城124.77亿元），已落实82.5亿元（东城40亿元，西城42.5亿元）。其中，市财政支持82.5亿元，落实82.5亿元；市发展改革部门支持15亿元（东城7亿元，西城8亿元）；各区拟自筹49.84亿元；确定公积金贷款额度90亿元。

二、棚户区改造工作

表8-7　2010年三片试点棚户区进展情况表

单位：万平方米，户

区县	门头沟	丰台	通州
安置房建设	84.4	6	14.4
居民动迁	3900	2700	1400

1、三区三片”试点棚户区已累计筹集安置房267.8万平方米，动迁居民1.7万户。2010年市领导及我委继续加大对试点项目，特别是对门头沟采空棚户区的协调力度，多次实地协调、现

场调度。今年指标已落实安置房 104.8 万平方米、动迁居民约 9000 户。

2、12 月 3 日我委会同市相关部门草拟的《北京市城市和国有工矿棚户区改造实施方案》已通过市政府专题会审议，明确了将京煤集团的门头沟、房山、大兴工矿棚户区，首农集团永乐店农场棚户区和丰台区长辛店棚户区 5 个项目，涉及居民 2.2 万户、需安置房 197.8 万平方米，列入我市今年新增的棚改计划，并以市政府办公厅名义印发该实施方案。

第八节 住房保障资格审核与配置配售管理情况

一、审核情况

截至 2010 年底，全市廉租住房、经济适用住房和限价商品住房（简称“三房”）资格申请 25.62 万户，其中廉租住房 3.08 万户、经济适用住房 9.26 万户、限价商品住房 13.28 万户；累计备案家庭 21.78 万户，其中廉租住房 2.4 万户、经济适用住房 7.86 万户、限价商品住房 11.52 万户。

2010 年备案 8.8 万户、同比增 26%，其中廉租住房 0.5 万户、同比减 31%，经济适用住房 2.6 万户、同比减 12%，限价商品住房 5.7 万户、同比增 72%。

表 8–8

序号	区县名称	廉租住房					经济适用住房			限价商品住房		
		累计申请受理	2010年底累计备案	其中实物	2010年备案	其中实物	累计申请受理	2010年底累计备案	2010年备案	累计申请受理	2010年底累计备案	2010年备案
1	东城	4631	3482	1580	843	517	9515	7903	2345	10024	8676	4892
3	西城	3794	3016	770	463	190	7739	7026	1858	11526	10222	6252
2	崇文	3045	2055	850	471	523	5710	4862	1132	3648	3208	1439
4	宣武	3924	3183	497	388	76	6856	5435	1517	6352	5496	2159
5	朝阳	3630	2790	1343	692	344	16311	14476	3967	21276	17885	7739
6	海淀	1985	1586	509	353	164	9849	8674	3269	26552	23118	9133
7	丰台	3024	2594	1075	486	204	10430	8596	2569	12932	11056	5548
8	石景山	2982	2612	1465	708	340	9082	8199	2914	14558	12907	4525
城区小计		27015	21318	8089	4404	2358	75492	65171	19571	106868	92568	41687
9	门头沟	1159	880	438	212	107	2542	1998	555	606	416	244
10	房山	387	275	0	32	4	2135	1719	708	1000	692	672
11	通州	917	618	420	202	126	3772	3338	1547	4644	3885	1638
12	顺义	112	85	1	6	0	1034	903	567	5067	4732	4028
13	昌平	225	192	1	39	0	611	354	143	8988	8072	5149

序号	区县名称	廉租住房					经济适用住房			限价商品住房		
		累计申请受理	2010年底累计备案	其中实物	2010年备案	其中实物	累计申请受理	2010年底累计备案	2010年备案	累计申请受理	2010年底累计备案	2010年备案
14	大兴	125	69	47	11	3	3865	2868	1935	4689	4164	3078
15	怀柔	208	114	35	17	1	1952	1412	726	286	186	156
16	平谷	29	16	0	2	0	162	88	50	47	25	22
17	密云	432	327	0	17	0	526	401	69	139	66	66
18	延庆	209	108	0	5	0	493	365	192	479	385	148
远郊区小计		3803	2684	942	543	241	17092	13446	6492	25945	22623	15201
全市合计		30818	24002	9031	4947	2599	92584	78617	26063	132813	115191	56888

二、配租配售情况

2008 年至 2010 年累计配租配售政策性住房 16.46 万套，其中公开摇号 10.04 万户，定向安置用房 6.42 万户。共组织公开摇号 102 次，配租廉租住房 0.77 万户，配售经济适用住房 3.51 万户、限价商品住房 5.76 万户。

2010 年共配租配售 7.19 万户，其中公开摇号 5.35 万户，定向安置用房 1.84 万户。共组织公开摇号 40 次，配租廉租住房 0.62 万户，同比增 328%；配售经济适用住房 1.82 万户、同比增 173%；限价商品住房 2.90 万户、同比增 105%。

第九章
住房制度改革和金融

第一节 住房制度改革综述

一、存量公房改革

（一）公有住房出售

截至 2010 年年底，本市共出售公有住房 196.4 万套，累计售房面积 13415.1 万平方米，占可售公房总量的 89.4%。2010 年，累计出售公有住房 32148 套，面积 261.16 万平方米，其中：中央单位 581 家，涉及住房 10002 套，面积 87.29 万平方米；市属单位 690 家，涉及住房 13299 套，面积 118.03 万平方米；区属单位 333 家，涉及住房 7669 套，面积 40.08 万平方米（其余为军产售房和部级售房备案）。截至年底，全市约有 4037 万平方米公房尚未出售。为鼓励居民继续按房改成本价购房，房改售房成本价仍执行 2001 年确定的每建筑平方米 1560 元。

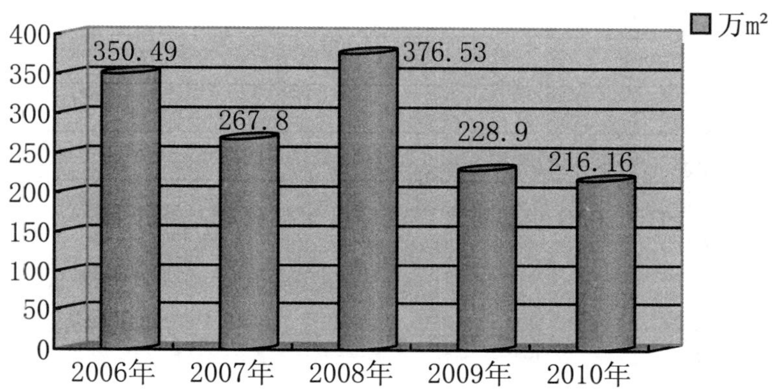

图 9-1　十一五期间北京市房改售房情况表

（二）公有住房调整

2010 年，各区县房改部门累计核准 282 家单位调整公有住房方案，涉及住房 2202 套，面积 16.71 万平方米。其中：中央单位 232 家，涉及住房 2025 套，面积 15.63 万平方米；市属单位 43 家，涉及住房 129 套，面积 0.77 万平方米；区属单位 7 家，涉及住房 48 套，面积 0.31 万平方米。

二、住房分配货币化

（一）市级行政机关事业单位住房分配货币化工作进展情况

1、截至 2010 年年底，市级机关事业单位无房和住房未达标职工（含企业离休干部）共计 18.13 万人，需补贴资金 93.59 亿元。已为 4.28 万名离休干部、退休无房职工和 1999 年后参加工作职工发放住房补贴 21.38 亿元，1999 年后参加工作职工住房补贴纳入预算，按月发放到市住房资金管理中心职工住房补贴专户。年内，会同市财政局、市住房资金管理中心组织召开会议，布置了退休、在职住房未达标职工和在职无房职工住房补贴的发放工作，涉及职工 13.3 万人，补贴资金 69.54 亿元。

2、2010 年，继续按月开展无房新职工住房补贴代缴工作，为 1.25 万名纳入规范收入管理范围单位统发人员无房新职工代缴住房补贴 1.02 亿元。

（二）区县行政机关事业单位住房分配货币化工作进展情况

截至 2010 年年底，城六区基本完成住房补贴申报调查工作，共涉及职工 15.35 万人，住房补贴资金 71.99 亿元。各区县累计共为离休职工、退休无房职工、在职无房职工及无房新职工 5.27

万人发放住房补贴 24.24 亿元。城六区中，石景山区与市级同步，启动了全部职工的住房补贴发放工作；海淀区发放了退休住房未达标职工的住房补贴；原宣武区发放了在职无房职工的住房补贴。远郊区县 0.37 万名离休干部的住房补贴全部发放到位，补贴资金 1.34 亿元。对于其他职工的住房补贴，密云县于 2000 年出台了住房补贴方案，逐年发放；通州区于年底通过了住房补贴方案，正在筹备落实工作；其他远郊区县正在抓紧制定方案。

三、其他住房资金管理

（一）继续支持单位利用售房款，落实住房补贴，进行老旧楼房设备设施改造等工作

截至2010年年底，本市累计共有787家企业支取售房46429.4万元。2010年，本市累计审批236家单位支取售房款共计12450万元。其中：94家市属企业支取售房款6064万元，142家区属企业支取售房款6386万元。考虑已售公房小区专项维修资金筹建标准低，资金量不足，且逐渐面临维修，及时调整了售房款使用方向，不再用于职工住房补贴、提租补贴、住房公积金等支出，专项用于房屋维修：更新电梯74部，外墙粉刷8.98万平方米，楼面防水维修13.76万平方米，以及供暖设备改造、抗震加固、管道维修等。通过设备设施更新，改造了约82万平方米老旧小区，改善了11000多户居民的居住条件。

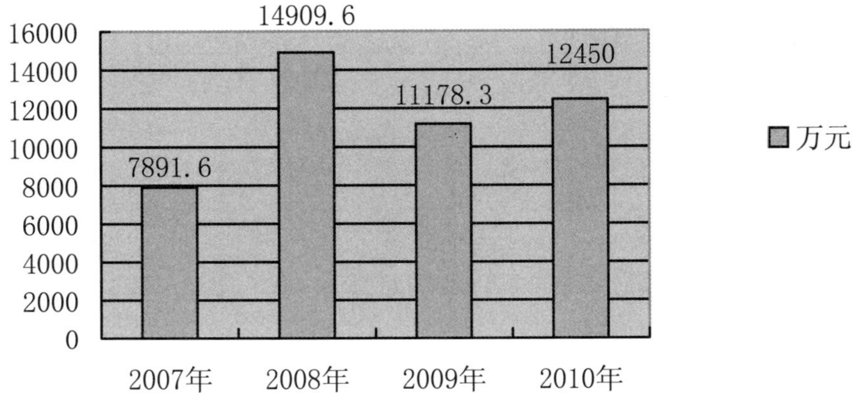

图 9-2　北京市单位售房款支取情况近年对比图

（二）加强售房款归集管理工作

按照政策规定，单位出售公有住房售房款在市住房资金管理中心专户存储、专项使用。截至2010年年底，累计归集公有住房售房款4585136.53万元，支取3902670.23万元，余额682466.3万元。2010年，累计归集公有住房售房款192031.08万元，支取167150.91万元，年内净增额24880.17万元。

第二节　住房公积金与政策性住房金融

一、2010 年度住房公积金归集情况

1、住房公积金覆盖范围：截至 2010 年 12 月底，北京地区建立住房公积金单位 76,904 个，

职工 544.06 万人。按照北京市统计局确认口径，住房公积金覆盖率（应建尽建率）为 98.37%。当年住房公积金缴存职工新增 56.36 万人。

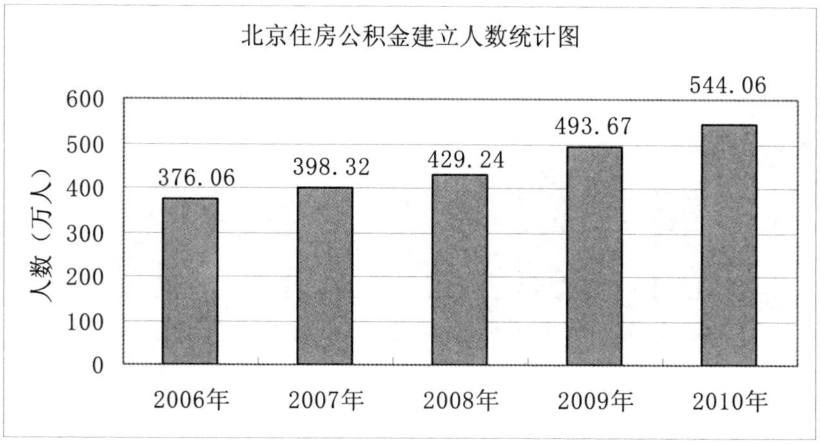

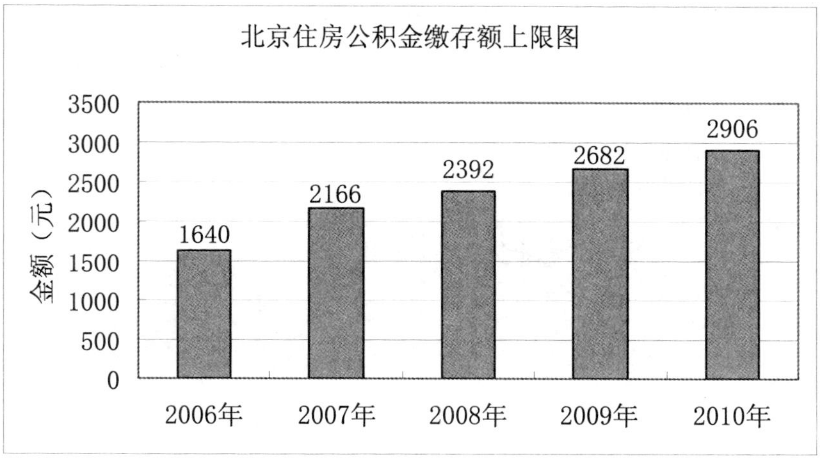

2、住房公积金归集、提取情况：截至 2010 年 12 月底，当年归集住房公积金 563.58 亿元，提取 367.67 亿元，净增 195.91 亿元。累计归集住房公积金 2,859.89 亿元，提取 1,569.19 亿元，余额 1,290.70 亿元。

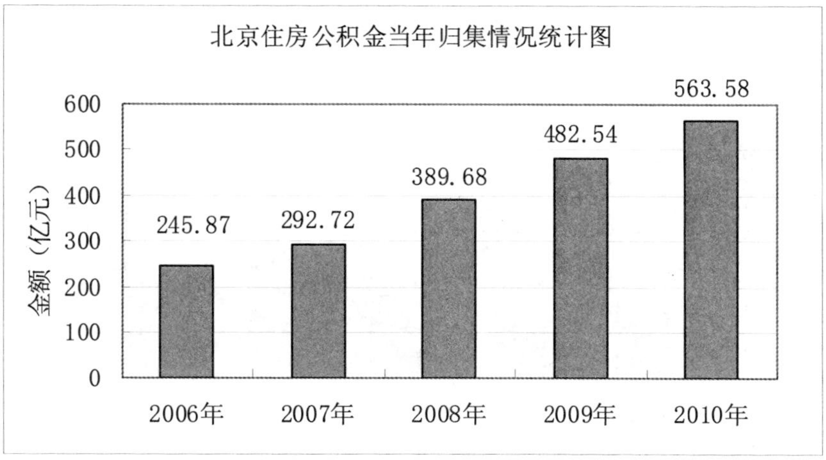

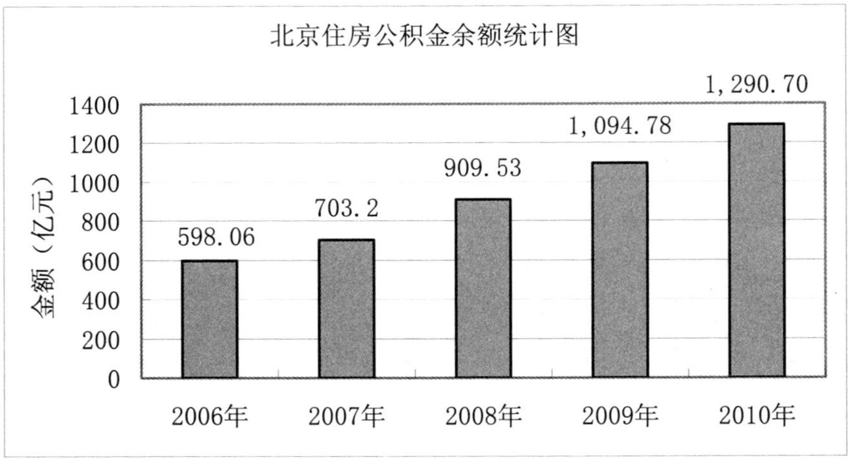

二、2010年度政策性住房金融

1、住房公积金贷款情况

截至2010年12月底，当年发放住房公积金贷款44,668笔，金额226.84亿元，回收金额115.60亿元，净增111.24亿元。累计发放住房公积金贷款480,211笔，金额1,384.07亿元，回收金额658.25亿元，余额725.82亿元。累计发放政策性贴息11,839笔，贴息额度36.86亿元。

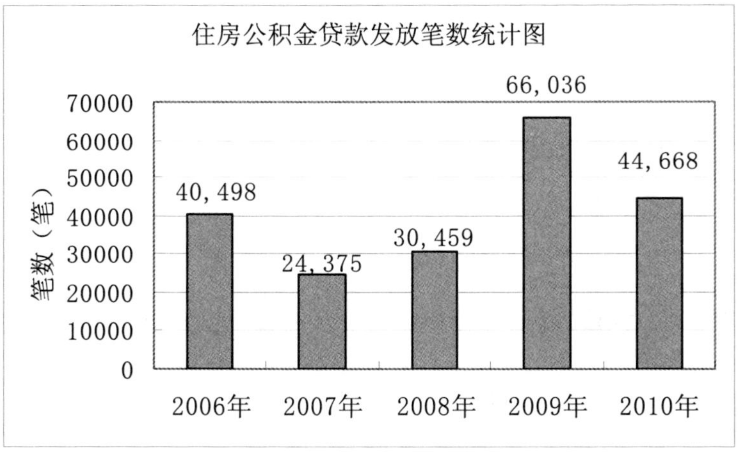

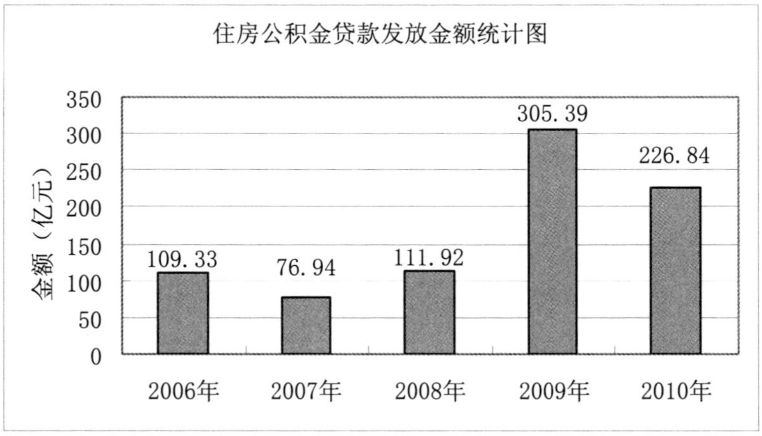

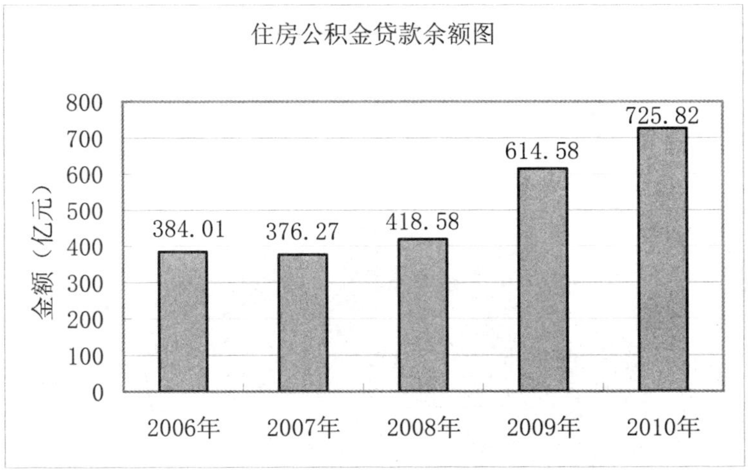

2、2010 年发放的住房公积金贷款笔数的结构分析

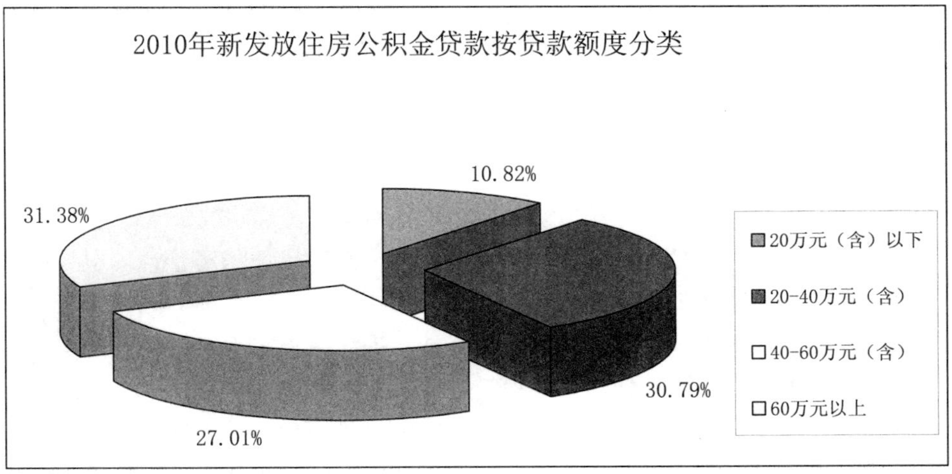

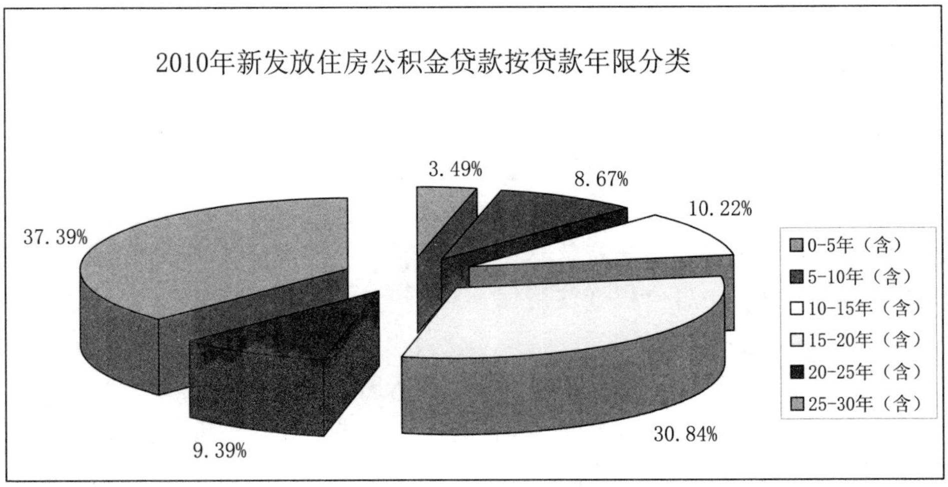

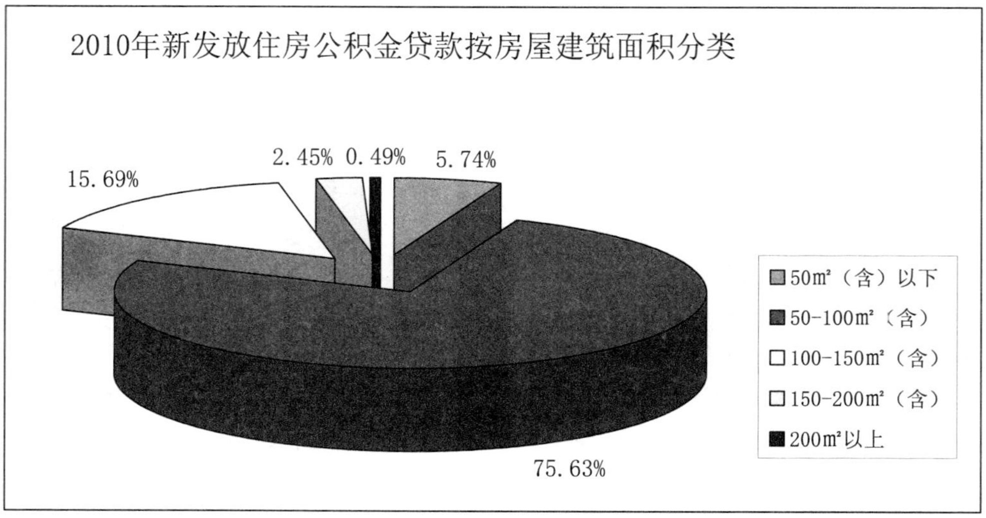

三、住房公积金和政策性住房金融的管理措施

（一）认真落实管委会工作要求，较好完成全年工作任务

北京住房公积金管理中心（以下简称管理中心）按照管委会第十次全体会议精神，积极部署各项工作。围绕市委市政府切实加大保障性住房建设力度、积极解决群众住房需求的工作要求，做好利用住房公积金贷款支持保障性住房建设试点工作；结合国家宏观调控和北京市房地产市场情况，合理调整住房公积金政策，较好地发挥了住房公积金的调控和导向作用；落实住房城乡建设部和监察部等部委专项治理要求，继续抓好服务工作；进一步扩大住房公积金覆盖面，切实维护好职工合法权益；按照管委会确定的2010年度住房公积金缴存比例和缴存额上限，做好缴存政策的调整工作。

（二）加快推进利用住房公积金贷款支持保障性住房建设试点，加强住房公积金住房保障功能

与相关部门密切配合，加快推进住房公积金支持保障性住房建设试点工作，完善实施方案，制定各项配套制度和措施。管理中心严格按照《住房公积金支持保障性住房建设项目贷款业务规范》规定的操作流程开展各项工作。2010年，共受理贷款申请16笔，发放3笔，金额6.6亿元。

（三）发挥住房公积金贷款调控功能，支持职工解决基本住房问题

年初以来，国家房地产调控政策陆续出台，对个人住房信贷的调控力度不断加大。管理中心按照国家要求，迅速落实差异化住房信贷政策，严格审核“二套房”贷款，停止“三套房”贷款，有效抑制投机性购房，合理引导居民住房消费。在强化政策执行力度的同时，进一步加强业务管理，提高服务水平。简化业务单据，优化操作流程，提高业务办理效率；切实加强贷款风险管理，保障资金安全；及时跟踪保障性住房建设和销售进展情况，以现场办公等形式对保障性住房实行全面服务；中央国家机关分中心坚持为集中办理贷款的单位和售房项目开通“绿色通道”，开展上门服务；铁路分中心加大对异地铁路职工的服务力度，2010年共办理异地贷款1,581万元，异地贴息贷款10万元，超过全年放贷量的一半。在严格执行国家宏观调控政策的情况下，2010年商品房住房公积金贷款笔数与商品住房成交笔数之比进一步提高，达到17.61%；保障性住房个人住房公积金贷款发放了37.38亿元，有力支持了中低收入家庭解决基本住房问题。

（四）稳步推进住房公积金归集工作，切实维护职工合法权益

重点做好拓宽住房公积金覆盖面和提高缴存率工作，保障职工起点“公平”。积极与工商、地税、统计和个体私营协会等部门沟通协调，对全

市所有的375,597个单位摸底排查，为下一步催建催缴工作打好基础；主动走出去，深入企业、高校和社区宣传政策，扩大社会影响；加大行政执法力度，特别加强对私营企业的执法工作。2010年，北京地方新受理职工投诉案件683件，已结案件630件，涉及职工747人，为职工追缴住房公积金约700.98万元。通过一系列有效措施，住房公积金覆盖面不断拓宽，公积金缴存率稳步提高。住房公积金归集额和提取额较去年分别增长了16.81%和20.6%，提取额中用于住房消费的占88.71%，其中支付房租提取额较去年同期增长4.76倍，住房公积金支持住房租赁的比重加大。

（五）全面推进实施标准化，强化风险防控能力

按照工作条线分别制定了标准化规范，初步形成了以住房公积金、其他住房资金、商品住宅专项维修资金和中心内部管理为框架的标准化规范体系；组织各单位、部门学习贯彻落实工作标准，并于年底开展标准化检查，保障标准化要求落实具体工作中。经过近一年实施，中心整体管理水平进一步提高，标准化管理扩展到各个业务及操作环节，对加强基础工作起到极大作用，规范化管理达到新高度；风险防范能力进一步加强，岗位操作风险得到有效监控；业务流程标准通过计算机自动控制，大大提高工作效率，减少人为失误。

（六）严格接受各方面监督，提高管理工作透明度

积极配合市委巡视组的检查工作，针对巡视组的意见建议，制定整改措施并积极落实，如制订了归集执法审查小组、个人住房公积金贷款重大问题审查小组、预算和固定资产管理审查小组、资金运用管理审查小组的议事规则，完善干部考核评议、任用交流制度等；定期向国家和市级住房和建设、财政、人民银行、统计等部门报送相关业务报表；认真落实市审计局审计整改意见，严查堵塞管理漏洞；接受市政协咨询问政，汇报管理工作情况并解答委员问题；完善政务公开制度，及时向社会公众公开信息；通过新闻媒体渠道接受社会监督，解释和宣传公积金政策，获得广泛好评。2010年，共受理电话咨询约29.64万人次，共为约88.24万人次提供住房公积金自助查询服务，答复网上在线咨询留言15,852条，受理网上投诉建议留言1,327件，完成首都之窗“政风行风”热线转办的信件148件。

（七）夯实基础工作，提高信息化服务水平

组织完成对132.02万封存人员的信息清理工作，实现对封存人员的规范化管理；推进联名卡发放工作，累计发放联名卡297.18万张，比去年增长46.14万张；建立住房公积金网上业务系统，方便缴存单位通过网络办理开户、汇补缴等多项业务，今年已有2,222家单位通过网上办公系统办理了开户业务，通过网上办理公积金业务8,632笔；完成运维监控系统一期建设，加强运维管理力度，提高运维管理水平；完成住房公积金综合业务系统升级改造的基础性工作；按照市经济和信息化委员会信息安全调研工作部署，对信息化建设及风险点进行自查和整改，提高信息安全保障能力。

（八）大力拓展担保和个人信用信息业务，不断完善资产管理制度

2010年，担保中心当年完成担保贷款额度254亿元，实现担保服务费收入8,038万元；截止2010年11月，累计催回住房公积金逾期贷款6,906万元，催回率达到80.57%；2010年共出具住房公积金借款人信用评估报告47,738份，通过人民银行个人征信系统查询有“二套信贷”信息人数为5,826人，通过北京市住房和城乡建设委员会的房屋交易权属系统查询有“二套房”信息家庭1,173户。全力推进住房公积金贷款担保工作，加大对经济适用房、两限房等政策性保障住房项目的服务力度；加强与银行、开发商合作，深入开展业务营销，开发新型业务品种，大力拓展商贷担保业务，商贷担保贷款额度增长43.77%。重点推进抵押登记产权证追查，集中进行存量贷款借款人联系方式的有效性清查工作，优化催收管理模式，加强定期数据增量整合工作，不良贷款率比上年末下降0.02个百分点。增加了为银行信用卡提供信息查询、为汽车金融提供信息查询、抵押物信息查询服务等征信业务；建立定期贷款资产质量分析报告制度、逾期人群信息查询制度。

第三节　商业性房地产金融

2010 年，一系列房地产市场调控政策效果在房地产金融领域逐步显现，北京市银行房地产贷款同比增速从 4 月开始逐月回落，房地产不良贷款率持续下降。

一、房地产开发投资增速回落

2010 年，北京市完成房地产开发投资 2901.1 亿元，同比增长 24.1%;房地产开发投资增速从 4 月开始呈现放缓态势，12 月末增速比 3 月末回落 50.4 个百分点。房地产开发投资中，住宅开发投资 1509 亿元，同比增长 66.4%，上年同期为下降 4.6%；土地购置费用 1292.7 亿元，为上年同期的 2.2 倍，占房地产投资比重的 44.6%。2010 年，房地产开发资金来源为 5790.6 亿元，同比减少 5.5%。其中，自筹资金同比增长 71.7%，利用外资、银行贷款和定金及预售款同比分别下降 53.4%、39.2%和 3.2%。自筹资金、银行贷款和定金及预售款分别占本年资金来源的 30.5%、24.9%和 27.8%，自筹资金占比比上年末提高 13.7 个百分点，而银行贷款占比则比上年末下降 13.8 个百分点。

二、房地产贷款增速冲高后快速回落

2010 年末，北京市金融机构（含外资）本外币房地产贷款余额 8242.3 亿元，同比增长 22.5%，按可比口径计算比上年同期下降 18.5 个百分点，比年初增加 1514.6 亿元。受《国务院关于坚决遏制部分城市房价过快上涨的通知》（国发〔2010〕10 号）等房地产市场调控政策出台的影响，从 5 月开始，房地产贷款增速放缓势头不断加剧，同比增速在 4 月达到 52.8%的峰值后连续 8 个月回落，其中 6 月回落幅度最大，达 13.5 个百分点。房地产开发贷款和个人住房贷款全年新增额分别占全部新增房地产贷款的 68.1%和 28.9%。

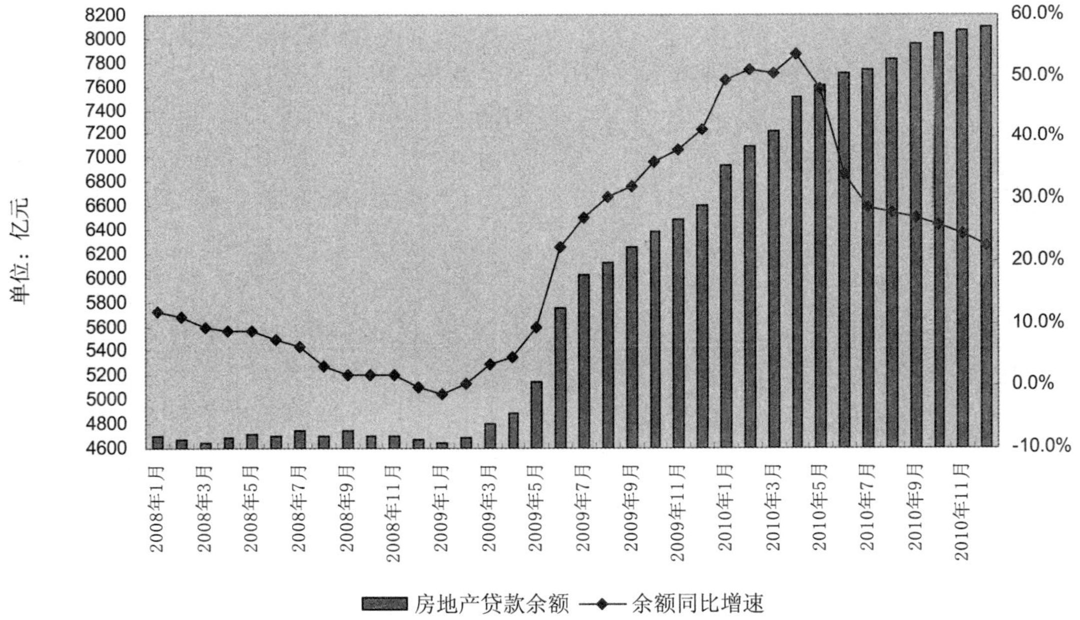

图 9-3　北京市房地产贷款月度变化情况

三、个人住房贷款新增额低位回升

2010年末，北京市商业性个人住房贷款余额3476.2亿元，同比增长14.4%，按可比口径计算比上年同期下降11.6个百分点；比年初增加437亿元。其中，新建住房贷款余额2384.9亿元，同比增长8.2%，比年初增加180.6亿元；二手住房贷款余额1091.3亿元，同比增长30.7%，比年初增加256.5亿元。由于商业银行对个人住房贷款申请审核日趋严格，加之房地产市场出现观望气氛，辖内银行个人住房贷款业务量在4月份集中审批发放冲高后大幅回落，其中，7月新增额仅为1.6亿元，创2009年3月以来最低记录，仅为上半年月均新增额的2.6%；12月在市场交易量较为活跃的带动下，个人住房贷款新增额恢复到6月的水平。其中，新建住房贷款余额继7月出现2009年5月以来首次负增长后，9月以来连续三个月余额下滑。二手住房贷款按照“先抵押后放款”的新政策办理，贷款周期延长了1–2个月，二手住房贷款新增额从5月开始逐月下降，6月环比减少最多，连续3个月月均新增额低于10亿元；8月以来二手住房市场成交量保持较高水平，二手住房贷款稳步增长。

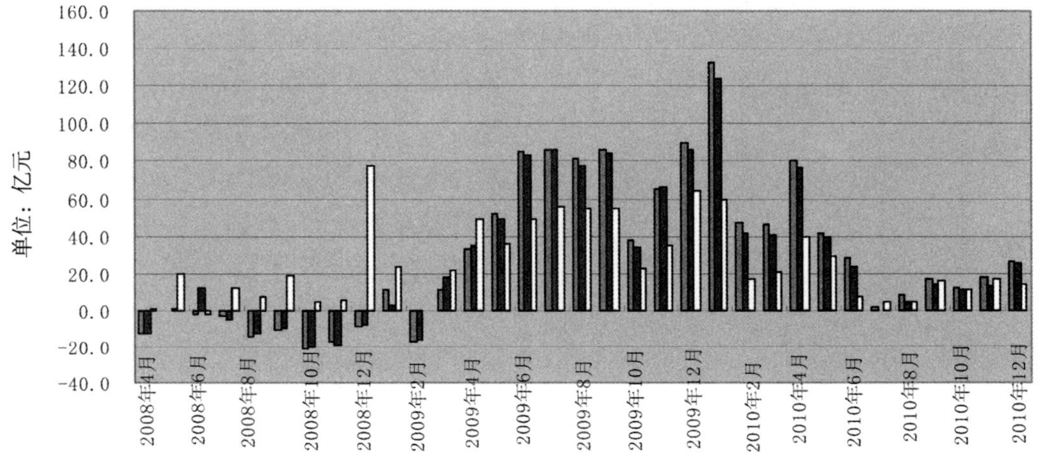

图 9–4　北京市购房贷款月度新增额变化

四、土地储备机构贷款依旧主导房地产开发贷款增长

2010年末，北京市房地产开发贷款余额4497.1亿元，同比增长29.8%，按可比口径计算比上年同期下降31.1个百分点，比年初增加1031.2亿元。其中，政府土地储备机构贷款余额1902.6亿元，同比增长47.9%，比年初增加616亿元，占全部房地产开发贷款新增额的59.7%；住房开发贷款余额1346.4亿元，同比增长16.2%，比年初增加187.5亿元，占全部房地产开发贷款新增额的18.2%；商业用房开发贷款余额462.7亿元，同比下降3.9%；其他房地产开发贷款余额496亿元，同比增长52.2%。12月末，经济适用房开发贷款余额116.3亿元，同比增长56.9%，比年初增加42.2亿元。

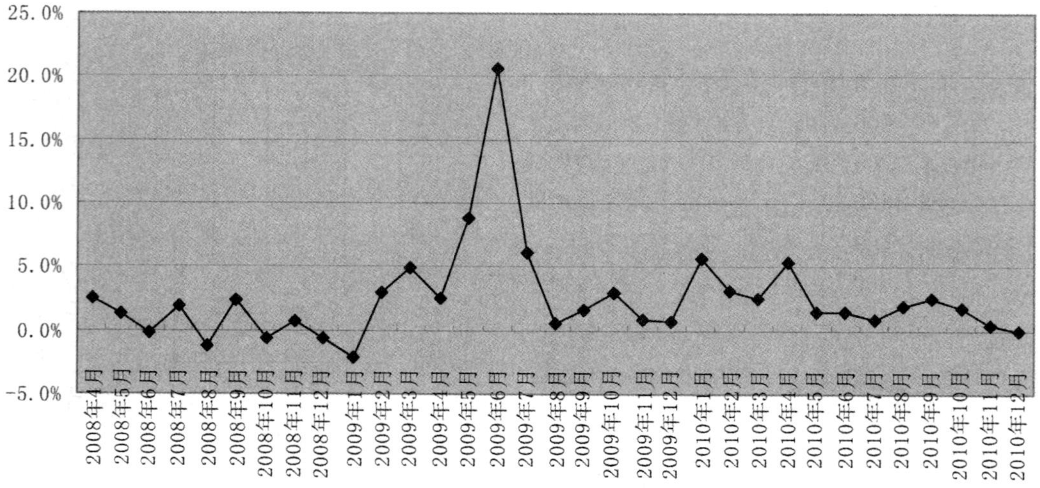

图 9-5　北京市房地产开发贷款月度环比

五、房地产贷款质量有所提高

第四季度末，北京市中资银行各项房地产人民币贷款不良率为0.6%，环比下降0.2个百分点，同比下降0.6个百分点。其中，商业性个人住房贷款不良率为0.6%，环比下降0.1个百分点，同比下降0.4个百分点；商业性住房开发贷款不良率为1.2%，环比下降0.3个百分点，同比下降1.4个百分点。

第四节　房地产金融政策调整

一、近年来房地产金融政策调整

2003年以前，金融政策的主要目的在于支持住房体制改革，促进房地产金融产品的推出与发展。2003年6月，针对局部房地产市场过热,中国人民银行出台《关于进一步加强房地产信贷业务管理的通知》(银发〔2003〕121号)，加强房地产开发贷款管理、引导规范贷款投向，严格控制土地储备贷款的发放，加强个人住房贷款管理。

2004年至2007年中国人民银行先后9次上调存贷款基准利率，并取消个人住房贷款利率优惠。经过完整的加息周期，有效抑制了住房消费非理性需求，居民购房更侧重于自住和改善型需求。

2007年《关于加强商业性房地产信贷管理的通知》（银发〔2007〕359号）及其《补充通知》（银发〔2007〕452号）明确了二套房的执行标准，规定二套（含）以房贷款首付款比例不得低于40%，贷款利率不得低于基准利率的1.1倍，有效约束了二套房杠杆比例，对降低信贷风险、打击房地产投机、保障自住性需求、平抑房价过快上涨发挥了一定的积极作用。此外，银发〔2007〕359号文还进一步严格规范了房地产贷款管理和风险监测及防范工作，实现了贷款使用与开发项目配套专款专用，有效避免滚动开发模式下企业挪用贷款资金用途行为，降低了金融风险。

金融危机以来，随着适度宽松货币政策的实施，自2008年9月起，中国人民银行先后5

次下调存贷款基准利率，先后4次下调存款准备金率，并印发了《中国人民银行关于扩大商业性个人住房贷款利率下浮等有关问题的通知》(银发〔2008〕302号)等文件，将商业性个人住房贷款利率的下限扩大为贷款基准利率的0.7倍，最低首付比例调整为20%，要求商业银行充分考虑各种因素按照风险原则合理确定利率水平。房贷利率下限降低使得金融机构房贷利率浮动权限进一步扩大，金融机构具有了更大的自主决策空间。同时也更好地支持了居民购买普通住房，有力促进了内需扩大和民生改善。

二、2010年有关房地产信贷业务政策调整

2010年2月，中国人民银行、中国银行业监督管理委员会联合出台《关于贯彻落实〈国务院办公厅关于促进房地产市场平稳健康发展的通知〉的通知》(银发〔2010〕58号)，加强对房地产贷款业务的窗口指导，加大差别化信贷政策执行力度，严格抑制投资投机性购房需求。9月，又出台了《中国人民银行 中国银行业监督管理委员会关于完善差别化住房信贷政策有关问题的通知》(银发〔2010〕275号)，明确提出“暂停发放居民家庭购买第三套及以上住房的贷款”；对贷款购买商品住房的，“首付款比例调整至30%及以上”，“对贷款购买第二套住房的家庭，严格执行首付款比例比低于50%、贷款利率不低于基准利率1.1倍的规定”。

附录：

1. 银发〔2010〕58号
2. 银发〔2010〕275号

附录1：

中国人民银行、中国银行业监督管理委员会
关于贯彻落实《国务院办公厅关于促进房地产市场平稳健康发展的通知》的通知

银发［2010］58号

中国人民银行上海总部，各分行、营业管理部，各省会（首府）城市中心支行、副省级城市中心支行，各省（自治区、直辖市）银监局，各政策性银行、国有商业银行、股份制商业银行，中国邮政储蓄银行：

为了进一步加强和改善房地产市场调控，稳定市场预期，促进房地产市场平稳健康发展，国务院办公厅下发了《国务院办公厅关于促进房地产市场平稳健康发展的通知》（国办发［2010］4号，以下简称《通知》）。为贯彻落实《通知》精神，加强对房地产贷款业务的窗口指导，现就有关事项通知如下：

一、各金融机构要以科学发展观为指导，深入学习国务院关于促进房地产市场平稳健康发展的决策和部署，严格按照《通知》要求，紧密结合实际，根据有关政策和监管要求，进一步加大对符合条件的普通商品住房、限价商品住房、公共租赁住房、经济适用住房、廉租住房、城市和国有工矿棚户区改造项目的信贷支持力度，积极支持保障性安居工程建设。

二、各金融机构要抓紧修改完善房地产信贷业务管理操作细则，加大差别化信贷政策执行力度，加强房地产信贷风险管理。继续支持居民首次购买普通自住房的贷款需求，根据借款人信用记录和还款能力、购房用途和住房性质、抵押物价值和变现能力、当地房地产市场状况等因素，合理进行风险评估，在贷款利率下限和最低首付款比例之上确定贷款利率和首付款比例。严格抑制投机投资性购房需求。对已利用贷款购买住房、又申请购买第二套（含）以上住房的家庭（包括借款人、配偶及未成年子女），贷款首付款比例不得低于40%，贷款利率严格按照风险定价。

三、对房价上涨过快的地区和城市，加强区域风险评估，适当提高贷款条件。各金融机构不得为争夺客户而随意降低贷款标准。要进一步完善房地产信贷风险管理制度，严禁对项目资本金不足、“四证”不齐等不合规的房地产企业或项目发放贷款；　对经金融机构尽责调查发现和（或）经国土资源部门、建设主管部门查实存在囤地、炒地、捂盘惜售等违法违纪行为的房地产开发企业，金融机构不得对其发放新增贷款，已有贷款要迅速采取保全措施。

四、各金融机构要进一步完善风险评估体系和内控机制，加强对宏观经济周期与房地产市场运行关系、房地产价格波动对银行贷款质量影响等研究，切实采取有效措施，优化调整信贷结构，防范化解房地产信贷风险，维护金融稳定。商业银行和有条件的其他金融机构应持续开展房地产贷款压力测试，加强贷款风险管理。

五、各金融机构总行（总部）要加强对分支机构个人住房贷款业务管理，根据区域房地产市场和贷款增长情况进行风险提示，并相应调整业务发展规划；对分支机构风险评估工作给予指导，并开展经常性的检查。

六、中国人民银行各分支机构、各银监局要紧密配合，加强对金融机构房地产贷款业务的监督管理和窗口指导。密切关注宏观经济和房地产市场走势，深入了解金融机构开展房地产贷款业务和贯彻落实《通知》精神的具体情况。引导金融机构公平、有序竞争，对业务占比高、发展速度超出常规的金融机构要给予特别关注并及时提示风险。

请中国人民银行上海总部，各分行、营业管理部、省会(首府)城市中心支行，各省（自治区、直辖市）银监局将本通知联合转发至辖区内城市商业银行、农村商业银行、农村合作银行、城乡信用社及外资银行。

附件：国务院办公厅关于促进房地产市场平稳健康发展的通知（国办发［2010］4号）

二〇一〇年二月二十二日

附录2：

中国人民银行、中国银行业监督管理委员会
关于完善差别化住房信贷政策有关问题的通知

银发［2010］275号

中国人民银行上海总部，各分行、营业管理部、各省会（首府）城市中心支行、副省级城市中心支行，各省（自治区、直辖市）银监局，国家开发银行、各政策性银行、国有商业银行、股份制商业银行，中国邮政储蓄银行：

为进一步贯彻落实《国务院关于坚决遏制部分城市房价过快上涨的通知》（国发［2010］10号）的有关精神，巩固房地产市场调控成果，促进房地产市场健康发展，现就相关信贷政策通知如下：

一、各商业银行暂停发放居民家庭购买第三套及以上住房贷款；对不能提供一年以上当地纳税证明或社会保险缴纳证明的非本地居民暂停发放购房贷款。

二、对贷款购买商品住房，首付款比例调整到30%及以上；对贷款购买第二套住房的家庭，严格执行首付款比例不低于50%、贷款利率不低于基准利率1.1倍的规定。

三、各商业银行要加强对消费性贷款的管理，禁止用于购买住房。

四、对有土地闲置、改变土地用途和性质、拖延开竣工时间、捂盘惜售等违法违规记录的房地产开发企业，各商业银行停止对其发放新开发项目贷款和贷款展期。

五、对不认真执行差别化信贷政策的商业银行，一经查实要严肃处理。

六、继续支持房地产开发企业承担中低价位、中小套型商品住房项目和参与保障性安居工程的贷款需求。

七、鼓励金融机构支持保障性安居工程建设，抓紧制定支持公共租赁住房建设的中长期贷款政策。

请人民银行上海总部，各分行、营业管理部、省会（首府）城市中心支行，各省（自治区、直辖市）银监局将本通知联合转发至辖区内城市商业银行、农村商业银行、农村合作银行、城乡信用社及外资银行，并及时上报执行情况。

中国人民银行　　中国银行业监督管理委员会

二〇一〇年九月二十九日

第十章
物业服务监管

2010年是北京市物业行业的立法之年，根据市政府2009年立法计划，在广泛征求社会各方的意见，深入研究、反复修订后，《北京市物业管理办法》于2010年4月6日经市政府第64次常务会议审议通过，4月20日以市政府第219号令的形式发布，10月1日正式实施。《办法》在贯彻落实《物权法》和《物业管理条例》内容的基础上，重点结合我市物业管理行业的发展现状，创造性地确立了一系列重要的物业管理制度，对业主及业主大会的主体地位、前期物业管理、物业的使用和维护等方面作了明确的规定，明确了物业管理市场各相关主体的法律责任。为保障《办法》的顺利实施，物业处和物业服务指导中心组织社会各方力量研究起草、制定并完善了36个配套政策，基本形成了较完善的物业管理政策体系，为解决当前行业发展中的突出矛盾和问题奠定了坚实的基础。

市政府召开《北京市物业管理办法》新闻发布会

一、物业服务企业管理

截至年底，全市取得《物业管理企业资质证书》企业3150家（各区县物业服务企业数量见图1），比上年增加98家。其中，一级企业115家，新增11家；二级企业280家，新增29家；三级企业2482家，新增64家；三级暂定企业274家，减少6家。

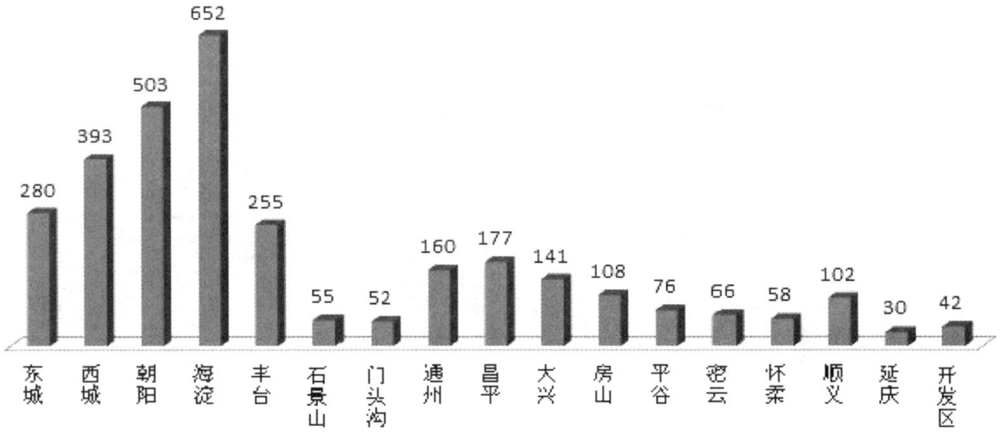

图10–1 各区县物业服务企业数量

二、物业管理项目分类情况

截止年底，全市共有物业管理项目 5399 个（见图 10–2），同比增加 189 个，建筑面积 42350.0 万平方米（各区县物业项目建筑面积见图 10–3）。其中，住宅类项目 3676 个（见表 10–1），建筑面积 33732.9 万平方米；非住宅类项目 1723 个，建筑面积 8617.0 万平方米。

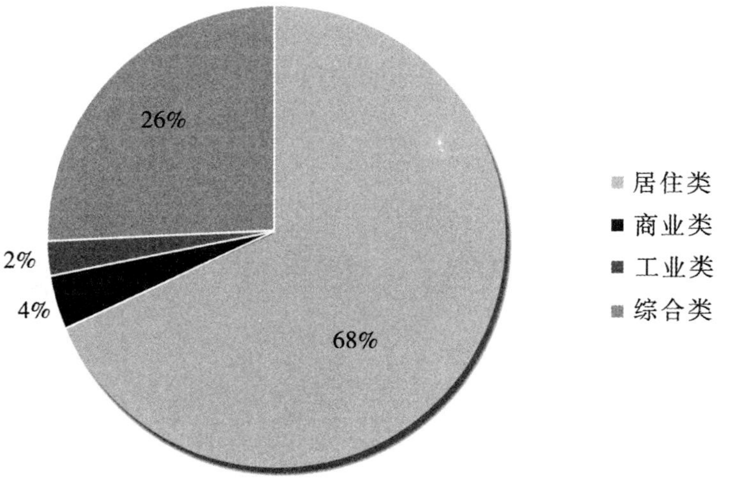

图 10–2 各类物业管理项目比例（个）

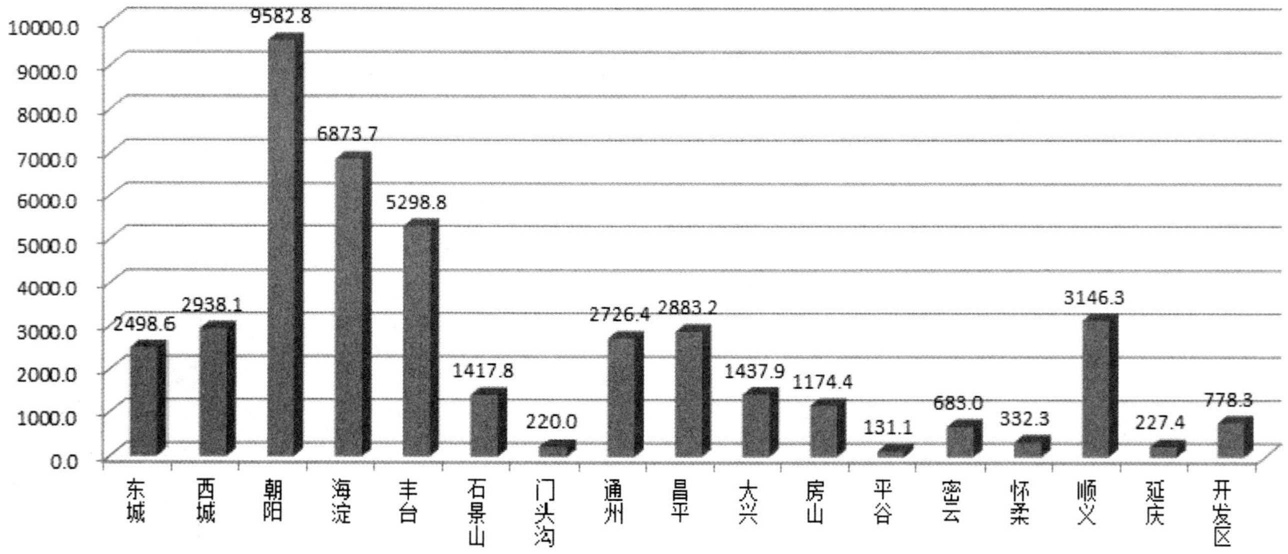

图 10–3 各区县物业管理项目建筑面积（万平方米）

表 10–1 住宅类物业管理项目分布情况表

	项目个数	占全市比例	建筑面积（万平方米）	占全市比例
全市合计	3676	100.0%	33732.9	100.0%
城　区	594	16.1%	3683.3	10.9%
近郊区	1955	53.2%	19161.8	56.8%
远郊区县	1083	29.5%	10463.8	31%
开发区	43	1.2%	424	1.3%

注：住宅类项目中，近郊区的项目个数和建筑面积均较大，占全市的比例均超过 50%。

三、业主委员会成立情况

截至年底,全市物业管理项目成立业主委员会 796 个，占物业管理项目总数的 14.2%，比上年增加 35 个。其中，住宅类物业项目成立业主委员会 759 个，占住宅项目总量的 20.7%，新增 35 个；非住宅类物业项目成立业主委员会 37 个，占非住宅项目总数的 2.2%。

四、办理物业招投标项目备案

截至年底，全市共办理招投标项目备案 846 个，同比增长 27%。其中，住宅项目 821 个，同比增长 25.5%；住宅项目 25 个，同比增长 78.6%。

五、改革前期物业管理制度

本市现行的前期物业管理体制，是由建设单位选定物业服务企业，并将物业管理移交给物业服务企业后撤出物业管理区域，事实上将本应由建设单位负责的规划设计、工程质量、配套设施、共用部位争议、停车库（位）争议等遗留问题，留给物业服务企业解决，造成大量的物业服务纠纷。《北京市物业管理办法》对前期物业管理制度进行了创新，规定由建设单位承担前期物业服务责任。业主可以共同委托物业服务企业或第三方机构，以共用部位和共用设施设备为重点一一对照签收，明确划分前期开发与后期管理的责任，避免物业服务企业背黑锅，从而为即将长期相处的业主与物业服务企业之间和谐互信关系的建立打好基础。

六、创新行业监管体制

《北京市物业管理办法》对物业服务企业监管方式进行了探索，建立了物业管理行业监管的新模式。一是实施物业服务企业动态监管，推动企业资质管理向行为管理、信用管理转变；二是调整行业监管重心，建立物业项目备案制度。将行业监管的重心由物业服务企业转移到物业服务项目，要求物业服务企业以项目为基本管理单位、核算单位，要求各区县以项目为单位实施动态监管；三是创新项目管理模式，建立项目负责人制度。要求物业服务项目经理及管理人员培训并且考核通过后方可上岗。《北京市物业管理办法》规定，物业服务企业应当按照物业服务合同指派项目负责人，更换项目负责人时，应当告知业主。同时，逐步建立物业项目负责人信用信息系统，对项目负责人的行为实施动态监管，逐步实现以项目经理为抓手管好项目，以项目为抓手管好企业。

七、引入第三方评估监理机构

为了建立市场化运行机制，构建质价相符的市场环境，制定了《北京市物业服务第三方评估监理管理办法》及相应的评估规范，明确物业共用部分的承接查验、物业服务质量和服务费用可以通引入第三方评估监理机构进行评定，避免物业服务中因物业质量责任不清而导致的物业服务纠纷。

八、建立物业共用部分查验交接制度

物业承接验收制度是《物业管理条例》重要制度之一，是为了维护业主的合法权益，明确业主及开发建设单位、物业服务企业各自的责任，避免物业服务中因物业质量责任不清而导致的物业服务纠纷。由于目前本市因物业交接引发的矛盾纠纷较多，业主以及物业服务企业反映开发遗留问题日益上升，而本市没有统一的物业交接标准，业主以及部分物业服务企业对承接物业时应查验的内容和程序不很清楚，制定相关物业项目承接查验技术标准成为必须。《北京市物业管理办法》规定了新建物业的承接查验程序以及交接内容，业主可以委托选聘的物业服务企业或者第三方评估监理机构进行承接查验。

九、制定物业承接查验标准

北京市质量技术监督局、北京市住房和城乡建设委员会联合发布了北京市地方标准《新建物业项目交接查验标准》(以下简称《标准》)，并于 2011 年 2 月 1 日起实施。《标准》共分为 16 个章节，明确规定了建议单位和业主交接主体双方对物业共用部分的建造质量、管理资料、使用功能等进行的综合性查验的内容。《标准》对物业交接查验的定义、适用范围、内容，以及标准都做

了相应的规定。该《标准》主要适用于本市行政区域内的新建物业项目，建设单位、业主或其委托的物业服务企业以及双方共同委托的物业服务评估监理机构，进行物业共用部分查验交接和物业服务交接过程。对于既有物业项目，可以参照当时的设计规范和标准进行交接查验。《标准》的制定和发布将为业主及开发建设单位、物业服务企业、物业服务评估监理机构提供可操作性依据。通过实施《标准》，将逐步推动建设单位产品质量的不断提高和配套的不断完善减少前期遗留问题产生的物业纠纷。

十、完善业主自我治理机制

《北京市物业管理办法》对业主大会的成立和活动机制进行了创新。一是建立业主大会成立双启动机制。在业主大会发起阶段，建设单位协助组织业主大会筹备和成立活动的相关义务，同时规定业主和建设单位均可以启动成立业主大会；二是取消了居委会的指导职能，规定了街道办事处、乡镇人民政府的协助、指导和监督职责。在业主大会筹备阶段，街道办事处、乡镇人民政府指定代表担任筹备组组长指导筹备工作，但没有表决权。业主大会成立后，业主委员会向街道办事处、乡镇人民政府申请备案时，材料齐全的，街道办事处、乡镇人民政府应当当场予以备案；三是把业主委员会的届别制改为委员任期制，业主委员会委员实行任期制，有关任期、候补、空缺、资格终止等事项由业主大会议事规则规定。

十一、实行业主一卡通制度

本市实行业主一卡通制度。每套房屋对应一张北京业主一卡通（以下简称“一卡通”）。一卡通由市住房城乡建设委统一制作，免费发放。房屋上市交易时，售房人应当在房屋过户时将该套房屋的一卡通交给购房人。购房人在办理房屋转移登记后，应当及时登录决策平台变更一卡通对应的业主信息。2010 年 10 月 1 日以后入住的城区新建住宅物业项目，建设单位应当在业主办理入住手续前，将购房人信息录入决策平台后，到光大银行各营业网点申领该项目房屋的一卡通，并在办理入住手续前将一卡通发放给购房人。远郊区县的新建住宅项目，建设单位可以到北京市农村商业银行营业网点申领一卡通。2010 年 10 月 1 日前已入住物业项目的一卡通，可以由业主委员会或物业服务企业统一到光大银行或北京市农村商业银行各营业网点领取后，发放给业主。业主委员会或者物业服务企业申领一卡通前，应当在决策平台录入房屋对应的业主信息。

十二、使用业主决定共同事项公共决策平台

为充分保障业主行使物权，提高业主决定共同事项的决策效率，破除业主投票表决的时间和空间障碍，解决业主大会决议真实性有效性争议，市住房和城乡建设委于 2010 年 10 月 1 日研发启用了北京市业主决定共同事项公共决策平台，供业主决定共同事项时使用，业主可持业主一卡通，采用互联网、电话语音、光大银行自助缴费机、人工帮助、现场协助五种表决方式利用决策平台表决共同决定事项。

市住房和城乡建设委主任隋振江同志参加北京市业主决定共同事项公共决策平台启动仪式

十三、制定五级住宅物业服务标准

北京市质量技术监督局、北京市住房和城乡建设委员会联合发布了《住宅物业服务标准》(以下简称《标准》)。该《标准》分为五级，对物业服务事项做了科学分类和细化，以地方标准形式发布物业服务等级标准在全国尚属首例。《标准》在结构和内容设置上强化了物业共用部位和共用设施设备的维修养护管理，包括房屋结构、建筑部件、空调系统、二次供水设备、排水系统、照明和电气设备、安全防范系统、电梯、水景、消防设施设备等的日常运行和维修养护，占《标准》全部内容的 50%以上;《标准》对物业服务事项予以细化，对服务频次、深度、结果等进行定量描述，几乎每项服务内容均设立了量化的维修养护、检查要求，改变了物业服务质量不可追溯、价格难以评估的现状。《标准》可以作为评估物业服务质量，测算物业费的依据和基础。业主在签订物业服务合同前,可以根据需求选择服务等级。《标准》的实施，对进一步明确物业服务提高质量，规范物业服务行为，促进业主和物业服务企业间和谐互信关系的建立都将起到积极作用。

十四、建立物业服务成本发布制度

市物业管理行业协会每季度将发布一次全市物业服务平均成本，业主与物业服务企业在协商物业服务价格时可以参照。物业服务成本项目包括：物业服务过程中所涉及的人员费用；日常设备设施运行、维护费；物业管理区域绿化养护费；物业管理区域清洁卫生费；物业管理区域秩序维护费等。定期公布物业服务成本不但可以为业主与物业服务企业协商定价提供参考，帮助业主了解卖方产品信息，更可以在沟通过程中增进彼此了解，进一步构建双方和谐互信关系。

十五、改革价格形成机制

随着前期物业制度的改革创新，物业管理方式的决定权、物业服务内容的选择权以及物业服务企业的选聘权都已交还给业主，市场上将不再有没有经过协商的一口价。在签订物业服务合同前，业主和物业服务企业可以委托第三方评估监理机构，针对业主选择的物业服务事项和服务标准，根据公布的社会平均成本，结合项目具体情况对物业服务价格进行测算。

十六、开展普通地下室安全使用专项督查和检查

年初，市住房和城乡建设委专门组成了督查组，市旅游局、市消防局等部门参加，对宣武、崇文、丰台、密云、平谷和通州六个区县地下空间经营场所安全生产大检查工作进行了督查和现场检查；春节前夕，陈刚副市长带队对丰台区太平桥西里 39 号楼普通地下室安全使用情况进行了检查；2009 年 11 月至 2010 年 3 月底，对用于开设商场、娱乐场所、旅馆等经营场所以及居住使用等人员密集场所的普通地下室开展了安全大检查，坚决防范和遏制各类安全事故的发生。全国两会期间，市住房和城乡建设委参加了对会场和驻地周边等生产经营单位的安全生产执法检查；“两节”、“两会”期间，各区县住房城乡建设委（房管局）都组织对辖区普通地下室安全使用的执法检查，并参加了联合检查。截至 2010 年 5 月 31 日，全市共检查普通地下室 4124 处，698.68 万平方米，对检查中发现的问题除当即责令改正外，已下发整改通知书 297 份，罚款 11 处（共 8.36 万元），责令停业 30 处，关闭 12 处。

十七、启动物业执法工作

年初，市住房和城乡建设委将物业执法的职能调整给物业服务指导中心，指导中心在法规处、执法大队的指导下，把物业执法和日常监管、检查指导结合起来，既有利于增强物业执法的专业性和针对性，也有利于进一步纠正和规范行业的违法违规行为。2010 年共执法 5 起，对 4 家物业服务企业发出了责令整改通知书，对 1 家物业服务企业进行了行政处罚。

十八、完善星级物业项目评定办法

2010年，市住房和城乡建设委在09年全面改革物业管理项目创优达标活动组织方式的基础上，不断完善星级物业服务项目评定办法，提高协会独立开展工作的能力。通过物业示范项目的评定，激励物业服务企业不断提高服务品质，推广先进的物业服务经验，充分发挥优秀物业管理项目的示范效应，促进行业健康有序发展。

表 10–2　2010 年度北京市物业管理示范（五星级）住宅小区（大厦）名单

项目名称	物业服务企业
一、五星级住宅小区（4 个）	
优山美地	北京鲁能物业服务有限责任公司
万科四季花城	北京万科物业服务有限公司
北京洋房	长城物业集团股份有限公司北京物业管理分公司
假日风景家园	北京万科物业服务有限公司
二、五星级大厦（23 个）	
凯旋大厦	北京招商局物业管理有限公司
北京电视台新址	北京天鸿宝地物业管理经营有限公司
住总集团大厦	北京市北宇物业服务公司
中国外文大厦	北京市智信恒远物业管理有限公司
数码科技广场	北京盛世物业服务有限公司
叶青大厦	北京叶氏物业管理有限公司
数字北京大厦	北京网信物业管理有限公司
北京新闻出版大厦	北京闻达敏斯物业管理服务有限公司
中青旅大厦	北京世邦魏理仕物业管理服务有限公司

项目名称	物业服务企业
富凯大厦	北京金融街第一太平戴维斯物业管理有限公司
中国人寿中心	国寿物业管理有限公司
西山赢府国际商务中心	北京中朗物业管理有限公司
凯晨世贸中心	中化国际物业酒店管理有限公司
北京市残疾人体育训练和职业技能培训中心	北京高腾物业管理有限公司
神舟科技大厦	北京神舟天辰物业服务有限公司
普天大厦	北京普信物业管理有限公司
金泰国益大厦	北京金泰物业管理有限公司
北京市海淀区看守所综合行政办公楼	北京高腾物业管理有限公司
大成大厦	北京凯成信达物业管理有限公司
华金泰大厦	北京鲁能物业服务有限责任公司
大唐国际本部办公楼	北京高力国际物业服务有限公司
新盛大厦	北京金融街第一太平戴维斯物业管理有限公司
中国联通北京分公司综合办公楼	北京网信物业管理有限公司

表 10-3　2010 年度北京市物业管理示范（四星级）住宅小区（大厦）名单

项目名称	物业服务企业
一、四星级住宅小区（35 个）	
远洋一方嘉园	北京远洋基业物业管理有限公司
冠城北园	北京冠城酒店物业管理有限公司
怡禾国际中心公寓	国贸物业酒店管理有限公司
时代之光名苑	北京鲁能物业服务有限责任公司
俊景苑小区	北京东旭佳业物业管理有限责任公司
云趣园	长城物业集团股份有限公司北京物业管理分公司
上地 MOMA（小区）	第一物业服务（北京）有限公司
芳菲路 88 号院	北京兴邦物业管理有限责任公司
总政四道口小区	中房集团北京物业公司
枫树家园	北京金网络物业有限公司
新天第家园	北京金罗马物业管理有限公司
凤凰城	华润置地（北京）物业管理有限责任公司
马坡花园二区	北京华特物业管理发展有限公司
天创世缘	长城物业集团股份有限公司北京物业管理分公司
彩虹街区	北京和泓物业服务有限公司
公园大道	北京仲量联行物业管理服务有限公司
望京园三区	北京市望京实业总公司

项目名称	物业服务企业
万芳园二园	北京兴邦物业管理有限责任公司
当代 MOMA	第一物业服务（北京）有限公司
峻峰华亭	华润置地（北京）物业管理有限责任公司
苹果社区	北京今日今典物业管理有限责任公司
碧水庄园	北京碧水物业管理有限责任公司
北苑家园望春园	北京城承物业管理有限责任公司
西钓鱼台嘉园	北京西宇嘉业物业管理有限公司
嘉业大厦二期	北京正泰恒安物业管理有限公司
金隅美和园小区	北京正泰恒安物业管理有限公司
新华联丽景嘉园	北京悦豪物业管理有限公司
禧福汇茗苑	天津融创物业管理有限公司
光熙门北里小区	北京市北宇物业服务公司
银枫家园	北京银达物业管理有限责任公司
西山枫林小区	北京和泓物业服务有限公司
纳帕尔湾	北京山水和合物业管理有限公司
远洋公馆	中远酒店物业管理有限公司
顶秀青溪家园	北京鸿路泽物业管理有限公司
博雅园	北京世纪博雅物业管理有限公司
二、四星级大厦（38 个）	
国家自然科学基金委员会办公楼	北京经中太联物业管理有限公司
航天城科研协作楼	北京神舟天辰物业服务有限公司
房地置业大厦	北京房地集团有限公司
中电信息大厦	北京中电物业服务有限公司
海淀区文化艺术大厦 B 座	第一太平戴维斯物业顾问（北京）有限公司
德胜国际中心	北京金融街物业管理有限责任公司
创业大厦	北京文清物业管理有限公司
平安国际金融中心	第一太平戴维斯物业顾问（北京）有限公司
红阶大厦	第一太平戴维斯物业顾问（北京）有限公司
北京农科大厦	北京依苑物业服务中心
天恒置业大厦	北京鼎泽物业管理有限责任公司
建达大厦	北京建达大厦物业管理有限责任公司
搜宝商务中心	北京金色阳光物业管理有限公司
建工大厦	北京建工物业服务有限公司
北京大兴区政府行政服务中心办公楼	北京房地集团有限公司
中国铁建大厦	中铁建（北京）物业管理有限公司

项目名称	物业服务企业
德胜尚城大厦	北京金融街物业管理有限责任公司
中国人民大学文化大厦	北京高力国际物业服务有限公司
中国华电大厦	华电科贸有限责任公司
复星国际中心	北京高地物业管理有限公司
中国科学院化学研究所	北京信科联物业管理有限公司
银科大厦	北京银远物业管理有限公司
清华大学医学科学楼	北京首佳物业管理有限公司
环境国际公约履约大楼	国贸物业酒店管理有限公司
中国移动指挥中心大厦	北京信捷苑物业管理有限公司
金晖总部大厦	北京京悦物业管理有限公司
紫金数码园	深圳市科技工业园物业管理有限公司北京分公司
中国工商银行股份有限公司数据中心（北京）	北京市北宇物业服务公司
西环广场(西直门交通枢纽及配套服务用房)	北京金融街第一太平戴维斯物业管理有限公司
海文大厦	北京海文资产经营管理有限公司
东亚京华大厦	长城物业集团股份有限公司北京物业管理分公司
朝阳医院	北京国天健宇物业管理发展有限公司
中国科学院微生物研究所科研办公楼	北京信科联物业管理有限公司
中体彩印务大厦	北京华体世纪物业管理有限公司
华堂商厦	北京天诺物业管理有限责任公司
英大传媒大厦	北京中兴物业管理有限公司
大兴区少年宫及妇女儿童活动中心	北京信诚天宇物业管理有限公司
北京市人民检察院第二分院办公楼	北京方庄物业管理有限责任公司

表 10-4　2010 年度全国物业管理示范住宅小区（大厦、工业区）名单（北京市）

一、全国物业管理示范住宅小区（1 个）	北京市万科西山庭院
二、全国物业管理示范大厦（8 个）	1. 北京市中国联通北京分公司总部办公楼
	2. 北京市中青旅大厦
	3. 北京市中国外文大厦
	4. 北京市中国银行信息中心项目
	5. 北京市数字北京大厦
	6. 北京市新盛大厦
	7. 北京市凯旋大厦
	8. 北京银行总行大厦

表 10-5 取消"全国物业管理示范（优秀）住宅小区（大厦、工业区）"称号的物业管理项目名单（北京市）

1．北京市西城区中直德外新风南里小区
2．北京市崇文区东花市北里东区
3．北京市宣武区广安小区
4．北京市朝阳区安华西里新一区
5．北京市海淀区茂林居小区
6．北京市海淀区芙蓉里小区
7．北京市海淀区育新花园
8．北京市丰台区方庄芳城园二区
9．北京市丰台区方庄芳星园三区
10．北京市昌平区天通苑住宅小区
11．北京市昌平区天通东苑（二区）
12．北京市昌平区碧水庄园
13．北京市朝阳区汇园国际公寓
14．北京市海淀区美林公寓
15．北京市朝阳区英特公寓
16．北京市宣武区国家防总办公楼及服务楼
17．北京市朝阳区国际大厦
18．北京市朝阳区阳光广场
19．北京市丰台区公交调度指挥中心
20．北京市朝阳区中国国际科技会展中心
21．北京市海淀区国际科工委机关办公楼

十九、住宅专项维修资金管理

根据《住宅专项维修资金管理办法》（建住房［2007］165 号）和《北京市住宅专项维修资金管理办法》［2009（836）号］），住宅物业、住宅小区内的非住宅物业或者与单幢住宅结构相连的非住宅物业的业主，应当按照国家有关规定交纳专项维修资金，业主交存的专项维修资金属业主所有，用于保修期满后物业共用部位、共用设施设备的维修和更新、改造。截至年底，全市共归集专项维修资金 269.16 亿元，归集户数 182.32 万户，其中本年度归集专项维修资金 48.66 亿元（见表 10-6）。

表 10-6　2000～2010 年住宅专项维修资金归集金额统计表（亿元）

年份	2000 年	2001 年	2002 年	2003 年	2004 年	2005 年	2006 年	2007 年	2008 年	2009 年	2010 年	合计
金额	2.29	3.7	7.77	11.87	17.72	43.18	33.92	34.26	30.66	37.08	48.6	269.16

注：本市自 2000 年 2 月 13 日开始对 1999 年 1 月 1 日以后售出的新建商品住宅(含经济适用住房)归集专项维修资金。归集金额均以 2000 年至 2010 年实际归集到"北京市住宅专项维修资金专用银行账户"的金额统计。

二十、调整住宅专项维修资金管理职能

将专项维修资金的归集职能调整给物业管理处。此举有利于发挥好市住房和城乡建设委对专项维修资金的监管作用，也有利于制定和完善相关政策措施；将专项维修资金的使用审核职能移交给了各区县建委（房管局）房屋设备安全管理部门。此举不但强化了属地管理，理顺了工作关系，也使得专项维修资金的使用审核更加科学、合理。

二十一、住宅专项维修资金的使用与划转

全市共有342个小区使用商品住宅专项维修资金1.14亿元，维修工程涉及电梯、屋面防水等1358个项目。2010年度共使用资金5328.62万元，与2009年同期相比增长了74.23%。使用资金的持续增长，主要是由于我市早期开发的商品住宅已陆续进入维修期；另外由于相关的政策、法规及时出台，进一步明确了专项维修资金的使用范围、完善了专项维修资金使用程序，包括紧急情况的使用等等，使维修资金使用程序更加顺畅，解决了很多老旧小区亟待解决的紧急情况使用等问题。全市已有135个小区分137次将商品住宅专项维修资金划转至业主委员会开户银行，累计划转资金17.01亿元，涉及业主13.67万户。2010年度全年共划转资金1.99亿元，与2009年同期相比增长了0.08%。

第十一章
房地产权属登记

第一节 房屋登记

一、房屋所有权登记

（一）房屋所有权登记概况

2010 年，全市共办理房屋所有权登记 679357 件，建筑面积 14359.5 万平方米。除市房屋权属登记事务中心负责办理全市范围内军队房屋、武装警察部队房屋、保密房屋及中央国家机关办公用房等登记外，其余均由房屋所在地的区县住房城乡建设委或房管局具体负责办理。

2010 年各区县住房城乡建设委（房管局）办理房屋登记数量统计情况（详见表 11–1）。

表 11–1 房屋所有权登记情况统计

单位：万平方米

区县	件数	建筑面积
东城区	36141	1065.7
西城区	30051	652.8
朝阳区	274734	6035.1
海淀区	71857	1314.2
丰台区	59750	972.3
石景山区	12326	210.3
门头沟区	9192	121.3
通州区	38607	680.3
昌平区	57622	1065.4
房山区	15959	307.3
顺义区	21300	614.4
大兴区	17607	315.4
平谷区	6236	301.5
怀柔区	5554	197.6
密云县	10592	188.1
延庆县	3401	78.9
亦庄开发区	8428	238.9
合计	679357	14359.5

（二）房屋所有权初始登记

2010 年，全市办理房屋所有权初始登记 2821 件，建筑面积 2933.9 万平方米，占本年全市各类登记总件数的 0.4%和总面积的 20%。

2010 年各区县住房城乡建设委（房管局）办理房屋初始登记数量统计情况（详见表 11–2）。

表 11-2　房屋所有权初始登记情况统计

单位：万平方米

区县	件数	建筑面积
东城区	70	144.6
西城区	73	172.7
朝阳区	818	833.5
海淀区	232	405.5
丰台区	322	294.5
石景山区	87	80.3
门头沟区	24	36.3
通州区	168	136.7
昌平区	219	188.6
房山区	148	101.4
顺义区	76	218.7
大兴区	171	121.5
平谷区	22	20.7
怀柔区	173	46.6
密云县	33	29.9
延庆县	139	20.6
亦庄开发区	46	81.8
合计	2821	2933.9

（三）房屋所有权转移登记

2010 年，全市办理房屋所有权转移登记 454944 件，建筑面积 5117.5 万平方米，占本年全市各类登记总件数的 67%和总面积的 36%。

2010 年各区县住房城乡建设委（房管局）办理房屋转移登记数量统计情况（详见表 11-3）。

表 11-3　房屋所有权转移登记情况统计

单位：万平方米

区县	件数	建筑面积
东城区	19432	236.2
西城区	26557	308.2
朝阳区	143976	1658.9
海淀区	51956	631.1
丰台区	50189	499.0
石景山区	11895	111.9
门头沟区	7164	9.4
通州区	23001	212.6
昌平区	50296	593.2

区县	件数	建筑面积
房山区	13437	140.0
顺义区	18945	254.8
大兴区	17358	189.2
平谷区	2834	37.2
怀柔区	3953	61.7
密云县	6478	83.2
延庆县	2931	36.6
亦庄开发区	4542	54.3
合计	454944	5117.5

（四）房屋所有权变更登记

2010 年，全市办理房屋所有权变更登记 33699 件，建筑面积 1103.6 万平方米，占本年全市各类登记总件数的 5%和总面积的 7.7%。

2010 年各区县住房城乡建设委（房管局）办理房屋变更登记数量统计情况（详见表 11–4）。

表 11–4 房屋所有权变更登记情况统计

单位：万平方米

区县	件数	建筑面积
东城区	2238	82.6
西城区	1270	104.7
朝阳区	6293	351.0
海淀区	12478	151.6
丰台区	1706	56.4
石景山区	344	18.2
门头沟区	987	20.8
通州区	5940	86.6
昌平区	946	56.0
房山区	283	9.4
顺义区	205	50.6
大兴区	73	4.6
平谷区	147	2.6
怀柔区	133	23.3
密云县	137	10.4
延庆县	331	21.7
亦庄开发区	188	53.1
合计	33699	1103.6

二、房屋抵押权登记

2010年，全市办理房屋抵押权登记267189件，建筑面积5884.8万平方米。2010年各区县住房城乡建设委（房管局）办理房屋抵押权登记数量统计情况详见表11–5。

表11–5　房屋抵押权登记情况统计

单位：万平方米

区县	件数	建筑面积	贷款额（万元）
东城区	10306	429.9	
西城区	12792	308.9	
朝阳区	99155	2384.9	
海淀区	28023	604.5	150581949.7
丰台区	23898	322.4	3969991.5
石景山区	9320	82.5	810387
门头沟区	3728	59.8	105906.3
通州区	16622	367.0	1454296.0
昌平区	21017	316.2	1938000.0
房山区	9908	203.3	452625.6
顺义区	9660	267	1486488.3
大兴区	9740	138.3	742259.7
平谷区	2477	158.7	93788.89
怀柔区	2625	116.5	243792.8
密云县	3857	63.8	315787
延庆县	1620	27.5	14994.5
亦庄开发区	2441	33.6	152575
合计	267189	5884.8	162362842.3

三、其他登记

2010年房屋预告登记4710件、异议登记668件、更正登记2375件，具体情况见报表11–6、11–7、11–8。

表11–6　房屋预告登记情况表

单位：万平方米

区县	件数	建筑面积
东城区	578	8.8
西城区	20	1.6
朝阳区	1471	22.2
海淀区	254	10.5
丰台区	3	0.04

区县	件数	建筑面积
石景山区	761	7.1
门头沟区	0	0
通州区		
昌平区	478	4.3
房山区	1	0.01
顺义区	238	7.7
大兴区	826	
平谷区	0	0
怀柔区	80	2.6
密云县	0	0
延庆县	0	0
亦庄开发区	0	0
合计	4710	64.85

表 11–7　房屋更正登记情况表

单位：万平方米

区县	件数	建筑面积
东城区	97	11.5
西城区	111	
朝阳区	623	
海淀区	278	5.6
丰台区	394	9.1
石景山区	14	0.1
门头沟区	13	0.1
通州区		
昌平区	355	
房山区	68	
顺义区	12	1.8
大兴区	282	
平谷区	19	0.2
怀柔区	26	0.6
密云县	83	0.8
延庆县	0	0
亦庄开发区		
合计	2375	29.8

表 11-8 房屋异议登记情况表

单位：万平方米

区县	件数	建筑面积
东城区	31	11.5
西城区	37	
朝阳区	181	
海淀区	70	0.7
丰台区	120	1.3
石景山区	6	
门头沟区	4	0.04
通州区		
昌平区	64	
房山区	32	
顺义区	19	0.3
大兴区	80	
平谷区	10	0.1
怀柔区	0	0
密云县	4	0.04
延庆县	1	143.7
亦庄开发区	9	0.1
合计	668	157.78

四、房改售房发证情况

2010 年，全市发放房改房的房屋所有权证共计 35811 件，具体情况见表 11-9。

表 11-9 房改房发证

单位：万平方米

区县	件数	建筑面积
东城区	1196	8.0
西城区	3619	
朝阳区	8426	
海淀区	9241	79.5
丰台区	5110	37.0
石景山区	1343	8.9
门头沟区	620	0.4
通州区	1239	8.9
昌平区	2277	

区县	件数	建筑面积
房山区	737	
顺义区	584	4.8
大兴区	1199	10.0
平谷区	0	0
怀柔区	39	0.3
密云县	173	1.0
延庆县	8	0.1
亦庄开发区	0	0
合计	35811	158.9

第二节　土地权属登记

一、2010 年城镇国有土地使用权登记情况

2010 年，全市城镇国有土地使用权初始登记发证 2074 宗，发证面积 5268.35 公顷。变更登记发证 12648 宗，发证面积 3877.5 公顷。注销登记 74 宗，注销宗地面积 187.65 公顷。（详见：本章附表《2010 年北京市城镇国有土地使用权登记发证统计表》）

二、2010 年国有土地使用权抵押权登记情况

2010 年，全市抵押土地 9232 宗（含小业主抵押 6835 宗），抵押土地面积为 7056.63 公顷，土地抵押贷款额为 4569.18 亿元。主要抵押土地类别集中在住宅用地、商服用地和工矿仓储用地上。年内全市共注销抵押土地 5511 宗，注销抵押面积为 6724.27 公顷，注销抵押贷款为 2468.36 亿元。（详见表 11–13）

三、历年城镇国有土地使用权登记情况

截止到 2010 年底，全市共累计办理国有土地使用权登记 181947 件，累计登记土地面积 206818.9 公顷。其中 2010 年办理国有土地使用权登记件 14722 件，土地面积 9145.85 公顷，分别占历年发证总件数的 8.1%和总面积的 4.4%。

四、历年城镇国有土地使用权抵押权登记情况

2010 年办理抵押权登记 9232 件，比上年上升了 32%，抵押面积 7056.63 公顷，比上年减少了 42%，抵押金额 45691814.53 万元，比上年减少了 6.7%。

表 11-10　1993—2010 年北京市国有土地使用权登记发证情况

年份	件数	面积（万 m²）	累计发证件数	累计发证面积（万 m²）
1993 年	583	827.57	653	838.39
1994 年	796	1363.22	1449	2201.61
1995 年	944	1629.21	2393	3830.82
1996 年	1537	2632.16	3930	6462.98
1997 年	2215	4559.95	6145	11022.93
1998 年	3802	14157.76	9947	25180.69
1999 年	7862	11250.36	17809	36431.05
2000 年	5108	8131.83	22917	44562.88
2001 年	7350	13494.63	30267	58057.51
2002 年	8180	9448.07	38447	67505.58
2003 年	11396	19868.16	49843	87373.74
2004 年	17201	10794.05	67044	98167.79
2005 年	17292	8924.16	84336	107091.95
2006 年	27854	53982.67	112190	161074.62
2007 年	19789	10543.95	131979	171618.57
2008 年	15873	12363.68	147852	183982.25
2009 年	19373	13750.80	167225	197733.05
2010 年	14722	9145.85	181947	206878.9

表 11-11　1999—2010 年北京市国有土地使用权抵押登记情况

年份	宗数	面积（万 m²）	抵押额（万元）
1999 年	889	948.19	1636780.54
2000 年	794	783.83	1569197.64
2001 年	1457	2913.11	3144433.55
2002 年	2141	2686.97	4953896.22
2003 年	3874	4344.28	17027192.52
2004 年	13178	5635.03	10234732.98
2005 年	6901	6335.94	13359914.3
2006 年	8174	51781.22	17728988.51
2007 年	9726	6635.89	30046700.24
2008 年	7626	6004.84	21565014.53
2009 年	6994	12159.79	48972131.41
2010 年	9232	7056.63	45691814.53

表 11-12 2010 年北京市城镇国有土地使用权抵押权登记发证统计表

2010 年 1-12 月

计量单位：宗，万平方米，万元

项目	合计			
	宗数	抵押面积	评估金额	贷款金额
甲	1	2	3	4
累计	9232	7056.6300	112287711.91	45691814.53
土地权属登记中心				
东城区	307	29.9100	4648601.53	1502358.68
西城区	104	45.4400	3767231.58	2117514.70
崇文区	253	13.8700	1084516.72	543165.77
宣武区	396	14.2200	1128330.49	394982.26
朝阳区	4282	1235.6200	53051028.56	21065482.22
丰台区	756	226.8000	5487589.37	1942339.56
石景山区	148	309.2900	3588841.99	1195928.30
海淀区	1082	199.8000	6192105.81	2966376.55
门头沟区	34	105.2100	269960.99	167059.43
房山区	96	207.3700	1907460.40	948571.99
通州区	381	917.8700	6936584.80	2830910.40
顺义区	426	912.0000	6397766.44	2997672.69
昌平区	244	593.8100	3881168.26	1701129.60
大兴区	206	588.0000	5370647.37	2471543.64
怀柔区	155	264.9700	644042.02	353092.04
平谷区	105	241.8400	674098.40	452057.58
密云县	77	596.1800	1005667.43	557238.56
延庆县	35	85.8700	98046.90	41415.36
北京经济技术开发区	145	468.5600	6154022.85	1442975.20

附表 2010年北京市城镇国有土地使用权登记发证统计表

2010年1–12月

计量单位：宗、万平方米

项目	合计		国有土地使用权初始登记														国有土地使用权变更登记								国有土地使用权注销登记	
					出让		划拨		政府储备		入股		授权经营		国家租赁				转移登记 大业主		转移登记 小业主		其它			
	宗数	面积	宗数	面积	宗数	面积	宗数	面积	宗数	面积	宗数	面积	宗数	面积	宗数	面积	宗数	面积	宗数	面积	宗数	面积	宗数	面积	宗数	面积
甲	1	2	3	4	5	6	7	8	9	10	11	12	13	14	15	16	17	18	19	20	21	22	23	24	25	26
累计	14722	9145.8500	2074	5268.3500	643	1979.9600	1305	2069.9500	124	1216.9500			2	1.4900			12648	3877.5000	631	830.77	11010	81.3100	1007	2965.4200	74	187.6500
土地权属登记中心	8	70.03	8	70.03			8	70.03																		
东城区	870	83.70	230	39.39	34	5.50	196	33.89									640	44.31	35	40.22	568	1.82	37	2.27		
西城区	365	117.22	111	48.87	2	0.26	109	48.61									254	68.35	59	44.11	135	0.65	60	23.59		
崇文区	551	78.85	214	67.36	9	0.91	199	63.29	6	3.16							337	11.49	21	3.76	307	0.42	9	7.31		
宣武区	608	67.65	84	40.78	29	8.62	55	32.16									524	26.87	15	3.16	484	0.34	25	23.37	29	1.13
朝阳区	6855	2207.11	317	913.35	78	112.37	172	392.38	65	407.11			2	1.49			6538	1293.76	74	94.83	6209	24.16	255	1174.77	9	126.17
丰台区	1086	416.08	114	287.24	45	96.29	67	152.43	2	38.52							972	128.84	17	10.09	884	11.88	71	106.87	7	8.36
石景山区	295	506.62	101	301.49	5	5.97	90	221.04	6	74.48							194	205.13			105	0.31	89	204.82		
海淀区	1744	592.85	123	334.47	34	49.47	89	285.00									1621	258.38	90	54.85	1479	5.20	52	198.33		
门头沟区	190	214.99	134	102.80	9	26.93	124	74.05	1	1.82							56	112.19	11	10.92			45	101.27		
房山区	131	464.91	71	299.01	38	141.55	21	42.50	12	114.96							60	165.90	23	67.16			37	98.74		
通州区	263	504.36	76	400.66	58	190.61	11	80.93	7	129.12							187	103.70	30	102.43	157	1.27				
顺义区	501	509.03	92	405.44	70	305.36	22	100.08									409	103.59	23	50.19	363	14.56	23	38.84		
昌平区	408	633.63	97	431.82	60	228.02	34	139.28	3	64.52							311	201.81	44	33.55	223	20.30	44	147.96		
大兴区	251	854.35	77	597.62	45	236.91	17	149.94	15	210.77							174	256.73	45	37.31	96	0.40	33	219.02	19	41.58
怀柔区	221	383.31	45	110.83	8	38.55	35	45.82	2	26.46							176	272.48	57	112.03			119	160.45		
平谷区	77	145.54	32	90.94	22	72.18	8	6.45	2	12.31							45	54.60	29	43.73			16	10.87	6	6.65
密云县	70	343.67	33	289.03	16	129.29	14	26.02	3	133.72							37	54.64	20	24.24			17	30.40		
延庆县	134	361.22	52	155.37	18	49.32	34	106.05									82	205.85	23	33.55			59	172.30	4	3.76
北京经济技术开发区	94	590.73	63	281.85	63	281.85											31	308.88	15	64.64			16	244.24		

单位负责人： 填表人： 日期： 年 月 日

第十二章
房屋安全管理

第一节　城镇房屋和设备安全检查与房屋安全鉴定

一、城镇房屋安全检查情况

为掌握本市城镇房屋状况，及时发现和解除危险隐患，合理制定城镇房屋修缮和改造计划，保障房屋的住用安全，市住房城乡建设委于 2010 年 10 月 30 日召开了 2011 年度城镇房屋安全检查工作会。各区县建委、房管局及各管房单位按市住房城乡建设委统一部署，组织实施城镇房屋安全检查。

（一）城镇房屋安全检查总量及其完损状况分析

从 2010 年 11 月至 2011 年 3 月，实查城镇房屋 44830 万平方米，为应查（不包括军产、外事用房及厂矿工业用房等）47450 万平方米的 94.48%，各区县查房数量详见图 12-1（图中所标数值为应查房数）。

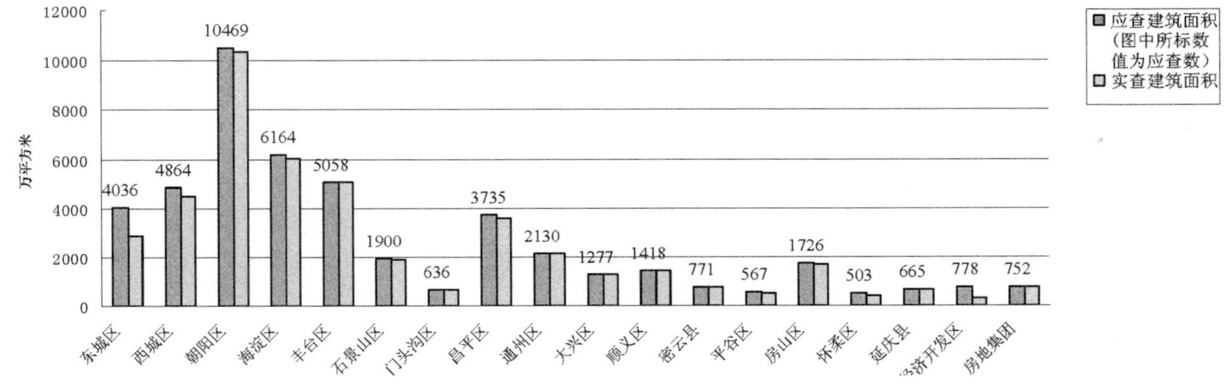

图 12-1　2011 年度城镇房屋安全检查中各区县应查和实查建筑面积

在实查城镇房屋 44830 万平方米中，查出危险房屋 1.81 万平方米，占实查房的 0.004%；严重破损房屋 336 万平方米，占实查房的 0.8%；一般破损房屋 1159 万平方米，占实查房的 2.6%。按房屋类型划分： 危险房屋 1.81 万平方米均为平房；严重破损平房（含中式旧楼）200 万平方米，占严重破损房总量 336 万平方米的 59.5%；一般破损平房（含中式旧楼）328 万平方米，占一般破损房总量 1159 万平方米的 28.3%。按房屋区域划分：核心区查出危险房 0.08 万平方米，占危房总量 1.81 万平方米的 4.4%；核心区严重破损房屋 183 万平方米，占严重破损房总量 336 万平方米的 54.5%；核心区一般破损房屋 488 万平方米，占一般破损房屋总量 1159 万平方米的 42.1%（详见表 12-1）。

表 12-1　2011 年城镇房屋完损状况分析表

		应查房屋建筑面积（万平方米）	实查房屋建筑面积												危旧房小计（三四五类）		危破房小计（四五类）	
			合计		完好房屋		基本完好房		一般破损房		严重破损房		危险房					
			万平方米	占应查%	万平方米	占实查%	万平方米	占实查%	万平方米	占实查%	万平方米	占实查%	万平方米	占实查%	万平方米	占实查%	万平方米	占实查%
合计		47450	44830	94.5	34520	77.0	8812	19.7	1159	2.6	336	0.7	1.81	0.004	1497	3.3	338	0.8
按房屋类型分	楼房	45006	42576	94.6	33664	79.1	7945	18.7	830	1.9	137	0.3			967	2.3	137	0.3
	平房（含中式旧楼）	2444	2254	92.2	856	38.0	867	38.5	328	14.6	200	8.9	1.81	0.08	530	23.5	202	9.0
按功能区域分	核心区	9265	7775	83.9	4952	63.7	2152	27.7	488	6.3	183	2.4	0.08	0.001	672	8.6	183	2.4
	拓展区	23978	23695	98.8	18355	77.5	4812	20.3	421	1.8	104	0.4	1.57	0.007	527	2.2	106	0.5
	发展新区	11065	10408	94.1	8905	85.6	1293	12.4	179	1.7	30	0.3	0.16	0.002	209	2.0	30	0.3
	生态涵养区	3142	2952	93.9	2308	78.2	555	18.8	69.9	2.4	19				88.9	3.0	19	0.6

表中“按功能区域划分”的依据是《北京市“十一五”规划纲要》。核心区：新东城区、新西城区；拓展区：朝阳区、海淀区、丰台区、石景山区；发展新区：昌平区、通州区、大兴区、顺义区、房山区、亦庄开发区；生态涵养区：门头沟区、平谷区、怀柔区、密云县、延庆县。房地集团的物业管理查房数据汇总在“核心区”中，直管和自管查房数据汇总在“拓展区”中。

（二）直管房屋完损状况分析

直管房屋安全检查从 2010 年 11 月 15 日开始至 2011 年 2 月 10 日结束，历时 87 天。共组织了 272 个查房小组，958 人参加查房，动员工日 3.6 万个，人均实际投入查房 38 天。实查直管房 1892 万平方米，占应查房 1893 万平方米的 99.9%。其中：实查平房 351 万平方米（包括中式旧楼 9.5 万平方米），占实查直管房总量 1892 万平方米的 18.6%；实查楼房 1541 万平方米，占实查直管房总量的 81.4%。

直管房屋完损状况见图 12-2。

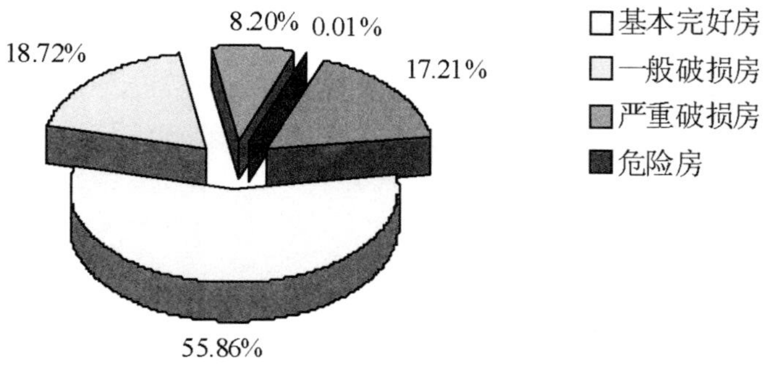

图 12-2　直管房屋完损状况图示

1、直管房屋完好率（完好房和基本完好房）所占的比例由上年的72.08%上升为73.07%，上升0.99个百分点，其中：平房完好率（包括中式旧楼，以下同）由上年的38.91%上升为39.72%，上升0.81个百分点；楼房完好率由上年的79.69%上升为80.67%，上升0.98个百分点。

2、直管一般破损房所占的比例由上年的20.04%下降为18.72%，下降1.32个百分点。其中：一般破损平房由上年的32.88%下降为31.77%，下降1.11个百分点；一段破损楼房由上年的17.10%下降为15.75%，下降1.35个百分点。

3、直管严重破损和危险房屋所占比例由上年的7.88%上升为8.21%，上升0.33个百分点。其中：平房由上年的28.22%上升为28.51%，上升0.29个百分点；楼房由上年的3.22%上升为3.58%，上升0.36个百分点。

（三）物业和单位自管房屋完损状况分析

实查物业和单位自管房42614万平方米，占应查面积45180万平方米的94.3%。其中：完好和基本完好房占98.06%，比上年上升0.41个百分点；一般破损房占1.68%，比上年下降0.4个百分点；严重破损及危险房占0.27%，与上年持平（详见图12–3）。

（四）城镇私有平房安全检查分析

实查城镇私有平房21.31万间，占应查25.15万间的84.73%。其中93.3%为自住私有平房，按其产别分类所占比例见图12–4。

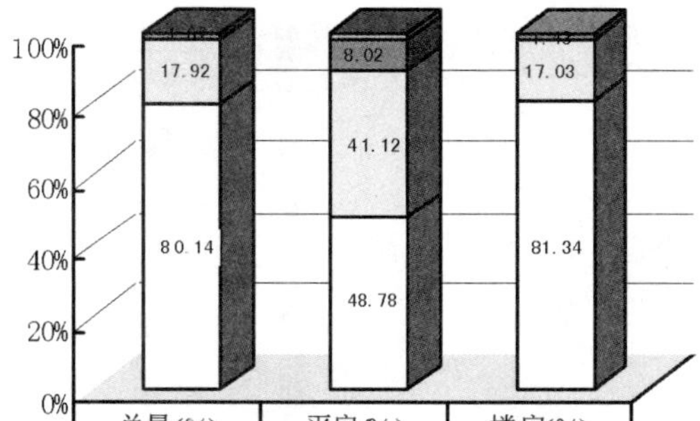

	总量(%)	平房(%)	楼房(%)
危险房	0.001	0.02	
严重破损房	0.27	2.06	0.20
一般破损房	1.67	8.02	1.43
基本完好房	17.92	41.12	17.03
完好房	80.14	48.78	81.34

图12–3 物业和单位自管房屋完损状况（%）

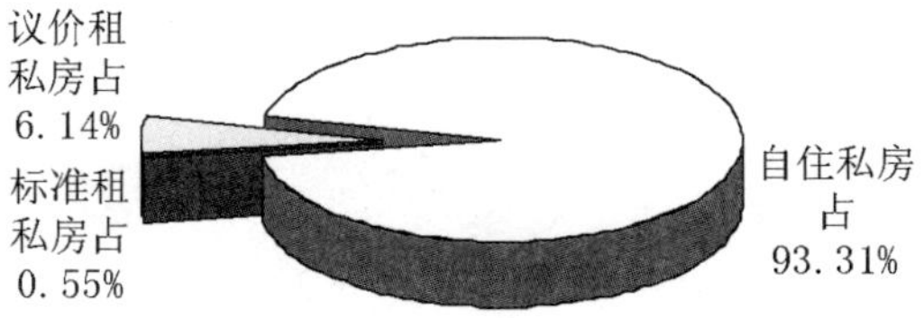

图12–4 城镇私有平房按产别分类图

1、标准租出租私房：实查标准租私房1.96万平方米，占应查2.10万平方米的93.33%，其中：完好和基本完好房占13.78%，一般破损房占53.57%，严重破损和危险房占32.65%。

2、自住私房及议价租私房（未规定评定房屋完损等级）：共实查21.19万间，占应查25.03万间的84.66%。

3、城镇私有平房数量逐年减少。实查城镇私有平房21.31万间，比上年减少8.6万间。其中朝阳区、大兴区、顺义区、房山区、怀柔区今年上报的应查和实查数量均为零。近3年城镇私有平房检查数量见图12–5。

二、房屋设备检查情况

（一）房屋设备检查总量分析：

1、2011 年检查电梯 43244 部，电梯检查率为 98.72%。其中检查直管房屋电梯 603 部，检查率为 99.50%；检查物业管理电梯 30867 部，检查率为 98.43%；检查自管房电梯 11774 部，检查率为 99.43%。

2、2011 年检查高层二次供水水泵 25285 台，检查率为 99.37%。其中直管房屋高层二次供水水泵 456 台，检查率为 100%；物业管理高层二次供水水泵 15580 台,检查率为 99.37%；自管房高层二次供水水泵 9249 台，检查率为 99.52%。

3、2011 年检查避雷装置 99177 个系统，其中直管房屋 1398 个系统，检查率为 100%；物业管理检查避雷装置 38935 个系统,检查率为 99.33%；自管房单位检查避雷装置 28844 个系统，检查率为 99.57%。

从房屋设备检查汇总分析及日常抽查工作看，由于我市城镇房屋数量增加，以及各区县建委、房管局加强了对自管房单位和物业管理单位的管理力度，使房屋设备检查数量逐年增加。近 5 年房屋设备检查数量分析见图 12-5。

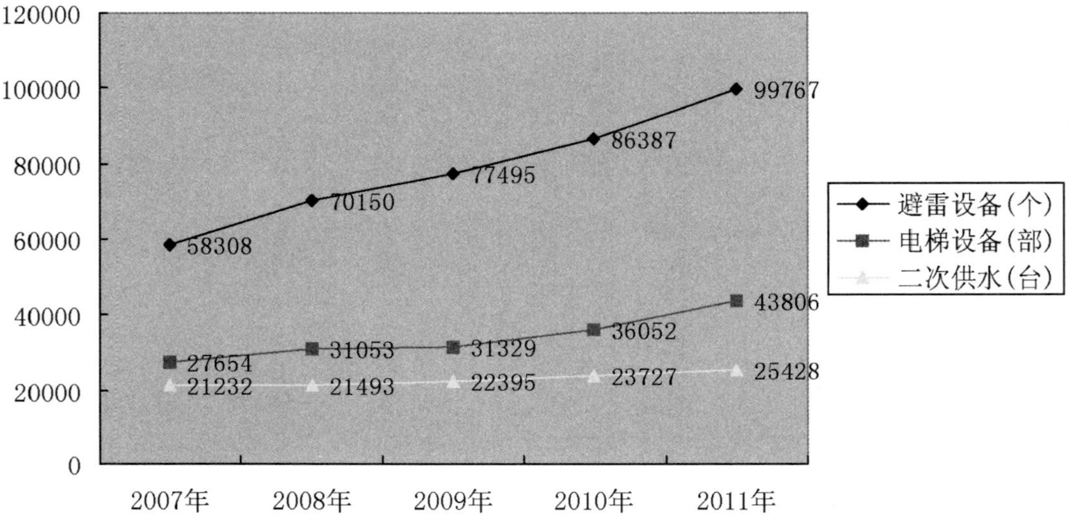

图 12-5　近 5 年房屋设备检查数量分析图

（二）房屋设备完好状况分析：

1、电梯设备完好状况：检查电梯 43244 部，其中完好电梯 39200 部，完好率 90.65%，比上年上升 2.05 个百分点；电梯状况一般的 3361 部，占 7.77%，比上年下降 1.99 个百分点；电梯状况较差的 683 部，占 1.58%，比上年下降 0.06 个百分点。

表 12-2　2011 年城镇房屋设备完好状况分析

		应查数量	实查							
			合计		完好		一般		较差	
			数量	占应查%	数量	占实查%	数量	占实查%	数量	占实查%
甲		1	2	3=2/1	4	5=4/2	6	7=6/2	8	9=8/2
合计	电梯设备（部）	43806	43244	98.72	39200	90.65	3361	7.77	683	1.58
	二次供水（台）	25428	25285	99.44	22549	89.18	2590	10.24	146	0.58
	避雷设备（个）	99767	99177	99.41	92640	93.41	6118	6.17	419	0.42
直管	电梯设备（部）	606	603	99.50	434	71.97	134	22.22	35	5.80
	二次供水（台）	456	456	100	350	76.75	71	15.57	35	7.68
	避雷设备（个）	1398	1398	100	956	68.38	391	27.97	51	3.65
自管和物业	电梯设备（部）	43200	42641	98.71	38766	90.91	3227	7.57	648	1.52
	二次供水（台）	24972	24829	99.43	22199	89.41	2519	10.15	111	0.45
	避雷设备（个）	98369	97779	99.40	91684	93.77	5727	5.86	368	0.38

2、二次供水设备完好状况：检查二次供水设备 25285 台，其中供水设备完好的 22549 台，完好率为 89.18%，比上年上升 0.28 个百分点；供水设备状况一般的 2590 台，占 10.24%，比上年下降 0.13 个百分点；供水设备状况较差的 146 台，占 0.58%，比上年下降 0.41 个百分点。

3、避雷设备完好状况：检查避雷设备 99177 个系统，其中避雷完好的 92640 个系统，完好率为 93.41%，比上年上升 0.8 个百分点；避雷设备状况一般的 6118 个系统，占 6.17%，比上年上升 0.64 个百分点；避雷设备状况较差的 419 个系统，占 0.42%，比上年下降 0.16 个百分点。

4、电梯设备完好状况分析：今年直管电梯设备完好率 71.97%，已连续 5 年呈下降趋势（详见图 12-6）。分析表明直管电梯设备正在逐步进入维修周期，各管理单位应当加强对电梯设备的日常运行维修管理，加大维修和更新改造投入，使其保持良好运行状态。

自管房和物业管理电梯设备完好率分别为 84.70%和 93.28%，与近几年对比变化不大。

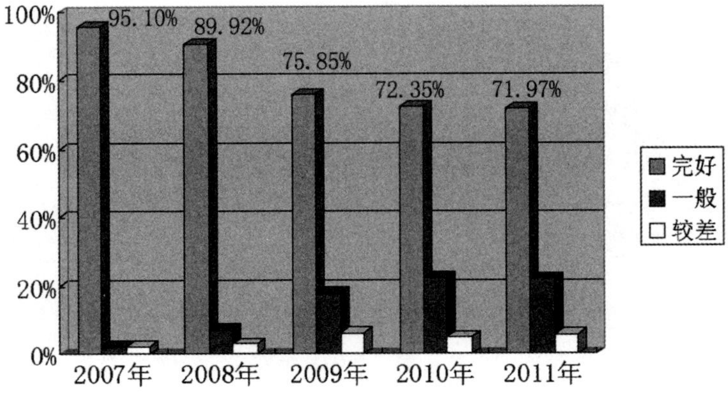

图 12-6　近 5 年直管电梯完好状况分析图

第二节　城镇房屋防汛工作情况

在市政府及市防汛指挥部的领导下，市住房城乡建设委在总结历年房屋防汛工作经验教训基础上，坚持“安全第一，常备不懈，以防为主，全力抢险”的防汛工作方针，认真贯彻落实市政府及市防汛抗旱指挥部的工作部署和要求，组织各区县建委、房管局及各管房单位加强房屋防汛管理，采取多种措施努力保障房屋住用安全。

一、汛前防汛准备和落实工作

（一）制定工作要点。

根据市政府和市防汛办关于做好安全迎汛工作的部署要求，3月底市住建委制订印发了《2010年北京市城镇房屋防汛工作要点》。要点紧密结合本市实际，确立了三个实现目标，明确了六项工作重点，建立了五项基本制度，提出了做好防汛工作的具体要求。

（二）建立健全组织机构。

按照市政府和市防汛抗旱指挥部的要求，市住房城乡建设委成立了防汛指挥部，设立了防汛办公室。主任隋振江亲任防汛指挥部总指挥，副主任张农科、朱和平、郑志勇任副总指挥，各区县建委（房管局）主任（局长）和市住房城乡建设委相关处长为指挥部成员。同时，明确了指挥部的工作职责，规范了指挥部的工作程序，落实了指挥人员的工作分工。各区县建委（房管局）及管房单位成立了相应的防汛指挥机构。

（三）组织开展专题研究。

4月27日，市住房城乡建设委组织召开了房屋防汛工作研讨会，城八区建委、房管局等15个单位主管部门负责人参加了研讨。与会同志结合本单位房屋防汛实际情况，围绕落实防汛责任、完成防汛任务、确保汛期安全等方面进行了讨论交流，对加强和改进城镇房屋防汛工作提出了建议。

（四）组建抢险队伍落实防汛物资。

全市成立房屋防汛抢险队伍138支，2523人。按照数量充足、品种齐全、配置合理的要求，储备防汛物资。经统计，共储备麻袋1555条、编织袋15390条、苫盖材料1618捆、木材251m^3、水泵379台、发电机37台、运输车154辆，能基本满足就近准备、统一使用的要求。

（五）积极组织应急演练。

5月17日下午，市住房城乡建设委在宣武区菜市口地区组织了房屋防汛应急演练观摩会。宣武区房屋投资经营管理公司的5支抢险队60多人，进行了抽水、房屋苫盖和建挡水墙等抢险项目演练。城区房管局及直管公房管理单位100多人现场观摩。演练观摩后，市住房城乡建设委要求各单位要认真总结演习的经验和教训，进一步完善防汛预案，全面提高实战能力，要学习借鉴演示单位的经验，认真组织好本地区本单位的房屋防汛演习，全面提升房屋防汛应急水平。

（六）深入进行思想发动。

5月21日下午，市住房城乡建设委组织召开了全市房屋防汛工作动员会。对2010年城镇房屋安全检查情况进行了小结，对各区县房屋防汛准备工作进行了讲评，对今年房屋防汛、危房解危和房屋抗震加固工作进行了动员部署。会议统一了思想认识，明确了工作任务，划分了任务责任。会议要求各单位，要进一步加强组织领导，认真落实属地责任，建立健全防汛制度，周密做好各项准备，严格标准抓好落实，确保我市建设施工工地和城镇房屋安全度汛，确保人民群众生命安全和城市运行安全目标的实现。

（七）全面开展督查活动。

汛前，市住房城乡建设委给朝阳区、海淀区、丰台区、石景山等区县政府发函，督促他们关注城镇房屋安全检查情况，加大危房解危排险的领导力度，确保城镇房屋安全度汛。5月22日，郭市长在检查本市防汛准备工作时做了重要指示，为落实郭市长指示，市住房城乡建设委组织了四个检查组，通过明查和暗访等方式，对全市城镇房屋特别是挂帐整改的危险房屋防汛准备情况进行综合检查和跟踪督导。

二、汛期房屋安全工作

按市防汛抗旱指挥部命令，6 月 1 日本市正式上汛。市住房城乡建设委提前通过媒体公布了各区县房管部门、各管理单位防汛值班电话，房屋防汛实行 24 小时值班制度。

（一）继续开展房屋防汛宣传工作。

7 月 12 日，北京电视台在晚间新闻节目中，播放房修一物业公司在中组部的职工居住院进行房屋防汛抢险抢修情况。对房修一物业公司的工作给予肯定，宣传了房屋防汛的重要性。7 月 14 日，市水务局副局长、市防汛抗旱指挥部副总指挥潘安君到东城区建国门房地分中心检查防汛准备和落实工作，市住房城乡建设委房屋安全和设备管理处和东城区有关部门负责同志陪同检查。潘副局长对建国门房地分中心的工作给予肯定。7 月 22 日，市住房城乡建设委房屋安全和设备管理处在北京城市管理服务广播中，宣传了房屋防汛的重要性，已采取的工作措施及请房屋使用单位和居民配合做好房屋防汛抢险抢修工作。7 月 30 日上午，市政府在市水务局召开了 2010 年市防汛抗旱指挥部第二次全体会议。会后市住房城乡建设委向各区县建委、房管局、直管公房管理单位，各有关单位印发了《关于认真贯彻落实市政府防汛抗旱指挥部第二次全体会议精神，进一步做好主汛期在施工程和房屋防汛工作的通知》。通知传达了会议精神，提出要进一步提高思想认识，保持良好的精神状态，深入扎实地做好各项工作的要求，随后抽查落实情况。

（二）严阵以待、确保房屋安全度汛。

截止下汛，全市降水量为 509mm，比去年同期增加 24%，比多年同期平均值减少 10%。其中汛期降雨 353 毫米，与去年持平。从汛期四次较大降雨雨后查房统计情况看，各区建委、房管局在岗值班和参加查房及抢修人员累计 8169 人次，检查平房 25322 间次，检查楼房 4543 幢次。发现院落积水 63 处，地下室倒灌 5 处，平房漏雨 739 间，楼房局部漏雨 426 幢。雨中和雨后对漏雨房屋和积水院落及时进行了补苫、加固或疏通排水等。汛期城镇房屋塌顶两处 3 间，少于常年。

（三）做好非汛期安全工作。

按照市防汛抗旱指挥部《关于做好非汛期安全迎汛工作的通知》（京政汛办［2010］电传 23 号） 要求，北京市从 9 月 15 日 8 时转入非汛期。市住房城乡建设委向各各区县建委、房管局、市房地集团、直管房管理单位印发了《关于做好非汛期房屋安全工作的通知》。

第三节　房屋安全调研立法工作

（一）2010 年 4 月市住房城乡建设委和市技术质量监督局联合印发了《关于加强本市公有住宅电梯管理的通知》。

该通知明确了公有住宅电梯管理和使用安全的责任主体，规范了电梯运行时间、服务标准，明确电梯运行及维修工程来源，建立电梯改造的良性机制。

（二）2010 年 5 月市住房城乡建设委印发了《北京市住宅专项维修资金使用审核标准》。

该标准进一步明确住宅专项维修资金使用范围和使用条件，规范资金使用审核行为，保证资金使用发挥应有的作用，促进房屋维护管理，延长服务使用寿命，方便业主、物业企业顺利使用资金。

（三）2010 年 6 月市政府印发了《北京市城镇房屋建筑使用安全综合治理办法》。

为适应我市城市建设发展的需要，加强城市房屋安全管理，市住房城乡建设委房屋安全和设备管理处起草了《北京市城镇房屋建筑使用安全综合治理办法》，该办法贯彻了世界先进城市通行的“全生命周期管理”理念，对房屋建筑从“出生”到“灭失”整个使用阶段的使用行为、检查维护、安全鉴定、安全问题治理等各个环节进行规范。

（四）2010 年 10 月市住房城乡建设委、市规划委、市技术质量监督局和市公安消防局联合印发了《关于北京市既有多层住宅增设电梯的若干指导意见》。

该指导意见有利于完善我市既有多层住宅的使用功能，提高既有多层住宅居民的居住水平。

第四节　2010 年其他工作完成情况

一、老旧楼房公共设备设施维修

市住房城乡建设委积极组织实施危旧楼房公共设备设施维修。2010 年前三季度全市老旧楼房公共设备设施维修共投资 2723.24 万元。其中，电梯维修工程 339 台、投资 1627.51 万元；二次供水维修水泵 143 台、水箱 4 个、更换管道 620m，投资 526.01 万元；消防设施维修 1222 套、投资 241.61 万元；避雷设施维修 248 个系统、投资 31 万元；配电设备维修 31 个系统、投资 297.11 万元。

二、普通地下室使用安全管理

2010 年 9 月 3 日，市住房城乡建设委召开了打击普通地下室非法违法生产经营建设行为专项行动动员部署会；国庆节前夕，陈刚副市长带领有关委办局，对海淀区民族大学西路 8 号地下旅馆进行了检查；市住房和城乡建设委多次到各区县检查、督查、调研；各区县建委、房管局，坚持日常检查和巡查，对发现的问题进行了严格的执法和处理。截止 9 月 30 日，北京市共有普通地下室网上数据 19664 处（部分含中央机关、军队）重点检查普通地下室 7948 处，发告知单 820 份，发协查单 633 份，发出整改通知 141 份，处罚 8 处，罚款 6.65 万元，关闭 8 处。

三、中小学校舍抗震加固工程

为落实教育部、住房和城乡建设部《关于做好学校校舍抗震安全排查及有关事项的通知》精神，根据北京市防震抗震领导小组会议要求，市住房和城乡建设委积极配合市教育委员会开展校舍安全工程，共同研究制定指导意见，制定强化招投标、施工许可、建筑材料、施工安全、工程质量管理等措施。对全市在施中小学校舍安全工程进行了全面检查，针对检查发现的问题，提出了解决办法。截止 2010 年前三季度，全市已开工学校 733 所，开工项目 1851 个，开工面积 311 万平方米，占三年规划改造总面积的 48%，其中已竣工 149 万平方米，占 23%；在施 162 万平方米，占 25%。

四、多层楼房平改坡

2009 年以来，多层楼房平改坡工作走上常态工作轨道，坚持与老旧楼房改造相结合进行。2010 年海淀区结合老旧楼房改造，完成了 30 栋多层楼房平改坡，改造建筑面积 127836.73 ㎡，总投资为 2844.28 万元。

五、房屋白蚁防治

市住房城乡建设委 2010 年 7 月份印发了《关于进一步做好城镇房屋建筑白蚁防治工作的通知》，进一步明确房屋白蚁防治工作的原则、责任和程序。参照 2010 年度城镇房屋检查汇总分析，确定了蚁害区域；北京市房地产科研所积极配合西城区房管局，对新街口地区的 63 个院落、816 间房屋进行白蚁灭治。其中进行更换诱杀白蚁装置 41 个，翻建蚁害严重损坏房屋 12 间；通州区政府重视房屋白蚁防治工作，将列入白蚁严重蛀蚀损坏的 115 间、1725 平方米房屋全部进行拆除。

第十三章
房地产行业信息

第一节　房地产开发企业

一、房地产开发企业基本情况

截至 2010 年 12 月底，全市资质证书有效期内的房地产开发企业共计 3272 家，同比增长 3%。其中，一级企业 113 家,占总数的 3%；二级企业 244 家，占总数的 7%；三级企业 316 家，占总数的 10%；四级企业 1590 家，占总数的 49%；暂定企业 1009 家，占总数的 31%。

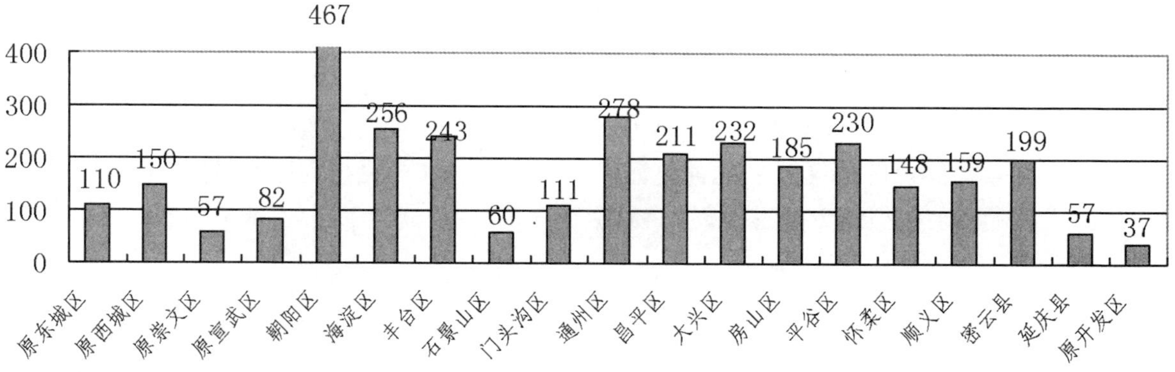

图 13-1　各区县房地产开发企业注册数量分布（单位：家）

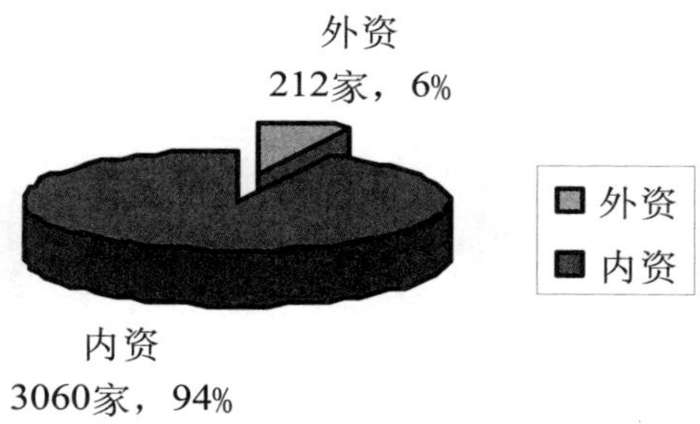

图 13-2　全市房地产开发企业性质分类情况（单位：%）

二、行政许可及服务类事项办理情况

（一）房地产开发企业资质等级核定情况

表 13-1　房地产开发企业资质等级核定情况（单位：家）

类别	总计		四级核定		三级核定		二级核定		一级核定		暂定延续		资质变更		新备案	
	受理	审查	受理	审查	受理	审查	受理	审查	受理	审查	受理	审查	受理	审查	受理	审查
内资	1973	1662	764	567	110	92	81	64	47	36	223	220	418	356	330	327
外资	6	27	1	0	1	11	0	4	0	1	0	0	4	11	0	0
合计	1979	1689	765	567	111	103	81	68	47	37	223	220	422	367	330	327

本年度共审查房地产开发企业资质等级核定1689项，同比增长45%。其中，四级资质核定567项，同比增长206%；三级资质核定103项，同比增长72%；二级资质核定68项，同比增长31%；一级资质核定37项，同比增长68%；暂定资质延续220项，同比下降21%；资质变更367项，与去年同期基本持平；新备案企业资质327项，同比增长68%。

（二）不使用政府投资的城建类投资项目核准情况

表 13-2　不使用政府投资的城建类投资项目核准情况表

单位：件；万平方米；亿元

类　别	总　计	新 立 项	重 新 核 准	立 项 延 期	其它(变更,调整)
项　目	134	89	18	15	12
面　积	2348.35	1586.48	331.13	231.94	198.80
投　资	2108.87	1553.29	315.08	125.10	115.40

本年度共审查不使用政府投资的城建类投资项目核准134项，同比下降12%；总建筑面积2348.35万平方米，同比下降22%；总投资2108.87亿元，同比增长22%。

（三）年度投资计划调整单审查情况

表 13-3　年度投资计划调整单审查情况

单位：件；　万平方米；亿元

类　别	总　计	其　中	
		新　建	续　建
项　目	88	72	16
面　积	815.55	658.11	157.44
投　资	202.73	140.31	62.42

本年度共审查年度投资计划调整单88项，同比下降16%；总建筑面积815.55万平方米，同比下降2%,；总投资202.73亿元，同比下降12%。

（四）项目建设方案备案情况

本年度全市共公示了涉及16个区县142个项目的建设方案，项目总数同比增长6%；总建筑面积2741.05万平方米，同比下降0.4%。

表 13-4　项目建设方案备案情况表

单位：万平方米

序号	所属区县	项目总数	总建筑面积	序号	所属区县	项目总数	总建筑面积
1	原东城区	1	1.55	9	顺义区	7	242.21
2	原宣武区	3	23.93	10	怀柔区	6	70.92
3	朝阳区	18	576.42	11	大兴区	21	367.70
4	海淀区	7	107.79	12	房山区	11	253.47
5	丰台区	14	151.80	13	平谷区	1	7.51
6	石景山区	3	40.72	14	密云县	17	159.03
7	昌平区	14	370.46	15	延庆县	2	29.23
8	通州区	15	311.52	16	原开发区	2	26.79

第二节 房产测绘行业

2010年，北京市房产测绘工作继续平稳开展，市场运行稳定有序，相关职能进一步整合，各项管理工作得到加强。

一、房产测绘管理职能调整

2010年11月，对原由北京市房地产勘察测绘所承担的房产测绘管理职能进行调整，将“房产测绘企业资质初审行政许可及测绘市场监管”职能、“房产测绘成果备案管理”职能划入市住房和城乡建设委房屋登记管理处，房屋登记管理处负责相关政策制定，具体事务性工作由市住房和城乡建设委综合服务中心负责。市住房和城乡建设委信息中心负责制定北京市房产测绘成果标准、数据规范、报告书格式，并指导实施；组织开发测绘成果管理所需数据采集软件及备案系统。北京市房地产勘察测绘所实现测管分离。

二、房产测绘管理工作

（一）房产测绘资质管理

2010年，依据《测绘资质管理规定》和《测绘资质分级标准》以及《北京市丙、丁级测绘资质分级标准》的有关规定,开展房产测绘机构资质初审及复审换证工作。本年度共初审通过两家单位的房产测绘资质新增申请；初审通过十家单位的房产测绘资质增项申请；初审通过三十家单位房产测绘资质的复审换证申请；初审通过九家单位资质升级申请。截至2010年底，本市共有87家单位（公司）在市住建委测绘管理部门备案从事房产测绘工作。其中甲级资质12家，乙级资质16家，丙级资质26家，丁级资质33家。（目录见本节附件一）

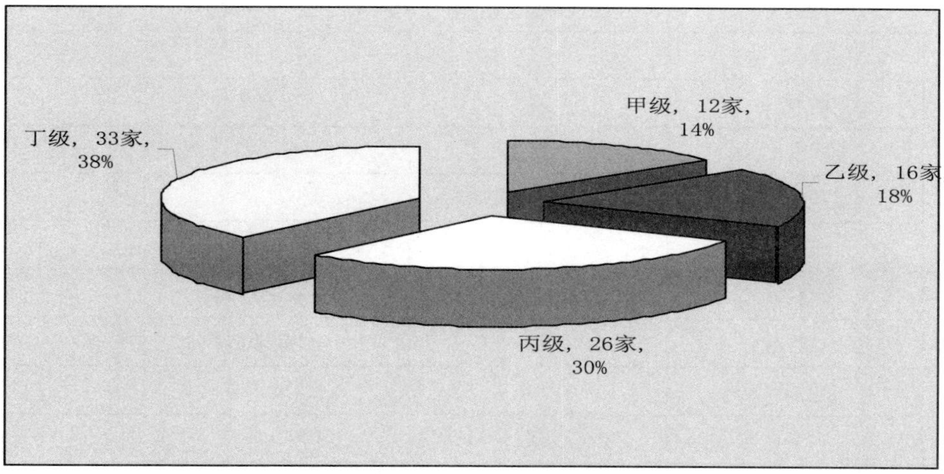

图13–3 房产测绘资质等级统计表（单位：家）

（二）房产测绘人员管理

2010年，依托房产测绘成果管理系统，实行测绘成果检查人、项目负责人人员密钥实名制管理。通过培训考核，共有566名作业人员领取人员密钥，其中硕士学历8人占1.4%，本科学历280人占49.5%，大专学历191人占33.7%，其他学历

87 人占 15.4%。

（三）房产测绘技术政策

2010 年，完成房产测绘成果管理系统及房产测绘成果备案管理系统的升级改造工作。改造升级后的系统可实现基于成果图形的数据采集、审核、管理，满足房屋基础数据整合及动态更新需求。

针对北京市地方标准《房屋面积测算技术规程》的发布实施、房屋登记交易管理系统的管理要求以及对特定房屋业态的宏观管理政策，对房产测绘技术操作和相关政策进行调整并及时进行了相关培训。

（四）房产测绘市场监管

2010 年，对测绘市场的监管进一步加强，依据《房产测绘管理办法》（第 83 号令）第二十一条规定，对建设综合勘察研究设计院有限公司的违法违规测绘行为进行行政处理和行政处罚。

三、房屋全生命周期平台建设

2010 年，北京市房屋全生命周期平台完成功能研发和基础数据库建设，实现测绘与交易、权属系统的对接，完成了 2010 年 1 月以来新办业务数据的动态更新。在 2007 年房屋普查和 2009 年修补测的基础上，开展了 GIS 数据与房屋属性数据的关联，初步实现了以图管房。房屋全生命周期平台在初步应用后，为房地产宏观调控提供了数据基础和技术保障，得到了郭金龙市长和委领导的表扬与肯定。2011 年平台将进一步稳定性能，在基础数据完整、准确、实时的基础上，实现更深层次的监测分析；结合房屋权属历史档案整理进度，逐步实现与房屋权属历史数据的整合；分阶段、分用户单位交付使用，根据反馈，完善相关功能。

四、房产测绘成果备案工作统计

2010 年，全市审核通过权属登记测绘成果备案业务共计 1392 笔，建筑面积 3428.6 万平方米，与 2009 年相比，备案面积减少 742.2 万平方米，同比下降 17.8%；审核通过预售测绘成果备案业务共计 518 笔，建筑面积 2141.9 万平方米，与 2009 年相比，备案面积减少 31.9 万平方米，同比下降 1.5%。

表 13–5　2010 年度各区县房屋权属登记测绘成果备案情况

序号	区县	业务件数（笔）	备案面积（m²）	面积所占百分比（%）
1	东城区（含崇文）	45	1,423,347	4.2
2	西城区	23	575,657	1.7
3	宣武区	18	892,790	2.6
4	朝阳区	281	9,338,533	27.2
5	海淀区	162	4,056,929	11.8
6	丰台区	153	3,822,652	11.1
7	石景山区	93	1,568,403	4.6
8	通州区	114	3,114,251	9.1
9	大兴区	84	1,842,467	5.4
10	昌平区	103	1,508,494	4.4
11	顺义区	108	2,502,580	7.3
12	怀柔区	25	429,198	1.3
13	密云县	30	364,736	1.1
14	延庆县	14	245,024	0.7

序号	区县	业务件数（笔）	备案面积（m²）	面积所占百分比（%）
15	门头沟区	24	357,918	1
16	房山区	60	1,093,707	3.2
17	平谷区	5	230,781	0.7
18	开发区	50	918,826	2.7
合计		1,392	34,286,293	100

表 13–6　2010 年度各区县房屋预售测绘成果备案情况

序号	区县	业务件数（笔）	备案面积（m²）	面积所占百分比（%）
1	东城区（含崇文）	7	801,808	3.7
2	西城区	3	258,262	1.2
3	宣武区	6	384,033	1.8
4	朝阳区	110	4,563,679	21.3
5	海淀区	37	1,320,412	6.2
6	丰台区	38	1,549,497	7.2
7	石景山区	15	556,501	2.6
8	通州区	61	2,723,989	12.7
9	大兴区	52	3,059,891	14.3
10	昌平区	48	1,720,171	8
11	顺义区	51	1,384,554	6.5
12	怀柔区	17	481,015	2.2
13	密云县	19	567,002	2.6
14	延庆县	2	82,501	0.4
15	门头沟区	1	37,138	0.2
16	房山区	43	1,378,779	6.4
17	平谷区	2	76,563	0.4
18	开发区	6	473,125	2.2
合计		518	21,418,920	100

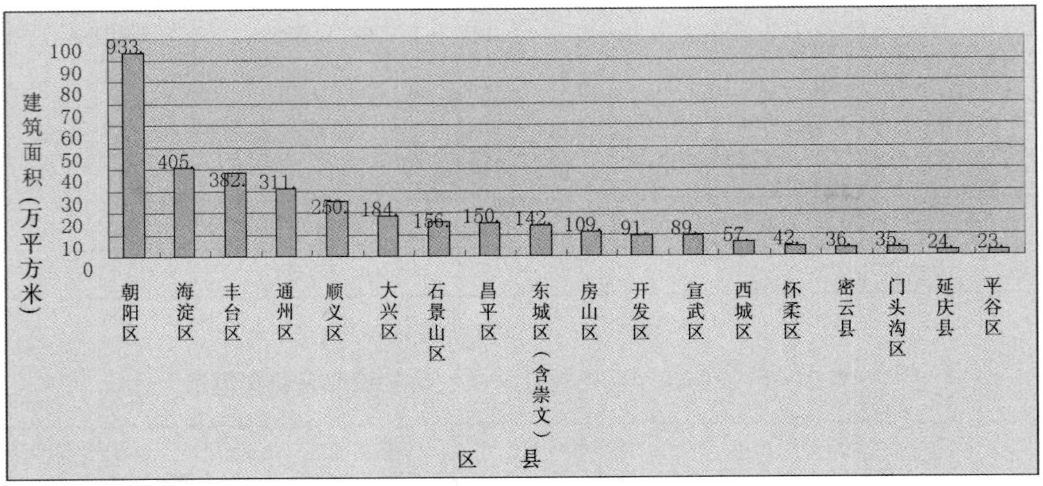

图 13-4　2010 年度各区县房屋权属登记测绘成果备案面积柱形图

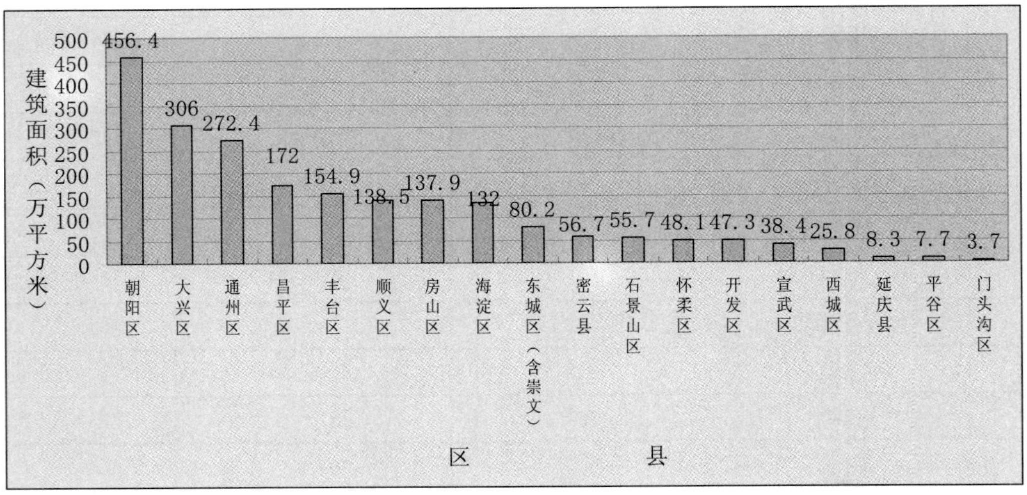

图 13-5　2010 年度各区县房屋预售测绘成果备案面积柱形图

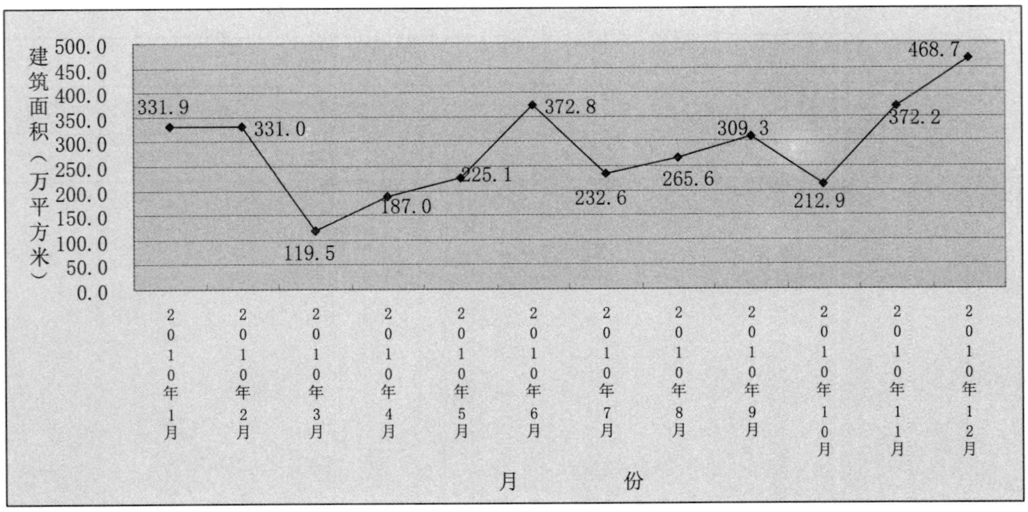

图 13-6　2010 年 1–12 月份权属登记备案面积走势折线图

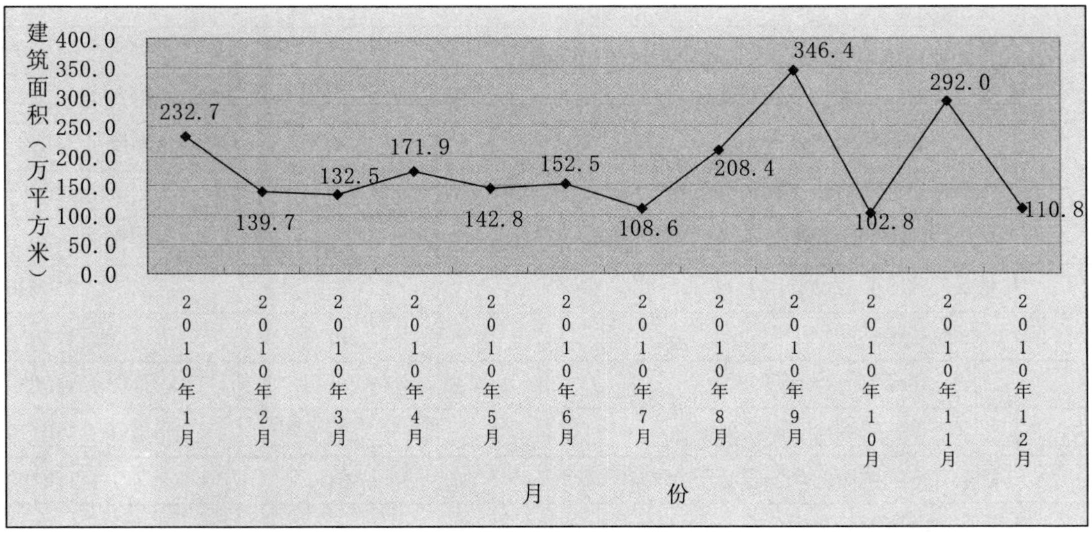

图 13-7 2010 年 1-12 月份预售备案面积走势折线图

附件一 2010 年房产测绘单位名录

序号	单位名称	资质等级	资质证号
1	北京市房地产勘察测绘所	甲	甲测资字 11002001
2	北京华星勘查新技术公司	甲	甲测资字 11001027
3	建设综合勘察研究设计院有限公司	甲	甲测资字 11002032
4	北京新兴华安测绘有限公司	甲	甲测资字 11001042
5	北京城建勘测设计研究院有限责任公司	甲	甲测资字 11001019
6	中航勘察设计研究院有限公司	甲	甲测资字 11001024
7	中兵勘察设计研究院	甲	甲测资字 11001014
8	北京时正兴测绘工程技术有限公司	甲	甲测资字 11001033
9	北京市测绘设计研究院	甲	甲测资字 11001010
10	北京航天勘察设计研究院	甲	甲测资字 11001031
11	北京苍穹数码测绘有限公司	甲	甲测资字 11001008
12	北京市地质工程勘察院	甲	甲测资字 11001022
13	北京金房兴业测绘有限公司	乙	乙测资字 11007017
14	北京威远图易数字科技有限公司	乙	乙测资字 11007011
15	北京京昌工程测绘技术有限公司	乙	乙测资字 11013002
16	北京中天路通工程勘测有限公司	乙	乙测资字 11013005
17	北京中瑞嘉业测绘有限公司	乙	乙测资字 11005007
18	北京大地宏图勘测有限公司	乙	乙测资字 11000009
19	北京富地勘察测绘有限公司	乙	乙测资字 11012004
20	北京道济测绘有限公司	乙	乙测资字 11011003

序号	单位名称	资质等级	资质证号
21	北京同创达勘测有限公司	乙	乙测资字 11020003
22	北京市通州区住房和城乡建设委员会测绘所	乙	乙测资字 11012001
23	北京帝测科技发展有限公司	乙	乙测资字 11013006
24	北京地矿工程建设有限责任公司	乙	乙测资字 11007013
25	北京力佳图测绘有限公司	乙	乙测资字 11007021
26	北京三友宇天测绘有限公司	乙	乙测资字 11009003
27	北京鼎春德正测绘中心	乙	乙测资字 11005008
28	北京龙泰经纬测绘有限公司	乙	乙测资字 11005011
29	北京望唐数码测绘有限公司	丙	丙测资字 11017003
30	北京首佳联诚房地产测量有限公司	丙	丙测资字 11019002
31	北京鑫海厦测绘有限公司	丙	丙测资字 11007007
32	北京智环成测绘有限公司	丙	丙测资字 11011008
33	北京浩宇天地测绘科技发展有限公司	丙	丙测资字 11007028
34	北京市海淀区房屋土地经营管理中心测绘队	丙	丙测资字 11007001
35	北京大地万川测绘有限公司	丙	丙测资字 11007030
36	北京华夏经纬测绘技术有限公司	丙	丙测资字 11005002
37	中泽嘉汇（北京）测绘中心	丙	丙测资字 11006004
38	北京泾渭冠宇测绘有限公司	丙	丙测资字 11009004
39	北京粤富华测绘测量有限责任公司	丙	丙测资字 11005015
40	北京经纬久度测绘有限公司	丙	丙测资字 11005034
41	北京赛博时代测绘有限公司	丙	丙测资字 11010003
42	北京昌房房地产测绘技术服务有限责任公司	丙	丙测资字 11013001
43	北京京恒实测绘技术有限公司	丙	丙测资字 11011002
44	北京首益佳房地产经纪有限公司	丙	丙测资字 11019005
45	北京市丰台区房屋经营管理中心测绘队	丙	丙测资字 11006001
46	北京市石景山区房地产测绘队	丙	丙测资字 11008001
47	北京市顺义区住房和城乡建设委员会测绘所	丙	丙测资字 11014001
48	北京市大兴区房地产测绘所	丙	丙测资字 11011001
49	北京市崇文区房屋土地测绘队	丙	丙测资字 11004001
50	北京市西城区房地产测绘所	丙	丙测资字 11002001
51	北京天地鸿图测绘有限公司	丙	丙测资字 11010001
52	北京中兴兆业房屋面积测绘有限公司	丙	丙测资字 11007012
53	北京慧智蓝图测绘有限公司	丙	丙测资字 11017004
54	北京日升明辉测绘中心	丙	丙测资字 11007024
55	北京国勘房地产测绘有限公司	丁	丁测资字 11007025

序号	单位名称	资质等级	资质证号
56	北京海天方圆测绘有限公司	丁	丁测资字 11007020
57	北京阳光华翰测绘有限公司	丁	丁测资字 11004002
58	北京天天友联测绘有限公司	丁	丁测资字 11015003
59	北京京海纵横测绘有限公司	丁	丁测资字 11005016
60	北京市房屋面积计量站	丁	丁测资字 11005004
61	北京中海紫途测绘事务所	丁	丁测资字 11006006
62	北京永佳达测绘有限公司	丁	丁测资字 11007042
63	北京荣驰测绘技术有限公司	丁	丁测资字 11007031
64	杜鸣沐城测绘（北京）有限公司	丁	丁测资字 11005017
65	北京欣通佳信测量有限公司	丁	丁测资字 11012003
66	北京丰华方圆测绘工程技术有限责任公司	丁	丁测资字 11005014
67	北京京建恒信房地产测量技术有限公司	丁	丁测资字 11007044
68	北京国政恒信测绘技术服务有限公司	丁	丁测资字 11001002
69	北京米拉测绘有限公司	丁	丁测资字 11009005
70	北京市檀州房地产测绘中心	丁	丁测资字 11016003
71	北京金尺子测绘技术服务有限责任公司	丁	丁测资字 11011009
72	北京世规测量技术咨询有限公司	丁	丁测资字 11007047
73	北京创天烨测绘有限公司	丁	丁测资字 11011013
74	北京百星达测绘工程有限公司	丁	丁测资字 11010005
75	北京新兴宏图测绘有限公司	丁	丁测资字 11005026
76	北京市门头沟区房地产测绘所	丁	丁测资字 11009001
77	北京赛杰新时代房屋测绘有限公司	丁	丁测资字 11005005
78	北京市东城区房屋管理局测绘所	丁	丁测资字 11019004
79	北京市宣武区房地产测绘所	丁	丁测资字 11003001
80	北京市朝阳区房屋测绘事务所	丁	丁测资字 11005001
81	北京市怀柔区房地产勘察测绘所	丁	丁测资字 11017001
82	北京市延庆县房地产勘察测绘所	丁	丁测资字 11018002
83	北京京密鸿图测绘有限公司	丁	丁测资字 11016001
84	北京市平谷区房地产测绘所	丁	丁测资字 11015001
85	北京中鼎衡测绘事务所	丁	丁测资字 11007008
86	北京源恒天地测绘有限公司	丁	丁测资字 11006003
87	北京泰达克房地产测绘咨询有限公司	丁	丁测资字 11013004

第三节　房地产经纪行业

一、房地产经纪机构备案情况

截止 2010 年 12 月 31 日，我市在建设、房管部门备案取得《北京市房地产经纪机构备案证书》的房地产经纪机构（含分支）共有 6805 家，其中房地产经纪机构 2614 家，分支机构 4191 家。2010 年新备案的房地产经纪机构 534 家、分支机构 1727 家，一共为 2261 家。

二、房地产经纪人员注册情况

2010 年北京市已取得《中华人民共和国房地产经纪人资格证》的人员 1966 人，已取得《北京市房地产经纪资格考试合格证》和《中华人民共和国房地产经纪人协理证》的共 57589 人。

从业人员中，经注册取得《北京市房地产经纪人员注册证书》的人员共 11875 人，其中房地产经纪人 434 人，《北京市房地产经纪资格考试合格证》持证人 10198 人，房地产经纪人协理 1243 人。

三、房地产经纪机构管理情况

1、规范房地产经纪机构经营场所信息公示

2010 年 2 月，出台了《关于规范房地产经纪机构经营场所信息公示的通知》，明确了经纪机构经营场所明确公示的 11 项内容，进一步规范房地产经纪行业行为。市或各区县房屋行政主管部门定期对本辖区内房地产经纪机构公示情况进行检查。发现存在未按本通知规定公示有关信息的，责令改正或按有关规定进行处理。

2、开展社会治安重点地区房屋租赁经纪机构专项整治

2010 年 4 月，市住房城乡建设委制定了《社会治安重点地区房屋租赁经纪机构排查整治工作实施方案》。7 月，市住房城乡建设委、市发展改革委、市公安局、市工商局、市地税局联合制定了《联合开展社会治安重点地区房屋租赁经纪机构检查、督查工作方案》。我市有重点整治村的 9 个区（朝阳、海淀、丰台、石景山、大兴、通州、顺义、昌平、房山）对 50 个重点整治村的房屋租赁经纪机构进行了自查、排查和联合检查。各区县对群众投诉、媒体曝光、社会影响大的房地产经纪机构进行联合检查。市住房城乡建设委联合市发展改革委、市公安局、市工商局、市地税局先后对朝阳、丰台、房山区专项整治情况进行了督查。全市共检查机构 3186 家，发现问题 814 起，行政处理 189 家，立案处罚 56 起，罚款 586000 元。

3、开展房屋租赁代理市场专项检查

市住房城乡建设委制定下发了《关于开展房屋租赁代理市场专项检查的通知》（京建发〔2010〕80号），从2月22日至3月20日对全市有租赁代理投诉（网上、电话、信访）2次以上的机构进行全面检查，共检查机构85家，下发《责令改正通知书》19份，立案查处11家。从4月20日至6月20日市住房城乡建设委对房地产经纪机构和分支机构经营场所信息公示内容和投诉多的机构进行专项检查。

4、完善存量房买卖合同网上签约流程

2010 年 4 月，出台了《关于完善存量房买卖合同网上签约流程等有关问题的通知》，进一步明确由房地产经纪机构居间、代理的存量房买卖合同网上签调整为草拟阶段、打印合同、完成签约三个阶段，并明确了存量房买卖合同网上签约信息注销流程。

第四节 房地产评估行业

一、房地产估价机构情况

截止 2010 年，北京市具备房地产价格评估资质的机构共 149 家（含外地在京分支机构 3 家），其中一级机构 35 家，二级机构 28 家，三级（暂定）机构 83 家，仅在军队系统内执业的机构 3 家，2010 年新批准成立的估价机构 5 家。

表 13–7 2010 年新成立房地产估价机构

序号	机构名称	资质证书编号	办公地址	联系电话	联系人
1	中安盛世（北京）土地房地产评估有限责任公司	（2010）京国土房管资准字第 0182 号	朝阳东三环南路 58 号 1 号楼 2207 室	13601399947	刘凤仙
2	北京易人房地产土地评估有限责任公司	（2010）京国土房管资准字第 0183 号	房山区吴店村南 1 号楼	13801112158	樊星
3	北京中财金润土地和房地产评估有限公司	（2010）京国土房管资准字第 0184 号	通州区梨园镇翠屏南里 1 号	83220503	张勇
4	北京中海城房地产评估有限公司	（2010）京国土房管资准字第 0185 号	海淀区畅茜园兰德华庭 7 号楼 3 单元 101	88850332	李蕾
5	北京市荣聚房地产评估有限公司	（2010）京国土房管资准字第 0186 号	东城区培新街乙 5 号院 2 号楼 9 层 910 号	67179696	万征

2010 年，建设部批准了我市 1 家房地产估价机构升级为一级资质，我市具备建设部一级资质的房地产估价机构（含外地一级机构在京分支机构）共计 35 家。

表 13–8 2010 年批准的建设部一级房地产估价机构列表

公司名称	资质证书编号	办公地址	联系电话	联系人
北京华源房地产土地评估有限公司	建房估证字［2010］022 号	朝阳区北四环东路 108 号千鹤家园一号楼 602	13501359255	侯振河

表 13–9 2010 年批准外省市分支机构在我市备案（共一家）

公司名称	资质证书编号	办公地址	联系电话	联系人
深圳市天健国众联资产评估土地房地产估价有限公司北京分公司	建房估证字［2009］061 号	北京市朝阳区建国路 29 号兴隆家园 24 号楼 803	85752002	李雲媞

表 13-10　2010 年北京市一级房地产估价机构列表

序号	机构名称	资质证书编号	办公地址	联系电话	联系人
1	北京中地华夏不动产评估有限公司	建房估证字［2009］025 号	北京市西城区闹市口大街 1 号长安兴融中心 2 号楼 5A	58528303	张红
2	北京海创房地产土地评估有限公司	建房估证字［2009］018 号	北京市海淀区丹棱街 18 号创富大厦 605、606 室	62409531	彭源
3	北京银地联合房地产土地评估有限公司	建房估证字［2009］027 号	北京市海淀区西三环北路 50 号豪柏大厦 C1-1909	68489661	罗艳芳
4	北京高地经典房地产评估有限公司	建房估证字［2009］035 号	北京市西城区南礼士路 3 号龙蕃写字楼 A 座 305	58597081	郭俊英
5	北京中企华房地产评估有限公司	建房估证字［2009］026 号	北京市朝阳区朝外大街 22 号泛利大厦 912A 室	65883588	魏新
6	北京国泰大正天平行土地房地产评估顾问有限公司	建房估证字［2009］077 号	北京朝阳八里庄西里 100 号住邦 2000,1 号楼 A 座 705	85868816	李剑
7	北京中资房地产评估有限公司	建房估证字［2009］034 号	北京市海淀区首体南路 22 号国兴大厦 17 层 A2	88357095	冯春雷
8	北京圣元房地产评估咨询有限公司	建房估证字［2009］032 号	北京市海淀区彩和坊路 10 号 1+1 大厦 1218 室	82617839	薄立馨
9	深圳市戴德梁行土地房地产评估有限公司北京分公司	建房估证字［2006］064 号	东城区建国门内大街 7 号光华长安大厦 2 座 152	65101388	张春楠
10	深圳市世联土地房地产评估有限公司北京分公司	建房估证字［2006］049 号	朝阳区建国门外大街甲 6 号中环世贸 C 座 7 层	85678186	孙雪佳
11	北京仁达房地产评估有限公司	建房估证字［2010］065 号	北京市西城区车公庄大街 9 号院五栋大楼 B 座 1-401 室	88395886	闫旭东
12	北京华信房地产评估有	建房估证字［2010］	北京市朝阳区东	65830385	张瑜

序号	机构名称	资质证书编号	办公地址	联系电话	联系人
	限公司	071 号	三环中路 42 号中基新东方写字楼 A 座 2 层 209 室		
13	杜鸣联合房地产评估（北京）有限公司	建房估证字［2010］063 号	北京市东城区建国门内大街 18 号恒基中心办三 523\524	65186610	杜鸣
14	北京康正宏基房地产评估有限公司	建房估证字［2010］070 号	北京市朝阳区裕民路 12 号中国国际科技会展中心 B 座 10 层 1003 室	82253571	齐宏
15	北京宝孚房地产评估事务所有限责任公司	建房估证字［2010］072 号	北京市海淀区车公庄西路乙 19 号华通大厦北塔 928 室	88018043	杨国龙
16	北京市金利安房地产咨询评估有限责任公司	房估证字［2010］069 号	北京市海淀区蓝靛厂南路 25 号嘉友国际大厦 801 室	88400887	陈力
17	北京国地房地产土地评估有限公司	建房估证字［2010］067 号	北京市海淀区中关村南大街 17 号韦伯时代中心 3 号楼 1401 室	51667273	金昀
18	北京百成首信房地产评估有限公司	建房估证字［2010］083 号	北京市朝阳区团结湖路甲 3 号楼 2 层	65821797	陈再进
19	中鸿广厦房地产评估顾问（北京）有限公司	建房估证字［2011］006 号	北京市朝阳区朝外大街甲 6 号万通中心 C 座 1409 室	59070358	李中江
20	北京首佳房地产评估有限公司	建房估证字［2010］064 号	北京市海淀区紫竹院路 116 号嘉豪国际中心 B 座七层	58930818	高喜善
21	北京市中恒业房地产评估有限责任公司	建房估证字［2010］066 号	北京市西城区东煤厂胡同 24 号	66531887	陆伟俊
22	北京北方房地产咨询评估有限责任公司	建房估证字［2010］083 号	北京市西城区金融大街 27 号投资广场 A601 室	66210088	白龙吉
23	北京中大行房地产评估有限公司	建房估证字［2010］068 号	北京市海淀区阜成路北三街轻苑大厦 903-907 室	68986215	杨亚彪
24	北京银房兆华房地产评	建房估证字［2010］	北京市宣武门外	63109633	陈红江

序号	机构名称	资质证书编号	办公地址	联系电话	联系人
	估有限公司	073 号	大街 6 号庄胜广场北办公楼 1113－1116 号		
25	北京龙泰房地产评估有限公司	建房估证字［2010］088 号	北京市海淀区首体南路 22 号国兴大厦 19 层	88356600	邓峰
26	北京东华天业房地产评估有限公司	建房估证字［2011］007 号	北京市宣武区右安门内大街 65 号弘棉商务大厦 408 室	63554219	张继军
27	北京京港房地产估价有限公司	建房估证字［2011］017 号	北京市海淀区西三环北路 100 号金玉大厦 1101 室	68727081	李卫
28	北京银通安泰房地产评估有限公司	建房估证字［2009］001 号	北京市朝阳区朝阳北路 199 号摩码大厦 1811 室	85970326	范先平
29	北京京城捷信房地产评估有限公司	建房估证字［2009］002 号	北京市朝阳区芍药居甲 2 号内 1 楼南楼三层	84635538	龚秋平
30	北京华天通房地产评估有限公司	建房估证字［2009］003 号	北京市海淀区甘家口 21 号楼 703	88385315	张治超
31	北京建亚恒泰房地产评估有限公司	建房估证字［2009］008 号	北京市朝阳区向军南里甲 5 号雨霖大厦 9 层	65944086	薛洪江
32	北京国盛房地产评估有限责任公司	建房估证字［2008］017 号	东城区东直门外大街 48 号东方银座 D 座 23C	84477675	陈平
33	北京潞通房地产土地评估有限公司	建房估证字［2009］071 号	北京市通州区漷县镇漷兴一街 610 号	69512418	张海涛
34	中财国政（北京）房地产土地评估有限公司	建房估证字［2009］101 号	北京市朝阳区新源南路 6 号 1 号楼 3408	84868118	于娟
35	深圳市天健国众联资产评估土地房地产估价有限公司北京分公司	建房估证字［2009］061 号	北京市朝阳区建国路 29 号兴隆家园 24 号楼 803	85752002	李雲媞

2010 年，我市估价机构三级暂定资质升三级的 1 家。

表 13–11 2010 年批准的三级房地产估价机构列表

序号	机构名称	资质证书编号	办公地址	联系电话	联系人
	北京汇盛信达房地产土地评估有限公司	京建房估准字［2009］第0176 号	宣武区白纸坊西街20 号 805 号	83539128	苗立国
1	北京植地通诚房地产评估有限公司	京建房估准字［2008］第0173 号	怀柔区迎宾北路34 号	13810089497	张彦征

表 13–12 2010 年批准的二级房地产估价机构列表

序号	机构名称	资质证书编号	办公地址	联系电话	联系人
1	北京金地房地产评估有限公司	京建房估准字［2004］第0130 号	通州区新华南路202 号	81518585	王金蕊
2	北京宣房房地产评估有限公司	京建房估准字［2001］第0066 号	宣武区鸭子桥路41–1 号	51923167	芦勇
3	北京申洋房地产评估有限公司	京建房估准字［2004］第0126 号	顺义区怡馨家园29 号楼 211 室	69441598	刘媚
4	北京开元恒基房地产估价有限公司	京建房估准字［2006］第0147 号	房山区良乡政通路19 号	89361767	包清泉

二、注册房地产估价师情况

2010 年，经建设部批准予以初始注册的有 58 名房地产估价师，予以变更注册的 179 名房地产估价师，予以延续注册的 240 名房地产估价师。截止 2010 年，我市房地产估价师考试合格共有 2632 人，注册的合计 2577 人，其中专职注册房地产估价师 1304 人。自 1993 年以来历年考试通过及注册的人数见表 13–3。

表 13–13 北京市房地产估价师历年考试通过及注册人数

年度	1993	1994	1995	1996	1998	1999	2001	2002	2003	2004	2005	2006	2007	2008	2009	2010
考取数	16	54	275	326	334	242	206	159	294	89	169	139	77	46	84	122
注册数	16	54	275	321	301	250	180	197	156	245	130	139	136	69	50	58

第五节　房屋安全鉴定行业

一、房屋安全鉴定机构情况

原北京市房屋安全鉴定和设备检测中心更名为北京市房屋安全管理事务中心。主要职责是承担本市城镇房屋（军产、涉密房屋除外）安全健康档案的建立和更新维护工作；承担房屋安全鉴定机构登记和资质审查复审、鉴定人员登记和培训、鉴定工作指导和检查等方面工作；受理房屋安全鉴定的咨询、投诉和举报等。

截至 2010 年底，全市共有 23 个房屋安全鉴定机构，其中一级鉴定机构 10 个，二级鉴定机构 13 个（见表 13–14）。一级鉴定机构可以受理各类房屋的安全鉴定业务，二级鉴定机构只可受理平房（文物古建筑房屋除外），砖木结构楼房及跨度小于 12 米的单层房屋的安全鉴定业务。（原东城区、崇文区房屋安全鉴定站因北京行政区重新规划，合并为东城区房屋安全鉴定站。）

表 13–14　北京市房屋安全鉴定机构一览表

序号	单位	等级	负责人	地　址
1	北京市房屋安全鉴定总站	一级	杨　威	朝阳区华威北里 18 号
2	东城区房屋安全鉴定站	二级	安宏杰	东城区东四什锦花园 53 号
3	西城区房屋安全鉴定站	一级	杨宝森	西城区皇城根石板房 34 号
4	西城区宣武房屋安全鉴定站	二级	芦玉华	宣武区贾家胡同 34 号
5	朝阳区房屋安全鉴定站	一级	张　杰	朝阳区三里屯南 56 号楼
6	海淀区房屋安全鉴定站	一级	张　莹	海淀区东北旺南路 27 号
7	丰台区房屋安全鉴定站	一级	刘　进	丰台区大井东里甲 2 号
8	石景山区房屋安全鉴定站	二级	王文君	石景山古城东街 103 号
9	门头沟区房屋安全鉴定站	二级	郑宝文	门头沟区新桥大街 48 号
10	昌平区房屋安全鉴定站	二级	张福芝	昌平区南环东路 10 号
11	通州区房屋安全鉴定站	二级	王连波	通州区玉桥南里 24 号
12	大兴区房屋安全鉴定站	二级	周宝留	大兴区黄村镇兴政街 29 号
13	房山区房屋安全鉴定站	二级	王学军	房山区良乡苏庄东街 2 号
14	平谷区房屋安全鉴定站	二级	韩建勋	平谷区金乡路西 7 号
15	顺义区房屋安全鉴定站	二级	吴建民	顺义区光明北街
16	怀柔区房屋安全鉴定站	二级	刘智慧	怀柔区青春路 48 号
17	密云县房屋安全鉴定站	二级	李振金	密云县水源东路 339 号
18	延庆县房屋安全鉴定站	二级	李顺新	延庆县东外大街 89 号
19	首华公司房屋安全鉴定室	一级	赵庆友	朝阳区芍药居 2 号楼
20	修建一公司房屋安全鉴定室	一级	龚瑞林	西城区太平湖东里甲 5 号
21	天岳恒公司房屋安全鉴定室	一级	陈　磊	丰台区右安门外西三条甲 2 号

序号	单位	等级	负责人	地　　址
22	房地集团房屋安全鉴定室	一级	马福玲	朝阳区芍药居甲 2 号院内 1 号楼
23	清华大学房屋安全鉴定室	一级	张天申	清华大学土木工程系

二、房屋安全鉴定工作情况

2010年,全市鉴定机构完成鉴定项目4296项,比去年 5144 项减少了 16.5%;鉴定各类房屋建筑面积 373.8 万平方米,比去年 233.5 万平方米增加了 60.1%;鉴定收费 610.5 万元,比去年 679.9 万元减少了 10.2%。详见表 13–15、和图 13–8。

2010 年全市房屋鉴定出现项目数减少,面积大幅增加,鉴定收费减少的状况,这主要是因为今年有大量专项维修鉴定,专项维修鉴定的特点市鉴定面积大但收费低。

表 13–15　2010 年房屋鉴定分类统计表

分类情况		鉴定面积（万 m^2）	所占比例（%）
按建筑层数	高层	130.68	35.0
	多层	207.29	55.4
	单层	35.85	9.6
按结构类型	钢筋混凝土	208.16	55.7
	混合结构	149.55	40.0
	木结构	10.14	2.7
	其他	5.97	1.6
按使用功能	公共建筑	178.00	47.6
	民用建筑	192.32	51.4
	工业厂房	3.49	1.0
按鉴定结论	A 级	202.63	54.2
	B 级	138.91	37.2
	C 级	19.85	5.3
	D 级	12.43	3.3

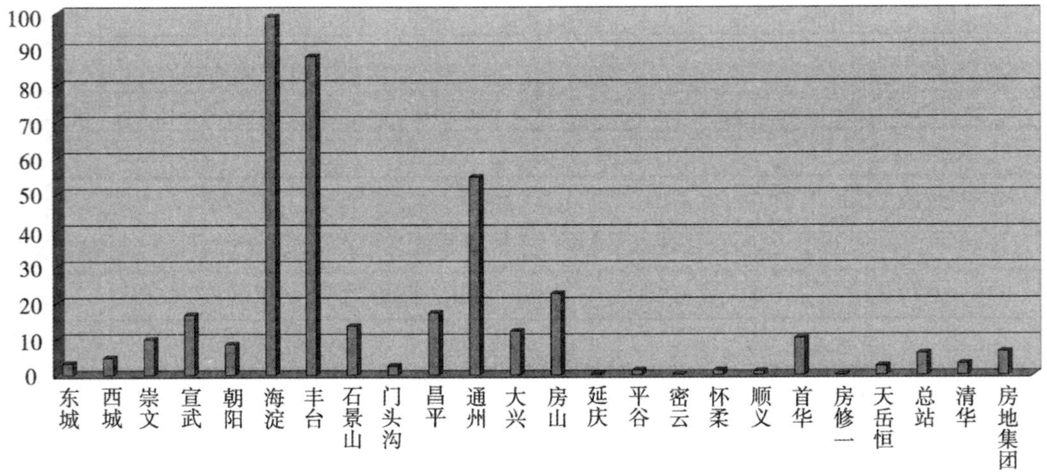

图 13-8　各鉴定机构鉴定面积分布图（万 m²）

（一）组织完成全市 2010 年危险房屋情况调查。

按照市住房城乡建设委《关于做好 2010 年危房解危工作的通知》要求，5 月份，市房屋安全管理事务中心组织房屋安全鉴定单位对区县上报的城镇危险房屋进行了现场核查、拍照。区县上报危房面积 7.04 万平方米，核查后确认 5.22 万平方米。区县房屋安全主管部门在核查后对危房构成情况进行了汇总。（见表 13-16）

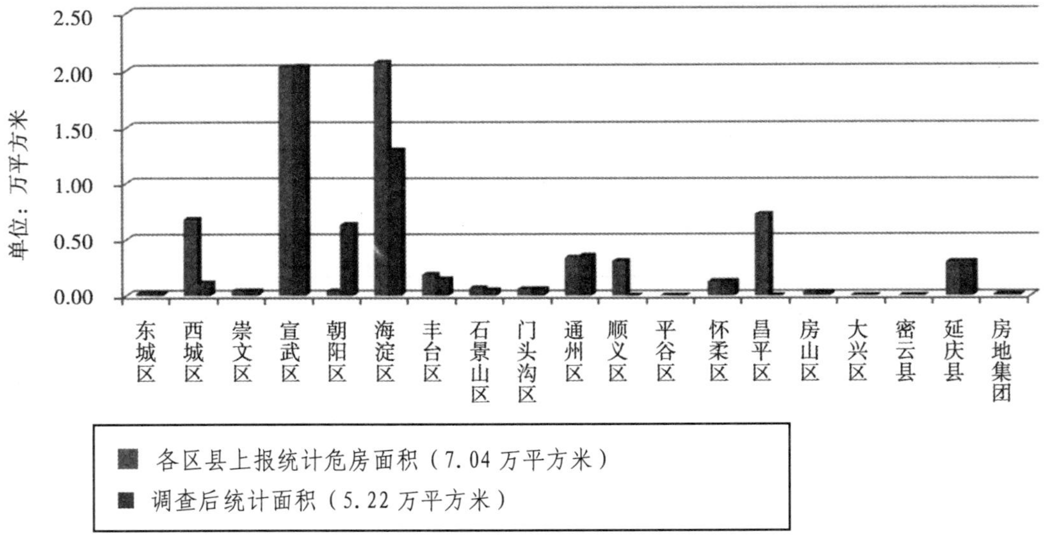

图 13-9　各区县上报统计危房面积分布图

表 13-16　2010 年城镇危险房屋构成情况统计表

单位：万 m²

	危房总量			直管房			单位自管房（含物业）			城镇私有平房		
	合计	住宅	非住宅	小计	住宅	非住宅	小计	住宅	非住宅	小计	住宅	非住宅
总计	5.22	5.10	0.12	3.49	3.41	0.08	1.39	1.35	0.04	0.34	0.34	

	危房总量			直管房			单位自管房（含物业）			城镇私有平房		
	合计	住宅	非住宅	小计	住宅	非住宅	小计	住宅	非住宅	小计	住宅	非住宅
东城区	0.02	0.02								0.02	0.02	
西城区	0.11	0.11		0.02	0.02					0.09	0.09	
崇文区	0.04	0.04					0.04	0.04				
宣武区	2.03	2.03		2.03	2.03							
朝阳区	0.63	0.63					0.63	0.63				
海淀区	1.30	1.30		1.07	1.07					0.23	0.23	
丰台区	0.15	0.15					0.15	0.15				
石景山	0.05	0.05					0.05	0.05				
门头沟	0.06	0.02	0.04				0.06	0.02	0.04			
通州区	0.36	0.28	0.08	0.32	0.24	0.08	0.04	0.04				
顺义区												
平谷区												
怀柔区	0.13	0.13		0.01	0.01		0.12	0.12				
昌平区												
房山区	0.03	0.03		0.03	0.03							
大兴区												
密云县												
延庆县	0.30	0.30					0.30	0.30				
房地集团	0.01	0.01		0.01	0.01							

（二）认真完成全市简易楼普查鉴定工作。

2010 年 1 月，根据市住房城乡建设委印发的《关于开展全市简易楼普查的通知》，市房屋安全管理事务中心组织区县建委、房管局对辖区内 1980 年以前建成、未经抗震设防的简易楼进行普查。普查汇总全市共有 882 幢简易楼，建筑面积 113.52 万平方米。为确定这些简易楼的安全性等级和抗震性能，为市政府治理简易楼提供科学准确的技术依据。3 月中旬，市房屋安全管理事务中心组织城八区鉴定机构在丰台召开现场鉴定会，依据《房屋结构安全鉴定标准》DB11/T637-2009 和《建筑抗震鉴定标准》GB 50023-2009，对普查出的简易楼进行房屋安全和抗震抽查鉴定，综合评定简易楼的抗震能力在 6 度以下，与北京地区建筑物 8 度抗震设防的要求相差较大。

（三）组织完成对北京市宗教团体自管住宅房屋抽样调查工作。

根据市住房城乡建设委房屋安全和设备处要求，市房屋安全管理事务中心在 2010 年 8 月 18 日至 8 月 26 日，安排北京市房屋安全鉴定总站、东城区鉴定站、西城区鉴定站、海淀区鉴定站对北京市宗教团体自管住宅房屋进行抽样调查工作。主要工作内容包括：拍摄房屋现状照片，评定房屋的完损等级；调查房屋的产权人和管理人状况，近年来是否对房屋进行过修缮，有无专职的修缮队伍。共抽查房屋 58 处 1195 间，其中，市基督教会26处807间，市天主教会1处5间，市佛教协会2处22间，雍和宫23处147间，天主教外教区6处214间。市房屋安全管理事务中心向市住房城乡建设委提交了《关于北京市宗教团体自管房抽查情况的报告》。

（四）完成廉租房鉴定工作

2010年全市共有17个鉴定机构开展了廉租房鉴定，完成廉租房鉴定项目2673项，占全年总鉴定项目的62.2%。廉租房鉴定面积6.26万平方米，鉴定收费27.13万元。（见表13-17）

表 13-17　2010 年廉租房鉴定情况一览表

序号	单位	项目数	面积（平方米）	收费（元）	备注
1	东　城	642	12031	64200	
2	西　城	317	6131.6	31700	
3	崇　文	57	1086	5700	
4	宣　武	638	12300	67200	
5	朝　阳	201	4321	20100	
6	海　淀	30	944.05	3300	
7	丰　台	260	7470	25900	
8	石景山	107	3374	11100	
9	门头沟	264	8329	26400	
10	昌　平	42	1497	4200	
11	通　州	44	2022	4400	
12	大　兴	24	945	2400	
13	房　山	14	762.71	1400	
14	延　庆	1	17	100	
15	平　谷	1	29	100	
16	密　云	2	93	200	
17	顺　义	29	1271.42	2900	
18	合　计	2673	62623.78	271300	

三、房屋安全鉴定管理工作

（一）制订执行《北京市房屋安全鉴定工作指导手册》。

为提高本市房屋安全鉴定工作水平，规范现场鉴定工作活动，2010年年初，市房屋安全管理事务中心组织市房屋安全鉴定总站、清华房屋安全鉴定室、西城区宣武房屋安全鉴定站、海淀区房屋安全鉴定站和朝阳区房屋安全鉴定站，研究制订了《北京市房屋安全鉴定工作指导手册》。该手册依据国家现行的房屋建筑检测、鉴定技术标准、规范或规程及管理规定等，在总结检测鉴定工作经验的基础上编制。7月底，该手册印刷出版。8月中旬，市房屋安全管理事务中心对房屋安全鉴定机构的站长和技术负责人培训，对房屋安全鉴定工作的三个阶段、九个环节的工作重点和难点做了详解。要求现有鉴定机构在实际工作中要不折不扣地贯彻落实手册内容，做到“熟读、熟知、熟干”。该手册从8月1日起正式执行。

（二）积极开展房屋安全鉴定机构管理模式的探讨。

市房屋安全管理事务中心针对本市房屋鉴定行业面临的形势，对房屋鉴定机构管理模式进行了探讨，完成了《房屋安全鉴定机构管理模式的探讨》，提出了在积极推进相关立法工作的同时，从确保鉴定工作质量入手，抓住“技术”这个关键，采取“机构备案、专家技术评价、信用评级”的鉴定机构管理模式。起草了《北京市城镇房屋建筑安全评估与鉴定管理办法》和《北京市房屋安全鉴定机构信用信息管理办法》。

（三）加强对鉴定机构的监督管理，筹建鉴定报告电子化管理平台。

为了加强对鉴定机构的监督管理，同时也为了保证我市城镇老旧房屋抗震鉴定工作的顺利实施，市房屋安全管理事务中心与市住建委信息中心和软件公司沟通，初步建成鉴定报告电子化管理平台，计划与《北京市房屋建筑使用安全管理办法》、《北京市房屋建筑安全评估与管理办法》同步实施。电子化管理就是通过北京市住建委信息平台对鉴定机构拟出具的鉴定报告进行管理，主要包括鉴定报告唯一性编码的申领，鉴定报告封皮、首页的批准和电子备案管理，同时实现房屋信息在市住建委信息平台的备案，保证各鉴定机构所出具鉴定报告的唯一性和合法性。

第六节　物业服务企业

一、物业服务企业情况

截至年底，全市取得《物业管理企业资质证书》企业 3151 家（各区县物业服务企业数量见图 13-10），比上年增加 99 家。其中，一级企业 115 家，新增 12 家；二级企业 280 家，新增 29 家；三级企业 2482 家，新增 64 家；三级暂定企业 274 家，减少 6 家。

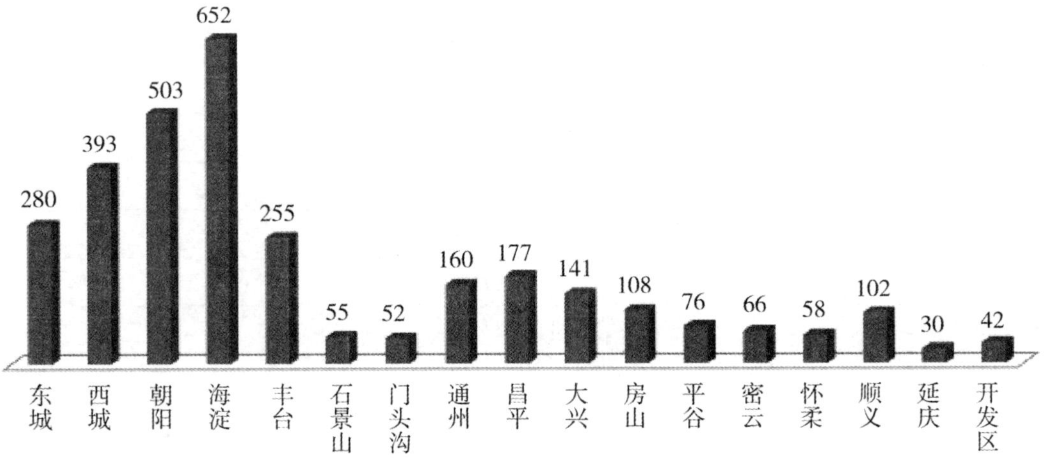

图 13-10　2010 年北京市物业服务企业分布情况

二、北京市以及物业服务企业名录

表 13-18　2010 年北京市具有国家物业管理一级资质企业名单

序号	企业名称
1	北京天鸿宝地物业管理经营有限公司
2	北京亿方物业管理有限责任公司
3	北京方庄物业管理有限责任公司
4	北京燕侨物业管理有限公司
5	北京北辰信诚物业管理有限责任公司
6	北京市北宇物业服务公司
7	北京房修一物业管理有限公司
8	北京顺天通物业管理有限公司
9	北京首华物业管理有限公司
10	北京市望京实业总公司
11	北京天竺空港物业管理有限公司
12	北京宝景物业管理有限公司
13	北京万通鼎安国际物业服务有限公司
14	北京银达物业管理有限责任公司
15	北京中兴物业管理有限公司
16	中房集团北京物业公司
17	北京育新物业管理公司
18	北京华特物业管理发展有限公司
19	北京达文物业管理有限公司
20	北京金融街物业管理有限责任公司
21	北京国兴三吉利物业管理有限责任公司
22	北京国广物业管理有限公司
23	北京城建物业管理有限责任公司
24	北京大成物业管理有限公司
25	北京东光物业管理有限公司
26	北京中海物业管理有限公司
27	北京碧水物业管理有限责任公司
28	国贸物业酒店管理有限公司
29	北京鲁能物业服务有限责任公司
30	中远酒店物业管理有限公司
31	北京华腾世纪物业管理有限公司
32	泛海物业管理有限公司
33	中建物业管理公司
34	北京安信行物业管理有限公司

序号	企业名称
35	北京城承物业管理有限责任公司
36	北京金隅物业管理有限责任公司
37	北京市均豪物业管理有限责任公司
38	北京中际北视物业管理有限公司
39	北京万科物业服务有限公司
40	北京中实杰肯道夫物业管理有限公司
41	北京高腾物业管理有限公司
42	赛特国际物业管理有限公司
43	北京大唐物业管理有限公司
44	北京世纪城物业管理有限公司
45	北京东方容和物业管理有限责任公司
46	北京首欣物业管理有限责任公司
47	北京中移物业管理有限公司
48	北京中咨时代资产管理有限公司
49	北京天岳恒房屋经营管理有限公司
50	北京建工物业服务有限公司
51	中化国际物业酒店管理有限公司
52	北京悦豪物业管理有限公司
53	北京科住物业管理有限公司
54	北京亿展资产管理有限公司
55	北京金罗马物业管理有限公司
56	北京戴德梁行物业管理有限公司
57	北京裕展物业管理有限公司
58	北京远洋基业物业管理有限公司
59	北京中湾智地物业管理有限公司
60	第一太平戴维斯物业顾问（北京）有限公司
61	北京盛利达物业管理有限公司
62	北京市圣瑞物业服务有限公司
63	北京燕科物业管理有限责任公司
64	北京城建福安楼寓物业管理有限公司
65	北京达尔文酒店物业管理有限公司
66	北京中航大北物业管理有限公司
67	北京市鼎泽物业管理有限责任公司
68	北京丰汇物业管理有限责任公司
69	北京冠城酒店物业管理有限公司

序号	企业名称
70	北京市天龙达置业有限责任公司
71	北京瑞思特物业管理有限公司
72	北京房地集团有限公司
73	北京经中太联物业管理有限公司
74	北京新龙天宇物业管理有限公司
75	北京诚智慧中物业管理有限公司
76	北京网信物业管理有限公司
77	北京燕山星城物业管理公司
78	北京招商局物业管理有限公司
79	华润置地（北京）物业管理有限责任公司
80	北京航天万源物业管理有限公司
81	北京恒富物业服务有限公司
82	北京方佳物业管理有限公司
83	北京金泰物业管理有限公司
84	北京世邦魏理仕物业管理服务有限公司
85	北京仲量联行物业管理服务有限公司
86	北京创新物业管理有限责任公司
87	北京北辰信和物业管理有限责任公司
88	北京盛世物业管理有限公司
89	北京凯莱物业管理有限公司
90	新中物业管理（中国）有限公司
91	北京金地格林物业管理有限公司
92	北京兴邦物业管理有限责任公司
93	北京奥和物业管理有限公司
94	北京燕京都物业管理有限公司
95	中铁第一太平
96	北京亿城物业管理有限公司
97	北京金融街第一太平戴维斯物业管理有限公司
98	北京市嘉宝物业管理有限公司
99	北京华体世纪物业管理有限公司
100	北京航腾物业管理有限责任公司
101	北京和泓物业服务有限公司
102	北京神舟天辰物业服务有限公司
103	北京博宇嘉物业管理有限公司
104	北京利天物业管理有限公司

序号	企业名称
105	北京国基伟业物业管理有限公司
106	北京道丰总部基地物业管理有限公司
107	北京昊远隆基物业管理有限公司
108	北京锦融物业管理有限公司
109	北京龙城兴业物业管理有限公司
110	北京首佳物业管理有限公司
111	北京新世界物业管理有限公司
112	光大物业管理有限公司
113	北京博大经开物业管理有限公司
114	北京闻达敏斯物业管理服务有限公司
115	北京中工资产经营管理有限公司

附　录

附录一　业界观点

2010年北京房地产市场综述

北京链家地产

前言

2010年北京房地产市场仍在高速奔跑

2010年国家对于房地产市场进行了一系列调控措施，这些政策从土地到新房再到二手房交易市场，可谓整个房地产链条一、二、三级市场均有涉猎；从金融政策到交易税费再到限购限价限外地人等行政手段，力度强大且“推陈出新”。

而北京作为全国宏观调控政策落地最为迅速的城市之一，土地市场、新房市场、二手房市场却几乎无一例外经历了高速奔跑：2010年北京土地年收益超过1500亿，相比2009年增涨近70%、楼面价一年涨幅30%；新增期房项目价格年底相比年初涨幅10%；二手房价格一年涨幅则为14.5%。这些数字背后是雄心依然的开发商、信心倍涨的小业主以及热情满怀的购房人，这样一个调控体制下也打不破的上涨大圈，究竟有哪些谜团待解？

有人觉得是过快上涨的新增人口量带来了膨胀的房产需求，有人觉得是开发商的受制压力还仍然很小，有人觉得政府在依赖土地及房地产经济作为财政收入让降价杠杆难以施展，亦有人觉得是保障房供应缺位且监测体制漏洞较大致使刚需在商品房市场流通。究竟是哪些核心原因和刺激诱因一起形成奇特的化学反应，让房地产市场向上成长十年同时高速奔跑五年而不衰，让屡调屡涨成为楼市基调？这是一个全民在关注和探讨的课题。

北京房地产市场在2010年政策市下的高速奔跑，本可以几乎为2011年下一轮房价走向定性，但年底加息及总理再次发表对于控制房价下降的决心，让错过这一轮调控初期低价潮的购房人和有购房需求但无力购房的人重新燃起了希望，也为明年房价能否继续上涨埋下了伏笔，只是年底抗通胀的兼顾投资型人群依然忘我地出手，让年底房地产市场在高涨中画下了一个诡异的句点。

这样一个值得玩味的市场，在2010年究竟经历了哪些变化，产生了哪些新特点？这些特质又会引领下一个年度哪些表现？“链家地产”市场研究中心特对2010年北京土地市场、新建商品房市场、二手房市场、租赁市场做出盘点，并简单对于未来走势作出预测。

第一部分　商品房

一、2010年商品房市场大事件盘点

十大事件影响商品房市场2010少售万余套

引言

今年中国房地产市场风云变化。其中最引人注目的是政府重新开启了对房地产的新一轮宏观调控，同时各种大事件也就随之而出，而临近年底，“链家地产”市场研究部就对今年商品房市场上发生的大事件做一下盘点：

预售资金监管致50余项目集中开盘

内容：

10月25日，北京市《商品房预售资金监督管理暂行办法》，其中规定自2010年12月1日起申请商品房预售许可的项目，将执行预售资金监管政策。

影响：

从目前预收资金监管执行初期的市场情况来看，最直接的影响是导致市场短期供应大幅增加。由于预售资金是开发商主要资金来源，大约占全部资金来源的三分之一，这笔资金被监管会影响到开发商未来拿地或者是其他投资计划，从而影响其收益，从开发商自身意愿来看极其不希望这部分资金被监管。而在12月1日之前预售资金监管的空档期正好可以帮他们躲避资金监管，所以不少开发商提前申请了开盘。据“链家地产”市场研究部统计，原计划北京11月份有23个项目开盘，但由于受资金监管影响，预计11、12月份有50个项目抢拿预售证提前开盘。

未来预售资金将被逐渐监管，预售资金缺口也会迫使开发商转变融资方式，而对于转型较困难的中小型开发商来说，后市资金也将逐渐趋紧。同时上市的项目会因为销售速度不同而影响不一，热销盘会快速回笼资金，从而良性循环，而滞销盘则会越来越受到资金压力影响。最好的解决办法只有依靠加快销售速度来回笼资金。这对于加快后市供应起到促进作用。 但仅靠预售资金监管促进整体市场长期供应增加是远远不够的，从目前大多数开发商的情况看，资金充裕还不足以逼迫他们快速推盘，资金监管执行后，开发商推盘可能又会回归常态。这样并没有达到增大市场供应的效果，或许未来政府还需要出台政策来刺激开发商开盘。 从而防止开发商“温和捂盘”的情况出现，促进市场长期供应增加。

存款准备金利率上调：房地产资金中商贷占比减少2.0%

内容：

2010年，中国人民银行6次上调存款准备金利率，具体情况如下表：

表1　2010年存款准备金调整一览表

次数	日期	调整前	调整后	调整幅度
1	2010年1月18日	15.50%	16.00%	0.50%
2	2010年2月25日	16.00%	16.50%	0.50%
3	2010年5月10日	16.50%	17.00%	0.50%
4	2010年11月16日	17.00%	17.50%	0.50%
5	2010年11月29日	17.50%	18.00%	0.50%
6	2010年12月20日	18.00%	18.50%	0.50%

以上数据由“链家地产”市场研究部统计

影响：

存款准备金率上调，致使万亿流动资金回笼。据“链家地产”市场研究部统计，全年央行 6 次上调存款准备金率导致各大机构大约回抽 1.3 万亿资金，这也直接影响到开发商的贷款额度。目前国内贷款平均占比已经从 2009 年的 19.8%下降到 17.8%，而且还有走低的趋势，11 月份房地产国内贷款的资金仅占全部资金来源的 13%，创出新低。加上 2010 年 12 月后，开发商主要资金来源预售资金将冻结，如果银行贷款依旧趋紧的话，开发商或许会面临巨大的融资压力。

商品房预售方案细节：打击开发商违规行为

内容：

12 月 3 日，《商品房预售方案（模板）》规定今后开发商在提交商品房预售方案时须明确包括的 10 大项内容。其中首次明确开发商申报商品房预售价格及优惠幅度，另外要明示楼盘封顶时间。

影响：

这是今年调控以来对开发商影响最直接的一个政策。“链家地产”市场研究部认为，严格执行这一政策，不仅能防止内部销售或者是捂盘惜售的情况出现，还避免开发商乱改定价，扰乱市场的行为，同时也规定房者支付的定金和首付款必须要存入指定账户，以免开发商挪为他用，保证了资金的安全。这对于目前的市场调控及未来房地产市场的健康发展起到很重要的作用。

限外资购房：外资流入房地产开发

内容：

11 月 15 日，《关于进一步规范境外机构和个人购房管理的通知》中规定，境外个人在境内只能购买一套用于自住的住房。

影响：

今年政府重启“限外”政策是为了防止外资进入房地产市场“炒房”。但从今年房地产市场资金情况来看，外资流入房地产市场依然十分显著。据“链家地产”市场研究部统计，今年有大量外资进入房地产市场，今年 1~11 月份全年全国房地产利用外资 656 亿元，预计全年将超 750 亿，同比去年增长 341%。尤其调控后外资流入占全年的 85%以上，且月流入呈现增长势头。链家地产”市场研究部认为，仅靠限外购房政策只能防止外资通过购房的方式进入房地产市场，而通过开发、投资等途径进入房地产市场的外资也会对中国房地产市场造成潜在风险。

限外地人购房：影响 3000 套短期购置新房需求成交

内容：

4 月 17 日，“国十条”中规定，对不能提供 1 年以上当地纳税证明或社会保险缴纳证明的非本地居民暂停发放购买住房贷款。

影响：

政策出台后，外地短期购房需求离场也导致市场成交减少。据“链家地产”市场研究部统计，政策执行前，在北京工作不到 1 年而又有购房需求的外地购房群体，在北京的房屋买卖市场上约占 5%左右，而按此比例计算，预计全年受此政策影响的北京市新房市场成交量大约会有近 3000 套左右。

“链家地产”市场研究部认为，政府出台限外地人购房政策本身并不是禁止外地人在北京购房，而是限制具有短期购房需求的外地人，由于他们自身的不确定性和存在过度消费风险，限制这部分需求购房也有助于促进市场健康发展。

信贷差异化：刚性需求受波及

内容：

“新五条”中规定，购买首套自住房贷款首付款比例不得低于 30%，第二套住房，贷款首付款比例不得低于 50%，贷款利率不得低于基准利率的 1.1 倍。

影响：

“链家地产”市场研究部认为，信贷差异化的执行，提高了购房门槛，打击了投资性需求，但同时也抑制了部分改善性需求，和购买力不足的刚性需求，政策出台后，部分换房的改善型需求就因此而受到影响而推迟或取消购房计划，

限购：全年至少抑制 1 万套投资性新房需求，未来叠加与负叠加作用并存

内容：

4 月 30 日，“京十二条”中规定自 5 月 1 日以

后同一购房家庭只能在北京市新购买一套商品住房。二次调控后，全国各地陆续出台限购令。

影响：

北京市制定了有史以来最为严厉的“限购令”。而直接影响迫使大量投资需求离场，客户回归观望，市场成交量大幅下降。据“链家地产”市场研究部统计，一次调控后，北京商品房成交月均大约减少 4000 套左右，如果按购买多套房需求占 30%来测算的话，北京市全年大约会有 1 套成交因为“限购”而流产。而随后，其他各地再执行限购令后成交也相应减少了 30%以上，“限购“导致市场投资客在逐渐减少，房价快速上涨受到抑制。

而今后限购令解除时间越延长，被限购限制的人群就叠加扩大。这样随着政策执行时间越久，限制范围将加更广泛。但如果未来“限购令”被取消，可能释放的就不仅仅是之前这 1 万套需求，一人购多套的“负叠加效应”会导致大量需求集中入市，所以建议政府短期内不要取消“限购”政策，防止市场报复性反弹。

豪宅入市：签约率 35%创新高，市场成交格局正逐步转变

内容：

据“链家地产”市场研究部统计，今年新入市价格大于 5 万的项目有 10 个,09 年有 6 个，今年同比 09 年增加 67%。同时 2010 年 8 月 14 日，北京最贵的豪宅霞公尊府入市，定价超过 10 万/平米，较 09 年最高定价东钓鱼台家园的均价 7 万/平米高出 43%。

影响：

今年，北京有大量豪宅进入市场。据“链家地产”市场研究部统计，今年入市价格大于 5 万的项目有 10 个，供应量为 1400 套，其中已签约 485 套，签约率为 35%，占今年新建期房成交的 1.2%。同时，入市价格也与普通商品房的距离越拉越大。09 年北京豪宅价格大约是普通住宅价格的 2~3 倍，而今年这个比例变为 4~5 倍，最贵项目单价也超过 10 万以上。如今，购房者对豪宅的购买意愿逐渐增大，入市项目也越来越多，高定价也使得需求范围更为集中，未来新的豪宅市场格局也会逐渐形成。

险资投资不动产：5000 亿涌入商业地产，参与拿地

内容：

9 月 5 日，《保险资金投资不动产暂行办法》中规定允许保险资金投资不动产，但不允许投资居民住宅：

影响：

险资开闸为保险资金投资不动产提供了政策依据。预计未来将可能会有更多险资涌入商业地产。据“链家地产”市场研究部统计，截至 9 月底，保险行业资产总额达到 47995 亿元，预计今年年底保险行业资产总额将突破 5 万亿元，如果以 10%占比测算，理论上将有 5000 亿资金可以进入不动产。目前，已经有保险公司开始参与拿地。12 月份，北京 CBD 核心区 6 宗地块，泰康人寿、生命人寿、安邦财险集团等多家保险公司参与了竞标。险资进入不动产带入的大笔资金有助于盘活商业地产，同时也会催生出一类新的商业地产投资机构。

商品房投资计划：商品房、二手房成交格局转换

内容：

投资重心向新城转移、推进普通商品住房和保障性住房建设等

影响：

今年北京市继续推行新城改造，建设重点也逐步向外城转移。据“链家地产”市场研究部统计，2010 年远郊区县入市项目数占到全部总数的一半以上，成交超 2 万套，同时今年 5 条地铁线路的相继开通也带动部分需求向远郊区县转移，逐步缓解城区内日益拥挤的居住环境。而随着未来轨道交通的发展、城市规划进一步外延，商品房市场发展的重心也逐步向城区周边转变。这与成交区域主要集中在城区内二手房形成鲜明对比，这样一来商品房、二手房格局也将会发生巨大转变，而未来城区内的主要成交也将会多集中于二手房市场。

二、2010 年新建商品住宅成交盘点

调控干预新房成交屡次刷新极值，开发商今年仍赚钱

纵观今年的新建商品住宅的成交量波动较大，从年初至今的新建商品住宅的成交量来看，呈现出过山车式的特点，新项目入市数量也在第一次调控后大幅下降。同时，市场供应也在增加，施工面积以及新开工面积环比均上涨。与此同时，分析今年新建商品住宅成交市场，开发商温和捂盘、成交区域格局即将改写、高价盘出路变好、房企全年资金回笼优渥。这些主要表现在以下内容：

（一）施工面积与新开工面积增长 12.5%与 32.8% 新开工面积四年来首次同比上升

据统计局的数据显示，2010 年 1–11 月北京新建商品住宅施工面积和新开工面积分别为 5725.7 万平米和 1680.5 万平方米，预计全年施工面积与新开工面积有 6246.2 万平方米和 1833.3 万平方米，与去年同期相比，分别增长 12.5%和 32.8%，新建商品住宅施工面积和新开工面积双双呈上升的趋势。尤其是新开工面积，同期比四年来首次上升，且涨幅高达 32.8%。

“链家地产”市场研究部认为，今年的施工面积与新开工面积均比 2008 年以及 2009 年均有较大的涨幅，而今年新开工面积的大幅度增长，将会为未来住宅市场提供相当于近 14 万套 120 平方米商品房这些会在未来一到两年内供应到市场，届时缓解市场的供需矛盾。

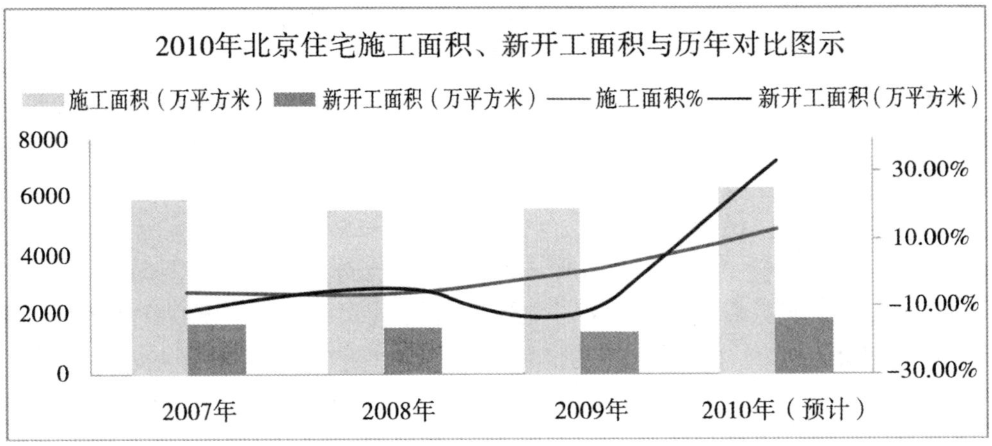

以上数据来源于北京市统计局

（二）施工面积上涨，竣工面积下降，影响未来一年内供应不足

据北京市统计局发布的数据显示，2010 年 1–11 月住宅竣工面积 1064.6 万平方米，预计全年竣工面积 1161 万平方米，相比 2009 年竣工面积下降 28%；但是年度施工面积上涨 12.5%。

“链家地产”市场研究部认为，第一，从政策方面来看，今年政府对闲置土地的整治力度加大，对囤地房地产开发商造成了较大的压力，促使了一批房地产项目迅速开工建设，今年全市竣工比去年明显增多。第二，今年的竣工与前几年年相比略显不足，这会影响到未来一年内新房的供应量趋紧，但是从施工量有所增大来看，长期供应会有所缓解。

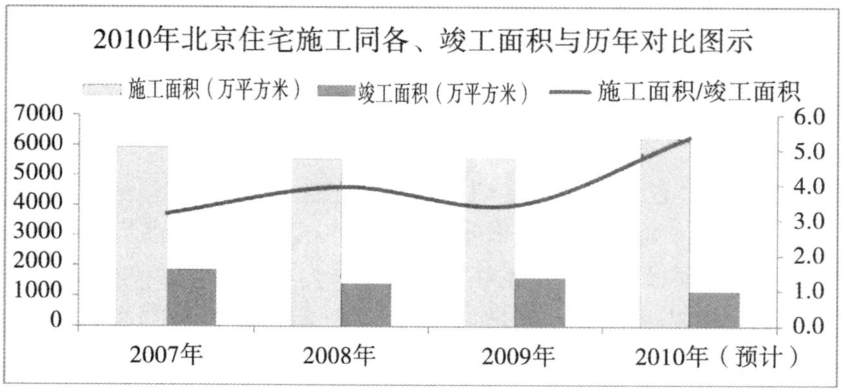

（三）宏观调控干预成交量如坐“过山车”，屡次刷新极高值与极低值

据“链家地产”市场研究基于北京市房地产交易管理网统计，1–12月全市新建商品住宅（除去经济适用房和限价房，下同）累计约销售89136套，其中12月签约量达到12440套，超过9月10534套，从而成为今年最大单月签约量。与2009年1–12月新建商品住宅的157217套相比，今年新建商品住宅的签约量下降43%。

从月度成交来量看，受宏观调控的影响，新建商品住宅的签约量在5月、10月分别止涨下跌，其中5月环比下跌了59%；10月环比9月下跌了22%，成为了今年新建商品住宅的签约量环比下降最多的两个月。从下表可以看出，今年的签约量呈现W形特征，相对于2009年平稳的签约量，今年呈现出“过山车”的特点，并且短期内屡次出现相对极高值与极低值。平均四个月就处于一个波动周期。第一个波段出现于第一次调控前，4月成交9933套，形成了第一个波段的波峰，随着“国十条”政策的出台，5月成交量应声而落；从5月到9月形成了第二个波动周期，在这个波段内，成交量在逐渐的上升，到9月出现了今年的月度成交最大量10534套；从10月至今是今年的第三个波段，新建商品住宅的签约量在10月、11月连续下跌，而12月达到年底的波峰。

“链家地产”市场研究部认为，第一，除1月份之外其他月份的签约量均低于2009年，这主要由于2010年政策调控下有所萎缩，而2009年成交存在2008年累计需求释放的叠加成分。第二，与2009年月度成交量曲线平滑相比，今年新建商品住宅的签约比去年波动较大，在一年内出现了三个波段，这说明宏观调控政策在抑制房价的同时，对成交量的干预影响非常大，例如5月、6月是本年度的最低点，9月的成交量接近6月成交量的3倍，这主要都是受到了国家政策调控的影响。

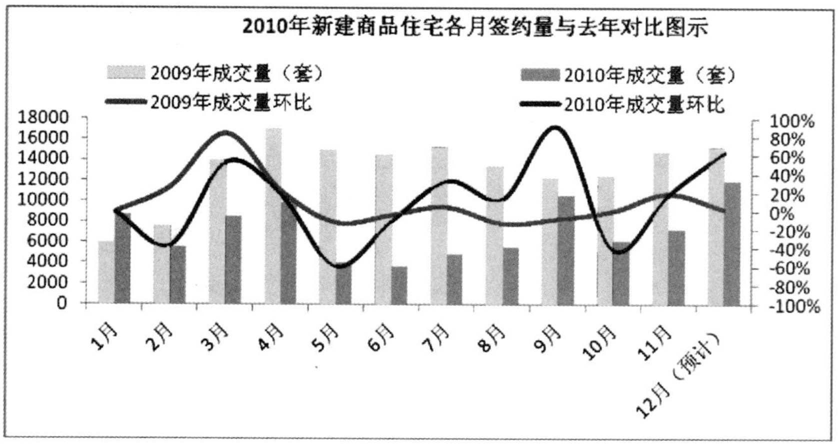

以上数据来源于北京市房地产交易管理网

（四）年底签约量再升温，政策干预成交量影响周期逐渐变小

二次调控后，10月、11月新建商品住宅的签约量连续下降，12月则出现短期内的签约量高峰。“链家地产”市场研究部认为，第一，二次调控对于市场的影响相对较弱，主要因为二次调控是对一次调控的强化，在内容上并没有太大的变化，需求的反应比第一次调控减弱。因此二次调控期间月度下降的幅度相比第一次调控之后小，市场的反弹相对第一次也更容易，而年底又是市场的一个周期性上升期；其次，四季度逐渐走热的成交市场释放出一个房价难降的信号，让众多至初次调控期就开始观望的需求开始逐渐入市，导致了年底成交小高峰的产生。

以此来看，此次调控与2007年类似，对于成交量的干预往往都是短期的，中长期来看会逐渐扳回初始阶段成交萎靡的局面，而2007年调控几乎造成了2008年全年成交低谷，此次调控的影响周期则相对更小，仅维持半年左右成交升温局面就再次形成。

（五）全年住宅新增加供应82673套，“温和捂盘”导致市场供不应求

据“链家地产”市场研究部基于北京市房地产交易管理网统计，截至12月31日，2010年共有282个住宅项目获得预售许可，月均23个项目，供应住宅合计 超过85000套，而全年的销售量达到了 89136 套，市场新增供应并不能满足市场的需求。

“链家地产”市场研究部认为，按照当前的销售进度，今年的新建商品住宅的供应刚与全年的销售量相若，对需求量的匹配就更加难以满足。而从11月至12月开盘88个项目来看，开发商为规避预收资金监管项目，集中开盘能力相当强，两个月开盘数目比前三个月总和还要多，也就是说“温和捂盘”造成了新增供应不能满足需求，也就让调控难见效果。

（六）“国十条”后新增期房实际未滞销反增长，签约率快一倍以上

“链家地产”市场研究基于北京市房地产交易管理网统计，全年所有新增期房项目共签约45735套，占供应套数的56%。从下表可以看出，在“国十条”出台之前推出的新项目的至今的签约率平均为75.3%，而一次调控之后，新项目的签约率虽然有所下降，与项目销售时间短有关，从11月以及12月的签约来看，11月入市的项目距今仅一个半月，但是整体的签约率已经45%，因此政策调控后新增期房的签约率并没有出现滞销，从11月的销售率来看，销售快一倍以上，反而是增长的迹象。

“链家地产”市场研究部认为，虽然政策调控影响了市场的购买，但是期房的整体签约并没有出现下降，临近年末，反而增长。第一，新政出台后，部分开发商适度降价推盘，保证了签约率，更是不乏“日光盘”这样的热销项目，例如7月开盘的“半岛家园”。第二，现在距离一次调控已经8个月时间，距离二次调控也有3个半月时间，政策对于市场的影响在逐渐地减弱，市场购买力再次释放，年底签约率提高。

（七）中高价期房成交3878套，比低价房签约慢20%

据“链家地产”市场研究基于北京市房地产交易管理网统计，成交价格高于 3 万的楼盘共有33个项目，占全年入市项目的12%；新增套数9013套，占新增供应量的11%；而成交量为3878套，占全市签约总量的8%；平均签约率为46%，比低价房签约慢20%。“链家地产”市场研究部认为，尽管从表象上来看中高价盘签约率相对低，但由于中高价期房主要集中在第一次调控前与11月之后，尤其12月份扎堆推出6个中高价盘，今年由于高价楼盘入市受到严格的审核，造成高价盘供应相对较少，市场优质楼盘相对稀缺，高价期房主要位于朝阳和海淀，由于多数是优质楼盘，虽然价格较高，但是还受到了高消费群体的追捧。

（八）成交区域格局将在明年转变，大兴、房山将取代通州成为次重点“根据地”

2010年期房共有282个项目，这些项目分布区域主要集中于朝阳、大兴、通州、顺义，分别占全市项目的20%，14%，13%，10%，四个区县的占比超过了五成，从全市存量来看，朝阳、通州、大兴的期房存量也占到全市的 27%、16%、9%。在区域成交方面，朝阳依然是最大的成交区域达22%，其次是大兴21%、房山10%、通州9%、顺义 7%。

“链家地产”市场研究部认为，今年朝阳、大兴、房山、通州是热点成交区域，预计未来朝阳依然是最大的成交量区域，通州从开发至今已经有近五年的时间，未来新项目将会减少，而大兴、房山则由于开发时间短，尚存在上升的空间。

（九）热销楼盘排行 TOP20：纯热销楼盘主要集中在调控前 4 个月

开盘日期	项目名称	总套数	签约套数	签约率
2010-1-2	郭庄子家园	135	135	100.0%
2010-1-16	万象新天家园（一期）	74	74	100.0%
2010-1-23	京贸国际城	390	390	100.0%
2010-2-13	旭城家园	197	195	99.0%
2010-3-4	运河湾家园	220	220	100.0%
2010-3-11	假日风景家园	160	160	100.0%
2010-3-17	运河湾家园	550	550	100.0%
2010-3-25	启明星苑	130	130	100.0%
2010-3-27	香悦四季花园	162	162	100.0%
2010-3-28	太阳御园	354	354	100.0%
2010-4-18	广阳苑	394	394	100.0%
2010-5-7	湾流汇嘉园	27	27	100.0%
2010-5-29	保利花园小区	384	384	100.0%
2010-7-23	新里苑	784	783	99.9%
2010-7-29	保利茉莉雅苑	395	395	100.0%
2010-8-25	领秀慧谷	750	749	99.9%
2010-9-23	保利茉莉雅苑	1105	1101	99.6%
2010-9-23	保利花园小区	125	125	100.0%
2010-10-1	半岛家园	376	376	100.0%
2010-10-2	学府树家园	144	144	100.0%

以上数据来源于北京市房地产交易管理网

据“链家地产”市场研究基于北京市房地产交易管理网统计，第一次调控之前签约率超过99%的项目有 11 个，而一次调控之后的项目有 9 个，可以看出调控至今 8 个月内开盘的项目的热销程度较调控前弱。“链家地产”市场研究部认为，政策调控后，投资性购房以及部分改善性购房的消费者被挤出，买方市场主要以刚性需求为主体，并且降价预期较高，部分消费者购房计划延缓，因此签约状况比政策调控前较差。

（十）业绩排行 TOP20：大中开发商获利较厚，贷款缩紧短期内难见影响

开盘日期	项目名称	开发商	签约面积（平方米）	成交单价（元/平方米）	总业绩（亿元）
2010-8-15	莱圳家园	北京海欣方舟房地产开发有限公司	380008	21259	80.79
2010-9-23	保利茉莉雅苑	北京保利兴房地产开发有限公司	104643	17927	18.76
2010-3-19	绿城诚园	北京亚奥绿城房地产开发有限公司	41268	41259	17.03
2010-7-23	新里苑	北京绿地京城置业有限公司	86852	18619	16.17
2010-3-28	太阳御园	北京信远筑诚房地产开发有限公司	40184	38462	15.46
2010-4-28	新里苑	北京绿地京城置业有限公司	79894	18316	14.63
2010-3-27	四合上院家园	北京天创世缘房地产开发有限公司	42173	30512	12.87
2010-3-28	创新园	北京金隅万科房地产开发有限公司	80858	15385	12.44
2010-3-27	太阳宫火星园	北京冠城正业房地产开发有限公司	30815	38620	11.9
2010-10-17	融景家园	北京天石基业房地产开发有限公司	84643	13748	11.64
2010-1-27	丽来花园	北京丽来房地产开发有限公司	23840	48385	11.54
2010-5-13	华贸奥苑	北京嘉禾远东置业有限公司	39391	28381	11.18
2010-1-30	万科蓝山苑	北京万科企业有限公司	30955	35385	10.95
2010-3-27	中海紫玉苑	北京中海豪峰房地产开发有限公司	28663	37741	10.82
2010-8-25	领秀慧谷	北京科技园建设（集团）股份有限公司	74064	14563	10.79
2010-8-25	原叶美苑	北京城建兴华地产有限公司	58787	18339	10.78
2010-6-27	保利茉莉雅苑	北京保利兴房地产开发有限公司	61784	16706	10.32
2010-7-24	半岛家园	北京中粮万科房地产开发有限公司	75060	13682	10.27
2010-9-23	东湖湾名苑	北京市东湖房地产有限公司	30968	31811	9.85
2010-6-14	远洋山水家园	远洋地产有限公司	37839	25592	9.68

以上数据来源于北京市房地产交易管理网

据“链家地产”市场研究基于北京市房地产交易管理网统计，所有期房签约业绩1002亿元，业绩排名前20的项目共有317亿，约占2010年所有新开项目总签约业绩的31%（截至12月14日，共有266个项目）。

“链家地产”市场研究部认为，第一，今年

销售业绩优良的企业获得了充裕的资金，为未来开发商拿地提供了资金保障。据北京市统计局统计，11月份金融贷款额为77.3亿元，同比下降了73%，环比10月份下降了74%。这表明随着预售资金监管政策的实施，开发商获得资金的难度将会更大，而12月份，开发商的金融贷款下降，企业要依靠自筹资金。而今年销售良好的楼盘业绩无疑会为开发商提供了保障。第二，在今年期房销售房企业绩排名平均前20中，除了保利、万科、绿地、远洋这些大型的房地产开发名企之外，部分销售业绩好的中型企业也占据了四分之一的比例。第三，开发商获利渠道多样，一方面如果价格低，那么销量就成了高业绩的保证，例如虽然“融景家园”、“领秀慧谷”的成交价格均低于15000元，但是胜在供应量多且成交量大，最终进入了年度期房销售业绩前20。另一方面，即使销量不好，但是成交单价高，依然保证开发商取得丰厚业绩，例如“丽来花园”仅签约22套，但是成交单价48385元/平方米，也让该开发商的销售业绩达到11.54亿元。

三、2010年新建商品房市场价格盘点

2010年新房成交价上涨10%，新项目领涨5%

2010年新建商品住宅期房的售价受政策调控影响，涨幅减小，在新项目低价入市作用下，新增期房售价在第二、三季度上下波动较大，但是随着成交量的上升，第四季度的价格持续上升，新增项目领涨市场成交价。

（一）价格涨幅逐渐减小：一季度月均涨3%，二三季度涨幅降为1.5%，第四季度仅0.2%

据“链家地产”市场研究部基于北京市统计局数据统计，目前新建商品房的价格在21000元/平方米左右，较年初上涨10%左右。新建商品房的价格从年初一路上涨直至5月，6月价格涨幅减小，在第四季度，价格较为平稳。

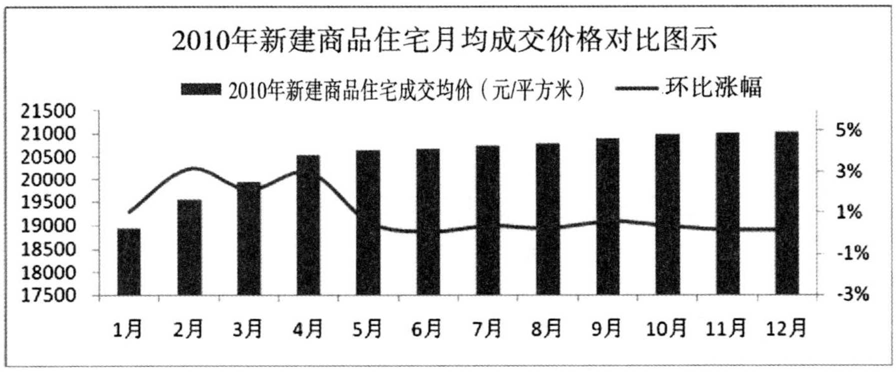

以上数据来源于北京市统计局

“链家地产”市场研究部认为，第一，从价格走势来看，价格在政策的作用下止住了过快上涨的势头。年初受2009年市场恐慌性购房的影响，价格一路上涨，至四月已经超过2万元，4月出台的调控政策对第二季度、第三季度的价格起到了一定的抑制作用，价格环比涨幅开始回落，在二次调控之后，价格基本维稳，但是价格始终稳定站在2万以上。第二，全年价格的环比涨幅逐渐减小。在价格环比涨幅方面，由第一季度的平均3%，下降为第二、三季度的1.5%，第四季度维持在0.2%左右。

（二）第四季度新增项目售价领涨5%

据“链家地产”市场研究基于北京市房地产交易管理网统计，截至12月31日，全年共有282个新增项目，从下表可以看出，新增项目每月成交价格波动较大，8月新项目整体成交均价最高，达到了25376元/平方米，6月新增项目成交均价最低，为18328元/平方米。从9月开始，新增项目的价格开始持续上涨。

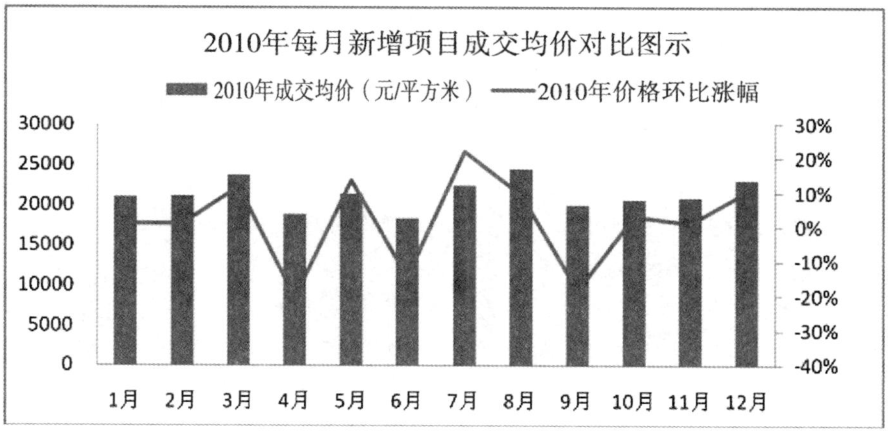

以上数据来源于北京市房地产交易管理网

“链家地产”市场研究部认为，关注每月新增期房的成交价格能判断出未来市场价格的走势。第一，新增项目的定价以及售价则反映出当前市场最前沿的价格走势。第二，第四季度每月新项目的成交价上升，涨幅达5%，预计年末新增期房价格将会上涨。12月期房新项目入市较多，从已经获得预售许可的项目来看，不乏价格超过3万的高价项目，预计12月新项目的成交均价也会因之而上涨。

（三）新项目价格高开低走，首次调控后3个月开发商“暗降”17%

据“链家地产”市场研究基于北京市房地产交易管理网统计，四月份之前，新增项目的成交均价与拟售均价的差距由小变大；从4月至10月，成交均价比拟售均价平均低17%，但是这半年内差距是逐渐缩小的趋势，而11月、12月的成交低于拟售均价较多，这是因为新项目开盘时间短，甚至部分项目还没有开盘，项目的成交量低所致。

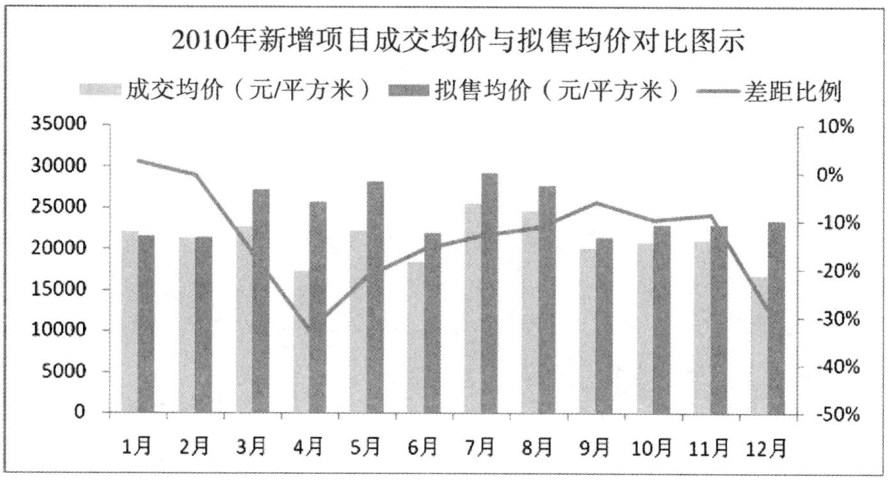

以上数据来源于北京市房地产交易管理网

“链家地产”市场研究部认为，第一，从新政后，成交与拟售价格的差距在逐渐的缩小，也反映出市场的成交价格在不断的走高，买方市场的心理发生了变化，降价的预期在减小。第二，开发商不断试探市场价格。4月成交与拟售差距拉大是开发商对政策的应激反应，随着7月、8月成交量的上升，开发商逐渐暗中涨价，试探市场对价格的接受程度。而11月、12月的差距拉大，并不是开发商再次暗中降价，而是由于项目销售时间短、高价盘成交还未完全发力所致。

（四）2 万/平方米为城区、郊区新房价格分界线：未来近郊新房价格将与城区缩小差距

据“链家地产”市场研究基于北京市房地产交易管理网统计，从各个区域来看，城四区（东城、西城、崇文、宣武）今年新增项目的最低价格是 33715 元/平方米，外围城区（朝阳、海淀、丰台、石景山）最低价格是 22615 元/平方米，近郊（通州、昌平、大兴、（亦庄）开发区、顺义、房山）的价格基准线是 11797 元/平方米，远郊（怀柔、密云、平谷、延庆）仅为 5111 元/平方米。

“链家地产”市场研究部认为，城八区的成交均价都在 2 万以上，郊区县低于 2 万，2 万是城区、郊区新增项目的分界线。其中东城区的售价最高，这与该区域今年新增项目的高端定位有关，预计该区域内以后新增项目将延续高端路线；近郊的价格不断的上升，部分近郊区的项目成交价格紧紧跟随外围城区的价格，大兴、房山、通州、顺义是近两年的热点开发区域，预计以后新项目的价格上升依然有动力，而远郊区的价格则都位于 1 万以下，由于地理位置因素上涨动力较弱，价格相对稳定。

（五）朝阳、海淀维持区域内售价差异显著，顺义的差距将缩小

据“链家地产”市场研究基于北京市房地产交易管理网统计，均价超过 3 万的项目中 50%集中于朝阳，其次是 76%海淀以及顺义，分别为 18%、8%。

在不同区域内，最高价与最低价项目的差距原因不同，海淀与朝阳的行政区域广，区域范围大，区域内的楼盘分布在三环到五环甚至六环之内，地理位置形成了同类项目主要的价格差距因素。而在顺义形成售价高低差别较大的原因则主要因为住宅类型，由于顺义开盘的新项目的高端住宅较多，拉开了与普通住宅售价的差距。

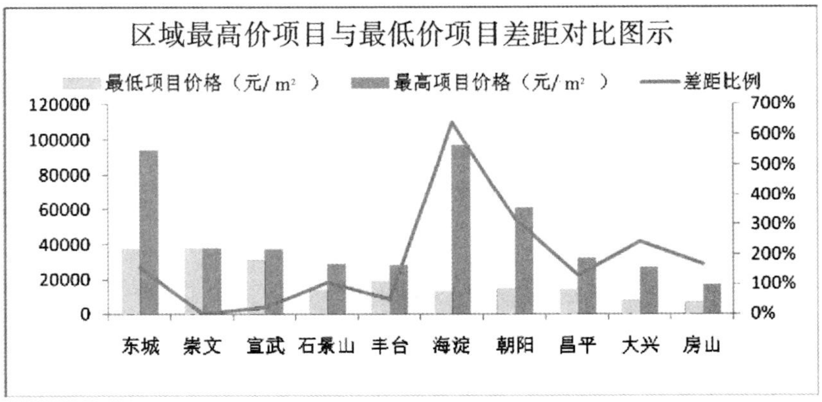

以上数据来源于北京市房地产交易管理网

“链家地产”市场研究部认为，海淀以及朝阳的价格差异将会继续保持，而顺义的差距可能会所小，由于 12 月 6 日，市住建委、市财政局、市地税局联合下发《关于贯彻落实国家有关部门房地产市场宏观调控政策有关问题的通知》，根据通知要求，容积率小于 1.0 的房地产开发。税率由原来的 1%扩大到了 3%，一般容积率在 1.0 以下的项目基本属于非普通住宅，征税的差异化也造成非普通住宅征税额度更高，从而造成别墅类住宅项目可能会减少，从而缩小项目之间的价格差距。

（六）价格前十项目高定价高回笼：成交价均过 4 万/平米，签约率超七成，

据“链家地产”市场研究基于北京市房地产交易管理网统计，2010 年新增项目成交价格前十名均超过了 4 万完，超过 9 万元的项目有 2 个，其中“东钓鱼台家园”以 96988 元/平方米的价格摘冠，另一个是“霞公尊府”，成交价格 94092 元/平方米。

2010 年新增项目最高价 TOP10 及签约状况

项目名称	区县	拟售均价（元/平方米）	成交均价（元/平方米）	签约量	签约率
东钓鱼台家园	海淀区	72000	96988	5	45%
霞公尊府	东城区	106320	94092	9	12%
首创禧瑞都苑	朝阳区	68859	60578	88	47%
红玺园	朝阳区	59956	57277	18	11%
银河湾嘉园（二期）	朝阳区	54198	49870	95	12%
丽来花园	顺义区	80000	48385	22	35%
远洋万和润园	朝阳区	48633	45766	42	54%
太阳绿园	朝阳区	44491	44952	76	38%
富力星光家园	朝阳区	46942	44227	39	29%
绿城诚园	朝阳区	55655	41259	209	73%

以上数据来源于北京市房地产交易管理网

“链家地产”市场研究部认为，第一，今年新增项目的最高成交价格即将迈入每平方米十万元大关，开发商对超高端住宅前景看好。虽然“霞公尊府”成交价格 94092 元，但是已经开出了北京最高拟售均价 106320 元/平方米，这也预示着北京的超高端项目进入单价超过十万的价格时代，反映出开发商在超高端市场的价格定位上持续走高。第二，从豪宅的销售来看，部分价格高昂的项目销量依然很可观，签约超过了 7 成，高端住宅可谓高定价高回笼。

（七）成交“火热”的低价项目排行 TOP10 ：均价 15000 元/平方米左右，签约率超过 90%

据“链家地产”市场研究基于北京市房地产交易管理网统计，成交火热（签约率超过 90%）的相对低价项目价格主要在 15000 元/平方米左右，且多是万科、绿地、金隅、保利等名企名下项目。

“链家地产”市场研究部认为，相对低价加上知名开发商效应促使项目成交火热。一次调控后，不少项目低价入市，其中不乏名企低价推盘，例如“半岛家园”成交价格 13682 元/平方米，成为房山售价较低的楼盘，推出仅一天就售完，在相对低价的项目中，名企加低价的联合作用带动了成交加速。

成交“火热”的低价项目排行 TOP10

开盘日期	项目名称	区县	成交均价（元/平方米）	总套数	签约套数	签约率	开发企业
2010-9-23	保利茉莉雅苑	大兴区	17927	1105	1101	100%	北京保利兴房地产开发有限公司
2010-7-24	半岛家园	房山区	13682	854	842	99%	北京中粮万科房地产开发有限公司
2010-10-17	融景家园	石景山区	13748	907	837	92%	北京天石基业房地产开发有限公司

开盘日期	项目名称	区县	成交均价（元/平方米）	总套数	签约套数	签约率	开发企业
2010-3-28	创新园	昌平区	15385	912	834	91%	北京金隅万科房地产开发有限公司
2010-7-23	新里苑	大兴区	18619	784	783	100%	北京绿地京城置业有限公司
2010-8-25	领秀慧谷	朝阳区	14563	750	749	100%	北京科技园建设（集团）股份有限公司
2010-2-3	润枫锦尚苑	大兴区	14444	724	716	99%	北京润兴伟业房地产开发有限责任公司
2010-8-25	原叶美苑	朝阳区	18339	700	682	97%	北京城建兴华地产有限公司
2010-8-28	仰山嘉园	大兴区	15758	454	443	98%	北京金地融侨房地产开发有限公司
2010-4-3	香悦四季花园	顺义区	17589	88	86	98%	北京合景房地产开发有限公司

以上数据来源于北京市房地产交易管理网

四、2011 年新建商品房市场趋势预测

2011 年新房量价齐升，政策或将转为疏导及干预定价

2010 年在空前严厉的房地产宏观调控政策下，北京新房市场价格涨幅有所平抑，成交量也曾出现过短期低潮，但是 2010 年年底，即在距离二次调控政策出台近三个月后，新房成交量与价格持续上升明显，几乎都再次创下年度新高。这样一个价量再次喷发的年尾，为 2011 年留下了一个伏笔，那就是：是否会因为成交量火爆，有所平抑的房价在 2011 年再次快速上涨？宏观调控的影响力和干预力是殆尽还是发酵？是否会有第三轮调控政策，又会偏向哪个方向调控，同时会带来哪些新的影响？针对此，"链家地产"市场研究部特对 2011 年新房市场

（一）2011 年成交量将在 7 万套左右，总体趋势先扬后抑

据"链家地产"市场研究基于北京市房地产交易管理网统计，2010 年新建商品住宅成交量与价格均在第四季度出现了上升，尤其是商品房的销量 12 月达到 12440 套，为全年的月度成交最高点。"链家地产"首席分析师张月认为，受年末高成交量惯性上涨以及第二季度、第三季度调控政策后观望需求开始入市的影响，预计成交量始终维持在高位将是岁末年初二手房市场的主要基调，这种上升的趋势至少会蔓延到春节后。

（二）"链家地产"首席分析师张月认为，第一，明年的成交量将会先扬后抑：由于上半年出现高点，下半年涨幅回落。今年的成交量在新政后一度较少，市场需求表面上减少，连续半年的时间成交比较低迷，有将近 1 万的需求被抑制，一旦释放将会助推成交量报复性的反弹，由于两次调控导致成交量低于调控前长达半年的时间，预计明年前两个季度的成交量会持续增长，市场将会重现月均超过 12000 套的高成交量。由于近两年处于政府调控的期内，针对成交过热，预计政府将会再次出台相应政策，敢于成交量出现条件性的下降。第二，2011 年新建商品房成交量趋势相对今年平缓，不会超过今年新证后环比近 60%的最大降幅。明年的政策可能侧重于市场的供应以及对开发商的监管，2010 年的宏观调控虽然在延续，但是消费者对于降价的预期已经减弱，从而使得明年的市场成交不会出现大降幅。第三，2011 年新建商品房的需求因保障房增加而相对减

弱，需求将转为理性温和。明年保障性住房供应增大，稀释明年商品房的需求。据报道，明年计划安排保障性住房和各类棚户区改造住房1000万套，这些保障性住房将会稀释部分新建商品房的需求。

（三）价格将会追高回落，预计全年涨幅将达10%左右

据“链家地产”市场研究基于北京市房地产交易管理网统计，虽然新房的存量已经达到107181套（截至12月27日），达到了今年的最高点，但是开发商并没有在市场集中入市导致高存量的情况下对价格担忧，反而是高调涨价。从12月新增项目的售价来看，环比11月上涨了5%。

“链家地产”首席分析师张月认为，第一，通胀环境下，明年房价上涨依然有动力。明年如果后续的政策没有跟进，价格将会在外围市场通货膨胀的有所追高；2010年年末房价上升，让消费者对于房地产保值的期望升高，外围环境可能刺激明年新房价格的上涨。第二，2011年新项目顺延价格上涨趋势。今年年末已经出现价格上行的势头，而这股涨价的潮流也将会影响到开发商来年的价格定位。

（四）市场促生新调控政策，会比2010年更“给力”

“链家地产”首席分析师张月认为，第一，部分现有政策影响力和干预力会在2011年逐渐减小。对消费者来讲，限购以及信贷差异化对市场依然有制约作用，限购与信贷差异制约着投资需求以及部分改善型需求，但是随着12月成交量上升以及今年第四季度价格上行趋势越来越明显，部分改善性需求对于未来涨价的预期，可能形成恐慌性的抢购。第二，预售资金监管政策效力将在2011年逐渐显现：对开发商来讲，由于开发商集中在预售资金监管前拿预售许可证，致使开发商今年并没有受到资金监管，而明年的新项目将会受到此政策影响，预计明年开发商会受到此政策影响较大，部分开发商资金回笼进度受到压力。第三，2011年的宏观调控政策方向以疏为主：今年政策以“堵”消费者为主，预计明年政策内容可能不再在限购上做更多的拓宽，而从开发商资金、土地供应上做进一步深入。第四，2011年新房项目定价或将受限，开发商或将受到更大考验：由于政府直接干预房价是否最终出台还没有定论，在未出台前，给市场只能起一种提醒作用，对于明年的房价走势没有直接的影响。

第二部分　二手房

一、2010年二手房市场大事件盘点

政策抑制及“经转商”共2万余套，二手房成交受重击?

纵观2010年房地产市场，是一个大事频发的年代，从被称为史上最严格宏观政策“国十条”出台，到短短半个月，“京十二条”将信贷差异化、限购、限外（地）等政策落地，再到929二次调控政策、加息等方方面面，每个大事件都可以称之为“给力”，那么这些大事件都带来了哪些短期和长期影响呢？“链家地产”市场研究部盘点如下：

（一）“经转商”：业主恐慌性过户，全年“经转商”达到14887套

4月27日，住建部发布了《关于加强经济适用住房管理有关问题的通知》的新闻材料，其中提及了通知中对于经适房的相关的管理规定，包括经适房的使用和出售问题。新闻材料发布之后，业主心里产生了很大压力。由于处于一次调控时期，业主担心未来政策会发生变化，未来经适房转为商品房难度可能会增加，甚至可能被政府低价回购。因此，业主产生恐慌性心理，集中进行“经转商”过户。据“链家地产”市场研究部统计，1–3月份，共8套，而4月底短短三天北京市二手房“经转商”激增至2530套，整个2010年经转商的数量达14887套左右，相当于今年10月

份一整个月二手房住宅成交量。去掉“经转商”，二手房住宅全年的成交量是 181660 套。

“链家地产”市场研究部认为，业主恐慌性“经转商”主要还在于担心日后政策会发生变化，经适房出售将会受限制，也可能被国家低价回购。经适房业主之所以不惜花费几万元土地出让金急于将房产转为商品房，是因为经适房出售可以赚取更多收益。经适房主要初衷是解决中低收入家庭住房问题，但是逐利却成为了主要目的。说明在经适房分配审核方面可能存在一些问题，在经适房管理的过程中，应该更注重前端的分配环节。

（二）差别化的信贷政策 ：商贷购房占比同比 09 年下降了 17 个百分点

差异化信贷政策首次作为房地产调控政策执行。经过 4 月底和 9 月底两次调控政策之后，目前信贷政策是：首套房首付三成，利率一般为 85 折；二套房首付 5 成，利率不低于基准利率的 1.1 倍；三套房停贷。在二套以上住房贷款认定方面严格执行“认房又认贷”的政策。

差别化信贷政策的执行促使商贷购房占比明显下降。据“链家地产”市场研究部统计，2010 年二手房住宅成交中，商贷购房占比为 36%，与 09 年相比，下降了 17 个百分点。2010 年 4 月份之前 ，商业贷款购房比例占比约为 47.5%，5 月份商业贷款购房的占比仅约为 24%,从 09 年以来，商贷占比首次低于 30%。

此外，今年调控首次对公积金贷款实施差别化的信贷政策，公积金贷款首套购房在 90 ㎡以上执行首付 3 成，二套、三套房贷执行政策与商贷基本相同。公积金差别化信贷政策的执行，限制一部分人群通过公积金贷款购买多套房。

“链家地产”市场研究部认为，房贷差别化政策提高了购房的门槛，一部分经济能力有限的购房者被迫退出市场或者选择低总价房源，一部分购房人群延长了购房的周期，缓解了当前需求压力，抑制成交量短期内过快上涨。

（三）“限购令”：全年至少抑制投资性二手房需求 7200 套以上

“京十二条”中明确规定：采取临时性措施限定新购房套数，暂定同一购房家庭只能在本市新购买一套商品住房。

相比于差别化的信贷政策，“限购令”对于抑制投资性需求更加直接有效。差异化信贷政策抑制了购买能力，而“限购令”直接限制了购买资格，将购买多套房进行投资的购房者强行挤出市场，切断了购房投资的渠道。其调控作用直接有效，立竿见影。

“链家地产”市场研究部认为，“限购令”过滤了市场的投资性需求，使得在调控之后，市场的成交主体为刚需和改善型人群。一般今年相对正常市场环境下北京二手房的成交量为 16000 套—18000 套/月，8 个月的成交约为 12.8 万套—14.4 万套，而 5–12 月二手房实际成交量为 10.4 万套(去掉经转商)，至少抑制了 2.4 万套–4 万套住房需求，若其中有 30%的需求为投资性需求，则可以抑制 7200 套 12000 套需求。

（四）“限外（地）”政策：外地人购房贷款受限，滞留租赁市场

4 月底的调控政策规定，对不能提供 1 年以上当地纳税证明或社会保险缴纳证明的非本地居不提供住房贷款。6 月 4 日，住建部发布新规定，对其按第二套(及以上)的差别化住房信贷政策执行。与 4 月底的政策相比，6 月份的政策相对宽松。

“链家地产”市场研究部认为，限制外地人购房主要目的是将一部分外地人购房需求推后，阻挡当前部分过度需求。政策促使部分外地人继续选择租赁的方式，增加了租赁市场的需求。

（五）取消交易环节税费优惠：挤出小部分投资性购房群体

9 月底，第二次调控政策的执行将调控的范围扩大到房地产交易环节契税。政策取消了二套房契税原来 1.5%的优惠，恢复 3%征收。并且对出售自有住房并在 1 年内重新购房的纳税人不再减免个人所得税。

“链家地产”市场研究部认为，此环节契税和个税优惠的取消，虽然直接促使交易成本增加金额并不大，但是也是继营业税优惠之后，无形中将交易税费最后一道优惠之门关闭。

（六）外资购房受限：遏制外资炒房

11 月 15 日，二次调控之后，北京是出台了针对于境外机构和个人购房的细则。规定：境外个人在境内只能购买一套用于自住的住房，而在境内设立分支、代表机构的境外机构只能在注册城市购买办公所需的非住宅房屋。

与原来政策相比，该政策从以下两个方面抑制外资炒房。首先，对于个人购房从 “一城一套”变为“一国一套”，抑制部分境外人士在境内购买多套房，投资炒房，尤其是在北上广等一线城市。其次，限制境外机构对商业地产的投资。

“链家地产”市场研究部认为，该政策主要是从交易环节抑制外资进入市场炒房。但是大量外资进入了房地产开发环节。据国家统计局统计数据显示，房地产开发资金中外资的占比在逐渐缓慢的增长。11 月份，利用外资在全国房地产开发资金来源中占比为 1.86%，达到了 117 亿元，为全年最高。此抑制境外资金进入房地产市场，不应该仅仅通过限制其在房产交易市场的行为，应该同时关注在房地产开发等环节的外资注入情况。

（七）加息通道开启，难以阻挡观望需求进入市场促年底成交创新高

2010 年 12 月 26 日，继 2010 年 10 月 20 日加息之后，央行再次加息，宣布金融机构人民币存贷款基准利率分别上调 0.25 个百分点。贷款利率五年期以上上调至 6.4%。

加息政策的执行，增加了购房者月还贷金额。如首套房商业贷款 100 万，期限为 30 年，两次加息前后月均还款额增加约为 242 元，若是二套房，月均还款增加 336 元。虽然经过两次加息，但是购房成本增加幅度较小，对于购房不会产生明显影响。

但由于目前通胀压力大，11 月 CPI 涨幅已经超过了 4%，再次加息的风声越来越紧，加息通道已经开启，未来或将会进行多次加息。多次加息后，还款压力将会逐渐明显，未来购房压力将会增加。加之部分人群对于未来房价上涨预期高，当前有部分观望人群积极进入市场。12 月份成交量为 22029 套，创一次调控以来月成交量最高值。

除以上这些政策性的大事件外，城市规划方面的调整对于北京市的房地产市场产生了直接的影响。

首先，中心城区合并利好，区域房价格局将改变。7 月 1 日，国务院正式批准北京撤销崇文区和“宣武”区两大行政区域，分别归入到东城区和西城区组成新的东城区和西城区。

城区合并之后，最先受到影响的是房地产市场。据“链家地产”市场研究部统计，在宣布城区合并一个月之后，原宣武区的成交量逆市上涨，上涨幅度为 21%。

“链家地产”市场研究部认为，随着未来城区合并，商圈的逐渐转移，教育资源的共享。购房需求将会从东西城区逐渐转移到原宣武区和崇文区。四个区域的房价格局将会发生比较明显的变化。一方面原西城区和东城区的核心商圈和教育中心的房价将会得到平抑，而原宣武区和崇文区部分区域的房价将会上涨。

其次，增设轨道交通，居住进一步边缘化。2010 年北京市有多条地铁沿线在建，预计在 2010 年年底本市将有 5 条地铁线通车试运营，包括大兴线、亦庄线、房山线、昌平线一期以及 15 号线一期一段。这些地铁的开通不仅方便沿线居民生活，而且为沿线区域的房屋带来明显的交通优势，所以将会有部分市场需求转移到更远的郊区，给沿线的房地产市场带来更多需求，将可能会促使沿线房价上涨。

与 2009 年的房地产市场不同，2010 年房地产市场全面从紧，调控政策涉及范围广、力度大，对有效抑制成交量快速上涨趋势。调控后市场成交主体是刚需和改善性购房者，投资性购房者已经基本被挤出了市场。但其调控政策主要采取抑制需求的手段，没有从本质上解决房地产市场过热问题，并且年底出现成交反弹的现象，2010 年 12 月成交量仍在继续上涨。预计在 2011 年必然会出现第三轮调控，接下来的一年，二手房市场的大事件仍将紧密上演。

二、2010 年二手房市场成交盘点

调控不掩需求热度，二手住宅全年成交 196547 套

与 2009 年相比，2010 年房地产市场更加受关注，是政策全面从紧的一年。房地产市场从过去一年信贷政策宽松、交易环节税费优惠明显、2008 年累积需求爆发等全面利好的成交因素，转变到 2010 年 “限购令”“限外（地）令”“提高信贷门

槛”等全向利空的成交因素。这样的全线政策干预：会否导致刚刚创下成交高峰的二手房市场重回成交从属地位。“链家地产”市场研究部特针对2010年二手房交易市场盘点如下：

（一）宏观调控政策影响：2010年二手房住宅成交量同比2009年下降了31.4%

据北京房地产交易管理网统计，2010年全年二手房的成交量为196547套，去掉“经转商”，全年成交量是181660套，与2009年二手房成交量相比，下降了31.4%。

2010年二手住宅成交最抢眼的是4月份，成交量达到了30364套，延续了3月份成交的火热，创2010年月成交最高值。5月份成交环比下降了67%。6、7月份到谷底之后，呈现缓慢的波浪型上涨。但与2009年相比，每月的成交量几乎都位于一个较低的水平。

“链家地产”市场研究部认为，一般在市场常态下，北京二手房市场的成交量大约在16000–18000套/月。预计全年的成交量范围大约在19.2万套–21.6万套。2009年成交量整体走高的原因在于2008年累积的一部分需求在2009年释放，此外在2009年年底，一部分人群恐慌性购房，形成成交量的集中爆发，并在年底创新高。2010年宏观调控政策整体趋紧，4月底出台的“京十二条”，促使北京房地产市场骤然变冷，奠定了全年市场冷清的基础。接下来9月底又出台了第二轮调控政策，使得8、9月份成交上涨的趋势得到了一定遏制，但是11月份成交量反弹上涨，12月份延续了成交上涨的趋势，成交量创调控后新高。

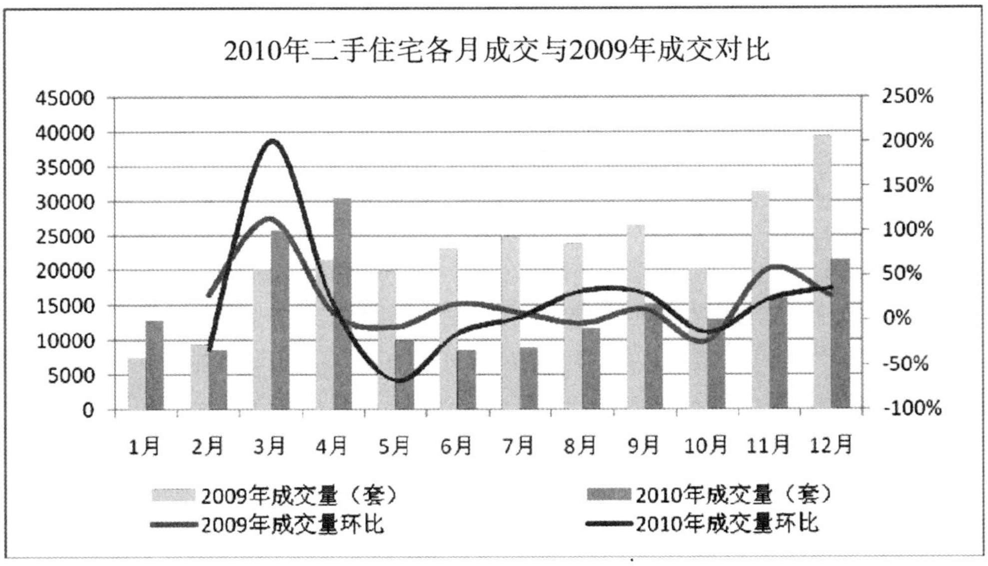

以上统计数据来源于北京市房地产交易管理网

（二）调控政策免疫，二次调控后第二月成交量上涨23%

据“链家地产”市场研究部统计分析，一次调控之后，5月份的成交量下跌幅度明显， 6、7月份成交维持低位，8月份成交开始上涨，9月份成交量创一次调控后的最高值。于是在9月底出台了二次调控政策，继续深化调控。10月份成交有所下降，下降的幅度是14%。但是11月份成交反弹，达到了15896套，环比10月份上涨了23%。进入12月之后成交继续上涨，12月成交量为21452套，环比11月上涨了35%。

“链家地产”市场研究部认为，从市场反应的周期来看，第二次调控对于市场的影响较弱，表现在成交反弹快方面：一次调控经过了3个月后成交才开始逐渐反弹，但是二次调控一个月之后，成交量就明显上涨。主要原因是二次调控政策是对一次调控政策的深化执行。对于二手房业主来说，在经历了一次调控后反弹的市场变化之后，在二次调控之后反应比较冷静，没有出现恐慌性抛售的心态，而购房者也并没有急于退出市场。第二，二次调控执行时，市场的成交主体已经是以刚需和改善性购房者为主，调控政策对其影响较小，成交量并没有显著变化。由于需求强烈，在价格维持基本不变时，市场反弹更加容易。

（三）信贷政策影响，超小户型成交占比上涨 2 个百分点，

据“链家地产”市场研究部统计数据分析，2010 年北京二手住宅成交中，其中 60 ㎡以下二手房的成交量为 57836 套，占比为 27%，比 2009 年上涨了 2 个百分点。60 ㎡–80 ㎡ 二手房成交占比减少了 2 个百分点，140 ㎡以上二手房成交占比上涨了 1 个百分点。100 ㎡以下二手房占比为 67%，大约占全年成交三分之二。

“链家地产”市场研究部认为，从成交房屋面积分布来看，面积为 60 ㎡以下二手房在市场的占比增加。二手房主要成交以小户型为主。小户型受青睐的主要原因是，首先，由于目前房价总体水平高，在经过调控之后，市场上主要需求是刚需人群和一部分改善型人群。刚需人群为首次置业，大部分人群经济能力有限，因此，选择一些小户型、低总价房屋。其次，由于差异化信贷政策的影响，购房首付提高，部分购房者无力承担高总价房屋的首付，所以选择小户型，低总价二手房。

（四）理性需求促使城八区成交占比上涨 7 个百分点

据北京市房地产管理网数据统计，2010 年二手房住宅成交量（去掉经济适用房）占比前 5 名的是：朝阳，14%，11%，7%，6%，排名没有变化，但城区的成交占比发生了变化。城八区的占比环比去年上涨了 7 个百分点，其中东城、西城、宣武占比均上涨 1 个百分点。朝阳、海淀占比均上涨 2 个百分点。另外昌平区占比下降了 2 个百分点、远郊区整体下降了 3 个百分点，通州占比下降了 1 个百分点。其他区域占比没有明显变化。

“链家地产”市场研究部认为，占比呈现上涨的区域二手房优势比较明显。朝阳区由于房源多，在二手房市场中一直处于比较重要的地位，海淀区由于其教育资源优势也吸引了购房者。成交上涨的区域都是传统的成交优势区域。主要的原因是，09 年市场火热，投资性购房增多，很多购房者购买相对偏远的郊区二手房，而在今年调控环境之下，市场购房趋于理性，刚需群体购买相对地理位置优越，小户型较多的城八区，而改善型需求也“由远到近”，所以城八区整体成交上涨。所以导致今年看似房价更高的城八区成交占比增加，而相对偏远的郊区，成交占比减少。

（五）购房低龄化趋势明显，30 岁以下购房占比增加 6 个百分点

据“链家地产”市场研究部统计，目前购房低龄化趋势明显。2010 年 30 岁以下人群购房占比约为 38%，比去年上升了 6 个百分点，而 30 岁–39 岁购房人群占比约为 35%，比 09 年下降了 5 个百分点，40 岁–49 岁购房人群占比增加了 1 个百分点。

“链家地产”市场研究部认为，30 岁以下购房人群占比与去年相比明显增加的主要原因是：

首先由于“限购令”执行，将一部分购买多套房投资性人群挤出市场，而一般有能力进行房地产投资的人群年龄大约都在 30 岁以上。其次，由于差异化的信贷政策提高了二套房首付，停止三套房贷，而加之今年房价整体呈现上涨趋势 ，房价相对较高，因此一部分改善型需求推后购房计划，所以促使 30 岁—39 岁购房人群占比减少，而市场的成交主体是刚需和改善型购房者，因此 30 岁以下购房者占比增加。

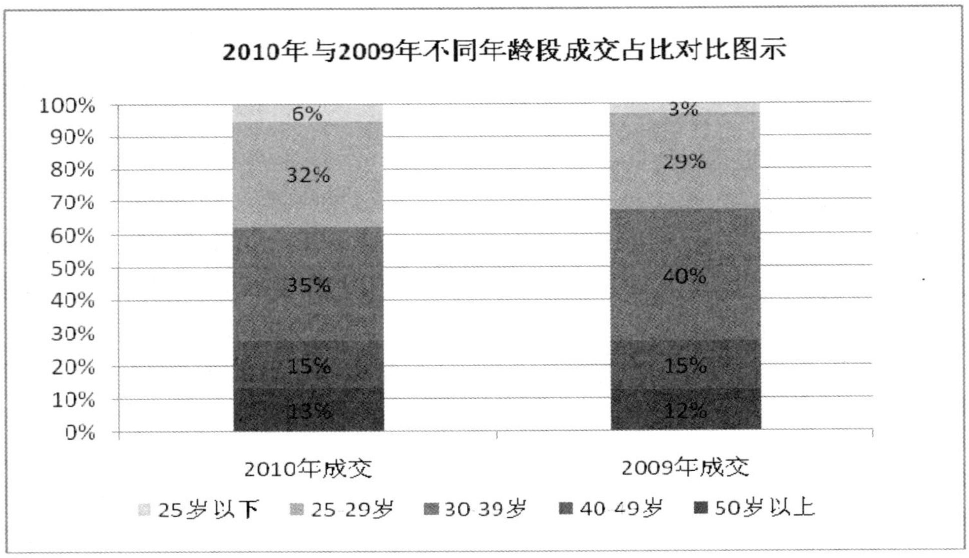

以上统计数据来源于“链家地产”市场研究部

（六）**未来预期增强，业主“抛售”转为“惜售”**

据“链家地产”市场研究部统计，从链家房源变化情况来看，房源量在 3、4 月份上升明显，尤其是 4 月份由于房价短期达到高位，业主出售意愿变高新增房源激增，而 5 月份由于调控政策影响，部分业主开始出现抛售，更导致整体房源量激增，这种情况一直延续到 7 月初。9 月份调控之后，新增房源开始明显减少。11 月之后，出现了成交量上涨，但是新增房源量明显下降的趋势。这是 2009 年到目前首次出现的现象。

“链家地产”市场研究部认为，新增房源量的变化反映二手房业主对于当前市场的判断以及其对未来市场的预期。首次调控后部分业主由于恐慌心理，担心未来房价会大幅下跌，急于出售，甚至出现了“抛售”现象。但是 9 月底出台第二轮调控之后，业主并没有急于抛售，11 月份市场反弹，成交量上涨，业主体现出明显惜售心态。由于 11 月需求进一步增多，业主对于后期市场的信心增强，大部分业主认为 12 月份到明年或许房价仍然有继续上涨的可能。所以希望在价格上涨之后出售。

总体来讲，“链家地产”市场研究部认为，今年的二手房市场成交量的变化受政策影响大。主要有两个特点：首先，大量投资性购房者退出市场，抑制市场成交量过快上涨。由于“限购令”的执行，投资性购房者被强行挤出市场，市场只可能存在刚需和改善型购房者，其成交主要集中在低总价、小户型房屋。其次，以抑制需求为调控手段，若调控政策有所放松，明年或将迎来需求的集中释放。今年房地产调控政策主要的调控手段是抑制投资性需求，但是其政策也误伤了一部分改善型需求以及一部分刚性需求人群，真正供需矛盾没有解决，假若明年“限购令”解除，或将迎来需求的集中释放。

三、2010 年二手住宅成交价格盘点

二手房价全年涨 12%，购房压力增 46%远超收入增幅

2009 年房地产市场的火热延续到 2010 年初期，造成成交量价齐涨现象，尤其是价格的过快上涨给购房者带来明显压力，导致 2010 年 5 月开始全面从紧的房地产政策执行，包括“限购令”、“限外（地）令”、“交易税费优惠取消”等全面限制交易需求的“利空”政策。在这样的市场环境之下，成交价格能否有直接明显的下降呢？“链家地产”市场研究部针对 2010 年二手房价格走势特点盘点如下：

（一）**年初房价过快上涨被遏制，全年房价上涨 12%**

据“链家地产”市场研究部统计，2010 年全年二手房成交均价为 19186 元/㎡，相比 2009 年上

涨了41%，上涨幅度明显。而2010年自身价格涨幅也同样显著，12月份二手房的成交价格为19690元/㎡，比2010年1月份上涨了约12%。

与2009年房价一路上涨的趋势相比，2010年房价呈现波动趋势。4月房价达到最高位，突破了20000元/㎡，而在经过一轮调控政策之后，房价明显下降，5月份价格环比4月份下降了6%。9月份房价开始继续上涨，基本回归调控前水平，二次调控后房价呈现稳定而缓慢上涨的趋势。

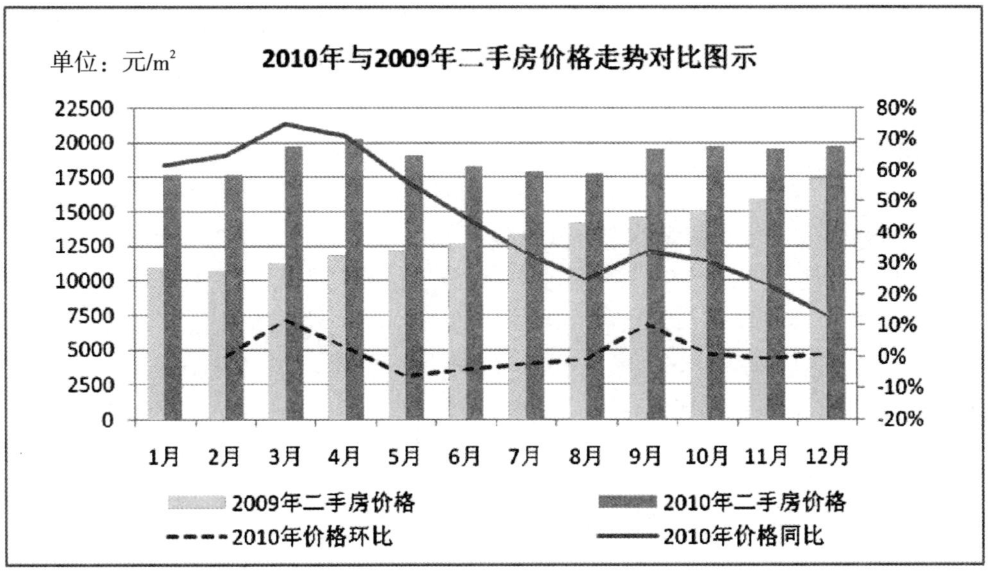

以上统计数据来源与“链家地产”市场研究部

“链家地产”市场研究部认为，尽管整个2010年房价仍然以上涨作为收场，但是宏观调控对房价的干预作用还是相当明显：首先，房价过快上涨被抑制。2010年年初，房价延续了2009年持续趋势，上涨速度快，市场明显感觉到房价上涨带来的购房压力，促使国家出台了第一次调控政策。调控政策效果明显，房价开始下降。主要的原因是调控政策抑制了投资性需求，市场成交主体是刚需人群，对房价接受能力低，业主降价之后才能成交。

其次，9月份之后房价虽有上涨，但环比涨幅明显放缓。第四季度二手房价月均涨幅0.2%，相比调控前一季度4.5%的涨幅，回落了4.3%。

（二）调控效力逐渐变温和，房价反弹周期缩短

据“链家地产”市场研究部统计数据分析，一次调控后，房价明显下降5月份环比4月份房价下降了5%，此后连续三个月房价都呈现下降趋势。而9月底二次调控出台之后，房价并明显下降，11月份末房价开始反弹上涨，12月房价环比上涨0.7%。

“链家地产”市场研究部认为，第一次调控和第二次调控对于房价的作用相比有以下两点不同：

首先，一次调控作用强烈，价格迅速明显下降。主要原因是，一次调控对于市场的冲力大，市场反应明显，大量需求推出市场，房价下降。二次调控是一次调控的深入执行，市场对于调控的反应理智，房价下降不明显。

其次，二次调控之后反弹周期缩短。一次调控后，房价持续下降，维持4个月相对低价，9月份房价开始上涨。二次调控之后，只有10月份房价略有下降。11月份即开始反弹呈现上涨的趋势。主要的原因在于经过一次调控后市场反弹，市场心态发生了变化，对于未来房价的信心整体增强，需求增加，因此房价下降难。

（三）150万以下二手房成交占比减少30%，购房压力增大46%远超收入增幅

据“链家地产”市场研究部统计数据分析，2010年总价低于150万的二手房成交占比与2009年相比下降了30个百分点。150万元以上二手房成交占比均呈现上涨，其中上涨最明显的是总价为150万-200万的二手房成交占比上涨了13个百分点。

“链家地产”市场研究部认为，从不同价格区域成交占比的变化来看，总价150万以下二手房成交占比优势明显减弱。2010年成交总价整体呈现上涨，主要的原因是2010年的房价与2009年相比，整体房价处于一个高水平。因此，造成成交总价上涨，低总价占比减少。购房总价上涨表明目前消费者购房的压力明显增加，购房难问题突出。据北京市统计局数据显示，北京市1-11月份居民人均可支配收入同比去年增加了8.8%。今年房价约为19186元/㎡，购买100㎡的房屋大约需要192万，而去年购房需要同样二手房仅需要136万，成本增加了56万，此外还有房贷、个税等方面的成本，购房成本增加41%左右，远超过购房者实际的承受能力。

（四）通州房价同比上涨幅度57%，上涨明显

据“链家地产”市场研究部统计数据分析，2010年部分区域房价上涨明显，其上涨幅度超过了45%。这些区域分别是通州、房山、大兴、丰台、石景山。上涨的幅度分别是57%、50%、47%、46%、46%。上涨主要集中在10年前4个月，尤其是3、4月份。虽然这4个城区房价上涨明显，但是目前其房价水平与中心城区相比，仍处于低价区域。与去年相比，区域成交价格排名格局基本没有变化。

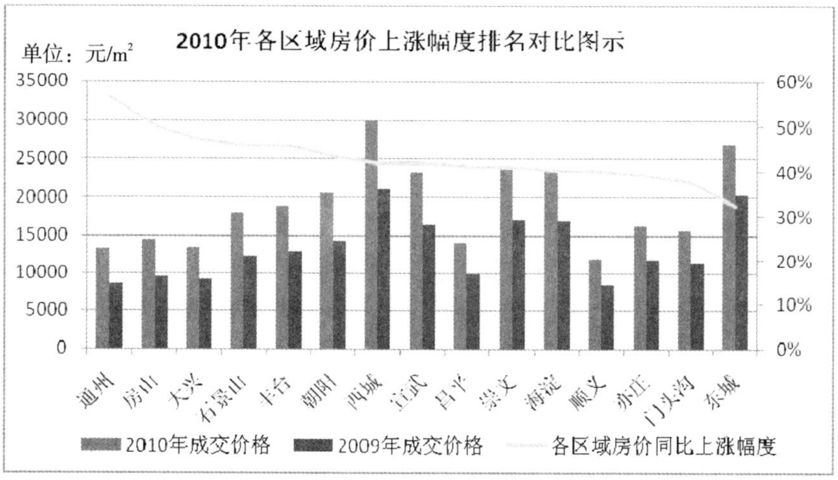

以上统计数据来源于“链家地产”市场研究部

“链家地产”市场研究部认为，上涨趋势最明显的区域的特点是：

首先，相对房价较低区域。如通州，大兴，2009年这些区域的房价处于低位，因此房价上涨空间大，在年初市场火热的影响下，房价快速上涨。

其次，规划利好优势区域。房山、大兴等会有地铁线开通，交通利好促使房价上涨。通州由于新城规划利好，吸引了大部分投资者，因此房价上涨明显。

（五）排名前十商圈依旧，超半数商圈排名发生变化

据“链家地产”市场研究部统计数据分析，2010年商圈价格前十名的区域基本没有变化，其中北太平庄去年位于11名，今年跻身第十位。但是具体名次略有变化，如世纪城商圈去年排名第二位，今年成为第4位。官园去年排名第5位，今年进入前三位。而其余商圈中超过半数排名发生变化。

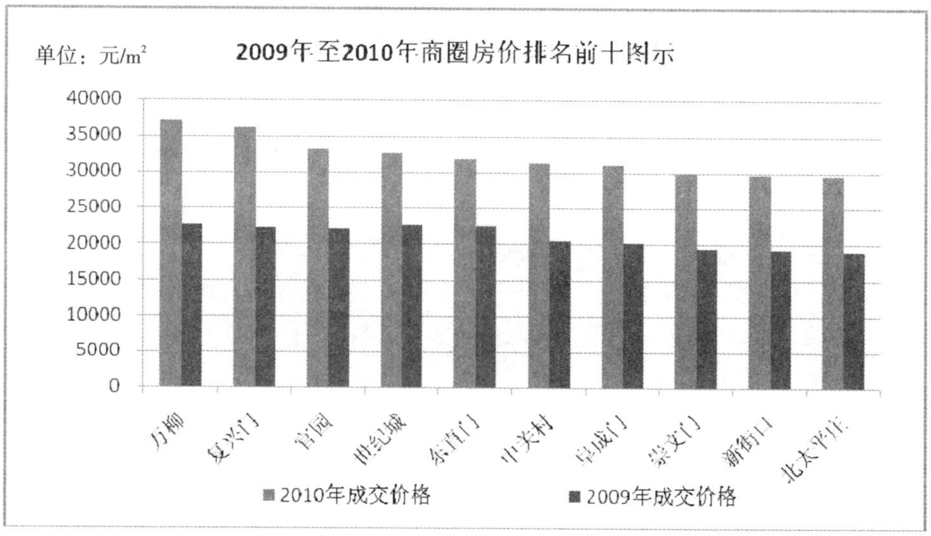

以上统计数据来源于“链家地产”市场研究部

“链家地产”市场研究部认为，排名前十的商圈从2009年到现在基本没有变化。这些商圈主要有以下几个优势：首先，地理位置优势。这些商圈大部分在二环以内的核心位置，交通便利。其次，中高档商圈。如万柳、世纪城均为中高档住宅区域，房价高于一般的普通住宅。而其余商圈的房价在今年波动比较明显的市场环境之下，各个商圈房价的涨幅不同，因此排名有所变动。预计在2011年，优势商圈仍然会保持价格的价格强势的特点。

（六）武夷商圈房价涨幅86%，涨幅创新高

据“链家地产”市场研究部统计数据分析，房价涨幅前十的商圈，涨幅基本都超过70%，其中武夷区域上涨幅度超过80%。其余一部分商圈上涨幅度在45%以上。

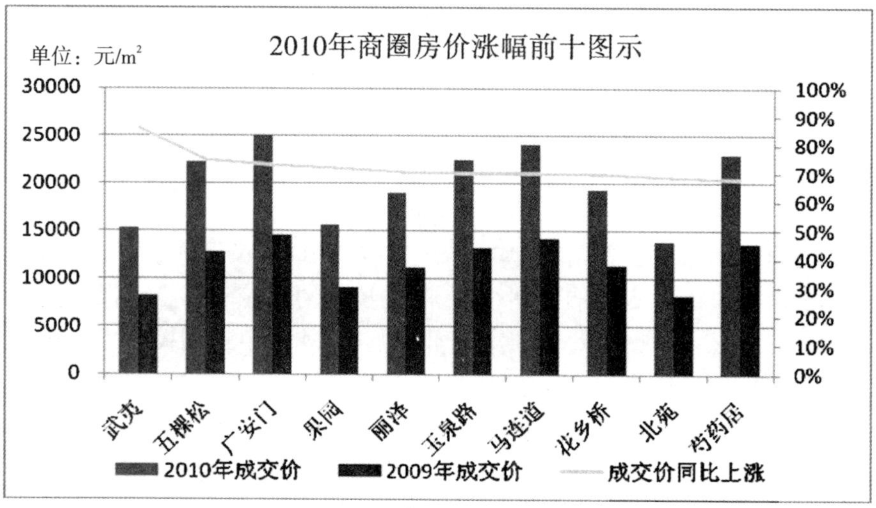

以上统计数据来源于“链家地产”市场研究部

"链家地产"市场研究部认为，与2009年房价上涨幅度前十的商圈相比，2010年的房价涨幅前十的商圈发生了比较明显的变化。2009年商圈优势明显的区域上涨幅度大。而2010年上涨明显的是价格较低区域。主要的原因是：2009年主要的需求是累积需求，而2010年一次调控前，市场投资性需求明显增多，推动部分区域房价快速上涨，虽然经过调控，但房价没有下降。由于价格全面上涨，这些区域由于原来房价较低，因此上涨幅度明显。而房价本来就高的区域上涨空间有限，涨幅相对较小。

（七）年末房价上涨预期增强，明年房价上涨压力大

据"链家地产"市场研究部统计数据分析，房源挂牌价高于成交价，挂牌价与成交价的整体走势基本相同。两者均在4月份达到最高值，经过调控政策之后开始下降。5月份挂牌价环比下降了4%，成交价环比下降了6%。在二次调控之后，10月份两者均呈现下降，但在11月份开始缓慢回升。但是挂牌价变化幅度小于成交价变化幅度，走势比较稳定。

但是新增房源的挂牌价走势略有不同，新增房源挂牌价的变化受政策影响比较明显，对市场的反应比较明显。7月份新增房源挂牌价开始明显上涨，9月份调控之后，10月份的挂牌价下降，但是11月份又开始上涨，12月新增房源挂牌价环比11月上涨了4%，高于成交价上涨的幅度。

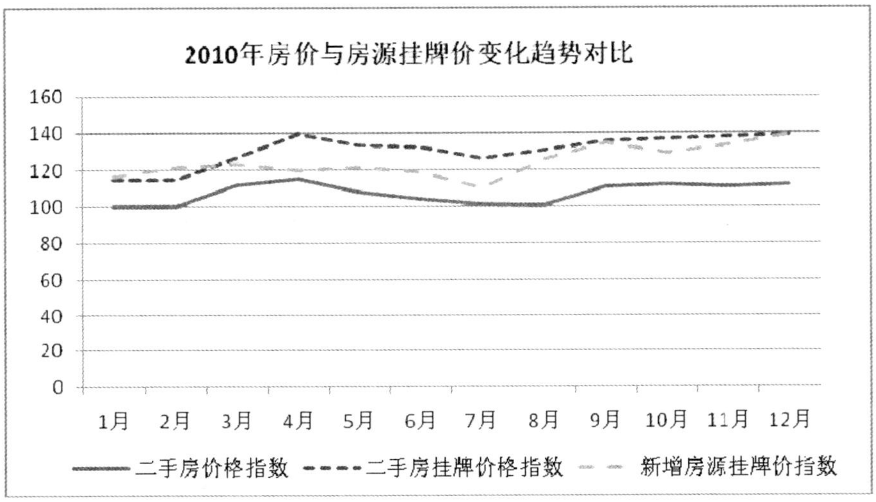

以上统计数据来源于"链家地产"市场研究部

"链家地产"市场研究部认为，新增房源的挂牌价体现出业主对于未来市场的走向的预期，年末新增房源挂牌价上涨明显，而据在年末新增房源量明显减少，业主体现出"惜售"心态。当前市场成交上涨，需求增多，业主对于未来房价预期明显增加。预计明年，二手房价上涨的动力将会显现，可能会推动房价进一步上涨，调控难度增加。

与2009年市场环境不同，2010年主要市场氛围是从紧的调控政策，以遏制过快上涨的房价为目的。纵观一年的调控成果，房价过快上涨得到了基本遏制。在年末，成交价格恢复至调控前期水平，但是在年末房价上涨的动力开始显现。业主挂牌价提高，市场供给减少，而购房需求增多，预计明年房价上涨压力更大，如果房价进一步上涨，那么将可能促使第三轮调控政策出台。

第三部分 租赁房

一、2010 年租赁市场突变及总结

当前租金可抵消 2 年前买房月供，业主出售压力变小

今年的租赁市场带给消费者最大的感受就是租金上涨。新政前后，租金经历了跳跃式的增长，之后虽然涨幅变缓，但是依然保持了连续增长的趋势，在租金上涨的带动下，市场"售转租"和"买转租"现象的增多带动了租金上升，租售比有所回落。

短期内大幅上涨：第二季度租金上涨 9%

今年的租赁市场突出的表现就是受调控政策影响引发租金出现的大幅上升，根据"链家地产"门店经纪人介绍，新政调控前后，租金跳跃增长，平均 200-500 元不等，涨幅接近 9%，这是租金首次短期内大幅度的上涨。

"链家地产"首席分析师张月认为，第二季度是近两年来租金短期内首次大幅上涨，这不仅与租金长期以来增长趋势有关，也受到国家的宏观调的影响，部分买卖需求转向了租赁市场，租赁需求集中推高了租金。

租售比平抑（新政前 1：650 将为新政后的 1：550）

"链家地产"首席分析师张月认为，由于租金与房屋售价的比例不协调，北京的租售比长期以来处于高位，今年新政前的租售比是 1：650，新政后随着租金的上涨该比例回落至 1：550，虽然与国际通行的标准（1：250-1：350 之间）相比，依然处于高位，但是相对于新政前的比例已经有所下降。虽然当前的租售比回落，但是由于北京的租售比长期处于高警戒位，这种小幅度的租金上涨尚不能让市场的租售关系合理化。

当前租金可以抵消 2 年前买房的月供

2010 年 10 月以来的央行两次加息，最近一次是 12 月 26 日，以贷款 100 万 ，还款 30 年为例，贷款购房的月均还款如下表：

贷款 100 万月供				
	首套房		二套房	
利息变动	执行利率（%）	月还款（元）	执行利率（%）	月还款（元）
调整前（6.14%）	5.219	5502.85	6.754	6488.64
调整后（6.40%）	5.44	5640.3	7.04	6679.91
差额	0.221	137.45	0.286	191.27

"链家地产"首席分析师张月认为，第一，以当前购房贷款 100 万元为例，月供在 5500-6500 元左右，而当前的租金平均为 3100 余元，租金已经相当于月供的半数，租金上涨让消费者购房后转租的获利预期增高。第二，如果是两年前（2008 年以前买房）贷款买房，小户型总价一般在 80—100 万，贷款在 50—70 万左右，月供一般不超过 3000 元，而现在的平均租金已经达到 3182 元，租金已经可以抵消月供的压力，因此前几年买房人当前基本无出售压力。

热点区域与周边区域租金差距变化：老热点区与周边区域差距缩小，新热点区域租金与周边差距扩大

"链家地产"首席分析师张月认为，老热点区域与周边区域的租金差距在缩小，而以地铁为代表的新热点区域租金与周边则在扩大。老热点区域租金涨幅过高，消费者被迫搬至周边区域，而周边区域需求的集中又抬高了租金；新热点区主要集中在地铁周围以及城中改造周围，由于需求增多提高了这些区域的租金，从而拉大了与周

边区域的租金差距。

合租是主流的趋势

据“链家地产”市场研究部统计数据分析，新政后合租的消费者增长 15%。“链家地产”首席分析师张月认为，在高租金下，消费者选择合租，可以节约成本，是被动的选择。虽然新的《商品房屋租赁管理办法》已经出台，但是在执行上存在难度，合租依然是高租金下的一种主流租住方式。

老公房业主议价空间减少，投资意识增强

据“链家地产”门店介绍，与往年不同，今年房龄在 15 年以上的公房业主在出租时，对于租金很难再有侃价空间，并且与商品房租金差距由原来的 20%以上缩小到 15%以内。

“链家地产”首席分析师张月认为，由于老公房业主在购房时只是象征性的支出房款，因此在 2010 年以前租金处于较低水平实，公房业主对于高租金的渴求度较低，主要还在于更快将房产出租出去；而今年在房租快速增长带来的既得可观利益，让公房业主的投资意识开始增强，并且很难再接受过多的侃价。

二、2010 年北京租赁市场成交盘点

租金一年上涨 22%　租房群体中 30%是年轻人

今年第二季度，租金实现了跃进式的增长，较第一季度增长 7%左右，第三、第四季度保持了平均 3%的增长速度，至年末达到 3100 余元，尤其是 4 月前后租金涨幅最高，主要由于消费者在新政后将买卖需求转移到租赁市场，带动了租金的上涨。

（一）成交量增幅在新政前后翻番

“链家地产”首席分析师张月认为，4 月新政出台后，部分买卖需求转向了租赁市场，促进了租赁在 4 月份成交旺盛，在随后的 2 个月内是毕业生租房的高峰时节，也出现了小幅增长，在 7 月、8 月市场需求没有过渡性的增长，增幅转为平缓甚至下降，而在 9 月、10 月则由于新学期开始，学区房需求增长带动了整体市场再次上涨，在后继的 2 个月内，由于没有刺激性的需求增长，成交增幅开始回落。

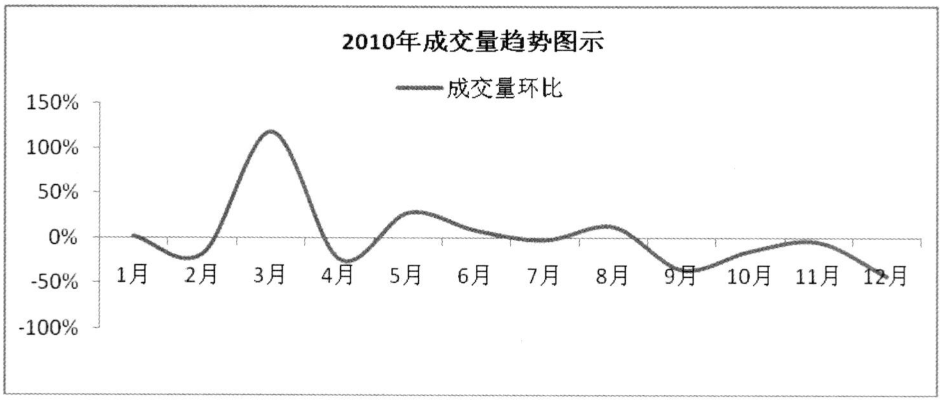

以上数据来源于“链家地产”市场研究部

（二）第二季度租金大跳跃，全年上涨 22%

据“链家地产”市场研究统计，2010 年租金不断增长，1–6 月租金环比涨幅不断增高，尤其是新政后租金跳跃式上涨 7%，至年末租金达到 3182 元，较年初上涨 22%。而今年的平均租金是 2912 元，比去年平均增长了 19%。

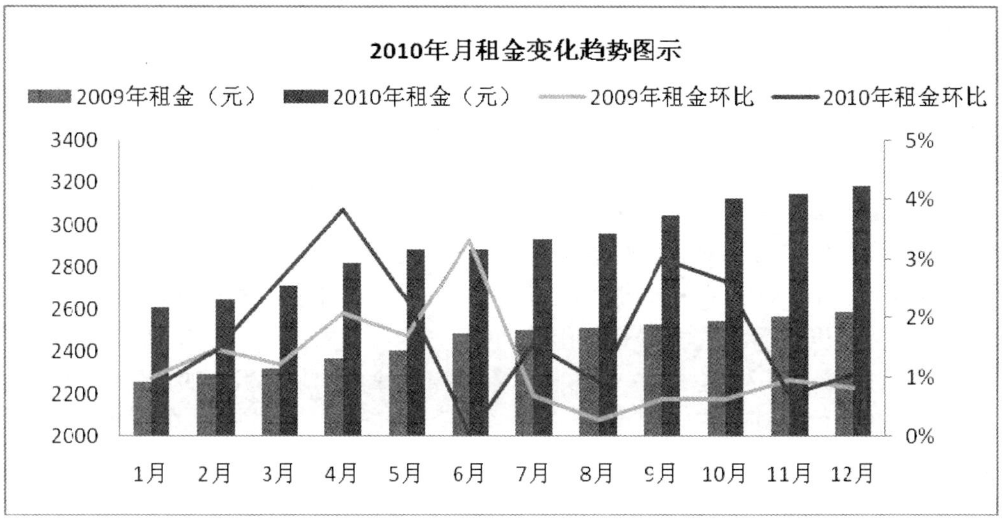

以上数据来源于“链家地产”市场研究部

“链家地产”首席分析师张月认为，去年租金的走势是平稳持续的上涨，而今年与去年不同，今年租金市场在新政后经历了大幅增长。第一，第二季度租金明显增长。在新政刚出来一两个月，消费者购房热情降低，对市场的降价预期增长，部分消费者转向了租赁市场，租赁市场潜在需求增长，为租金上涨提供了条件。卖方出售住宅受到制约，部分房源开始转租，在政策的作用下，对租金上涨的预期增长。第二，在第三季度季节性需求带动的因素下，租金再次小幅增长。第三季度表现为高校毕业生求租以及新学期需求增长，带动了市场整体租金上涨。第三，第四季度维持平稳态势，租金维稳。一方面，在前几个月租金一路攀升的情况下，租金增长疲软，价格开始维稳，另一方面于前几个月相比，第四季度没有过渡需求的刺激。

（三）2010 年价格涨幅最低 24%：一居涨 12%、二居涨 30%、三居涨 49%、四居涨 53%

据“链家地产”市场研究统计，今年 12 月与 1 月相比，所有不同类型居室的租金都出现了上涨，一居租金涨幅全年上涨 12%、二居上涨 30%、三居全年上涨 49%、四居则上涨 53%。

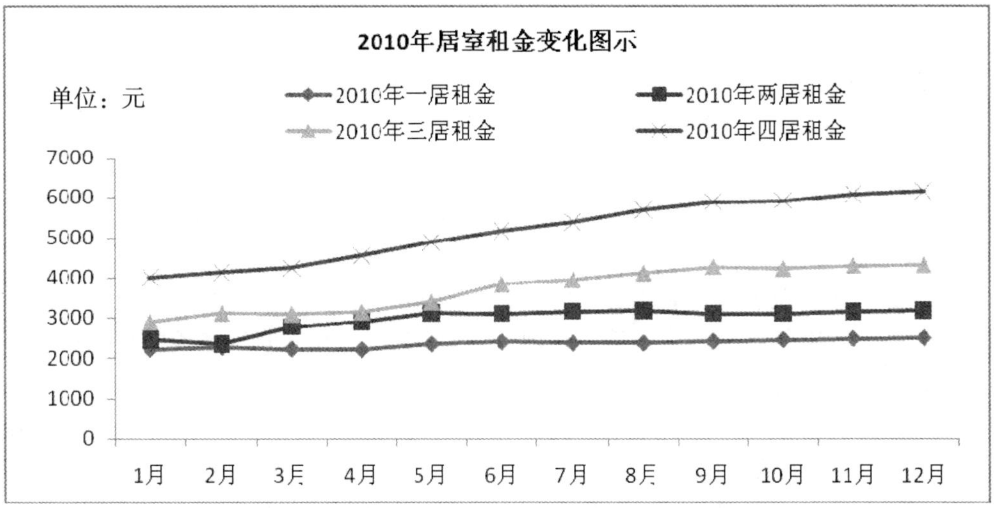

以上数据来源于“链家地产”市场研究部

“链家地产”首席分析师张月认为，首先，在租金增高的环境下，大居室的租金的上升空间大。二季度以后，大居室尤其是三居的优势凸显。新政前，三居的优势并没有发掘，租金与两居的差距不大，随着租金的增长，三居室容量大、能够分摊租金的优点显现出来；其次，租住大居室房屋的群体呈现两级分化，除了合租群体外，部分消费能力高的消费者也倾向租住大居室，而这部分消费者对价格的接受能力较高。

（四）城八区租金7个月涨幅均超10%，其中西城区涨幅最高，达到16%

据“链家地产”市场研究统计，新政后城八区的租金较新政前均超过了10%，租金涨幅排名是：西城区上涨16%、东城区与宣武区均涨13%、崇文涨11%、朝阳涨7%、丰台涨10%、海淀涨11%、石景山涨12%。“链家地产”首席分析师张月认为，中心城区租金上涨势头最猛。由于良好的位置环境，租金上涨动力最足。

（五）年轻人租房人数是买房的6.6倍

据“链家地产”市场研究统计，从今年的租赁市场来看，在承租人的比例中，24–29岁的消费者占比最高，占所有承租人比例的三分之一，在第一季度这部分人群的占比增高至四成，虽然在第三季度下降，但是依然稳定在三成左右。

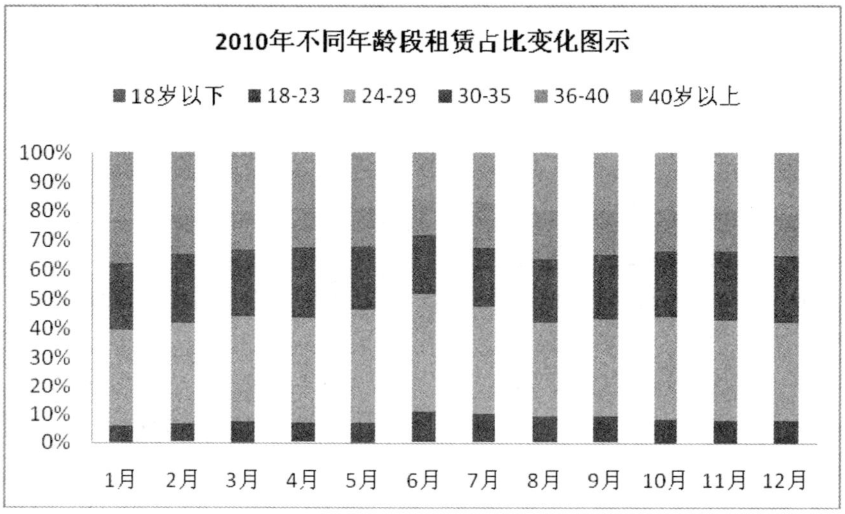

以上数据来源于“链家地产”市场研究部

“链家地产”首席分析师张月认为，第一，租房的年轻人是买房的6.6倍。据“链家地产”数据统计，30岁以下的年轻人在租赁市场占三分之一，在二手房买卖市场占27%。按照2010年100万的租赁成交量来看，共有33万套房是租给了30岁以下的年轻人；在二手房买卖市场，2010年全年的成交约18万套，共有近5万套房是30岁以下的群体购买。可以看出，年轻人租房要远高于买房，年轻人在高房价的压力下选择租房。第二，从24–29岁的年轻人租房的户型来看，主要以小户型为主，有86%的年轻人选择一居及两居的户型。从“链家地产”统计的数据来看，这个年龄段的年轻人租一居的比例为40%，二居是46%。小户型最主要的优势就是租金便宜，这也是多数年轻人选择小户型的主要原因。第三，24–29岁的年轻人都处于适婚年龄，租房结婚也成为不少年轻人的选择。据“链家”地产门店介绍，现在租房结婚的年轻人在增多，例如客户小王刚大学毕业4年，与女朋友准备明年结婚，在国庆节过后打算买房，但是仅二人有20余万存款，除去结婚的用款，只能剩余不足15万，由于现在首付至少基本都在40万以上，二人由于资金不足而放弃了现在购房的计划，准备租一个小两居作为婚房。二人计划过几年后再置业。

（六）毛坯房全年上涨 24%，简装修上涨 19%，精装修全年上涨 14%

据“链家地产”市场研究统计，从全年的租赁来看，当前毛坯房的租金 2583 元，较年初上涨 24%，简装修的住宅租金 2674 元，较年初上涨 19%，精装修的租金 3551 元，精装修的价格较年初上涨 14%。“链家地产”首席分析师张月认为，在政策干预下，业主由售转租，把毛坯以及简单装修的房子用来出租，由于他们获利意愿较高，一定程度上抬高了市场租金，提高了此类房屋的租金涨幅。

2010 年北京房地产市场总结研究报告

北京世联地产

一、摘要

行业运行情况：GDP 和 CPI 呈现平稳上涨态势，居民可支配收入同比上涨了 8.80% 。

市场表现：土地市场“量价齐升” ，且供过于求 ；新房市场量价向两极发展,且供求基本持平。

未来展望：成交量的涨落不改，成交均价的稳步提升。

二、2010 年行业运行情况分析

（一）宏观经济环境解析

1. GDP 增长（数据来源：北京统计局）

2010 年，北京市前三季度 GDP 一直呈现出小幅上扬态势。2005-2009 年除 2008 年以外，以较快的速度增长，年增长速度在 10%以上。

2010 年 1-3 季度 GDP 增速

季度	地区生产总值（亿元）	增速 （%）
一季度	3117	----------
二季度	3255.6	4.45%
三季度	3381.8	3.88%

2010 年，北京市 1-3 月 GDP 呈小幅平稳上扬态势，其中三季的增速与二季度相比略有减缓。三季度全市 GDP 总额为 3381.8 亿元人民币。

北京市 2009 年 GDP 为 11865.9 亿元，比 2008 年增长 10.1%；2008 年 GDP 为 11115 亿元，比 2007 年仅增长 9.1%，受次贷危机影响，2008 年 GDP 增长速度是近五年中较低的一年。

按常住人口计算，2009 年北京全市人均地区生产总值突破万元大关，达到 10314 美元，比上年增长 7.2%。

2. 居民可支配收入

截止 11 月，2010 年北京市城镇居民人均可支配收入为 26719 元人民币，同比去年同期上涨了 8.80%。其中人均工资性收入比上年上涨了 11.20%，人均数额为 21009 元人民币。

2009 年城镇居民人均可支配收入达到 26738 元，比 2008 年增长 8.1%（名义增速）。农村居民人均纯收入 11986 元，比上年增长 11.5%（名义增速）。

2009 年城镇、农村居民恩格尔系数分别为 33.2%和 32.4%，比上年下降 0.6 个和 1.9 个百分点。城乡居民居住水平继续提高。

3. CPI

截止 2010 年 11 月北京市 GPI 整体呈现出平稳上涨态势，四季度受宏观经济形势影响，月度增幅较大。

截止 11 月，2010 年北京市 GPI 整体呈现出平稳上涨态势，四季度受宏观经济型势影响，月度增幅较大。

纵观 2005 年以来的数据，2009 年北京市居民消费价格比 2008 年下降 1.5%，但仍处于高位。在 2007 年 5 月以前，我国的这一价格指数一直 稳定在 100-103 之间，但是自从 2007 年 5 月以后，这一指数开始飙升，表明通货膨胀压力增大。

在最新公布的2010年第一季度经济运行数据中，CPI 的上涨达到 8%，其中，3 月份同比上涨 8.3%。虽然比 2 月份有所回落，但是仍然处在高位。由此基本可以判断，通货膨胀是目前我国经济中存在的主要问题，控制通货膨胀也将是管理层未来一段时间的首要任务。

（二）政策环境解析

1. 政策要点（全国）

房地产市场调控政策频繁出台，较为宽松货币政策下的紧缩性调控被定下基调。

	部门	政策	主要政策细则
土地政策	国土资源部	整治用地	1、确保不低于住房建设用地供应总量的 70%用于保障性住房、棚户改造和自住性中小套型商品房建设,严格控制大套型住房建设用地,严禁向别墅供地；2、规范开发商拿地付款方式 。
	国土资源部	暂停招拍挂	1、暂停热点地区高价土地的交易,以稳定土地市场,改进土地交易方式,控制非理性土地竞价,设立地价合理区间。2、增加配建保障性房和承担公益性设施建设等要求 。
	国土资源部	土地供应	1、用地供应计划没有编制公布前，不得出让住房用地。2、进一步明确年度房地产用地的供应总量，并适当增加总量。3、探索在坚持完善招拍挂制度的同时，能有效控制房价地价的政策和措施。
房地产政策	国务院办公厅	国十一条	1、增加保障性住房和普通商品住房的有效供给；2、合理引导购房消费抑制投资投机性购房需求 ； 3、加强风险防范和市场监管 ；4、加快推进保障性安居工程建设；5、落实地方各级人民政府责任。
	国资委、银监会	央企退出	1、国资委 3 月 19 日通知，责令 78 家不以房地产为主业的央企限期递交退出方案。2、银监会表示，停止对 78 家不以房地产为核心主业的中央企业新增授信。
	国土资源部	加强房地产市场调控	1、统一思想，加强部门协调配合 。2、强化住房用地和住房建设的年度计划管理 。3、加快推进住房用地供应和建设项目的审批 。4、严格住房建设用地出让管理 。5、加强对住房用地供地和建设的监管 。6、加大违法违规行为清理查处力度 。

2. 政策要点（北京）

限制购房套数、提高首付比例及贷款成本、抑制开发商囤地等举措，虽然使投机性的购买活动明显减少，但却没有解决根本问题。

	部门	政策	主要政策细则
土地政策	国土资源部	整治用地	1、确保不低于住房建设用地供应总量的 70%用于保障性住房、棚户改造和自住性中小套型商品房建设,严格控制大套型住房建设用地,严禁向别墅供地；2、规范开发商拿地付款方式 。
	国土资源部	暂停招拍挂	1、暂停热点地区高价土地的交易,以稳定土地市场,改进土地交易方式,控制非理性土地竞价,设立地价合理区间。2、增加配建保障性房和承担公益性设施建设等要求 。
	国土资源部	土地供应	1、用地供应计划没有编制公布前，不得出让住房用地。2、进一步明确年度房地产用地的供应总量，并适当增加总量。3、探索在坚持完善招拍挂制度的同时，能有效控制房价地价的政策和措施。

	部门	政策	主要政策细则
房地产政策	国务院办公厅	国十一条	1、增加保障性住房和普通商品住房的有效供给；2、合理引导购房消费抑制投资投机性购房需求 ； 3、加强风险防范和市场监管 ；4、加快推进保障性安居工程建设；5、落实地方各级人民政府责任。
	北京市住建委等 12 家单位	北京十一条	1、增加保障性住房供应比例； 2、加强供地未开工项目的管理； 3、严格二套住房购房贷款管理，对二套住房贷款严格执行不低于 40%首付比例；4、个人销售普通住房营业税和个人住房转让营业税免征时限由 2 年恢复到 5 年；5、取得商品房预售许可证后，房地产开发企业应当 3 日内一次性公开全部房源。
	国资委、银监会	央企退出	1、国资委 3 月 19 日通知，责令 78 家不以房地产为主业的央企限期递交退出方案。2、银监会表示，停止对 78 家不以房地产为核心主业的中央企业新增授信。

3. 货币政策

频繁的存款准备金率上调之后，央行终于启动加息机制；尽管尚不能冲抵日渐上涨的通货膨胀率，但政府机构的持续性调控决心却足以彰显；房地产市场观望还将持续。

部门	政策	主要细则
公积金管理处	二套房公积金贷款首付比例	购买“二套住房”申请公积金贷款（含个人住房组合贷款），贷款首付比例不得低于 40%。
银行	取消首套房利率 7 折优惠	四大国有银行已全面收紧首套房首付两成利率 7 折的优惠政策。
财政部	首套房契税优惠收紧	财政部下发文件明确首次购买普通住房契税优惠政策问题:联名购买 90 平方米及以下普通住房中的任何一位购买者只要已有购房记录，便不可再享受首套优惠。
国务院	二套房贷款利率上调	对贷款购买第二套住房的家庭，贷款首付款不得低于 50%，贷款利率不得低于基准利率的 1.1 倍。
国务院	贷款购房首付比例上调	购买首套住房且套型建筑面积在 90 平方米以上的家庭，贷款首付款比例不得低于 30%。
央行	存款准备金率上调	上调存款类金融机构人民币存款准备金率 0.5 个百分点。截至 12 月 20 日，大型金融机构存款准备金率调整至 18.50%，小型金融机构存款准备金率调整至 15.00%；
央行	加息	金融机构一年期存款基准利率上调 0.25 个百分点，由现行的 2.25%提高到 2.50%；一年期贷款基准利率上调 0.25 个百分点，由现行的 5.31%提高到 5.56%；其他各档次存贷款基准利率据此相应调整
央行	加息	金融机构一年期存贷款基准利率分别上调 0.25 个百分点,其他各档次存贷款基准利率相应调整 。

4. 政策叠加

通过对商品房市场需求的区分，在不同时期调整有效需求盘子的大小。

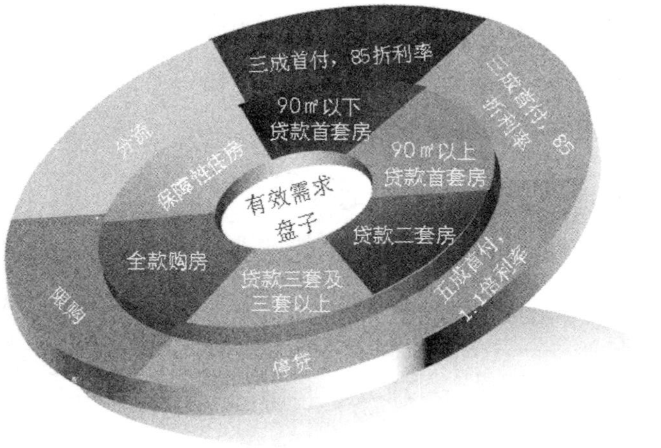

5. 政策环境小结

（1）抑通胀和调楼市成为当前中国社会经济两个最炙手可热的主题。央行出人意料的启用加息，说明通胀问题不再是经济隐患而是显疾。

（2）对于楼市而言，调控已经贯穿了整个2010年。4.15新政之后，整体房地产市场进入观望期，但7月底调控政策的利空被消化，8、9月份楼市呈现反弹态势；9.29新政则是4.15新政的加强，通过提高置业门槛来达到调控楼市的目的，由于市场需求积压太久，11、12月份市场成交量仍处于较高水平，市场受新政影响不大 。

（3）从市场调控的反馈结果来看，开发商面临着较为严峻的政策风险，但市场风险相对较小。

（三）行业建设数据分析

1. 开发投资完成额

房地产开发投资（亿元）				
年份	1–12月累计	同比（%）	1–11月累计	同比（%）
2006	1719.90		1361.70	
2007	1995.80	16.04%	1626.10	19.42%
2008	1908.74	–4.36%	1510.82	–7.09%
2009	2337.71	22.47%	2230.92	47.66%
2010			2645.65	18.59%
住宅开发投资（亿元）				
	1–12月累计	同比（%）	1–11月累计	同比（%）
2006	863.60		692.10	
2007	991.70	14.83%	798.70	15.40%
2008	940.56	–5.16%	781.62	–2.14%
2009	906.62	–3.61%	730.49	–6.54%
2010			1347.05	84.40%

2010 年，截止于 11 月底北京市房地产开发投资总计 2645.65 亿元，已超 2009 年全年投资额 13.17%，而同比数值更是高达 18.59%。其中，住宅项目的开发投资达 1347.05 亿元，同比去年同期上涨了 84.40%。

纵观 2006–2009 房地产行业的开发投资趋势，投资基本上呈现了逐年上涨的趋势。

2. 施工面积、新开工面积和竣工面积

截止于 2010 年 11 月，北京市商品房新开工面积与去年同期相比上涨了 44.64%，而施工面积和竣工面积与住年相比没有太大的增幅。

	1–12 月累积（万平方米）					
	商品房施工面积	同比（%）	商品房新开工面积	同比（%）	商品房竣工面积	同比（%）
2006	10483.5	------	------	------	3193.9	------
2007	10438.6	-0.43%	2557.4		2891.7	-9.46%
2008	10014.3	-4.06%	2337.2	-8.61%	2558	-11.54%
2009	9719.1	-2.95%	2246.6	-3.88%	2678.6	4.71%
2010	------	------	------	------	------	------
1–11 月累积（万平方米）						
2006	9424.7	------	------	------	1821.8	------
2007	9906.1	5.11%	2138.3	------	1820	-0.10%
2008	9432.4	-4.78%	2053.5	-3.97%	1572.8	-13.58%
2009	9144.2	-3.06%	1678.5	-18.26%	1653.9	5.16%
2010	9628.5	5.30%	2427.8	44.64%	1692.7	2.35%

截止 2010 年 11 月，北京市商品房施工面积达 9628.5 万平方米，相比去年同期长涨了 5.30%。而 2006–2009 年间，该数值一直呈下滑态势，降幅保持在 5%以内。

新施工面积截止 2010 年 11 月积累有 2427.8 万平方米，同比上升了 44.64%，打破了数年以来的下跌态势。

与去年同期相比，今天的竣工面积增加了 2.35%，增幅略小于去年同期。

3. 开发企业资金情况

由于各种传统融资渠道纷纷受阻，加上自身的现金流较为充裕，2010 年房企“自筹资金”明显高于往年。

2009 年，房企的金融贷款额度明显高于常年，从图可以看出这正好弥补了企业自筹资金的缺口。

2010 年，由于外资入境受限，2010 年房企外资利用占比继 2009 年再度下滑。

本年资金来源小计	2008 年	2009 年	2010 年
金融贷款	26.77%	38.63%	26.69%
利用外资	1.17%	0.49%	0.34%
自筹资金	28.05%	16.75%	30.85%
其他资金来源	44.01%	44.14%	42.11%

由于各种传统融资渠道纷纷受阻，自身的现金流较为充裕，2010 年房企“自筹资金”明显高于往年。

4．行业建设数据分析小结

（1)2010 年无论是房地产开发投资还是住宅投资都进入了一个大幅上扬阶段。

（2）截止于 2010 年 11 月，北京市商品房新开工面积与去年同期相比上涨了 44.64%。

（3）由于各种传统融资渠道纷纷受阻，自身的现金流较为充裕，2010 年房企“自筹资金”明显高于往年。

三、2010 年市场变化分析

（一）土地市场分析

市场供求：土地整体供过于求，供求比达到近五年来的最大值 1.6 。

年度成交： 较往年“量价齐升”，成交金额/均价逐年稳步攀高。

月度成交： 2010 年 4–10 月土地成交为全年低谷；11 月份成交建面爆发式增长，单月达到 190.99 万平方米。

区域成交：2010 年居住类用地近郊区域成交旺盛，热点区域在房山、顺义、昌平、通州。

（二）新房市场

1．商品房市场供需

近五年来商品房除 2008 年供需比为 1.3，其他都小于 1，整体上供不应求；2010 年供需求相对稳定，供需比为 0.8，与 2007 年相等。

2006–2010年北京商品房供需走势

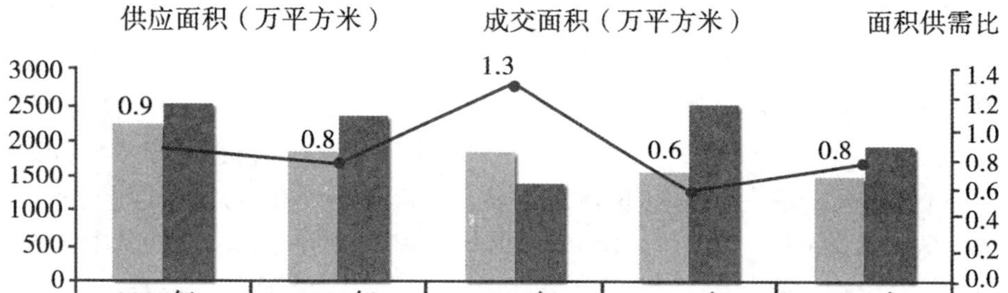

	2006年	2007年	2008年	2009年	2010年
供应面积（万平方米）	2234.51	1820.08	1844.76	1546.82	1515.47
成交面积（万平方米）	2507.44	2353.53	1412.58	2513.95	1919.49
面积供需比	0.9	0.8	1.3	0.6	0.8

近五年来商品房除 2008 年供需比为 1.3，其它都小于 1，供不应求；2007 年供应同比下降 18.5%，主要因为 2006 年“70/90 政策”的出台，使较多开发商拉长报批报建的周期，造成市量不足；2008 年同比微涨 1.4%，全球性的金融危机开发商资金紧张，增加供应量，以快速回笼资金；2009 同比下降 16.2%，主要因为 2008 年大量开发商拿地比较少。

2010 年供需求相对稳定，供需比为 0.8，与 2007 年相等。

2．商品房市场成交

近五年来商品房成交整体上处于 量跌价升的走势； 2010 年量跌价升，成交量同比下降 25.1%，成交均价同比上升 37.9%。

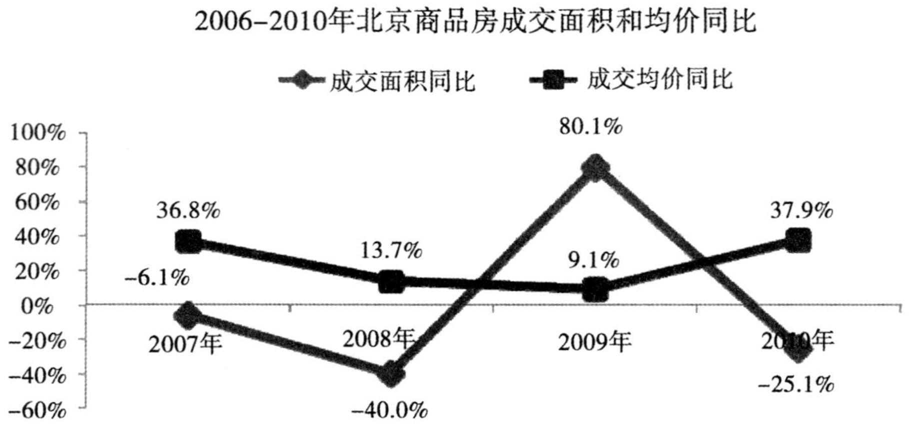

商品房成交整体上处于 量跌价升的走势；成交面积2007、2008、2010年都呈现负增长，同比分别下降6.1%、40%、25.1%，但是2009年在国内经济快速回暖和宽松的调控政策下比2008年出现大幅度增长，同比增长80.1%，而相比2006年基本持平；成交均价节节攀升，但2008年和2009年增长幅度有所下降，主要因为经济危机的影响和后奥运时代。

2010年量跌价升，成交量同比下降25.1%，成交均价同比上升37.9%； 2010年经历了史上最严厉调控年，新国十条”、“京二十条”和“新国五条”，成交量进入深度观望，成交均价在高位运行。

3．商品房市场月度成交

月度成交波动较大，整体上量跌价升；成交面积和均价环比峰值出现在不同月份，前者出现在新政落地的12月，后者受住宅、商业和办公高价楼盘集中成交的影响出现在6月。

成交面积除1月和12月份高于去年同期水平，其它月份都低于去年；环比波动较大，多次出现波峰和波谷，其中环比最高值出现在12月份，为89.5%；主要是由于今年实行严厉的调控政策导致整体水平低于去年同期，而环比的波峰和波谷分别出现在两次调控前后。

成交均价都高于去年同期水平，其中同比最高值出现在4月份，为71.8%；环比波动较大，波峰和波谷交替出现，其中波峰最高点出现在6月份，为27.6%；主要是由于住宅、办公和商业高价楼盘成交金额占比较大。

4．商品房成交产品类型

物业类型成交占比出现一降二升的现象，商品住宅占比下降10%，办公和商业占比分别上升4.3%和5.1%，其中商业的上升幅度大于办公。

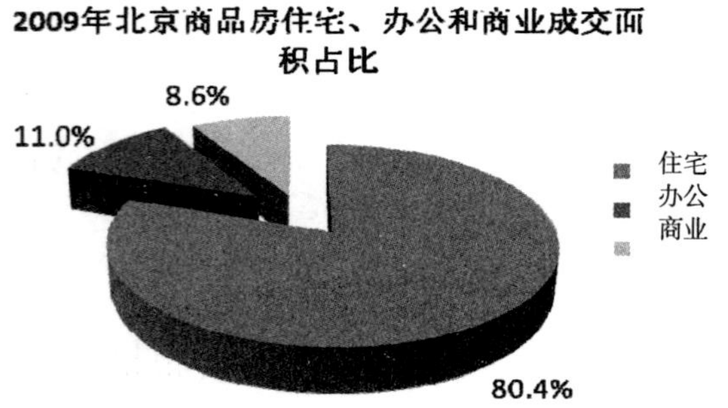

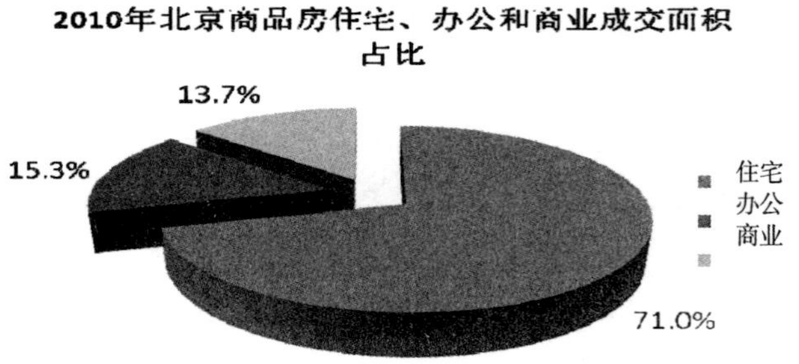

商品住宅成交面积占比下降10%;主要是由于4月新政的出台，有效抑制炒房和投机性购房的需求，而房价又高于刚性需求承受能力，因此成交量出现大幅下降，直到8月、9月成交有所回暖，但是国家又出台9.29新政，成交复苏的火苗被扑灭，因此成交量整年都处于低位徘徊。

办公和商业成交面积占比分别上升 4.3%和5.1%，其中商业的上升幅度大于办公；主要是由于大的经济环境的好转，北京国际城市定位的确定和北京城市规划落地等利好因素。

5．商品住宅供需走势

近五年来，除 2008 年，商品住宅市场整体上供不应求；2010 年经历了史上最严厉的调控政策，供需比呈现“小于 1—大于 1—小于 1—大于 1”波状的走势。

2010年北京商品住宅供需走势

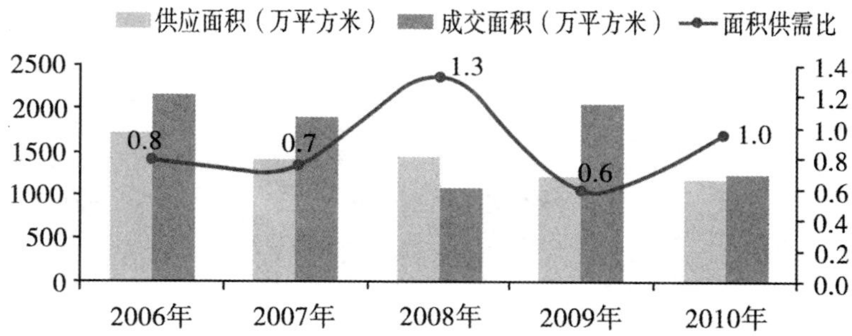

8 年供应大于需求，供需比为 1.3 外 ，其他年份供需比都小于 1，商品住宅整体上供不应求；2008 年主要由于金融危机导致购买力降低，和2007 年宏观政策调控的滞后作用，从而是 2008 年达到供需比的最大值 1.3；随着国内经济的快速回暖，和政府一系列救市的调控政策，导致 2008 年刚性需求被压制的需求集中释放，造成 2009 年的供需比达到五年来最低。

受宏观调控的影响，2010 年商品住宅供需比呈现“小于 1—大于 1—小于 1—大于 1”波状的走势；第一个小于 1，4 月新政前，供小于需主要是延续了 2009 年楼市的热潮；第一个大于 1，出现在 4 月新政之后，8 月回暖之前，严厉的调控政策，有效抑制了能承担房价的投资和投机需求；第二个小于 1，出现 8 月的回暖和传统的“金九银十”，主要由于新政的影响基本释放殆尽，和近郊开发商低价入市；第二个大于 1 出现在 11 月份，主要由于受预售资金监管的影响，开发商加大入市的步伐。

6．商品住宅区域供需

城八区整体上供不应需，近郊区整体上供过于需，远郊区供需基本持平；供需矛盾最大的区域是东城区，供需比为 1.9。

2010年北京各区域商品住宅供需情况

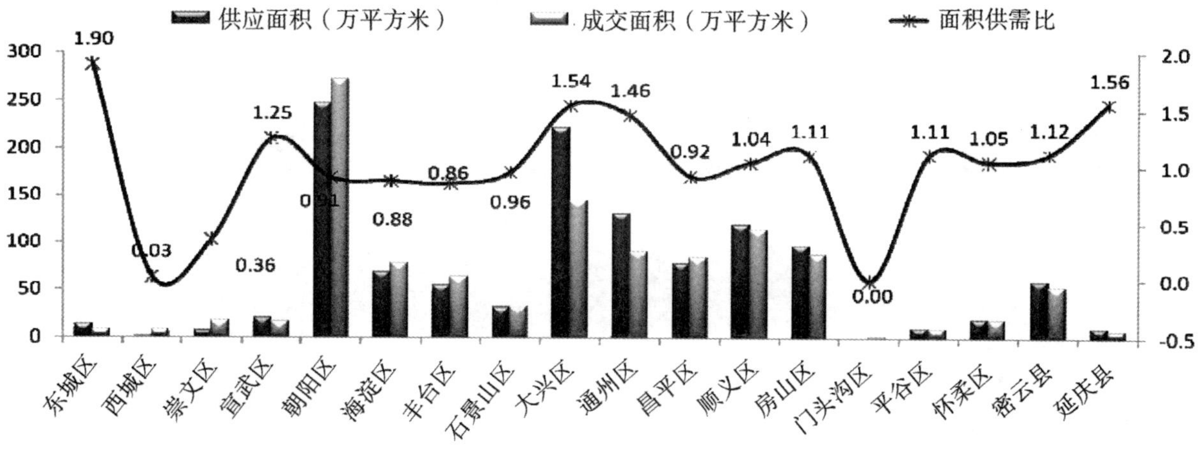

城八区整体上供需比小于 1，供求矛盾突出；由于城区已经开发完毕，没有土地供应，从而除朝阳有新增供应外，其他区域基本没有供应，导致供需矛盾加剧。

近郊区除顺义区供不应求，门头沟供求比为零，其他区域供大于求；由于规划利好，知名房企进驻大兴、通州等，带动区域房地产市场的发展，许多新盘纷纷入市，大幅增加市场供应量，但是由于区域的陌生、配套不成熟和房价高于大部分消费者的心理预期，所以导致供过于求。

远郊区供需基本持平；由于离市区交远，房地产市场的开发商和消费者基本都是以当地的为主，所以供需基本稳定。

7. 商品住宅户型区间供需

投资性和改善性户型面积的供需相对较高，分别为 1.17 和 1.12；刚需性户型面积的供需相对适中，供需比为 1.1；最小和最大产品面积的供需相对持平，分别为 1.06 和 0.88。

2010年各户型面积区间供需情况

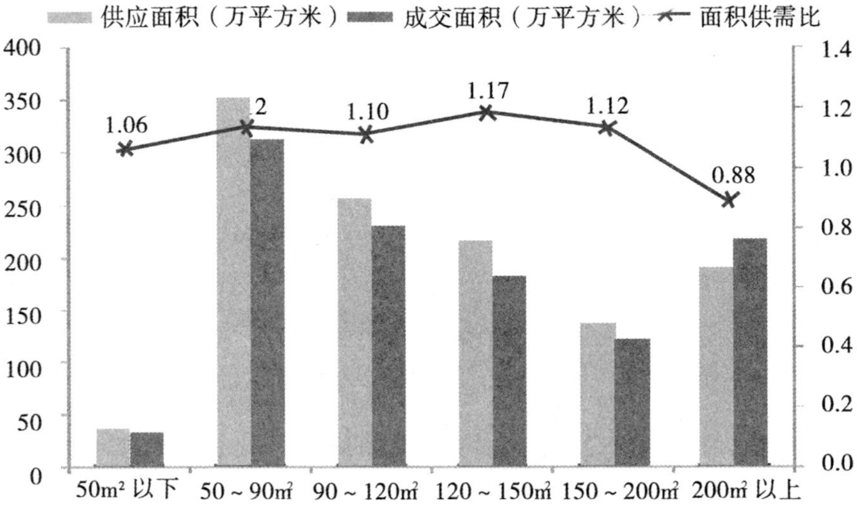

投资客和改善性需求被有效抑制；120—150 平方米的户型供需比最高为 1.17,150—200 平方米和 50—90 平方米户型 的供需比第二高 1.12，前者主要针对改善性客户、后者主要针对投资性客户，供需比居高表明这两部分客户被限购令、提高首付、加息等一些调控政策拒之门外。

刚需客户得到部分释放；90—120 平方米户型的供需比为 1.10，供需比与其他户型面积相比较适中，主要是因为 2010 年近郊区大兴、房山和通州等刚需产品的低价入市满足一部分刚需客户。

户型面积两端的供需基本持平；50 平方米以下户型的供需比为 1.06, 200 平方米以上户型的供需比为 0.88，前者的总价低，并且大部分为首置，因此受政策的影响有限；后者为高端产品，针对的客户资金实力雄厚，大多一次性付款，也受政策的影响有限。

8. 商品住宅供应走势

近五年来，供应面积和供应套数除 2008 年微涨，其他年份同比都是下降的，2010 年供应套数的下降幅度大于供应面积；并且月度供应都两次调控的影响，波动明显。

2006–2010年商品住宅供应年度走势

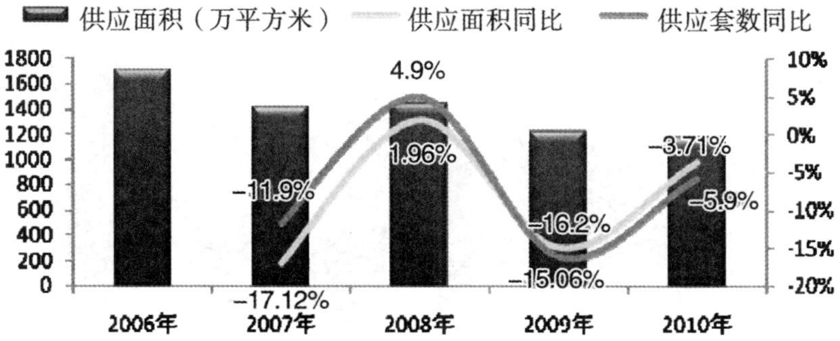

供应面积和供应套数除 2008 年微涨，其它年份同比都是下降的，2010 年供应套数的下降幅度大于供应面积；2008 年微涨主要是由于 2007 年开发商大量的拿地，到 2008 年集中上市；2010 年 4 月新政后的市场启动主要是刚需产品，户型面积偏小，所以导致供应面积的下降幅度大于供应套数。

2010年商品住宅供应月度走势

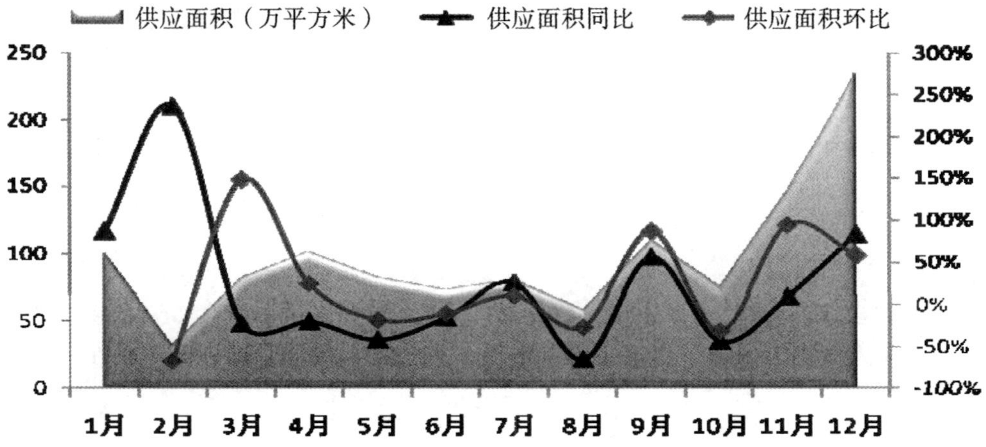

2010年月度供应面积受两次调控的影响,波动明显，最高值在 12 月份,为 234.07 万平方米；同比两个明显的高峰为 2 月份 236%和 12 月份的 83.6%.，环比的高峰出现在 3 月份 147.8%和 11 月份 94.2%。

9．商品住宅区域供应

供应增长最大的两个区域为东城区和大兴区；城八区供应量最大的区域为朝阳区，近郊区供应最大的为大兴和通州；远郊区除平谷区，其它区域小幅上涨。

供应增涨最大的两个区域为东城区，同比 224.2%，和大兴区，同比 120.3%，其中东城区主要是由于新开盘项目比较多 ，大兴区主要是地铁大兴线 2010 年年底的开通和南城规划利好带动大量刚需产品上市。

城八区整体供应主要供应的区域为朝阳区，占全市比为 20.9%，降幅最大的区域为西城区降幅为 97.9%；近郊区主要供应区域为大兴区和通州区，占全市比分别为 18.7%和 11%，门头沟区域今年无供应；远郊区域与去年相比，供应除平谷区下降 49.4%，其它区域小幅增长。

10. 商品住宅户型供应

供应增长最大的户型为 200 平方米以上，同比增长 31%，供应量最大的户型是 50—90 平方米，占比为 27.5%；受新政影响，户型供应月度走势波动最大的户型为 50—90 平方米。

2010年商品住宅各户型面积区间的供应情况

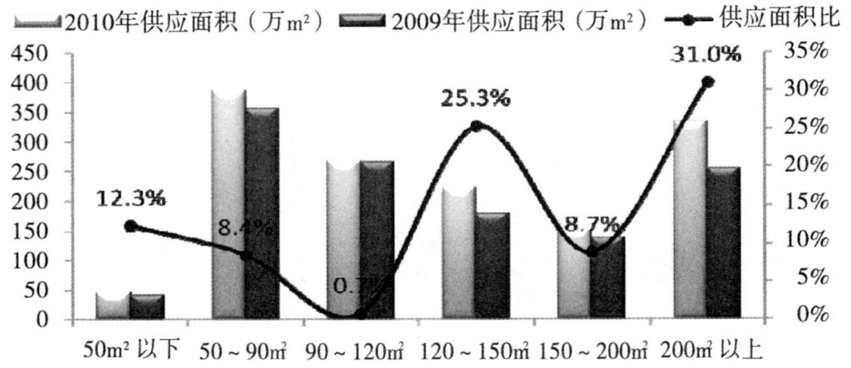

商品房各户型同比均增长，其中增长最大的是 200 平方米以上，同比增长 31.0%；120—150 平方米户型面积增长 25.3%；50 平方米以下的户型同比增长 12.3%。

户型面积区间供应量最大的户型是 50—90 平方米，供应面积为 384.9 万平方米，占比为 27.5%；供应量最小的户型为 50 平方米以下，供应面积为 44.9 万平方米。

受新政影响，波动比较明显的户型为 50—90 平方米和 200 平方米以上，其它户型相对较平坦；50—90 平方米供应最高点出现在 12 月份，96.9 万平方米，其它较高点出现在两次调控前；200 平方米以上最高点出现在 12 月份 35.4 万平方米，最低点出现在 10 月份 4.92 万平方米。

11.商品住宅成交走势

近五年来成交量波动较大，成交价稳步上升，2010 年商品住宅成交态势为“量跌价升 ”，其月度成交面积和均价受两次调控影响较大。

2006-2010年商品住宅年度成交走势

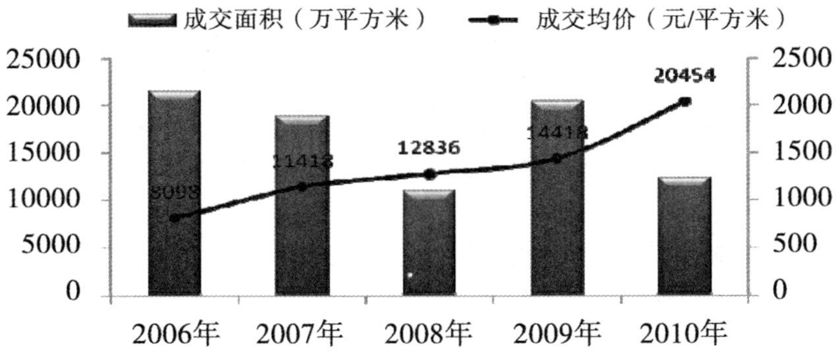

2011年商品住宅月底成交走势

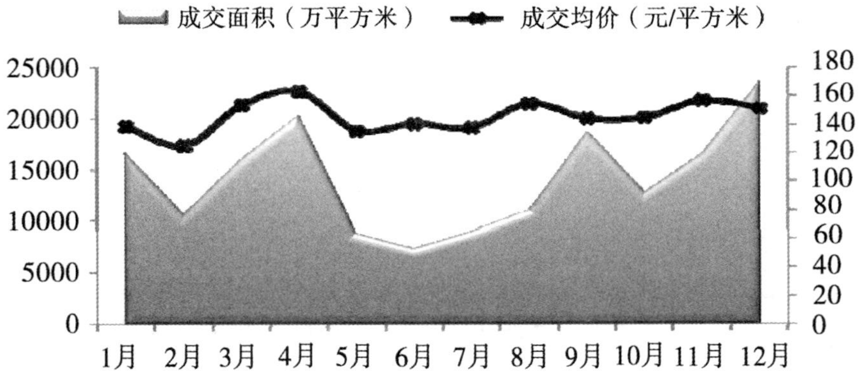

近五年来成交量波动较大，成交价稳步上升，2010 年商品住宅成交态势为“量跌价升 ”；2010 年成交面积为 1231 万平方米，与 2009 年同比下降 39.8%，成交均价为 20454 元/平方米，同比上升 41.9%。

2010 年份成交面积 4 月和 12 月出现两次高峰，成交均价高峰出现在 4 月和 11 月；成交面积的波动受两次的调控政策影响明显，两次高峰出现在调控前和新政落地后；成交均价的波动也是政策的影响，导致成交结构的变化，从而影响均价，如 4 月份的均价高点，主要是由于成交中高端楼盘的占比相对较高所致。

12. 商品住宅区域成交

城八区朝阳区一枝独秀，均价东城最高；近郊区共同发力，均价昌平最高；远较区密云区相对优势，均价怀柔；成交面积月度走势：朝阳区高高，大兴区后面发力，偶尔超越。

2010年商品住宅区域成交量价走势

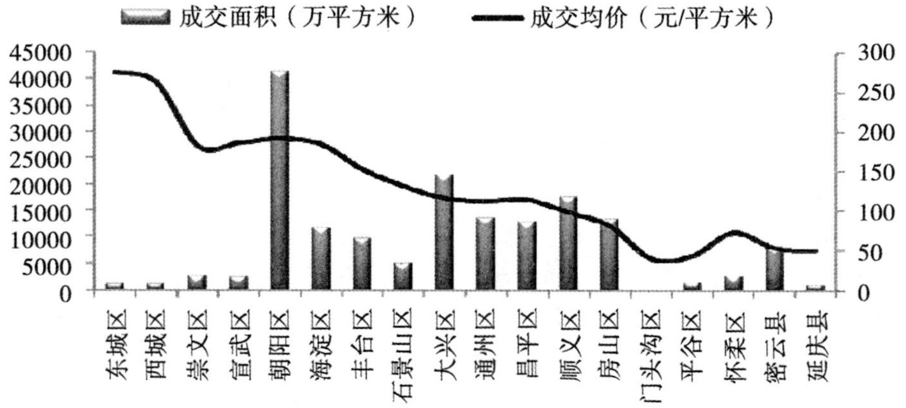

量：城八区朝阳区一枝独秀，近郊区共同发力，远较区密云区相对优势；朝阳区成交面积 260 万平方米，占市总面积的 25%，主要因其项目比较多导致，近郊区五大区域成交 488 万平方米 ，占 总成交面积的 47%，因为今年为刚需的市场，而近郊区为刚需的主要供应区。

价：城八区中东城最高，近郊区中昌平最高，远郊区中怀柔最高；东城区的成交为 39997 元/平方米，昌平区成交均价 17082 元/平方米，怀柔成交均价为 11010 元/平方米。

随两次调控的波动明显，除 9 月份大兴区的成交量高于朝阳区，其它月份朝阳区一直高高在上；1—4 月份成交量相的区域为朝阳、通州、顺义；5—8 月份成交量高的区域为大兴、朝阳和房山；7—9 月份成交量相高的区域为大兴、朝阳、昌平；10—12 月份成交量高的区域为朝阳和大兴。

13. 商品住宅环线成交

各环线整体上呈现：量跌价升；五环以外出成为成交量的绝对主力，均价梯度拉大；五环—六环成为成交量抗跌力相对较强，成交均价上涨相对较快，说明北京房地产市场郊区化时代的到来。

2010年商品住宅环线区间成交走势

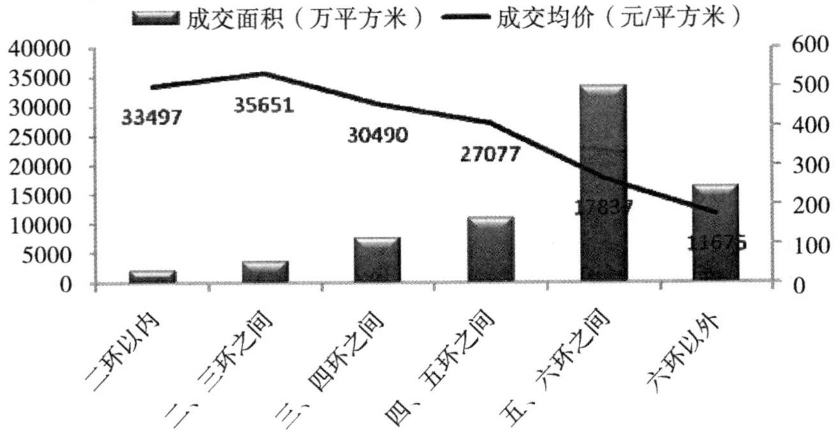

五环以外出成为成交量的绝对主力，均价梯度拉大，差额为 9000 元；五环以外共成交 702 万平方米，占总成交面积的 67%，其中五环—六环成交 474.万平方米，占比为 45%，六环以外成交 227 万平方米，占比为 22%；均价四环—五环和五环—六环的均价差额最大，为 8683 元/平方米。

各环线呈现：量跌价升，五环—六环成为成交量抗跌力相对较强，成交均价上涨相对较快；成交量抗跌相对强的环线区间为五环以外，五环—六环成交量同比下降 40%，六环以外成交量下降 23.%；成交均价上涨较快的两个环线区间为三环—四环，同比增长 61%，和五环—六环，同比增长 57%。

14. 商品住宅均价区间成交

均价在 3 万元/平方米以上逆势上升，1.6—3 万元/平方米，同比基本持平，其它价格段都同比下降；1—4 月和 10—11 月份 2—3 万元/平方米月度成交面积位居第一， 4—9 月 1.6—2 万元/平方米奋力直追，直到超越。

2010年商品住宅各均价区间成交情况

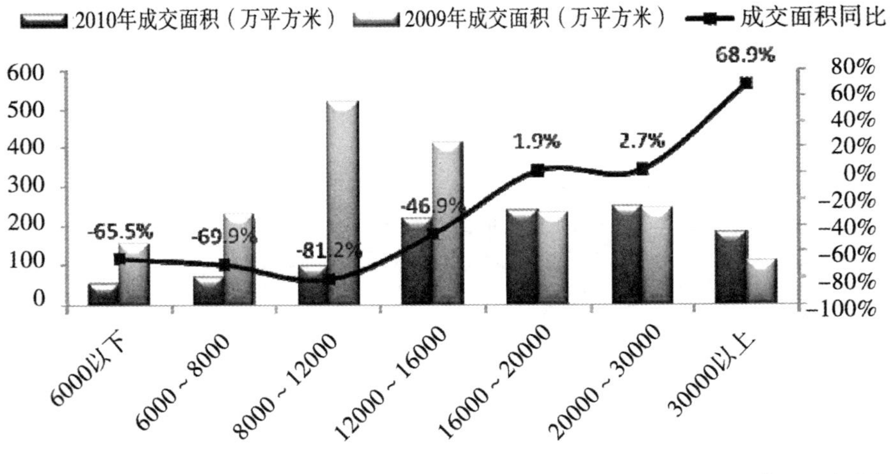

均价在 3 万元/平方米以上逆势上升，1.6—3 万元/平方米，同比基本持平，其他价格段都同比下降； 3 万元/平方米不受调控政策的影响，成交面积为 146 万平方米，同比增长 55.8%；1.6—2 万元/平方米和 2 万元/平方米受调控影响较小，同比分别为-0.7%和-2.6%；与 09 年同比下降幅度最大的价格区间为 8000—12000 元/平方米，同比下降 81.7%。

1—4 月和 10—11 月份 2—3 万元/平方米月度成交面积位居第一，1.2—1.6 万元/平方米和 3 万

元 /平方米紧随其后；4—9 月 1.6—2 万元/平方米奋力直追 ，直到超越，从而与 2—3 万元/平方米和 1.2—1.6 万元/平方米形成三足鼎立。

15. 别墅市场供需

近五年除 2008 年供求矛盾比较激烈，供需比为 2.7，其他年份相对较平稳； 2010 年别墅市场供需基本持平，供需比为 0.9，但供应量和需求量有所下降。

2006-2010年别墅市场供需走势

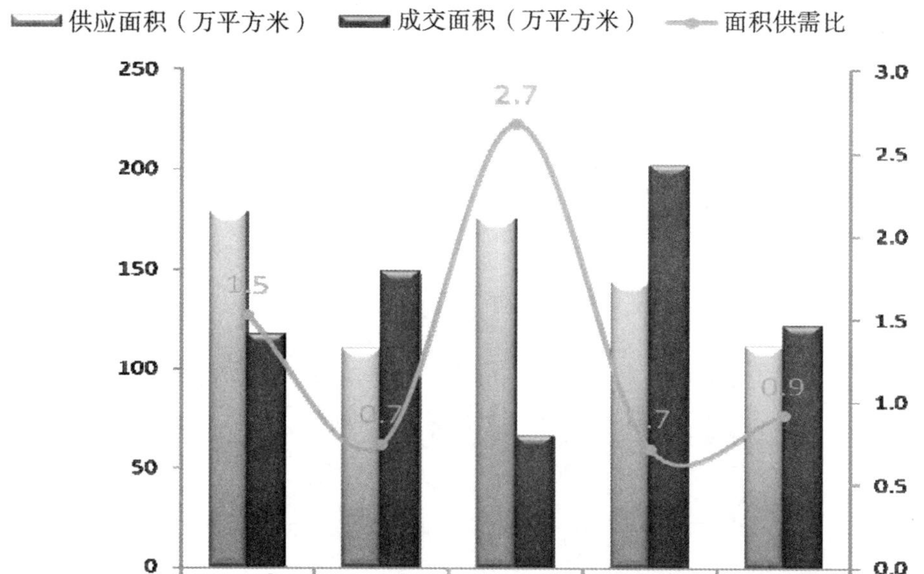

	2006年	2007年	2008年	2009年	2010年
供应面积（万平方米）	178.12	109.54	175.35	143.33	111.02
成交面积（万平方米）	117.28	148.77	65.66	201.74	121.54
面积供需比	1.5	0.7	2.7	0.7	0.9

近五年除 2008 年供求矛盾比较激烈，供需比为 2.7，其他年份相对较平稳；2008 北京别墅市场逆势供应量大增，与 2007 年相比增长 60.1%，主要 2008 年奥运会的利好，提高消费者的预期。

2010 年别墅市场供需基本持平，供需比为 0.9，但供应量和需求量有所下降；供应面积为 11.02 万平方米，同比下降 22.5%，需求面积为 121.54 万平方米，同比下降 39.8%；主要由于受房地产政策影响，众多别墅项目延迟了开盘时间，从而造成供应幅度和成交量均有一定减少。

16. 别墅市场成交

近五年：成交面积波动较大，呈现倒“W”形状，成交均价震荡上升，呈现“勺子”形状；2010 年别墅市场“量跌齐升”。

2010年别墅市场成交面积和均价同比

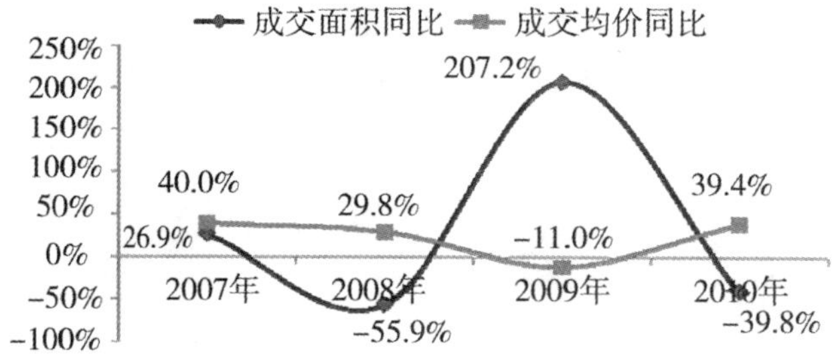

成交面积波动较大，呈现倒“W”形状；2008年处于最低点，成交面积为65.7万平方米，同比增长55.9%；2009年处于最高点，成交面积为201.7万平方米，同比增长207.2%。

成交均价震荡上升，呈现“勺子”形状；2009处于“勺”底部，成交均价为17444万/平方米，同比下降11%，主要由于结构性调整和以价换量；2010年别墅均价达到最大值24309万/平方米，同比增长16%。

2010年别墅市场“量跌齐升”，主要是受政策影响，加上成价格上涨，成交放缓。

17. 别墅市场月度成交

成交面积4月为分界点，前面都高于2009年同期水平，后面都低于去年同期水平；成交均价受新政影响波动明显，同比增长波动较大点都出现在两次调控前。

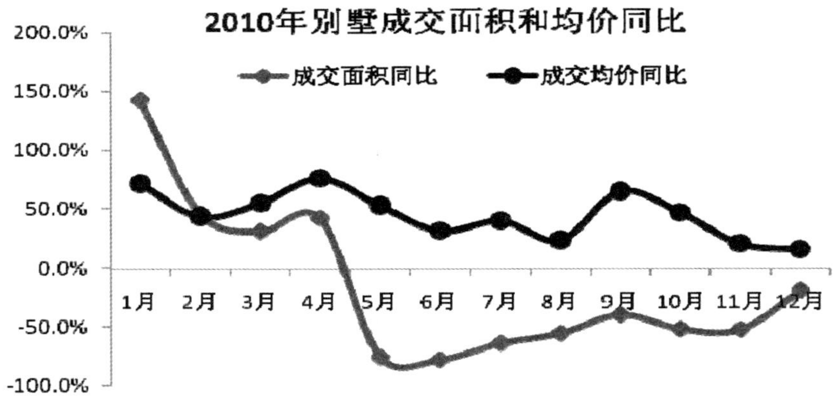

成交面积4月为分界点，前面都高于2009年同期水平，后面都低于去年同期水平；成交面积三次高峰分别出现在4月、9月和12月，分别为19.3万平方米、13.4万平方米和13.6万平方米；最低点出现在6月份，成交面积为4.9万平方米。

成交均价受新政影响波动明显，同比增长波动较大的点都出现在两次调控前；4月前同比增长为76.3%，9月份同比增长为64.9%；成交均价的最高点出现在“金九”，为28235元/平方米；均价最低点出现在6月份，为21865万/平方米。

18. 写字楼市场供需

受全球性经济危机的影响，2008年以后供需持续走低，2010年供应成交比例达到近五年来最低点0.6。

2006年-2010年写字楼市场供需走势

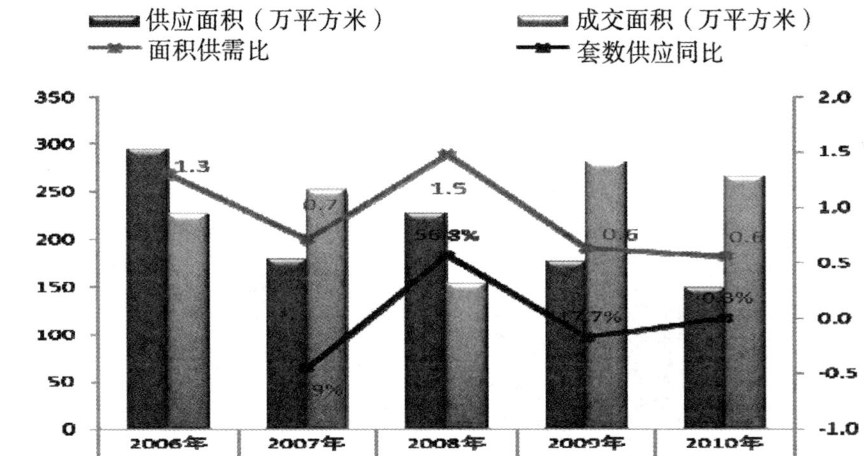

	2006年	2007年	2008年	2009年	2010年
供应面积（万平方米）	294.46	179.28	226.61	176.83	148.48
成交面积（万平方米）	226.2	252.22	153.44	281.02	265.48
面积供需比	1.3	0.7	1.5	0.6	0.6
套数供应同比		-44.9%	56.8%	-17.7%	-0.3%

受到全球性金融危机的影响，2008 年以后供需持续走低；北京写字楼两大主要集聚地金融街和国贸，其中国贸是外企分公司分布比较密集的地方，因此在欧美的总部受到危机的影响，直接制约分公司在北京的发展。

2010 年供需继续维持 2009 年的势态，供需比为 0.6；在中国经济持续向好，以及北京将建设世界城市的利好推动下，京城写字楼市场逐步转好，但是开发的滞后性和 2010 年严厉的调控政策，使得需求量和供给量继续萎缩。

19．写字楼市场成交

近五年成交面积、均价和金额整体上呈现上涨趋势；2010 年成交金额和均价继续升高，但是成交面积微降。

2006-2010年写字楼市场成交走势

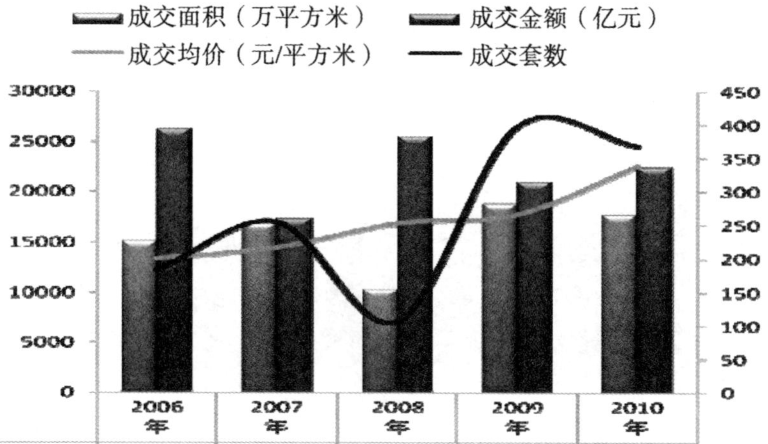

	2006年	2007年	2008年	2009年	2010年
成交面积（万平方米）	226.2	252.22	153.44	281.02	265.48
成交金额（亿元）	392.90	259.10	382.61	314.00	335.48
成交均价（元/平方米）	13343	14452	16884	17757	22594
成交套数	12187	16973	7053	26502	24529

2007-2010年成交面积和成交均价同比

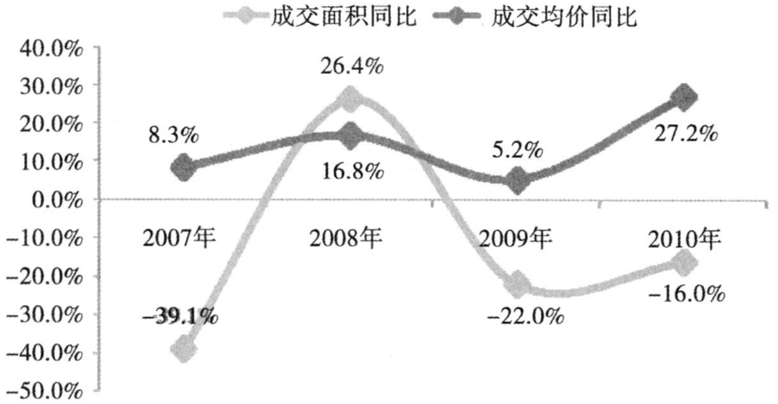

近 5 年成交面积、金额和均价，除 2008 年呈现上涨趋势；2008 年主要是由于世界经济危机的影响和 2007 年严厉调控政策的滞后性，导致成交面积和金额下降；

2010 年成交面积和成交金额成反方向变动；主要由于成交面积微降，但是成交均价继续上涨，从而导致成交金额上涨。

20．写字楼市场月度成交

写字楼月度整体上波动幅度较大，其中成交面积和均价月度同比呈相反方向变动，前低后高。

2010年写字楼市场成交面积和成交均价同比

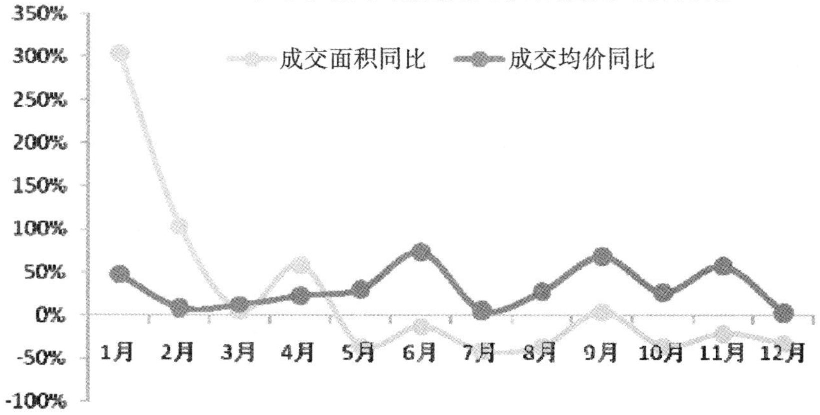

成交面积总体上低于去年水平；其波动幅较大，特别是 4 月新政以后，成交面积月度同比几乎都低于去年水平；出现的最高点在 4 月和 9 月，即在两次调控之前；成交量最高的月份为 4 月、9 月和 11 月，分别为 32.9 万平方米、31.7 万平方米和 29.4 万平方米。

成交均价总体上高于去年水平；和成交均价波动幅度相同，其中最高点都在 11 月份，均价为 28118 元/平方米，主要是由于“9.29”新政之后市场成交结构发生变化，大户型、高单价的产品成交量增加，导致均价升高。

21．商业市场供需

受世界经济危机的影响，2008 年以后供需比小于 1，并逐年减少；2010 年供需比达到近五年最小值 0.3。

2006-2010年商业市场供需走势

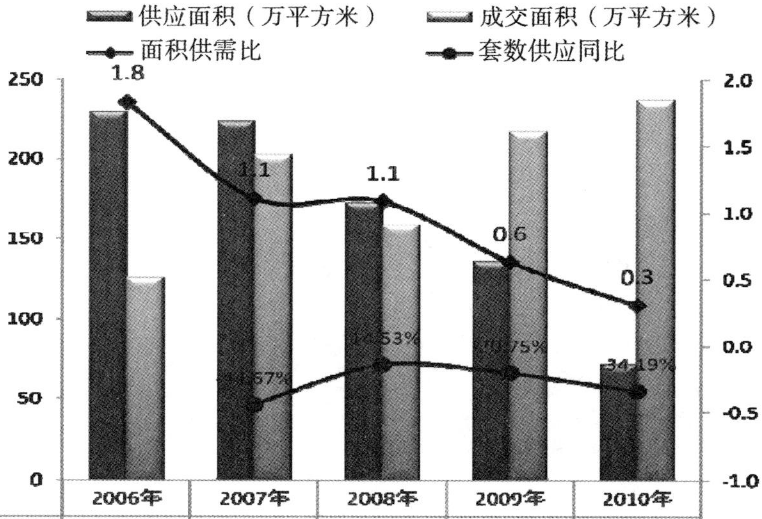

	2006年	2007年	2008年	2009年	2010年
供应面积（万平方米）	229.77	223.81	172.85	135.49	71.29
成交面积（万平方米）	125.38	202.62	159.11	217.71	236.82
面积供需比	1.8	1.1	1.1	0.6	0.3
套数供应同比		-44.67%	-14.53%	-20.75%	-34.19%

面积供应逐年递减、面积需求随政策和经济的波动而波动、面积供需比 2008 年以后小于 1；面积需求 2009 年最高，主要是由于经济的快速复苏和 2008 年国家 4 万亿的投资 ，第二高峰是 2007

年，主要是由于经济环境的利好，导致租金的上涨和空置率的降低，从而吸引需求量增加。

2010 年供需矛盾加剧，供需比降至五年来的最低点 0.3；主要由于 10 年 严厉的调控政策，开发商拿地成本的增加，造成供应下降幅度增加，但是随着国内的经济继续向好，从而稳定一部分需求。

22. 商业市场成交

近五年成交量波动幅度较大，成交均价小步上升；2010 年量跌价升，主要由于银河 soho 大量成交，拉高整体均价。

近五年成交面积和金额整体上上升趋势；2007 年要由于奥运利好的提前释放，2008 年全球经济危机造成其微降，2009 年经济的回暖和宽松的政策造成其回暖；2010 年由于严厉的调控的政策造成回暖的势头被无情抑制。

成交均价小步上升；主要由于中国经济稳定增长的大背景和大力发展第三产业。

成交套数呈平“U”形，2008 年为“U”底部。

2010 年商业市场量跌价升；成交面积 236.82 平方米，同比上升 8.8%；成交均价 21465 元/平方米，同比上涨 24.5%；主要是由于经济利好和项目银河 soho 大量成交，拉高整体均价，其均价 80983 元/平方米，成交金额 53.62 亿元，占整体销售额的 10.5%。

23. 商业市场月度成交

与 2009 年相比月度成交“量跌价升”；4 月新政成交面积整体下跌，由于均价坚挺，成交金额整体上升。

2010年商业市场成交面积、金额和均价走势

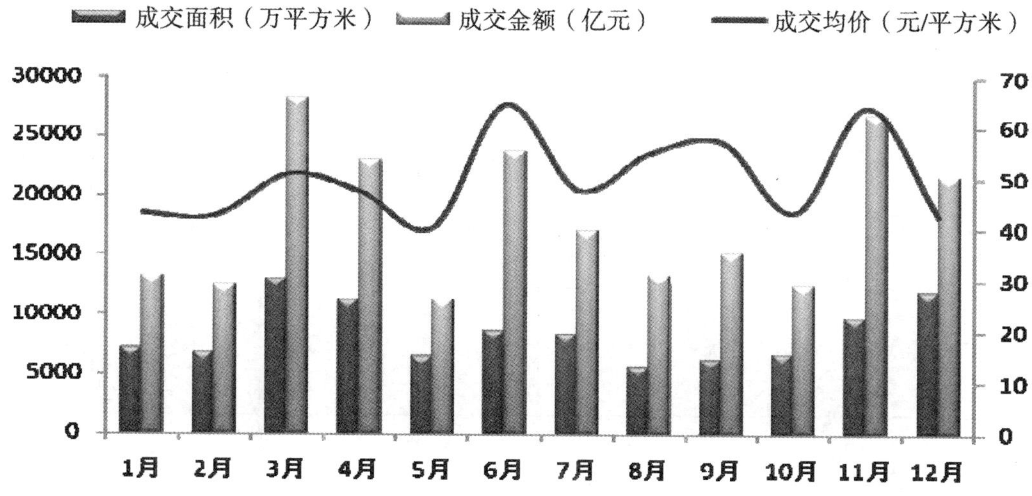

成交均均价震荡上升；6 月、11 月出现成交均价的三个高点，6 月是由于银河 soho 的开盘热销，11 月主要是由于二次新政抑制住宅的投资，造成大量资金流入商业，造成供不应求，价格上涨。

成交面积峰值出现在 3 月、12 月，分别为 30.23 万平方米和 27.64 万平方米。

4 月新政后：

成交面积同比除 10 月份外，5 月份为分水岭，前高后低。

成交均价除月、5 月和 12 月低于去年同期，其它都高于去年。

24. 新房市场小结

全国市场总结：

2010 调控年全国房地产市场整体表现为量价齐升，但增速明显放缓且不断下滑；政策调整对成交量产生即期、趋势性的影响，而成交价则有较长时间的滞后性。

2010 年北京市场总结：

供求关系：供应和需求量达到近五年的最低水平，供求基本持平。

量价关系：量价向两极发展，成交量达到近五年最低点，而成交均价达到近五年最高点——

客户购买实力增强，但需求被压抑。

量价变化：与全国趋势相同，新政主要打击成交量，且下半年影响逐渐减弱，成交均价始终保持稳步上涨趋势。

物业类型：成交占比同比出现一降二升现象，商品住宅占比下降 10%，办公和商业占比分别上升 4.7%和 5.3%，商业上升幅度大于办公。

客户群体：整体成交均价达到 23700 元/平方米，高端消费和投资成为庞大群体。市场产生分化，出现泛高端市场局面。

（三）商品住宅销售排行

1. 普通住宅 / 公寓

2010 年北京住宅类商品房销售均价排行榜

排名	项 目	区域	开发商	销售套数	销售面积（m²）	销售总金额（亿元）	销售均价（元/ m²）
1	PeKing House	朝阳区	北京柏宏房地产开发有限公司	18	8923.68	3.55	39808
2	官苑八号	西城区	北京六合新世纪/国兴建业房地产开发有限公司	57	10072.96	3.99	39637
3	星河湾	朝阳区	北京富华园房地产开发有限公司	36	21870.83	8.59	39272
4	金宸公寓	西城区	北京金宸房地产开发有限公司	1	296.66	0.12	39000
5	国奥村	朝阳区	北京国奥投资发展有限公司	105	23973.81	9.32	38874
6	山水文园	朝阳区	山水文园凯亚房地产开发有限公司	22	6922.72	2.62	37786
7	铂晶豪庭	东城区	北京安盛华泰房地产开发有限公司	16	1981.49	0.75	37650
8	正旭晶典花园	朝阳区	北京正旭晶典房地产开发有限公司	10	1951.26	0.73	37362
9	和乔丽致	朝阳区	北京奥德房地产开发有限公司	7	2212.17	0.82	37260
10	万科蓝山	朝阳区	北京万科企业有限公司	466	83207.8	30.94	37189

2. 豪宅（注：豪宅选取北京市 2010 年商品住宅均价 4 万以上项目）

2010年北京豪宅类商品房销售均价排行榜

排名	项 目	区域	开发商	销售套数	销售面积（m²）	销售总金额（亿元）	销售均价（元/m²）
1	霞公府	东城区	北京紫金世纪置业有限责任公司	12	5669.84	5.37	94750
2	钓鱼台七号院	海淀区	中赫置地投资控股有限公司	23	9503.22	8.71	91704
3	长安太和	东城区	北京利山房地产开发有限公司	5	1059.61	0.92	87129
4	盘古大观	朝阳区	北京摩根投资有限公司	20	12240.03	9.13	74632
5	四季世家（瑞城中心）	朝阳区	长青有限公司	43	11421.1	8.12	71081
6	合生·霄云路8号（新燕都家园）	朝阳区	北京新京润房地产有限公司	85	38912.07	26.39	67810
7	北京财富中心	朝阳区	香江国际发展有限公司（北京香江兴利房地产开发有限公司）	8	2372.24	1.57	66329
8	长安8号（擎峰）	朝阳区	北京耀辉置业有限公司	52	18565.97	11.58	62367
9	复地天赋（西单佳慧雅园）	西城区	北京西单佳慧房地产开发有限公司	20	8167.74	4.87	59596
10	首创·禧瑞都	朝阳区	首创朝阳房地产发展有限公司	158	22440.88	13.23	58936

3. 别墅

2010年北京别墅销售均价排行榜

排名	项 目	区域	开发商	销售套数	销售面积（m²）	销售总金额（亿元）	销售均价（元/m²）
1	山水文园	朝阳区	山水文园凯亚房地产开发有限公司	8	4011.96	3.24	80722
2	紫玉山庄	朝阳区	紫玉山庄房地产开发公司	6	2289.8	1.57	68433
3	龙湖西苑好山居（颐和原著）	海淀区	北京龙湖置业有限公司	48	47671.5	32.52	68211
4	运河岸上的院子（泰禾红御）	通州区	北京泰禾房地产开发有限公司	22	9568.28	5.06	52887
5	富力城	朝阳区	北京富力城房地产开	3	4939.2	2.54	51372

			发有限公司				
6	亚运新新家园	朝阳区	北京京伯房地产开发有限公司	50	23757.37	12.10	50936
7	御墅临枫	海淀区	北京润地房地产综合开发有限公司	3	1391.68	0.69	49929
8	御香山	海淀区	北京东方晟威房地产开发有限公司	6	3661.95	1.78	48581
9	清锦源	顺义区	北京金房房地产开发有限公司	8	5737.41	2.78	48474
10	丽来花园(丽宫别墅)	顺义区	北京丽来房地产开发有限公司	23	24675.18	11.93	48367

（四）二手房市场

在二级开发市场份额外日渐减少之际，二手房成交必将成为房地产市场的主导，而日渐高涨的二手房成交量已说明了一切。

自 2008 年 11 月，北京市二手房单月成交量突破 5000 套以来，整个市场进入了一个长时期的上行轨道，单月成交套数更是在 2009 年 12 月到达一峰值 39264 套。随后，由于宏观调控的存在，成交受到了抑制，但除却 2010 年 2 月，单月成交量均在万套以上。

重点区域各年度市场成交占比

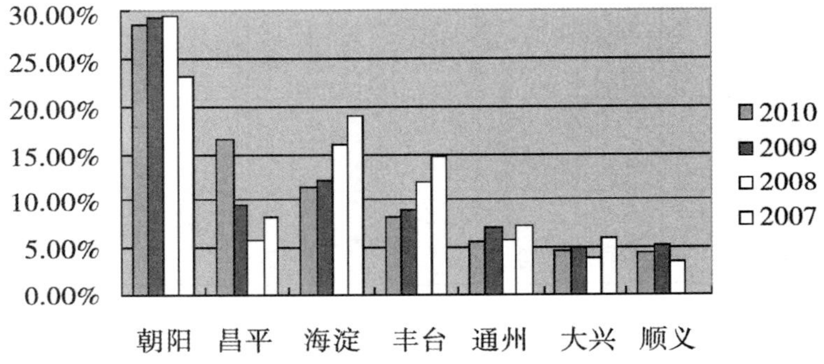

2007-2010 年各年，朝阳、昌平、海淀、丰台、通州和大兴六个区域成交占据了当年 70%以上的市场份额。

自 2009 年始，昌平区市场占比一路提升，至 2010 年已占据了全北京市 16.65%的市场份额。与此同时，丰台的市场占比逐年下滑，4 年间下降了 6 个百分点。

不得不提的是，顺义区在 2006 年仅有 0.2%的市场份额，而到了 2010 年这个数值上升到了 4.57%，仅次于大兴区的 4.68%。

2010年北京优质写字楼市场回顾及展望

世邦魏理仕（北京公司）

1.市场整体快速回升

2010年，北京优质写字楼市场整体呈现出需求增长，租金回升的势头。全年市场吸纳量达77.7万平方米，仅次于2007年的历史吸纳量高峰，比2009年的51.9万吸纳量增加了49.7%。同期，市场供应则仅有40.5万平方米，供应量远少于市场吸纳量，致使北京优质写字楼整体空置率下滑，当前15.2%的空置率比去年同期下降5.7个百分点，由此带动北京写字楼租金快速回升，到2010年第四季度，北京优质写字楼租金报价为每月每平方米人民币232.3元，同比则上升19.5%

北京优质写字楼租金走势

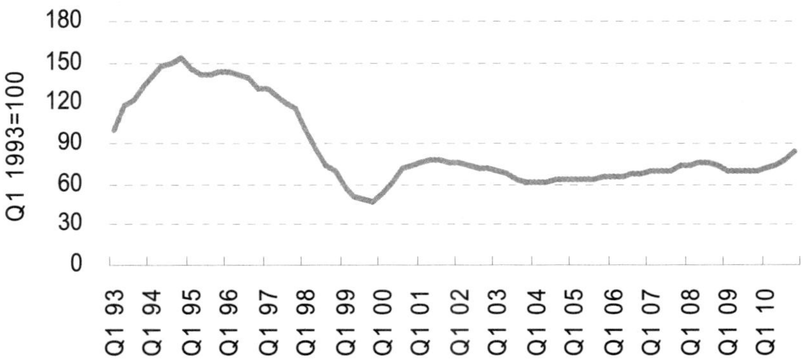

2. 东部市场上扬明显，空置压力下降

金融危机阶段，东部区域市场受到冲击最严重，需求下降明显，空置率高位运行，租金大幅下滑。但到2010年，东部优质写字楼市场快速回升，交易量及租金齐升。首先是被抑制的市场需求在2010年逐步得到释放。由于跨国公司多采取全球一体化管理，金融危机期间部分公司停止全球所有办公室搬迁、扩张等有可能增加办公预算的需求，直接导致北京部分外资公司因业务扩展带来的办公需求被迫延期实施。随着全球经济的逐渐恢复，这部分需求在2010年逐渐开始释放，例如甲骨文承租CBD的远洋光华国际中心1万平方米写字楼；松下也在该项目租赁了8千平方米；宝利通在平安国际金融中心租赁了7千平方米；雀巢租赁了位于望京的利星行6千平方米，哈里伯顿和施维雅则都在环球金融中心租下超过4千平方米写字楼面积。在外资需求逐步释放的同时，内资公司也逐渐成为东部写字楼市场需求的主力。2010年，有多个内资公司大面积承租东部写字楼交易完成，环球金融中心成为东部地区表现最为亮丽的项目之一。华夏银行、中国智能交通在该项目租赁超过1万平方米，而阿里巴巴、金杜律师事务所在此项目租赁超过9千平方米，中信银行在盈科中心租赁1.4万平方米等。内资公司进入东部写字楼市场，在为东部区域市场带来更多需求的同时，也提升了该地区写字楼整体市场的抗风险能力。

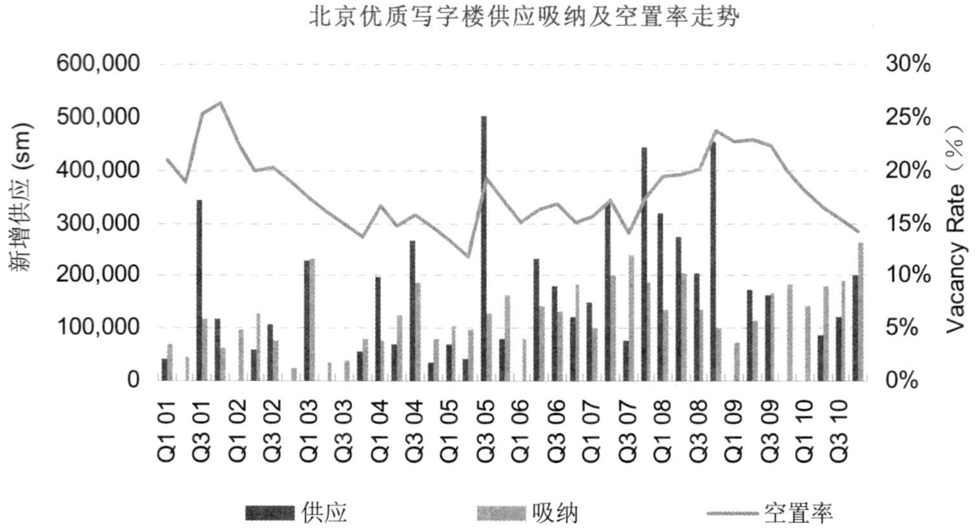

在需求增加的同时，市场供应也开始放缓，从而导致东部地区写字楼整体空置率明显下降，CBD 区域表现最为明显。金融危机前期，CBD 由于供应集中且量大，造成该地区在 2008 年底时空置率曾高达 36.9%，经过两年的市场吸纳，特别是 2010 年市场迅速回暖，需求猛增，到 2010 年末，CBD 区域写字楼整体空置率以下降到 23.7%，市场压力已得到释放，由此带动该地区写字楼租金快速回升，到 2010 年底，CBD 区域优质写字楼租金报价回升到每月每平方米 249.3 元，较 2009 年上涨 21%。

3. 西部市场供不应求，租金上涨

在东部区域优质写字楼整体回暖的同时，西部区域市场则处于供不应求的状态中。到 2010 年第四季度，金融街和中关村两个商务区市场整体空置率分别为 3.7%和 1.6%，两区域几乎已没有空余面积可供选择。造成上述两区域整体空置率低的原因一方面是两区域市场需求旺盛，另一方面，金融街和中关村在连续 6 个季度中分别只有 3.7 万平方米和 2.5 万平方米写字楼面积落成，新增供应无法满足市场需求。随着国内金融业的快速增长，新成立的金融机构对写字楼不断产生新需求，同时，原有金融机构也有提升自身形象的需要，金融街就成为这类需求的首选。而金融机构对租金承受能力较强，带动金融街写字楼租金在 2010 年升幅达 29%，为各主要商务区租金年度增幅之首，到 2010 年末，该地区写字楼平均租金报价为每月每平方米 279.8 元。同时中关村区域写字楼租金在 2010 年也录得 11%的升幅，为每月每平方米 193.8 元。

4.未来市场预期乐观

预计 2011 年北京将有五个优质写字楼项目落成，为市场提供 39 万平方米写字楼面积，供应量呈持续下降趋势，北京优质写字楼租金预期乐观。重点区域 CBD 预期只有一个项目落成，供应压力将继续减弱，在经历了 2010 年市场大幅吸纳后，该区域市场将进入存量消化阶段。金融街和中关村则没有新项目落成，供不应求的矛盾将更加突出。需求方面，中国经济已步入平稳增长期，北京写字楼市场需求也将持续上升。2010 年写字楼市场发展势头将延续至 2011 年，特别值得关注的是 2010 年市场需求没有明显的行业分布，几乎囊括传统制造、能源、医药、高科技、金融、咨询等写字楼主要租户行业类型，从另一个侧面也反映出北京写字楼市场需求正超着更加健康的方向发展。

2010年北京秋季购房消费调查报告

首佳地产顾问机构

2010年9月16日~19日“北京市秋季房展”活动期间，北京市房地产法学会和北京首佳市场研究中心联合对北京房地产市场需求情况进行了问卷调查。此次调研共收回947份有效问卷，通过调查，我们总结了居民购房的十大特征，得出三点主要结论，并提出系列建议。

（一）特征分析

根据调研结果分析可以发现，居民购房的十大特征共表现为四大类：一是有关购房者的结构性；二是购房前的相关准备；三是购房时区域位置因素等选择；四是购房者对房屋自身因素的选择等。

第一类：购房者所呈现的结构性

特征一：自住需求仍是市场主流，投资性需求相比春季有所降低

北京住宅消费市场上购房动因的自住和投资之比为4.6:1，自住的刚性及改善性需求仍然是市场主流，与春季调研相比，投资性需求以及改善性需求均有所降低，这主要是楼市调控抑制投资投机需求之功。其中自住需求中，结婚用房、改善居住条件和给家人住所占的比例分别为28.7%、28.2%和21.6%，为自住性需求的三大主要目的；因拆迁而买房的比例相对较小，仅有2.3%。针对以上结果，开发商的产品设计应主要满足消费者安居乐居的消费需求。

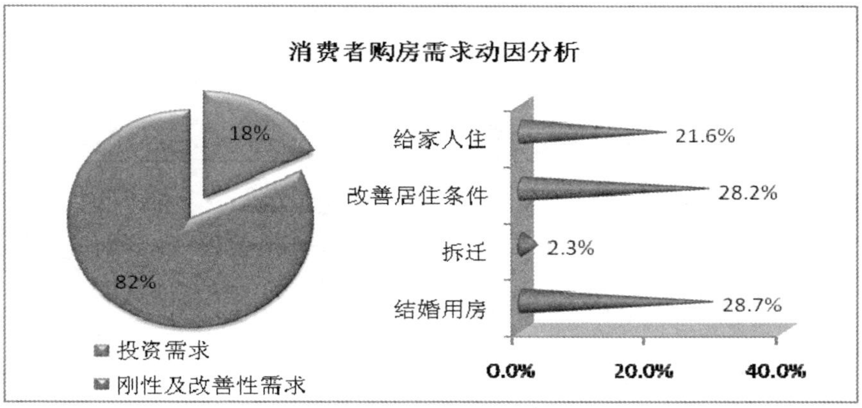

图1　消费者购房需求动因分析

特征二：不同年龄段的购房目的差异明显，31–50岁的投资目的较强

根据调研结果可知，60岁以上的购房者以改善居住条件以及给家人买房为主，31–50岁的投资目的最强，结婚用房等刚性需求集中在30岁以下。其中，60岁以上的购房者买房给家人住所占的比重接近一半，可能多数是为子女购房；改善居住条件所占的比重为38%。各年龄段中，购房投资目的较强的为31–50岁，但是在该年龄段总购房量中所占的比重为28%，相比春季降低约10个百分点（详见表1）。

表 1　各年龄段购房目的分布表

	改善居住条件	结婚用房	拆迁	用于投资	给家人住	其他
25 岁以下	29%	29%	1%	12%	24%	5%
25—30 岁	25%	39%	1%	13%	21%	2%
31—40 岁	30%	21%	2%	28%	17%	2%
41—50 岁	30%	8%	12%	28%	18%	4%
51—60 岁	24%	10%	10%	14%	38%	3%
60 岁以上	38%	0%	0%	8%	46%	8%

第二类：有关购房者购房前的相关准备性工作

特征三：购房咨询以及产权办理成为购房者最需要的法律咨询和帮助

购房前咨询、产权办理和合同签订是购房中最需要法律咨询和帮助的三个环节，其中仅购房前咨询一项占 43.7%；产权办理则占 31.4%；合同签订所占比重与春季的调研相比下降约 10 个百分点，占比 23.5%；房屋验收和评估占 15%左右。结合律师现场咨询情况可知，购房者最为关注的是产权办理以及合同有关方面的问题（详见图 2）。

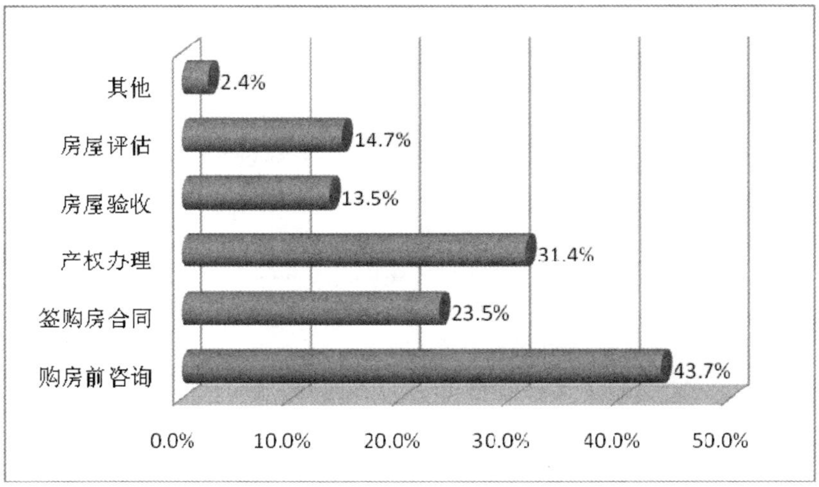

图 2　购房过程中更需要哪些方面法律援助

特征四：网络、房展会是购房者获取房屋信息的主要渠道

购房者获得房屋信息的主要来源为网络、房展会。半数的购房者是通过网络获得房屋信息；约 31.5%的购房者是通过房展会获取信息；而依靠亲戚、朋友介绍获得信息的购房者占比约 22.6%。考虑房展会开展的间歇性，网络和亲戚朋友介绍是购房者获得房屋信息的日常主要途径。此外报纸、宣传单、广播或电视等媒体，也是购房者获得相关信息的日常途径（详见图 3）。

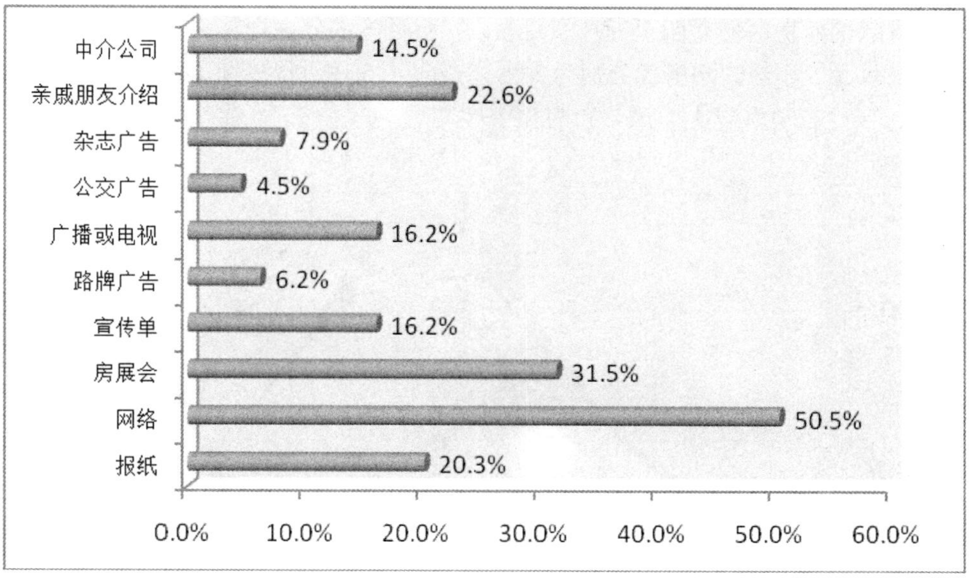

图 3　获取房屋信息的来源

第三类：购房者购房时的区域位置等因素的考虑

特征五：地理位置、交通条件成为购房者比较看重的区域因素

从影响购房区域选择的主要因素来看，优越的地理位置、便利的交通、配备齐全的生活配套是最为购房者看重的；接近半数的受访者认为地理位置是选择购房区域时的首要考虑因素，交通条件和生活配套也起到一定的影响作用；而其余的几个影响因素：区域升值潜力、自然环境、教育、医疗配套设施所起作用则相差不大。不同年龄群对居住区域的需求不一样，如中青年更关心教育设施，而老年人将医疗配套作为选择房屋位置的重要因素（详见图 4）。

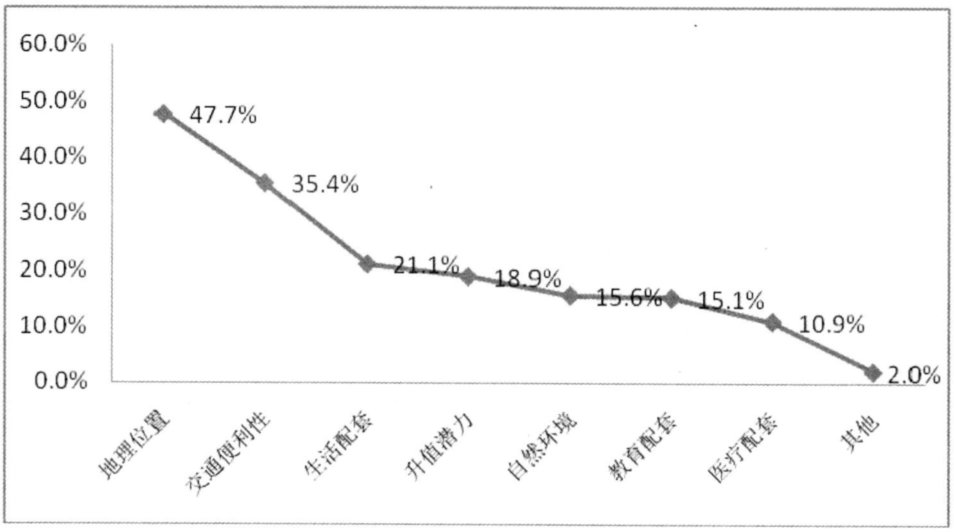

图 4　影响购房区域选择的主要因素

特征六：四五环地区是购房者最有意选择的区域

购房者最青睐的购房区域是四至五环。其中，选择3–4环、4–5环及5环外的购房者分别为27%，36.5%，27.7%，合计占90%以上。该分布与2010年春季的调研结果相差甚微，这也说明今后购房者区位选择的倾向性已比较明确：不断向价格相对低廉的郊区迁移，环线意向的重心由3–4环转向4–5环（详见图5）。

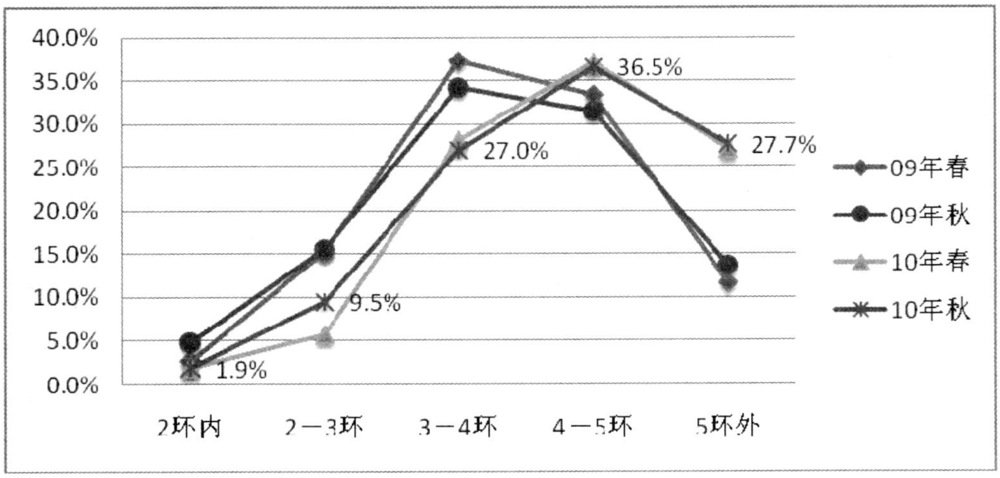

图5　您最可能选择什么位置购买房子？

特征七：购房者多倾向于北京东部及南部，朝阳区则最受购房者青睐

从方位选择来看，北京东部以及南部是购房者选择较为集中的地带，分别占比36.7%、21.2%；西部和北部占比尚不足20%。从区县选择看，朝阳区、海淀区仍是购房者两大主要倾向，原城四区的购房意向也有所增加。其中，朝阳区仍是住房意向最高的区域，占比约三分之一。（详见图6）。

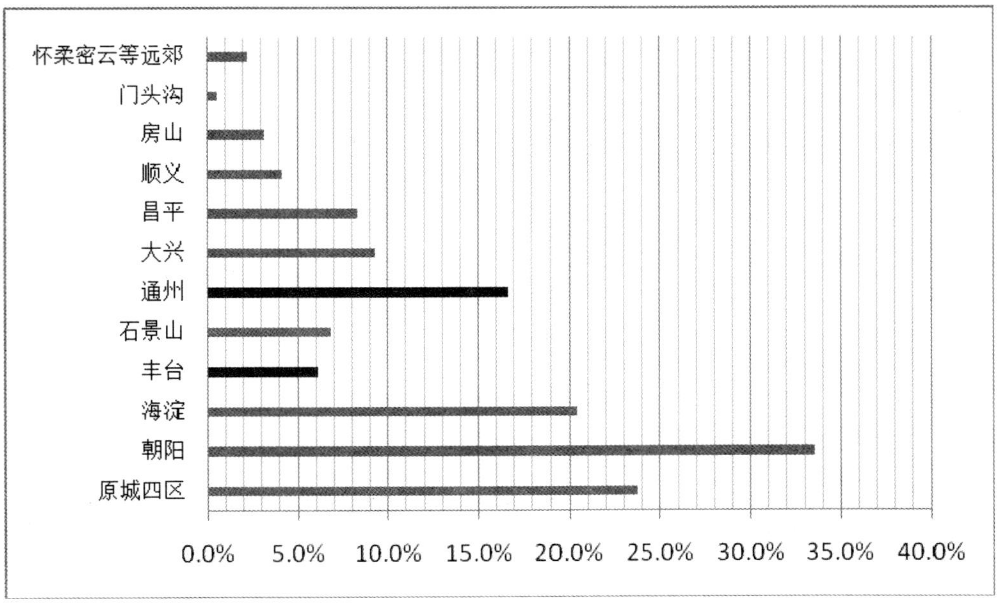

图6　购房者的区县选择意愿

第四类：购房者对房屋自身因素的选择

特征八：户型设计和价位是购房者选房时最关注的两个因素

从消费者对房屋产品的关注度分析，户型设计和价位是最吸引消费者购买该产品的直接动因。消费者对小区内的配套设施、建筑类型、物业管理及开发商的信誉也投入一定的关注度（详见图 7）。

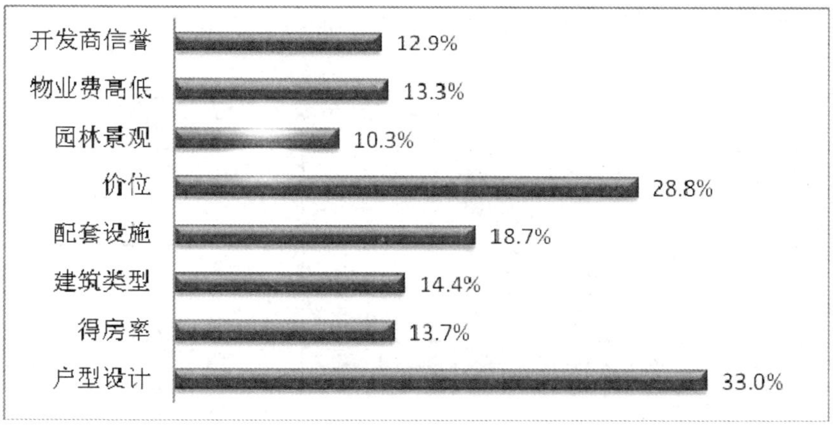

图 7 房屋产品或服务的看重要素

综合上述分析，地理位置、交通便利、户型设计和价位是消费者购房时最为关注的四大因素。其中，地理位置和交通便利两因素具有一定的关联性，随着某一地区通达性加强（地铁开通），该区域的区位条件改善，对消费者的吸引力也同时增加。

特征九：中低价位、中小套型是购房者的主流户型面积需求

从购房承受价位来看，半数以上的购房者能承受的最高总价在 100 万以下，意愿最多的住房面积为 61–120 平方米。承受最高总价在 51–80 万、81–100 万、101–150 万的购房者比例分别为 18.9%、21.5%和 19.6%。购房者打算购买的住房多为中小户型，面积在 91–120 平方米之间的户型最受青睐，占比 40.3%。购买 61–90 平方米的户型的购房者意愿占 35.4%，140 以上大的户型仅有 5.4%的购买意愿者。以上结果反映了当前群众的主流购房意愿和承受能力，百万元以下、百平方米左右是当前市场的主流需求（详见图 8）。

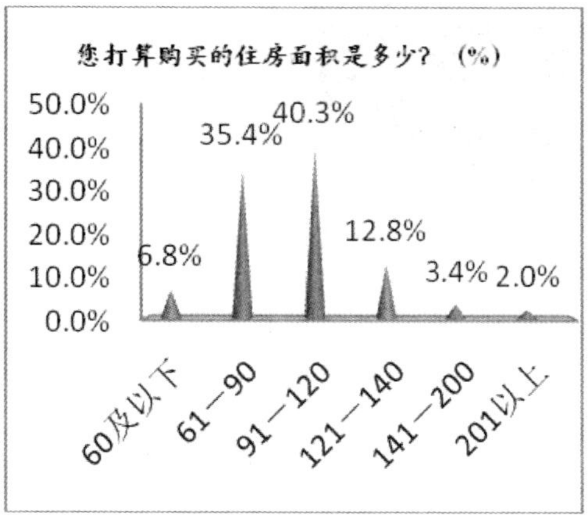

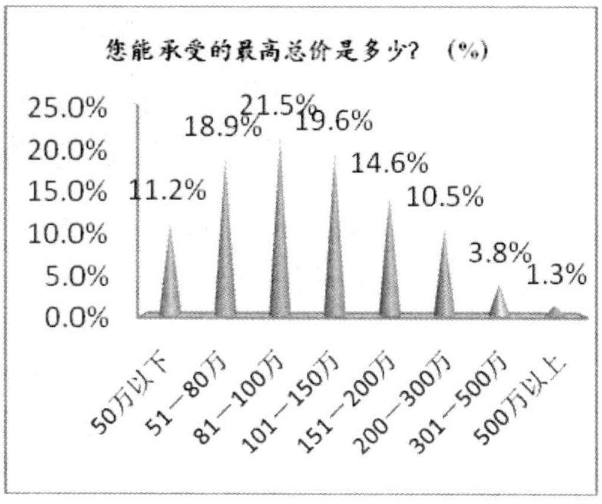

图 8 计划购买住房面积以及承受房屋总价

结合问卷样本的数量分布，可以得到更细致的住房需求量表（详见表 2）。从表 2 可以看出，选择总价 101–150 万元、面积 91–120 平方米的购房者有 110 人，是频率最高的购房选择；其次是总价在 51–80 万、面积在 61–90 平方米，共 104 人。依据每一种类型对应的选择频率的大小，划分为 80 以上、80–30、30–10、10 以下四个等级，可以看出围绕三大频数最高的类型向外，逐步呈现梯度递减的模式，反映了购房者购房需求呈现核心大、外围小的正态分布态势。受房价较高、自身经济水平等因素影响，中小套型、中低总额受到消费者的青睐。

表 2　受访者的面积和总价需求分布表（单位：平方米）

	60 及以下	61—90	91—120	121—140	141—200	201 以上
50 万以下	28	52	23	1	1	1
51—80 万	25	104	39	9	2	1
81—100 万	5	94	92	12	2	1
101—150 万	3	57	110	18	4	0
151—200 万	3	26	77	31	5	0
200—300 万	0	7	43	40	12	3
301—500 万	0	0	6	20	8	4
500 万以上	0	0	2	2	1	7

特征十：两居室的户型最受欢迎

调查结果显示，购房者对户型要求集中于传统的两居室户型，占比约 60.2%；30.2%的购房者希望购买三室的房子；购买一室消费者不足一成，为 8.3%；而四室及以上的户型所占比重仅 1.3%（详见图 9）。开发商在设计户型时应充分考虑所针对的群体，从而设计相应的户型迎合其需求。

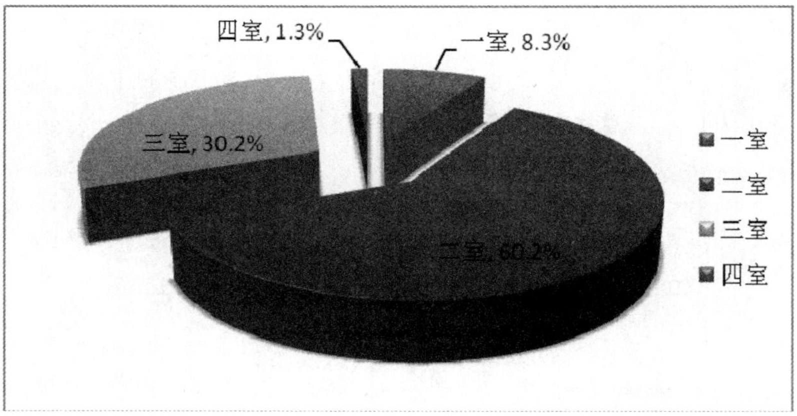

图 9　购房者户型选择

（二）结论

结论一：受“新国十条”等房地产调控政策影响，投资需求有所降低

与调控前相比，投资需求有所降低，占比17.7%，这说明“新国十条”等房地产调控政策对投资、投机者的影响还是不容忽视的。一方面是政策本身对投资、投机者的打击；另一方面是楼市发展方向不甚明朗，部分投资、投机需求者处于观望中。

结论二：受收入影响，购房者选房时更看重户型和价位

由调研可知半数购房者的家庭年收入在10万元以下，因此，该部分人群在购房时更倾向于五环附近、小户型、总价在100万元以内的房子。近期，虽然楼市调控紧密，而部分开发商的楼盘恰迎合了这部分购房者的需求，从而使得楼盘“逆市热销”。

结论三：受房地产调控影响，购房者购房更为慎重

半数以上的调研对象参加房展会的目的均为收集信息，仅有14.3%的人员会考虑签约优惠楼盘，这与以往大有不同。另外，调查对象计划在2010年买房者不及一成。事实上，秋季房展会上的签约量也是大幅减少，这可能与房展会上楼盘的结构有关，而实际上一些价格相对较低的项目仍处于排队抢购的盛况。这说明房地产调控对楼市的影响不容忽视，购房者的选择更为谨慎。

（三）首佳建议

“新国十条”政策调控已近半年，调控效果也初步显现，已初步遏制房价快速上涨之态势，但是离民众的预期还有一定的距离。结合本次调研结果以及首佳公司对市场发展形势的分析提出以下建议。

建议一：政府应做好预期管理

政府通过预期管理，弱化市场信息不对称的矛盾，有效引导购房者的预期，促进房地产市场的健康发展。预期类似于化学反应中的催化剂，楼市火热期，上涨的预期不仅可以加快刚性需求的入市速度，还将激化投资、投机需求，从而使得市场交易继续膨胀；而市场冷却时，下跌的预期则会延缓购房者的入市计划，加重观望氛围，使得市场交易量大幅下滑；另外，倘若市场预期被不正当的利益集团所利用，将给市场带来无法估量的危害。所以，政府应该出动出击，管理预期，正确引导市场走向。正如国庆节前，相关部门针对九月底楼市出现的“回暖”现象，发布调控政策，主动引导预期。

建议二：相关部门应该严格执行调控细则

虽然投资需求相比2010年春季已有减少，但是相关部门并不能忽视对其管理，以防更多的投资者卷土重来。相关部门要严格执行已有政策，巩固调控效果，从而促进楼市的健康发展，这正是九月底楼市新政的主旨思想。例如：严格执行差别化信贷；加快保障性住房供应；严格管理房地产建设用地；加快推进房产税改革试点工作等等。

建议三：开发商应顺势而为，调整其土地储备策略，制定合理的营销方针

在当前形势下，开发商更应该洞察市场走向，配合政府的调控机制，顺势而为。例如：土地储备应加强专业性规划，类似于“商改住”项目，一旦政策执行严紧，开发商将会得不偿失；此外，土地储备量也应得当，而新出台的有关房地产建设用地的管理也相当严厉，若因企业原因造成土地闲置一年以上，将限制其拿地资格；在营销方面，应充分考虑购房者的需求，加大中小户型的开发量，户型设计得当、价格合理，从而扩大企业的市场占有率，赢得更多的客户群。

建议四：消费者保持购房理性，投资者应慎重选择投资渠道

住宅的首要用途应是其居住性质，而当市场供应尚不能满足其居住需求时，房地产调控的方向应是弱化住宅的投资属性，挤出市场上的投资、投机需求，此次楼市调控政策也正是为此而努力。另外，政府正不断拓宽民间投资渠道，投资者也应多元化其投资方式，从而获得稳定收益。刚性需求者购房也应该保持理性，切勿盲目跟风或者摇摆不定，应选择与自己支付能力相当的区域、户型。事实上，有关信贷政策要求首套房首付三成也是为了抑制超前需求。

2010年北京住宅租赁市场报告

北京我爱我家房地产经纪有限公司

一、2010年北京住宅租赁市场状况回顾

1．1 2010年北京住宅租赁市场整体状况

在就业需求增大、房地产价格持续上涨以及今年4月以来房地产宏观政策调整的背景下,2010年的北京住宅租赁市场成交状况持续活跃。根据我爱我家市场研究中心的统计数据表明：同比去年同期，今年全年交易量上涨了13.78%。具体来看，一方面北京整体经济的不断发展以及各类社会资源在国内的突出领先地位吸引了大量的外来工作者和大学毕业生；此外，今年的北京房地产价格依旧保持了快速上涨的态势，房价与个人收入之间的增速不平衡令中低收入购房者的购买能力下降很快，导致了其住房需求逐步向租赁市场转移；再加上今年4月中旬以来国家陆续出台相应的房地产宏观调控政策，也让一些原本有购房意愿的消费者因对后市的观望态度而转向租赁市场进行过渡。

各种新增的市场需求在支撑了租赁市场交易活跃的同时也间接拉动了市场中的租金价格出现同涨的走势。今年全市租金均价为2793元/月•套，同比去年同期的2417元/月•套上涨了15.56%，创出了过去7年来北京租赁市场价格的新高。城八区租赁成交依旧占据市场主体，成交比例约占全市总量的79.91%，其租赁均价达到了2898元/月•套，与去年同期的价格相比增涨了327元/（月•套），涨幅为12.72 %。其中，普通租赁市场价格持续增长。自2008年12月普租市场价格因市场淡季调整至阶段低点以后，近24个月以来其一直保持了明显的持续上涨走势。2010年全年普租市场价格为2335元/（月•套），同比上涨了11.98%；而高端市场的租赁价格涨幅则相对较小。回顾过去36个月来北京高端住宅物业的租金走势，价格涨跌反复的态势成为其变化的主基调。全年高端租金均价为5078元/(月•套)，同比仅上涨3.11%。供需关系方面，同比去年房源和需求分别上升了17.08%和20.19%，市场供需比达1.13：1。

2．2010年北京住宅租赁市场成交量状况

2010年北京住宅租赁市场总成交量较去年上涨了近14%。总体来看，成交量的持续上涨主要与北京就业需求的增大、来京求学人群增多、高房价导致的中低收入者住房需求的转换以及今年以来房地产市场因政策迭出而出现的观望情绪有关。根据我爱我家市场研究中心的统计数据表明：2010年北京住宅租赁市场房源供给和承租需求均出现了十分明显的增长态势。全年住宅租赁市场总体供需比为1.13:1。业主累计登记量和客户需求量分别比去年同期增长了17.08%和20.19%。

图表：2010年我爱我家北京住宅租赁市场供需状况分析（供应量/需求量）

	1月	2月	3月	4月	5月	6月	7月	8月	9月	10月	11月	12月
2010年各月供需比	1.23:1	1.16:1	1.20:1	1.24:1	1.02:1	1.07:1	1.08:1	1.19:1	1.27:1	1.28:1	1.31:1	1.33:1
2009年各月供需比	1.41:1	1.44:1	1.41:1	1.32:1	1.09:1	0.98:1	0.90:1	0.81:1	0.87:1	1.13:1	1.18:1	1.32:1

2008年各月供需比	1.15:1	1.04:1	1.32:1	1.45:1	1.24:1	1.17:1	1.07:1	1.13:1	1.51:1	1.67:1	1.72:1	1.68:1
2007年各月供需比	1.16:1	0.92:1	1.07:1	0.91:1	0.86:1	0.79:1	0.78:1	0.78:1	0.86:1	1.01:1	1.41:1	1.35:1

数据来源：我爱我家

我爱我家市场研究中心认为，租赁市场中需求的持续增长主要与外来人口的不断增多密切相关。在经历了2008年的北京奥运会以及随之到来的经济结构调整，北京在全国经济、教育等领域的地位不断得以提升。随着城市发展的不断向前以及整体宏观经济的提升，所带来的就业机会也相应有所增加。截至2009年年末北京市常住人口达到1755万人，比2007年的1633万人增长了122万人，相比上年末增加60万人，是2001年以来全市常住人口第一次连续三年增加额度都在50万人以上。据统计，2009年北京外来人口数量为509.2万人，占全市常住人口比重的29%。相比2008年的外来人口数量增长了44.1万人。此外，2010年的北京高校毕业生数量接近22万，创出了近5年的历史新高。因为地区经济结构的差异化，使得北京相比于其他区域的经济、就业环境更加稳定，令在京毕业的外地生源为了寻求稳定的发展机会而不愿出京。这也为北京租赁市场有效承租需求的增加提供了充足的保障。

根据我爱我家的统计数据表明：2010年新增的外来人口中83%通过租房解决其住房问题，大量外来人口租赁成交多集中在春节之后的返城务工高峰和年中的求学、毕业高峰之中。新增需求的不断推动，令年内的租赁市场交易状况得以持续活跃。

今年以来房地产市场价格的不断走高导致了房地产宏观调控政策贯穿全年。从1月初的国11条再到4月、9月政府的两次重大调控，市场政策可谓频频不断。限购、缩小购房贷款优惠利率、提升购房付款比例等一系列抑制购房需求的猛药成为了影响房地产市场走势的关键。同时年内央行10月的一次小幅加息和六次提高存款准备金也为本已喧闹不堪的市场注入了新的炒作元素。整体来看，调控政策的出台并没有有效地解决市场中的住房需求，反而通过各种购房门槛的提升限制了购房者的购买意愿。部分中低收入群体因购买力的下降而被迫转向租赁市场解决需求，而部分购房人群因出现观望情绪，也选择了租房的形式进行过度 。这也在一定程度上助推了市场成交量得以大幅提升。

最后，随着北京城市建设的需要，大规模的城市拆迁改造工作再度开启。2007年北京市的总拆迁量约为15万户。2008年由于奥运会召开的需要，北京市的拆迁工作明显放缓，全年拆迁量仅约为6千户。去年全市城市规划中的CBD的东进、长安街的改扩建、金融街的西扩、以及第二机场建设等工作陆陆续续在今年得以实施，再加上未来一段时间中即将上市交易的土地地块、保障性住房用地拆迁，大量的拆迁户所产生临时性住房过渡需求需要通过租赁市场进行解决，这也为增加今年来北京租赁市场的承租需求打造了良好的基础。

3. 2010年北京住宅租赁市场成交价格状况

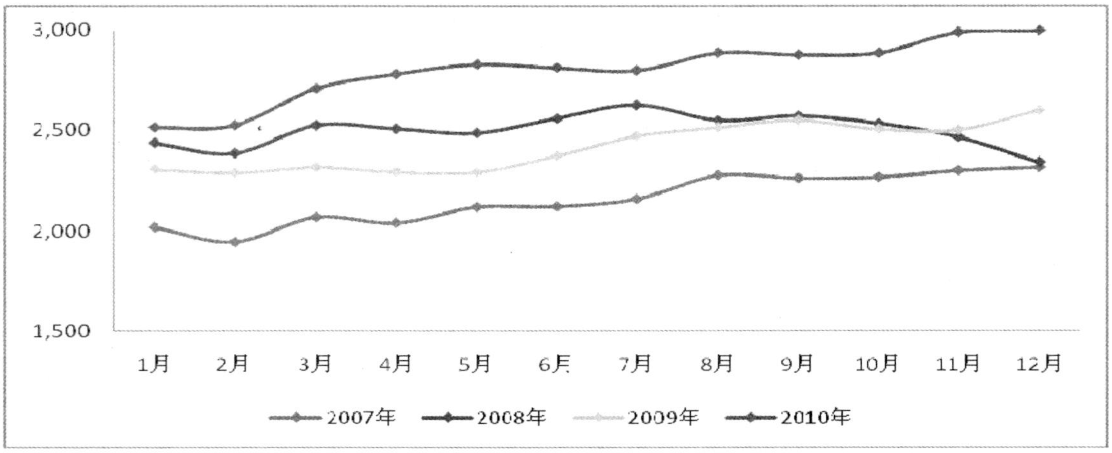

图表：2007 年-2010 年北京租赁市场租金价格走势（单位：元）

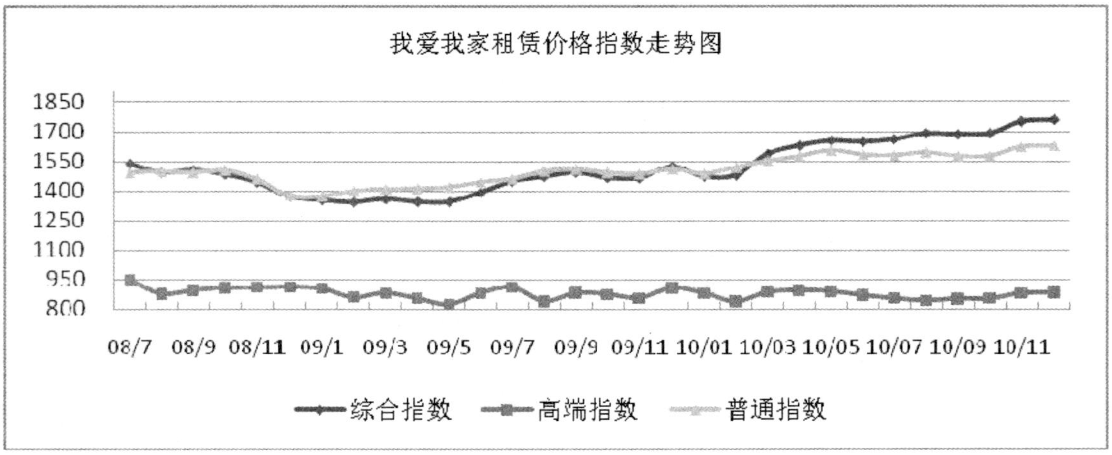

图表：我爱我家北京住宅租赁市场价格指数走势分析（单位：元）

数据来源：我爱我家

2010 年北京住宅租赁市场整体租赁价格在需求不断提升、通胀压力增大以及房地产市场价格快速上涨的背景下上涨明显。月租金价格在 2009 年年末以后保持在持续上升通道之中，不但已经突破了 2008 年奥运会期间因短租房而创造的北京月度租金高点，同时还在今年年末的传统市场淡季之中不断刷新历史新高。根据我爱我家数据显示，今年全市租金均价为 2793 元/（月•套），同比去年同期的 2417 元/（月•套）上涨了 15.56%。其中普通民宅租赁市场租赁价格表现出平稳增长的态势，近 2 年来保持明显上扬。而高端租赁市场租赁价格则呈现涨跌反复，同比去年的增幅低于全市租金变化水平，而且未来一段时间内其仍可能将继续维持这一状况。

图表：2010 年北京区域二手房市场租赁价格状况［单位： 元/（月•套）］

	东城区	西城区	崇文区	宣武区	朝阳区	海淀区	丰台区	石景山
2010 年租赁均价	3080	3256	2801	2506	2859	2996	2215	2088
2009 年租赁均价	2709	2839	2411	2119	2541	2620	1849	1821
增幅	13.70%	14.69%	16.18%	18.26%	12.51%	14.35%	19.79%	14.66%

数据来源：我爱我家

从城八区住宅租赁市场来看，2010 年城八区租赁均价达到了 2898 元/（月•套），与去年同期的价格 2571 元/（月•套）相比上幅了 327 元/（月•套），增幅为 12.72 %。从各具体区域来看，各城区交易价格涨幅明显，尤其以丰台、宣武以及崇文更为突出。同时海淀、朝阳等部分城区的涨幅增速低于全市成交均价变化，主要是因为去年年末区域租金价格上涨提升基数、合租和群租增多、区域内面积较大带来的需求外迁和轨道交通的串联作用有关。

2010 年北京租赁市场的租金价格出现了持续上扬，我爱我家认为：租赁市场中的供应关系变化引导了价格的走势方向。目前北京的租赁市场中，因为高房价过渡和入京外来人口所带来的新增承租需求十分旺盛，而市场中的有效供应量则难以在短时间内有效提升。一方面北京目前持有多套房产的业主主要为外地来京投资置业群体。其投资理财的观念决定了很多房产无法进入到租赁市场；另一方面城市核心区或租赁热点区域内的可供出租房源正在成逐年递减的态势。因为经过多年来的二手市场换手，部分原先处于出租状态的房产目前已经转变为自住，进一步影响了这一区域内的市场租赁状况，间接对全市租金起到了拉升作用。

另外，今年租金上涨的关键因素还与 CPI 的持续上涨和租金与房价之间的联动补涨有关。一方面近年来国内宏观经济多采用宽松的货币政策，整体市场表现为通胀性经济。因出口回收的外汇带来了本币的持续超发，从而产生了市场中的流动性过剩，导致大量的资金有投资保值的需求。在房地产、股市无法有效吸纳的情况下，资金在实体经济中涌向非传统资产。这种泛资产化的市场表现间接推动了以农副产品为主的生活必需品出现快速上涨，对业主的租金价格制定也有着潜移默化的推动作用；另一方面，近几年房地产市场的价格出现了快速且持续的上涨走势，但租赁市场的价格增速却远远不及。根据我爱我家的数据显示，过去 7 年间的北京二手房市场价格增幅为年均 22.26%，而同期租赁市场的价格增速为 9.86%。虽然今年的租赁市场租金增幅达到 15.56%，但二手房市场价格上涨却达到 54.71%，差距依然较大。两者增速的不平衡导致市场中租金的投资回报率持续回落，平均 2%的年度租金回报率不敌一年期整存整取利率，市场中租金的价值回归意愿十分明显。

此外，再考虑到去年以来租赁市场一直处于奥运后的调整期，2009 年初因为经济的不景气让市场中的求租者承租能力下滑较快，业主当时为了避免空置选择降价出租。而随着 2009 年年中经济走势从低谷开始回升，出租方也随之重新调整先前较低的承租价格；同时，近年来城市核心区以及租赁热点区域出租房源出现递减，品质更高的城市外围商品房正在租赁市场中逐步替代过往的已购公房，相应的租赁市场定价也有所提升。

4．2010 年北京住宅租赁市场成交区域状况

从今年上半年住宅租赁市场成交区域分布来看，朝阳区占整个租赁市场成交量比重最高，为 35.32%；海淀其次，约为 21%。朝阳、海淀依旧是租赁市场的主体区域，二者合计比重占整个租赁市场成交量的近六成。此外租赁成交第三大区域——丰台区成交比重上升到了近 14%。造成这一现象的主要原因是：一方面朝阳区、海淀区、丰台区作为租赁市场的主体，因为区域的面积很大，可供出租的房源数量相对较多，因此成为市场的主要成交密集区域；另一方面，虽然在轨道交通、城市轻轨等城市新型交通工具的推动下租赁热点区域有向郊区扩展的趋势，但朝阳区、海淀区、丰台区交通便利，配套完善，目前仍是承载绝大部分租客的重要区域。特别是丰台区，近年来其租赁比重持续上升，一方面与方便的轨道交通和性价比突出的租金水平有关；另一方面还与区域内存在多处大型商品批发中心密不可分。需求量的相对稳定使得丰台区的租赁市场地位得以不断加强。

图表：2010 年与 2009 年北京住宅租赁市场区域成交量比重状况

区域	2010 年	2009 年	比重变化幅度
朝阳区	35.32%	37.40%	–2.08%
海淀区	20.63%	21.57%	–0.94%
丰台区	13.88%	12.73%	1.15%
宣武区	6.06%	6.62%	–0.56%
西城区	5.51%	6.03%	–0.52%
通州区	5.34%	4.79%	0.55%
东城区	3.67%	3.18%	0.49%
崇文区	2.73%	2.20%	0.53%
昌平区	2.27%	1.86%	0.41%
石景山区	2.11%	1.97%	0.14%
大兴区	2.31%	1.55%	0.76%
门头沟区	0.01%	0.02%	–0.01%

数据来源：我爱我家

由于去年北京地铁四号线的开通、CBD 东扩、金融街西进、第二机场选址确立、新南城规划的制定以及通州新城的未来建设，随之带动了市场中新的承租热点产生。受益到城市规划建设的影响，朝北板块、四季青、京通快速路沿线以及南苑等区域今年以来区域租赁市场相对较为活跃。根据二级区域的具体表现来看：市场中中关村、西直门、东坝、驼房营、垡头、旧宫、花家地、交道口、阜成门以及宋家庄等区域成交量价涨幅较大。中关村、西直门、交道口主要是受到大学生毕业或求学因素拉动所致。成交量较去年同期上涨了 1.91%，租金水平则上涨了近 17%。东坝、驼房营等区域是因为 CBD 东扩后，区域位置更加接近核心区，同时其相对低廉的租金价格形成了洼地效应,吸引了大量 CBD 工作的中低收入群体。而花家地、宋家庄等区域交易量的增长则是因为其周边紧邻交通枢纽或办公集中区域所致。今年以来，一些新兴的交通枢纽或办公集中区域在租赁市场中表现得较为良好。特别是以宋家庄为代表的地铁线路总站枢纽，未来仍存在较大的上升空间。

5. 2010 年北京住宅租赁市场成交户型结构状况

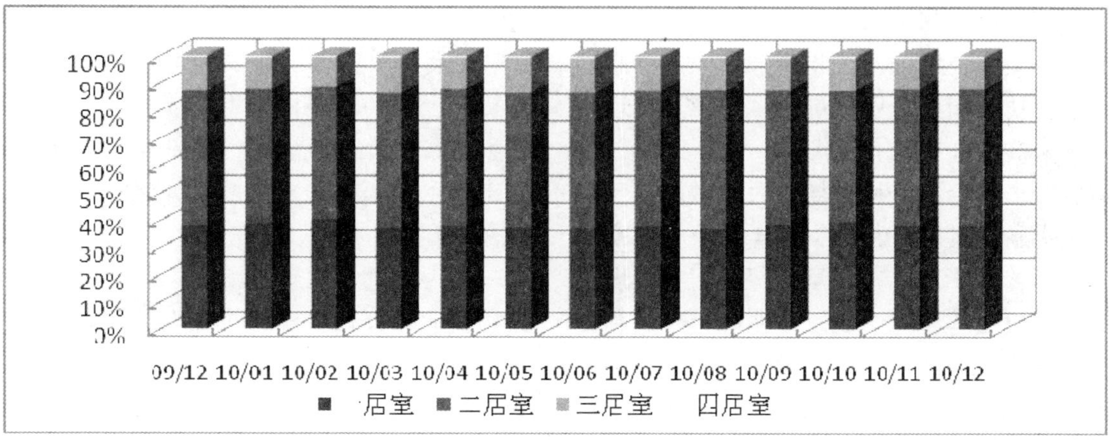

图表：2010 年北京住宅租赁市场居室成交量比重状况

数据来源：我爱我家

根据2010年上半年的北京住宅租赁市场居室结构变化来看，进入到今年以后全市的二居室市场分额再度出现了一定下滑。从我爱我家的市场数据显示，其49.60%的市场比重为近4年来的历史最低点，年内个别月份的二居室市场交易比重更是低至 48%。从普通租赁租赁市场来看，今年两居室的市场比重小幅回升，其比重占总量的51.45%，较去年同期微涨了0.33%。一居室的增幅状况低于整体市场的走势，三居室的成交比重则出现了0.31%的升幅。高端市场方面与总体市场走势略有不同，两居室的市场份额从去年的44.20%上浮至47.23%，但其三居室的降幅状况却明显高于整体市场。

图表：2010 年北京住宅租赁市场交易居室成交量比重状况

居室	综合租赁市场交易居室比重			普通租赁市场交易居室比重			高端租赁市场交易居室比重		
	2010 年	2009 年	比重变化幅度	2010 年	2009 年	比重变化幅度	2010 年	2009 年	比重变化幅度
一居室	37.86%	37.13%	0.73%	39.21%	39.83%	–0.62%	17.73%	15.81%	1.92%
两居室	49.60%	50.34%	–0.74%	51.45%	51.12%	0.33%	47.23%	44.20%	3.03%
三居室	11.84%	11.90%	–0.06%	9.09%	8.78%	0.31%	32.60%	36.55%	–3.95%
四居室	0.70%	0.62%	0.08%	0.26%	0.27%	–0.01%	2.44%	3.44%	–1.00%

数据来源：我爱我家

相比于去年而言，今年以来租赁市场中的一居室提升较为明显，达到了0.73%。在过去几年，虽然其租金价格以及良好的私密性深受租赁客户的喜爱，但因为其房源数量的稀缺性导致了其在市场之中无法占据主导地位。但随着近两年来大量小户型商品房项目的入市，一居室租赁房源紧俏的状况被得以大大缓解，从而提升了市场中的成交比例。

此外，今年高端市场中的二居室比例提升幅度较高，我爱我家认为这主要是因为今年以来二手房市场涌入了大量的投资客和改善性需求购房者，租赁市场中以租养房的比例提升明显，使得市场中的部分中高端租赁市场房源供应量增幅明显。房源的增加在一定程度上进一步拉低了本已是供大于需的高端租赁市场价格。高端租赁市场价格的反复下滑，增强了承租者选择大户型高端项目的性价比，由此吸引了部分承租者选择进入高端市场来改善自身的承租状况。

最后，虽然今年普租市场中大户型成交比重涨幅并不明显。但是考虑到今年 4 月下旬北京法制办公布了《关于修改〈北京市房屋租赁管理若干规定〉的决定(草案)》。规定中明确租住成套住宅的，人均建筑面积不得少于 10 平方米或人均使用面积不低于 7.5 平方米。针对 2007 年 11 月出台的《北京市房屋租赁管理若干规定》的相关修订，其限定了市场中合租住宅的承租形式，在很大程度上保证了承租人的合法权益及承租安全。但是合租面积的限定也在一定程度上提升了合租人的租住成本，部分原本通过多人承租中小面积房源压缩租赁成本的客户将会被迫选择大面积或多居室房源来平衡人员、面积以及租金水平的相互关系。未来一段时间内三、四居室的成交比重有望得到提升。

6. 2010 年北京住宅租赁市场年投资回报状况

2010 年以来，北京的租赁市场投资回报率一直处于较低水平。虽然自 2008 年 12 月以后租金价格一直延续上升趋势，但是相对于持续 24 个月上涨近 112%的房价走势而言，租金的增幅很难与之匹敌，由此导致了理论上的租赁年投资回报率出现了连续下滑。根据我爱我家的市场数据显示：目前市场中房租的投资回报率只有在房地产市场价格大幅回落的过程中才会出现上涨态势。以 2008 年 9 月–12 月为例，上一次房地产价格调整过程中，房屋租金年投资回报率平均在 3.30%以上。之后二手房市场在 2009 年出现回暖，价格呈现接连上升的态势，而租赁市场租金回报率却呈现了一路下滑态势。虽然 2009 年年末至今房屋租金出现了大幅补涨，但是面对随后而来的二手房价格再度快速拉升，房屋租金回报依旧不甚理想。

作为投资房地产市场的一种形式，目前通过出租物业的方式获得的回报相对有限，其收益仅略高于一年期整存整取利率水平（2.50%），因此导致了更多的业主更看重来自房产价值上升带来的溢价收益。究其原因，我爱我家认为这主要与目前的置业观念有关。当下我国城镇的住宅私有化率已达 84%，消费观念的错位再加上持续增长的房价逼迫着大量中低收入群体超前购房，抑制了租赁市场在解决城市住房需求时起到的过渡、分流的功能，从而导致房价的增长长期偏离租金水平，间接放大了物业的增值效应，造成了租赁投资回报明显偏低。随着未来市场中可供出租房源量的不断增多、市场中房价的快速上涨以及市场租金因淡旺季或租金阶段调整出现波动，房屋租金回报率的利润空间或将会继续被挤压，传统的以租养房模式恐将会受到较大的冲击。进而我们还应当看到，虽然目前租金价格跟随 CPI 等其他因素出现阶段性上涨，但是如何平衡好中低收入群体或有意愿通过房屋租赁解决居住需求的人群对租金的要求，和租赁市场长期投资收益两者之间的关系，就成为未来一段时间中我们必须十分重视的问题。

7. 2010 年北京住宅租赁市场成交特征状况

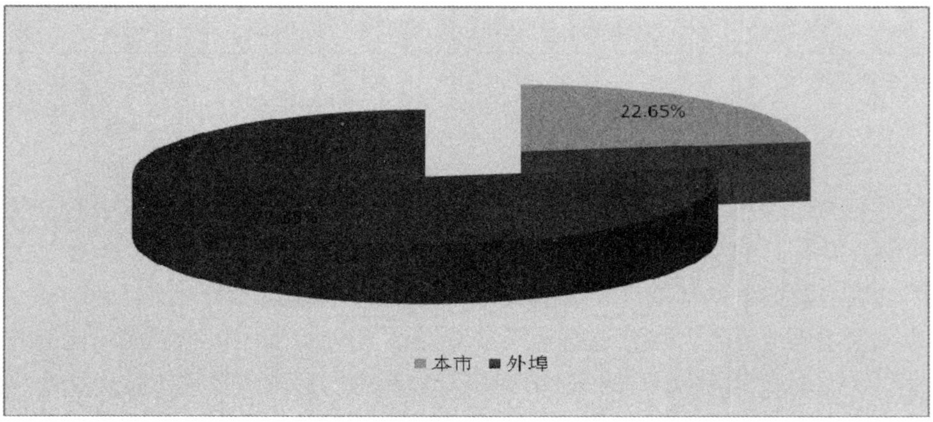

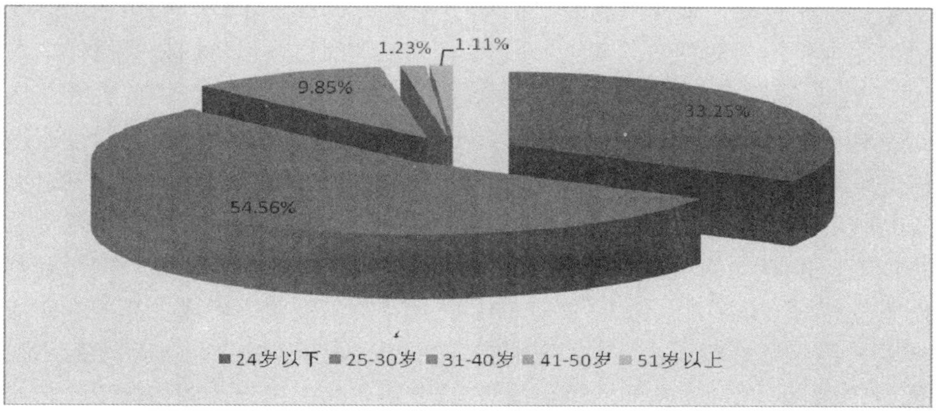

图表：2010 年北京住宅租赁市场承租客户基本状况分析

我爱我家年度数据显示：2010 年北京住宅租赁市场中，承租客户的群体主要集中在 30 岁以下（87.81%）的两口或独身家庭。 这一群体 8 成来自外地客户，其家庭年收入状况主要分布在 2-8 万之间（65.64%），他们普遍受过良好的高等教育，任职于私企、外企或企事业单位（64.35%）。对比去年的市场调研数据来看，今年市场中 25-30 岁的承租者比例上涨较多，这主要是因为今年北京的房地产市场价格上涨速度较快，超出了很多人的购买承受能力。再加上 4 月以来国家频繁出台宏观政策调控过高的房地产价格，使得很多人因观望房价走势而选择租房过渡。此外，今年承租客户群的收入重心也出现了下移，这主要与整体宏观经济状况导致的薪资待遇提升较慢有关。同时，CPI 的提升以及粮油菜禽价格的变化也让承租客群降低了自己的可支配租金水平。年度数据中还显示，更多的中低收入群体在面对持续走高的房价和不确定的未来大势状况时，选择了通过租房解决居住需求。

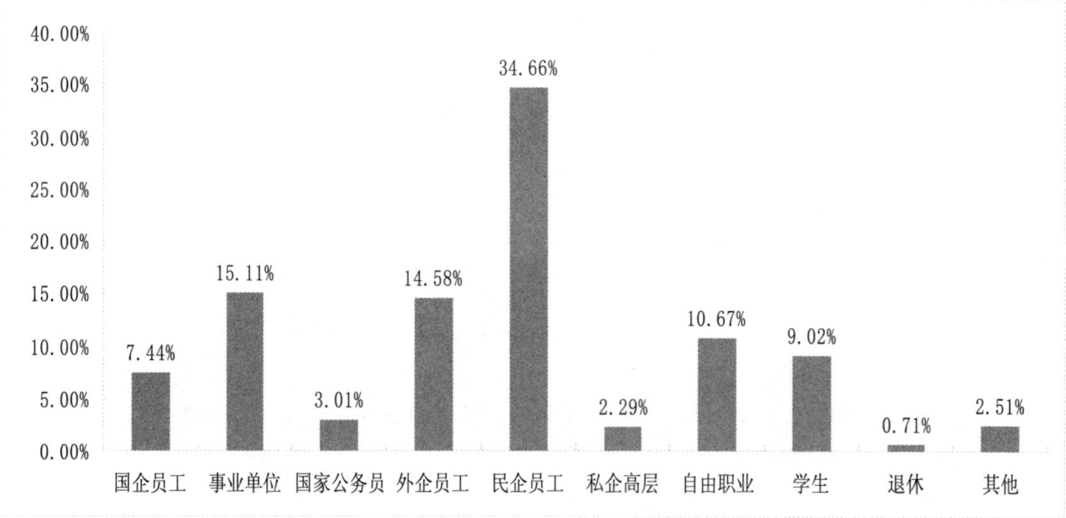

数据来源：我爱我家

我爱我家的调研数据分析得出：在客群的承租原因选择中，选择外地来京的比例占总量的 40.22%，其次是方便上学或工作（30.35%）。临时需求、装修及拆迁等需求约占 24%。由于目前承租客群的年龄结构普遍较低，致使市场中的主要客群所能承受的租金价格相对较低，今年的租金快速上涨带动了合租、群租需求也相应提升明显。具体来看，合租客户中租金低于 1000 元/（月•套）的承租客户约占总体市场成交的 7.52%，而放大月租金至低于 1400 元/（月•套）的客户比例达到了近 13.5%。租金低于 1000 元的承租客户平均租金水平为 814 元/（月•套），成交的承租面积为 15.41 平/套。其中承租户型以二居和三居为主，房间中的平均承租人数为 4–8 人。放大至月租金低于 1400 元/（月•套），承租的租金平均水平为 1019 元/（月•套），平均得承租面积为 17.53 平/套。其中承租位置在朝海丰的占总量的 61.51%，近郊区县占比约为 22.13%。

对于社会关心的非京籍大学毕业生求租问题，我爱我家与人总行在年内进行了问卷分析，具体数据显示：租房的毕业生中 83.6%与他人共同租住，与他人共同租住的毕业生中，67.4%的共同租住对象是同学、同事、朋友，19.2%的共同租住对象是未婚情侣。月房租占个人月总收入比例主要在 30%以下，81%的租房毕业生个人承担月房租在 1000 元以下，平均 795 元。租住面积平均 59.7 平方米，人均租住住房建筑面积 23.8 平方米，使用面积按 70%计，为 16.7 平方米，低于北京市统计局公布的 2009 年城镇居民人均住宅建筑面积（28.81 平方米）。求租人群中，坚持拥有一套属于自己房子的毕业生（77%）超过倾向于长期租房的毕业生（63.5%）。

二、2011 年北京住宅租赁市场状况前瞻

1. 2011 年北京住宅租赁市场成交量有望持续增长

2010 年的北京住宅租赁市场交易量、价出现明显增长，一方面与市场中的供需关系依旧紧张有关，同时还与房地产市场的调控政策、CPI 等经济指标高企密切联系。新世纪的第一个十年中北京住宅租赁市场不断成熟，在吸纳解决每年新增的外来进京务工人员、大学生求学、毕业生留京以及本市常住人口的居住、过渡需求等方面发挥了重要的作用。明年北京的整体经济走势仍将维持稳健的前进步伐，相对稳定的就业机会、良好的求学深造环境依旧是吸引外来人员来京的重要因素；除去过往市场中传统需求热点带来的市场交易增量以外，近两年来新公布的城市规划改造项目也将为市场带来大量的临时性住房过渡需求，这在一定程度上增大了租赁市场中的潜在交易量；另外，今年房地产市场调控政策接连不断，大量的中低收入者因为高房价导致购房能力明显下滑，观望、放弃购房等情绪在市场中不断升温。分析目前的房地产调控政策，其并没有有效地解决市场中的住房需求，反而通过各种购房门槛的提升限制了购房者购买意愿。受限的部分客群将逐步流入租赁市场中解决住房问题，从而也将间接地带动了明年租赁市场成交量的上升。由此，我爱我家预计明年的北京住宅租赁市场成交量增幅有望在 10%以上。

2. 2011 年北京住宅租赁市场租金价格仍将持续创出新高

租金价格方面，自 2009 年年末以来全市月度租金价格持续增长，我爱我家的数据显示 2010 年 12 月的月度租金价格为过去 7 年来的历史新高。除去因供需关系依旧紧张、新增需求来源有所增加等因素以外，房地产市场持续上涨的价格走势、宏观经济中 CPI 变化以及租赁市场中结构的调整也是助推租金价格上涨的重要条件。具体来看，2010 年北京二手房房价同比涨幅超过 50%，而租金价格涨幅却明显低于其走势。这种快速上涨的房地产价格，令租金、售价比出现了失衡，也让房地产出租投资回报率一直处于下降趋势。明年房地产市场价格不会出现很快回落，因此全市的租金价格仍有与房价联动的补涨效应；其次，根据 CPI 与全市租金的变化显示，进入到 2009 年以后 CPI 的变化状况明显和租金价格涨跌走势趋同。今年租赁市场中的价格变化已经受到了 CPI 的很大影响。虽然明年国家将更加严格控制物价走势变化，但是 2010 年年末的 PPI 走势依旧维持上涨，PPI 和 CPI 之间的传导关系决定了至少明年上半年仍将是 CPI 保持高位运行的时期。通胀的压力令业主有提升租金的可能，再考虑到春节、明年 3 月份市场的传统租赁旺季等因素影响，明年北京租赁市场价格有望

持续创出新高；最后，近两年城市核心区或租赁热点区域内的可供出租房源正在成逐年递减的态势。因为经过多年来的二手市场换手，部分原先处于出租状态的房产目前已经转变为自住。市场中的出租房源供应主体也正在由 3 环周边的老旧公房逐步转向 4–5 环间的二手商品房。二手商品房的房源品质提升明显，相应的定价水平也水涨船高，间接对全市租金起到了拉升作用。综上所述，我爱我家认为 2011 年北京的住宅租赁市场价格增幅有望保持在（9–13）%之间。

3. 2011 年北京住宅租赁市场成交区域将向外围区域不断扩散

市场成交区域方面，我爱我家预计 2011 年的租赁市场交易依旧将集中在传统热点区域和轨道交通沿线附近。以写字楼密集的办公区、学校、医院附近为代表的传统热点区域将与重要的轨道交通枢纽组成明年租赁市场成交的重要力量。从行政区域来看，朝、海、丰的地域广阔，房源供应量相对充裕。这三个区域同时又是办公、学校、医院、商业等区域的聚集地，是住宅租赁市场成交的主体区域。再加上近几年新的市政规划、拆迁改造以及多条地铁线路的开通，必将在 2011 年产生新的租赁热点。我爱我家认为：常营、东坝、四季青、大红门以及京通快速沿线的区域在明年的发展潜力依旧，顺义区的部分交易热点也有望被整体市场所带动。从轨道交通方面来看，多年的发展让北京的地铁建设初具规模。多条线路将在明年陆续开通，再配合已有的地铁线路，新的地铁环线网络也即将形成。各条线路的串联作用，以及地铁始发点、重要交通枢纽周边的配套不断完善，将会使其周边的租赁房源有望成为明年租赁市场中竞相追逐的新对象。同时，原有的热点区域也将会随地铁的房展而不断向外扩散，以旧宫、长阳等为代表的区域将会受益匪浅，从而带动南城租赁市场进一步向前发展。此外，租金的持续高走也影响了一部分中低端租赁客户需求，远郊区的成交走势在明年也将值得重点关注。

4. 2011 年北京住宅租赁市场大户型合租成交比例将维持上升趋势

对于北京住宅租赁市场而言，两居室的交易比重持续多年在整个租赁市场中保持首位。造成这种市场户型结构分布的稳定，主要是因为由于受到了市场中房源供给类型和租赁市场需求特性的双重作用所致。但最近三年以来，北京租赁市场中的大户型成交比例上升很快，这一现象与选择合租形式的客户群呈逐年扩大的趋势有关。近两年北京租赁市场的租金价格快速走高，再加上 CPI 的影响使得求租者对于房屋租金的支出预算有所下降。相对而言选择大户型的租赁房源进行合租的性价比更为突出。但是合租中暴露出的分割搭建、二房东转租等问题同样十分严重。根据北京市《关于修改〈北京市房屋租赁管理若干规定〉的决定(草案)》中的条例所示，未来一段时间内合租人群将因为合租面积的限定而被迫选择大面积或多居室房源来平衡租金支付关系，因此我爱我家认为明年租赁市场中的大户型成交比重仍将会保持上升趋势。此外，北京市在今明两年将陆续开始对全市地下空间进行整治工作。大量生活其中的低收入群体也将面临选择其他方式来解决居住需求的问题。虽然北京市政府为解决低收入群体租房困难，在过去两年陆续购建了大量公租房项目，但是因为户籍、受惠人群、项目位置、周边配套以及租金制定等多方面的因素影响，公租房短时间内很难以发挥其应有的效应。目前阶段因为高租金影响的大量中低收入群体租房难的问题，仍将依靠北京住宅租赁市场中的近、远郊区房源或合租形式解决。

2010 年商业地产（写字楼、商铺）市场回顾

北京中原房地产经纪有限公司

2009 年随着经济逐步回暖，房地产市场整体好转，全年商业地产写字楼和商铺成交较 2008 年有所回升，首次出现需求超过供应的局面，全年写字楼（期房+现房）销售达到 278.3 万平方米，其中期房成交 194.9 万平方米。2010 年商业地产成交需求仍较为强劲，2010 年写字楼市场成交与 2009 年基本持平，2010 年全年商铺市场成交达到了 233 万余平方米。与住宅市场成交回落 3、4 成相比，写字楼市场已经凸显其投资优势。

一、写字楼市场分析

1、市场供应量下降、新增供应出现向边缘扩散趋势

自 2005 年北京写字楼市场供应达到峰值后，供应量逐渐回落。2009 年尽管楼市火爆但由于经济危机的持续影响，写字楼市场并没能呈现类似住宅市场的繁荣。2010 年随着全球经济逐渐走出衰退，以及国内经济的稳定增长，北京甲级写字楼市场回暖现象明显。2010 年北京市写字楼供应量达到 222 万平方米，与 2009 年相比上涨了三成。其中有将近半数为自用为主的甲级写字楼。

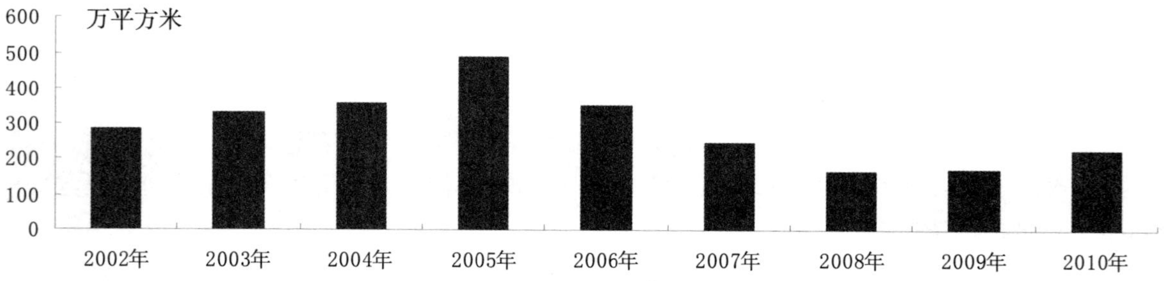

图 1-1　北京市写字楼年度供应（2002-2010 年）

数据来源：北京中原市场研究部

根据 2010 年每月月统计数据，写字楼分布除传统的朝阳、海淀区外，东城区新增供应明显增加超出了海淀区。平谷、昌平、丰台、石景山的写字楼新增供应也均占据了很大比例。城市中心区域宣武也有少量供应。其它周边郊区供应略有增加。延续了 2009 年供应相对分散的趋势。

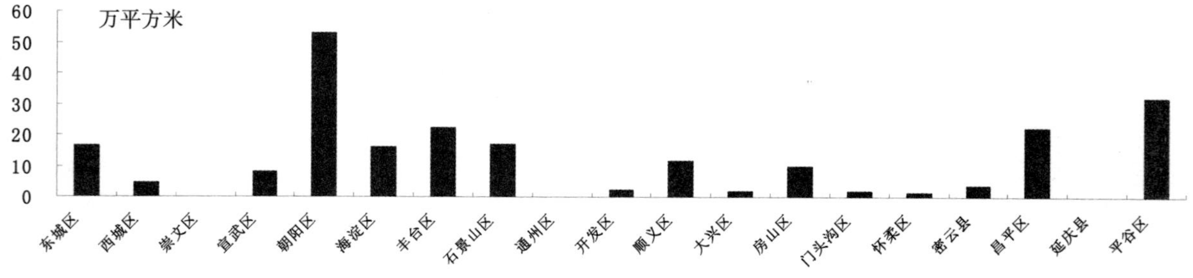

图 1-2　北京市写字楼新增供应的区域分布（2010 年 1-12 月）

2、写字楼成交基本稳定，朝阳占比 34.8%居第一

2009 年随着经济逐步回暖，房地产市场整体好转，全年写字楼成交较 2008 年有所回升，首次出现需求超过供应的局面，全年写字楼（期房+现房）销售达到 278.3 万平方米，其中期房成交 194.9 万平方米。2010 年写字楼成交需求仍较为强劲，但是受到写字楼供应回落的影响，全年成交面积略有回落，全年成交达到 264.4 万平方米，其中期房成交达到 180.4 万平方米。2010 年写字楼市场成交与 2009 年基本持平，但是与住宅市场成交回落 3、4 成相比，写字楼市场已经凸显其投资优势。

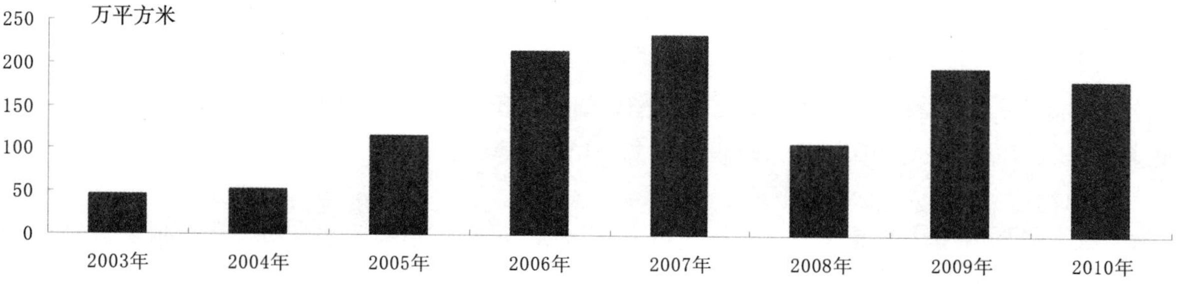

图 1-3 北京市写字楼期房年度销售面积（2003-2010 年）

数据来源：北京中原市场研究部

2010 年北京市写字楼市场成交中，朝阳区仍稳居成交量之首，成交占比达到 32.9%；海淀区与东城区成交基本持平，占比均为 11.4%。西城区、昌平区成交量较有起色，逐渐接近海淀区成交量。周边郊区成交量显示出写字楼分布由最初的集中逐渐向多元化分布，未来市场供应分布很大程度上将维持此趋势。

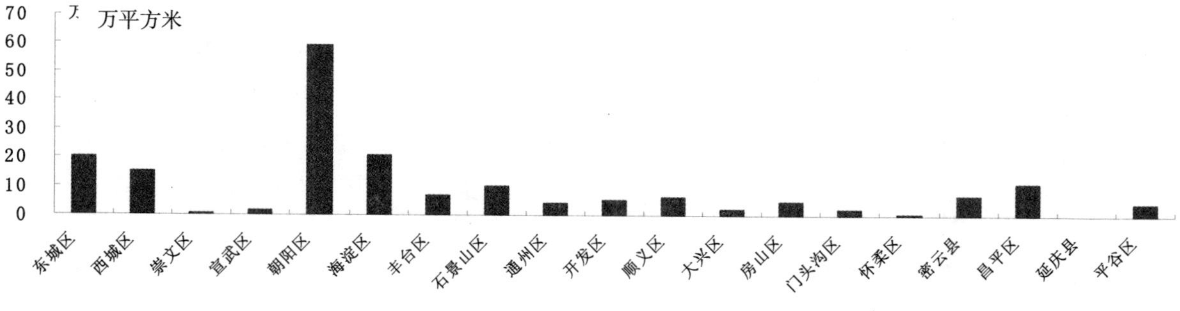

图 1-4 北京市各区域写字楼成交比较（2010 年 1 月-12 月）

数据来源：北京中原市场研究部

3、 写字楼均价强劲回升

2009 年写字楼成交均价为 17298 元/平方米，受到经济危机持续作用的影响，全年写字楼成交价格未出现大幅下滑，基本保持稳定。2010 年写字楼市场成交与 09 年基本持平，但是与住宅市场成交回落 3、4 成相比，写字楼市场已经凸显其投资优势，因此，在写字楼成交价格走势上，2010 年出现了较大的上涨，上涨到了 22853 元/平方米。未来随着全球经济大环境的逐渐回暖，写字楼价格上涨有一定得潜力。

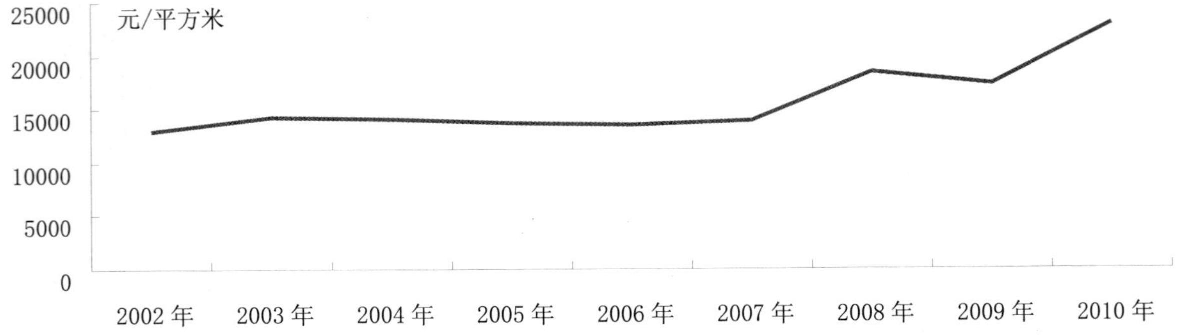

图 1-5　北京市写字楼整体成交均价（2002-2010 年）

数据来源：北京中原市场研究部

4、 成交呈现区域化差异

2009 年东城区写字楼均价达 30007 元/平方米，西城和海淀两区写字楼均价也超过两万元。2010 年中心城区写字楼均价继续回升，东城、西城、宣武、朝阳位列全市写字楼成交价格前四；其中西城区已突破 3 万大关，东城区也已超过 46000 元/m²；宣武区已达到 33000 元/m²，朝阳区仍高于海淀区位列第四。

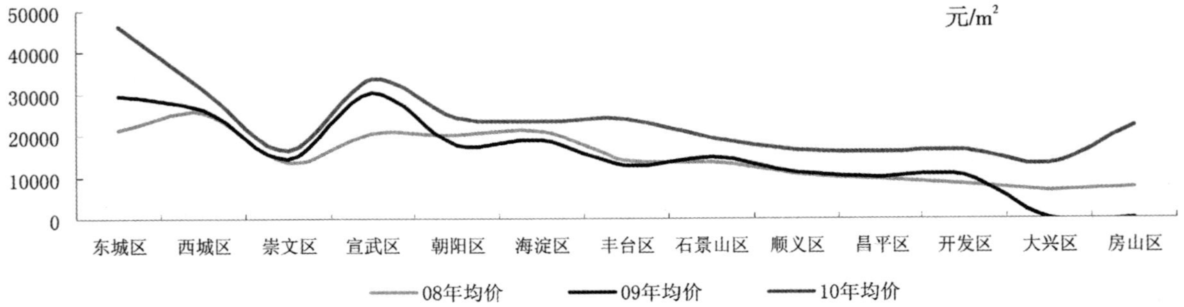

图 1-6　北京市各区域写字楼价格比较（2008-2010 年）

数据来源：北京中原市场研究部

5、2010 年北京市主要写字楼区位分布分散化发展

2008、2009 年北京市写字楼主要分布在东城、西城、朝阳、海淀一些发展比较成熟的商圈，如 CBD、国贸、朝外、西单等。2010 年北京市写字楼区位分布开始出现了分散化发展，丰台、亦庄、顺义、昌平等区域写字楼分布变化较为明显。

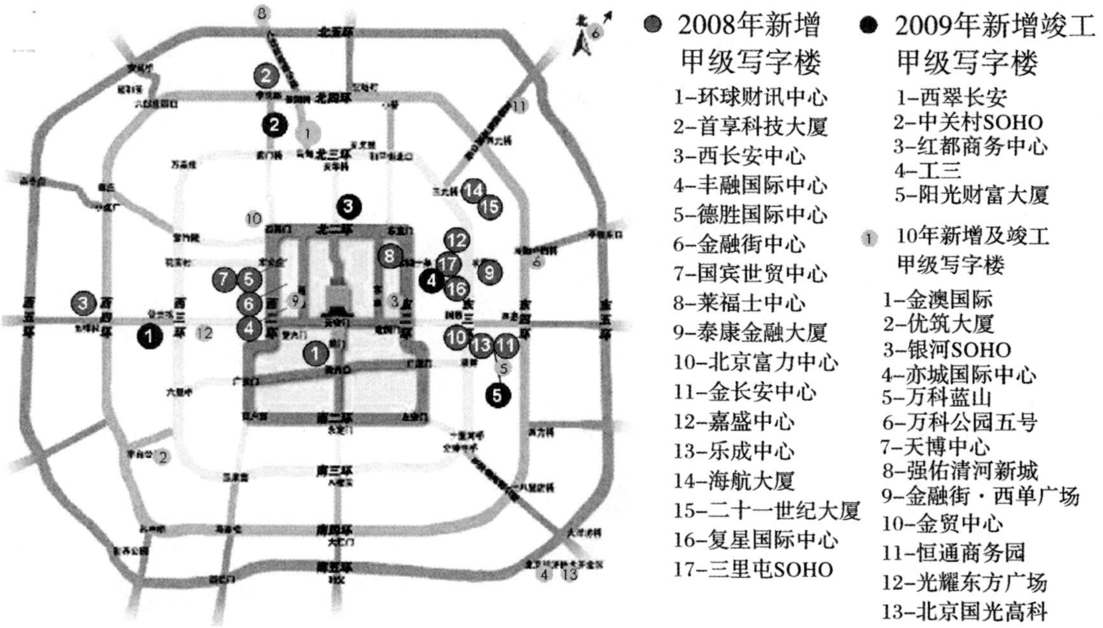

图 1-7 北京市主要写字楼区位分布（2008-2010 年）

数据来源：北京中原市场研究部

二、商铺市场分析

1、新增供应呈下降趋势、朝阳、海淀、房山、东城热点供应区域

2009 年商业地产市场新增供应达 132.73 万平方米，新增商铺 7905 套。2010 年北京市商业地产市场新增供应仅为 114 万平方米，新增商铺 10640 套。

2010 年北京商业用房供应量仍以朝阳区为最多，供应面积 37.5 万平方米，占整个北京总供应量的 40.5%，其次为通州区，供应面积为 21.4 万平方米，占比为 23.2%，东城区列位第三，供应面积为 8.8 万平方米，占比为 9.6%。

2、2010 年呈现回落趋势，小面积商铺仍是投资主流

在 2008 年下半年金融海啸影响下，商业市场存量较大，伴随着 2009 年楼市整体转暖商业市场需求呈现反弹，进入到 2010 年，商业市场期房成交达到了 109 万平方米。

进入到 2010 年，月度平均交易商铺面积仍然集中在 80-130 平方米，单铺普遍总价在 200 万元-350 万元之间，2010 年商铺市场中投资客群的投资心态越来越积极，因商铺市场受楼市调控政策的影响较小，因此受到了一些投资者的关注。

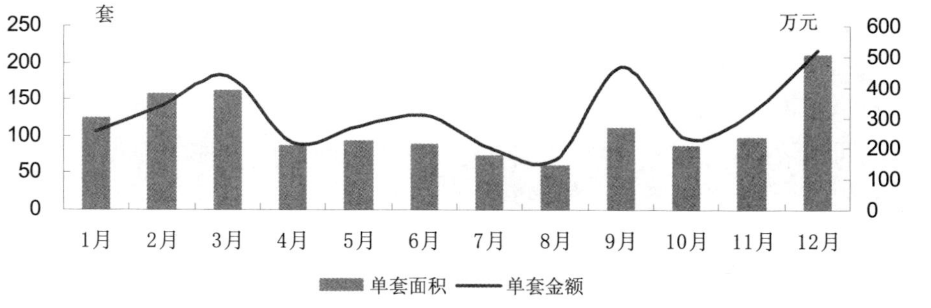

图 1-8 北京市商铺市场月度成交单铺面积及售价（2010 年）

数据来源：北京中原市场研究部

3、2010 年成交价格呈现大幅上涨趋势

随着全球经济大环境的逐渐回暖，企业经营状况的好转和经营规模的扩大，都将促使商业地产需求的旺盛。北京市商铺成交均价出现了较大幅度的上涨，全年成交均价为 27932 元/平方米。

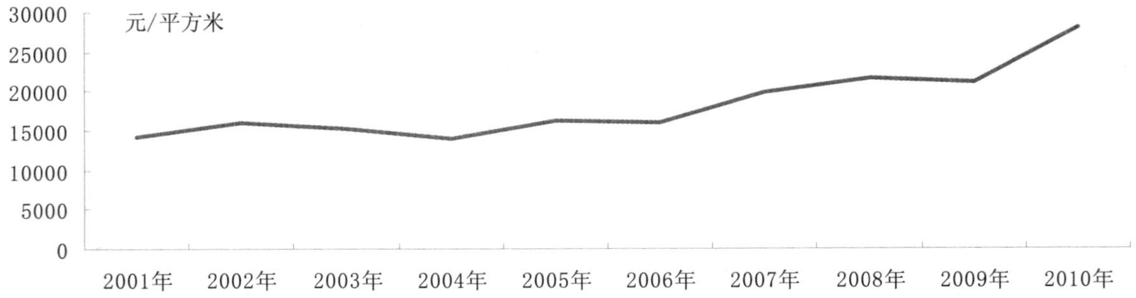

图 1-9　北京市商铺预售成交均价走势（2001-2010）

数据来源：北京中原市场研究部

2011 年商业地产市场预测

1、商业地产未来供应走稳，分布分散化趋势将更加明显

从市场的供应情况来看，2011 年核心区商业地产的供应量将会出现一定程度的下降，一方面是开发商推盘谨慎，另一方面是核心城区大部分优质地段商业已被开发殆尽，传统商圈内新增供应将逐渐缩减。因此，商业地产向边缘区域及郊区扩散的程度将会进一步的加大，伴随着居住人口的外扩、消费能力的聚集与增强，交通发展的更为便捷，以及消费理念与模式的更新，城市副中心商业将继续发展，商业地产供应将由区域集中式供应转变为分散式供应。

2、商业地产需求强劲，商业地产租金、售价均将上涨

从目前商业地产供应的区域分布及周边市场情况来看，预计 2011 年北京市商业地产的租金和售价均将出现上涨。原因分析，一方面市场需求强劲，本地和外资企业在经济复苏期发展迅速，企业经营状况的好转和经营规模的扩大，都将促使商业地产需求的旺盛；另一方面，2010 年政府出来一系列政策调控住宅市场的发展，但是商业地产受冲击力度较小，受到一些投资者的关注，较松的环境将促商业地产租金、售价继续上涨。

3、住宅商业和区域特色商业模式逐渐成为市场热点

随着北京大规模居住片区的日益壮大，对商业配套发展提出了新的挑战。一方面是巨大的消费需求带来的机遇，另一方面，是区别于传统的商业中心、商务型商业设施的新型商业模式带来的风险。这种大型居住区的形成所带来的商业催化效应正开始逐步释放，望京商业的蓬勃发展可能仅仅是第一个开始。这种新型的住区商业模式有别于传统商业，将会成为未来很长时间内的主流开发模式。

区域特色商业是商业地产开发的一个亮点，各地著名的区域特色商业有助于提升城市旅游业的竞争力，同时可以吸引消费者购物的倾向，以形成比较优势，有利于消费者进行比较和选择，因此具有利润的提升空间。这种消费者的偏好倾向决定了这是商业地产的一个发展方向，区域特色商业在消费者的强烈偏好下可以形成对区域商业地产的有效需求，这就解决了商业地产有效需求不足的难题，因此区域特色商业是商业地产的一个发展方向。

2011年中国房地产新政解析与市场展望

中国指数研究院

1. 2011年房地产新政解析

房地产调控持续加强，行政、经济手段全面升级和深化，保障房政策力度空前。

2011年初以来，房地产市场调控力度持续加强。1月26日“国八条”出台，1月27日上海、重庆两市正式开始房产税试点改革，随后近40个城市出台新一轮“限购令”，600多个城市公布房价控制目标。此外，行政、经济手段在2011年全面升级和深化，除“限购”、“限价”、“一房一价”等政策陆续出台外，与各地签订“军令状”和考核问责机制的建立，将确保1000万套保障性住房建设任务完成。4月，国务院派出规格空前的督察组，对各地调控政策落实情况开展专项督查，确保各项调控政策落实到位。

另一方面，对房地产市场影响显著的货币政策转为稳健，今年以来已多次上调存款准备金率和基准利率。据中国人民银行数据，一季度全国新增贷款2.24万亿元，同比下降14%，而新增房地产类贷款降幅达40%，其中房地产开发贷款下降48%，表明房地产业新增贷款的收紧幅度大于整体，这将对房地产业的资金状况产生更大影响。

2. 2011年1–4月房地产市场变化

（1）土地市场：住宅与商办用地市场表现冷热不均，平均楼面地价有所下降。

1–4月，120个城市住宅用地推出量和成交量均较去年同期大幅萎缩，同比分别下降20.6%和14.9%，其中4月推出面积有所回升，环比增长13.1%，但成交量继续下滑，环比下降36%。商办用地市场表现相反，1–4月的推出量和成交量同比分别增长0.1%和32.6%。价格方面，2011 1–4月，住宅用地楼面价同比下降12.9%，溢价水平为22.5%，仅为去年同期一半；商办用地楼面地价同比下跌6.1%，溢价水平为21%，与去年同期持平。

（2）房产市场：政策影响逐步显现，成交量、价格均受不同程度抑制。

新房市场：4月全国成交量出现自去年9月以来首次下滑，开发投资继续维持较高水平

需求方面，1–4月全国商品房销售面积和销售额同比仅增长6.3%和13.3%，增速继续回落。4月单月全国的销售面积和销售额同比分别下降9.9%和11.7%，为去年9月以来首次出现同比下降，而北京等10个重点城市住宅4月的成交面积平均同比下降40.2%（1月和2月平均同比增长接近20%，3月同比下降30.2%），高于全国平均降幅。

供应方面，全国开发投资额增速继续维持在较高水平，新开工面积增速4月略有回升。2011年1–4月，全国完成房地产开发投资额13340亿元，同比增长34.3%，继续高位运行。同期全国房屋新开工面积达5.68亿平方米，同比增长24.4%，增速比1–3月提高1个百分点。

多数重点城市1–4月住宅新上市面积高于去年同期，平均增速为16%。从不同月份来看，1月和2月平均同比增速达17%河40%，3月降至7%，4月回升至11%。从供求对比指标来看，交易量放缓和供应增加导致多数重点城市可售面积上升和出清周期延长。

价格方面，1–4月全国商品房和住宅销售均价分别同比上涨6.5%和4.9%，涨幅较2010年同期有所回落。主要城市住宅成交价格普遍高于去年同期，但3、4月多个城市出现结构性下调。从价格指数来看，3月和4月，全国100个城市住宅价格平均环比涨幅分别为0.59%和0.40%，涨幅持续回落，表明价格上涨态势得到明显抑制，十大城市住宅价格平均同比涨幅从去年12月的27.72%

持续缩小到今年4月的5.28%，延续了去年6月以来的态势。

二手房市场：重点城市成交量同比下降并呈扩大趋势，价格涨幅持续缩小

成交方面，2011年1–4月，各主要城市月均成交量同比大幅下降，北京等9个重点城市的平均同比降幅为29%，仅上海、深圳降幅小于20%。从不同月份来看，1月和2月9个城市的成交量平均增幅分别为39%和5%，3月转为下降，平均降幅达41%，4月降幅继续扩大至59%，杭州、北京降幅甚至超过70%。

价格方面，1–4月，各城市二手房价格涨幅逐月缩小，平均环比涨幅从2.5%缩小至1.1%。从不同月份来看，1月价格环比涨幅超过2%的城市有9个，超过3%的有4个，广州、深圳涨幅超过4%；2月涨幅超过3%的城市仅有1个；3月除深圳外其他城市均低于2%，北京、上海、杭州更是低于1%；4月，南京环比下降0.9%，其余城市依旧上涨，但有4个城市的价格涨幅低于1%。

（3）开发企业：多数代表企业销售额同比增长显著，但增速逐月放缓，4月继续下行，部分企业出现同比下降。

2011年一季度，10家代表性企业除富力外，销售额均同比增长，平均增幅为45%，其中万科销售额达355亿元，同比增长1.35倍，增速与绝对水平均居首位；保利、雅居乐销售额同比增长超过50%，中海、碧桂园、首创等在50%以下。从全年销售目标的完成率看，一季度万科、雅居乐完成25%，排在各企业前列，富力仅完成15%，在各家企业中最低。

4月，多数企业销售额环比继续下行，万科销售金额为79亿元，环比下降15%，同比仅增长1%（3月增长48%）；富力销售额为26亿元，环比增长19%，但同比增速仅为7%（销售面积下降8%）；碧桂园4月销售额为23亿元，环比下降8%，同比下降23%。

3. 2011年房地产市场展望

（1）政策影响总结：紧缩货币、限购抑制购房需求效果明显，但房产税影响较小。

2010年以来4次加息的累积效应，提高了居民购房成本，多次上调存准率，货币流动性紧缩，抑制了购房需求。不过，房产税出台对上海、重庆两地的影响较小。一二线城市出台的“限购令”影响显著，且对未限购的三四线城市有溢出效应，资金由受到限制的一二线城市流向未限购城市楼市。我们认为，调控政策对市场的抑制作用将在2011年二、三季度继续释放，地方政府也将更加有效落实调控政策，促进调控效果进一步显现。

（2）未来政策走势：货币政策继续收紧，房地产调控重在落实并根据情况随时调整不断推进。

有关房地产调控政策何时放松的争论不断出现，但从一季度最新来看，GDP增速仍在理想范围内，而CPI指数持续攀升，防通胀仍是中央政策的首要关注点。从房地产市场外部环境来看，国际油价、金价高企，通胀形势仍然十分严峻，货币政策仍将维持此前的收紧力度。近日，温家宝总理表态中央政府将继续坚决推进房地产市场调控。随着中央督查工作的展开，调控政策将进一步落实，地方政府对房地产市场调控政策执行力度变相放松的现象将得到改善，普遍偏高的“房价控制目标”将有可能调整。中央政府将根据已有政策的调控效果，视市场形势随时做好加码的准备。

（3）未来市场展望：供应量增加带动成交量回升，但整体仍将处在较低水平。

市场成交方面，预计限购措施效果将进一步显现，已出台限购政策的城市，未来几个月成交量仍将在较低水平。但去年5–6月，重点城市成交量受“国十条”影响下降显著，由于基数小，今年的5–6月同比降幅会缩小，部分城市可能在供应量增加的前提下出现成交量的同比或环比增长，但整体将维持在低位水平，同比大幅增长的可能性不大。三四线城市（地级和县级市）销售受调控影响较小，本身也不是调控重点，未来几个月销售形势比一二线城市要乐观。价格方面，未来几个月，价格结构性下调的现象将更加明显。不同城市和区域的价格表现将更加分化，相比三四线城市，一二线城市价格调整更加明显，在一二线城市中，远郊区商品住宅价格明显松动，城市中心区或市区住宅价格相对坚挺。

附录二　房地产法律法规目录

一、宏观调控篇

1、国务院关于坚决遏制部分城市房价过快上涨的通知（国发［2010］10号）
2、国务院办公厅关于促进房地产市场平稳健康发展的通知（国办发［2010］4号）
3、国务院办公厅关于切实解决企业拖欠农民工工资问题的紧急通知（国办发明电［2010］4号）
4、国务院办公厅关于进一步严格征地拆迁管理工作 切实维护群众合法权益的紧急通知（国办发明电［2010］15号）
5、北京市人民政府贯彻落实国务院关于坚决遏制部分城市房价过快上涨文件的通知（京政发［2010］13号）

二、房地产税费篇

1、关于规范住房公积金个人住房贷款政策有关问题的通知（建金［2010］179号）
2、财政部、住房城乡建设部关于印发《中央补助城市棚户区改造专项资金管理办法》的通知（财综［2010］46号）
3、关于明确历史遗留房地产开发项目房屋契税征管问题的通知（京地税地［2010］28号）
4、关于加强房地产税收管理有关问题的通知（京地税地［2010］88号）

三、房地产一级市场篇

1、关于进一步加强房地产市场监管完善商品住房预售制度有关问题的通知（建房［2010］53号）
2、国土资源部 住房和城乡建设部关于进一步加强房地产用地和建设管理调控的通知（国土资发［2010］151号）
3关于贯彻国办发［2010］4号文件精神 促进本市房地产市场平稳健康发展的实施意见（京建发［2010］72号）
4、关于加强酒店类项目销售管理有关问题的通知（京建发［2010］265号）
5、关于印发《北京市商品房预售资金监督管理暂行办法》的通知（京建发［2010］612号）
6、关于加强我市商品房预售方案管理的通知（京建发［2010］632号）
7、关于贯彻落实国家有关部门房地产市场宏观调控政策有关问题的通知（京建发［2010］677号）
8、关于进一步加强研发、工业项目监管有关问题的通知（京国土用［2010］480号）
9、北京市城乡结合部建设领导小组办公室 北京市住房和城乡建设委员会 北京市农村工作委员会 关于印发关于推进城乡结合部建设中住房搬迁工作的指导意见（京城乡结建办法［2010］2号）

四、房地产二级市场及租赁市场篇

1、商品房屋租赁管理办法（住房和城乡建设部令第 6 号）
2、关于规范商业性个人住房贷款中第二套住房认定标准的通知（建房［2010］83 号）
3、关于完善存量房买卖合同网上签约流程等有关问题的通知（京建发［2010］109 号）
4、关于规范房地产经纪机构经营场所信息公示的通知（京建发［2010］73 号）
5、关于落实同一家庭只能在本市新购买一套商品住房有关政策的通知（京建发［2010］223 号）
6、关于落实商业性个人住房贷款中第二套住房认定标准有关问题的通知（京建发［2010］406 号）

五、房屋登记篇

1、最高人民法院关于审理房屋登记案件若干问题的规定（法释［2010］15 号）
2、关于进一步规范中央国家机关办公用房房屋登记有关问题的通知（国管办发［2010］8 号）
3、关于历史遗留房地产开发项目房屋登记有关问题的通知（京建发［2010］1 号）
4、关于加强已建成非住宅项目房屋分割登记管理有关问题的通知（京建发［2010］647 号）
5、关于已购经济适用住房上市出售有关问题的补充通知（京建发［2010］237 号）
6、北京市住房和城乡建设委员会关于进一步加强房产测绘管理的通知（京建发［2010］258 号）
7、关于境外机构和境外个人办理房屋登记有关问题的通知（京建发［2010］651 号）

六、物业管理篇

1、北京市物业管理办法（市政府令第 219 号）
2、关于规范我市物业服务企业晋升资质等级核定工作的通知（京建发［2010］58 号）
3、关于印发《北京市物业管理行业专家管理办法》的通知（京建发［2010］340 号）
4、关于印发《北京市物业服务第三方评估监理管理办法》的通知（京建发［2010］383 号）
5、关于印发《北京市物业项目承接查验评估规范（试行）》《北京市物业服务费用评估规范（试行）》《北京市物业服务质量评估规范（试行）》的通知（京建发［2010］391 号）
6、关于试行使用北京市业主决定共同事项公共决策平台的通知（京建发［2010］545 号）
7、关于发布北京市物业服务评估监理机构备案程序的通知（京建发［2010］573 号）
8、关于印发《北京市物业项目交接管理办法》的通知（京建发［2010］603 号）
9、关于发布北京市地方标准《住宅物业服务标准》的通知（京建发［2010］613 号）
10、关于修订《北京市前期物业服务合同》等示范文本的通知（京建发［2010］622 号）
11、关于印发《北京市住宅区临时管理规约制定规范》和《北京市住宅区临时管理规约》（示范文本）的通知（京建发［2010］636 号）
12、关于印发《北京市物业服务企业信用信息管理办法》的通知（京建发［2010］658 号）
13、关于印发《北京市住宅区业主大会和业主委员会指导规则》的通知（京建发［2010］739 号）
14、关于印发《北京市住宅区管理规约》、《北京市住宅区业主大会议事规则》、《北京市住宅区首次业主大会会议召开方案》和《北京市住宅区首次业主大会会议筹组工作报告》制定规范和示范文本的通知（京建发［2010］762 号）
15、关于北京市经济适用住房小区物业服务收费有关问题的通知（京发改［2010］966 号）

16、关于供热设施竣工验收移交运行有关问题的意见（京政容发［2010］60 号）
17、关于供热单位服务和管理到户有关问题的意见（京政容发［2010］61 号）

七、住房制度改革和住房保障篇

1、关于加快发展公共租赁住房的指导意见（建保［2010］87 号）
2、关于加强廉租住房管理有关问题的通知（建保［2010］62 号）
3、关于加强经济适用住房管理有关问题的通知（建保［2010］59 号）
4、关于贯彻落实住房和城乡建设部、总政治部、总后勤部《关于妥善解决转业复员及其他地方人员住用军队住房有关问题的通知》的通知（京建发［2010］97 号）
5、关于《房屋登记工作规范（试行）》的补充通知（京建发［2010］106 号）
6、关于进一步加强廉租住房、经济适用住房和限价商品住房申请资格审核管理有关工作的通知（京建发［2010］206 号）
7、关于印发《北京市公共租赁住房建设技术导则》的通知（京建发［2010］413 号）
8、关于调整本市廉租住房家庭收入标准有关问题的通知（京建发［2010］434 号）
9、关于加强廉租住房、经济适用住房和限价商品住房审核配租配售管理等问题的通知（京建发［2010］523 号）
10、关于定向安置用房实行网签管理的通知（京建发［2010］660 号）
11、关于廉租住房租赁补贴资金发放管理有关事宜的通知（京财经二［2010438 号）
12、关于进一步加强廉租住房资金管理有关问题的指导意见（京财经二［2010］439 号）
13、关于做好我市残疾退役士兵购（建）房补贴工作的通知（京民安发［2010］433 号）

八、其他

1、北京市实施《中华人民共和国节约能源法》办法（市人大常委会公告第 9 号）
2、北京市人民政府印发关于建立制止和查处违法用地违法建设联动工作机制意见的通知（京政发［2010］15 号）
3、北京市人民政府关于印发北京市城镇房屋建筑使用安全综合治理办法的通知（京政发［2010］17 号）
4、北京市人民政府关于进一步加强和改善行政执法工作的意见（京政发［2010］27 号）
5、北京市人民政府办公厅关于在城乡结合部建设中坚决制止和查处违法建设的紧急通知（京政办发［2010］13 号）
6、北京市人民政府办公厅转发市安委会办公室关于进一步加强本市有限空间作业安全监管意见的通知（京政办发［2010］19 号）

附录三　北京市房地产调控文件

国务院关于坚决遏制部分城市房价过快上涨的通知

国发〔2010〕10 号

各省、自治区、直辖市人民政府，国务院各部委、各直属机构：

《国务院办公厅关于促进房地产市场平稳健康发展的通知》（国办发〔2010〕4 号）印发后，全国房地产市场整体上出现了一些积极变化。但近期部分城市房价、地价又出现过快上涨势头，投机性购房再度活跃，需要引起高度重视。为进一步落实各地区、各有关部门的责任，坚决遏制部分城市房价过快上涨，切实解决城镇居民住房问题，现就有关问题通知如下：

一、各地区、各有关部门要切实履行稳定房价和住房保障职责

（一）统一思想，提高认识。住房问题关系国计民生，既是经济问题，更是影响社会稳定的重要民生问题。房价过高、上涨过快，加大了居民通过市场解决住房问题的难度，增加了金融风险，不利于经济社会协调发展。各地区、各有关部门必须充分认识房价过快上涨的危害性，认真落实中央确定的房地产市场调控政策，采取坚决的措施，遏制房价过快上涨，促进民生改善和经济发展。

（二）建立考核问责机制。稳定房价和住房保障工作实行省级人民政府负总责、城市人民政府抓落实的工作责任制。住房城乡建设部、监察部等部门要对省级人民政府的相关工作进行考核，加强监督检查，建立约谈、巡查和问责制度。对稳定房价、推进保障性住房建设工作不力，影响社会发展和稳定的，要追究责任。

二、坚决抑制不合理住房需求

（三）实行更为严格的差别化住房信贷政策。对购买首套自住房且套型建筑面积在 90 平方米以上的家庭（包括借款人、配偶及未成年子女，下同），贷款首付款比例不得低于 30%；对贷款购买第二套住房的家庭，贷款首付款比例不得低于 50%，贷款利率不得低于基准利率的 1.1 倍；对贷款购买第三套及以上住房的，贷款首付款比例和贷款利率应大幅度提高，具体由商业银行根据风险管理原则自主确定。人民银行、银监会要指导和监督商业银行严格住房消费贷款管理。住房城乡建设部要会同人民银行、银监会抓紧制定第二套住房的认定标准。

要严格限制各种名目的炒房和投机性购房。商品住房价格过高、上涨过快、供应紧张的地区，商业银行可根据风险状况，暂停发放购买第三套及以上住房贷款；对不能提供 1 年以上当地纳税证明或社会保险缴纳证明的非本地居民暂停发放购买住房贷款。地方人民政府可根据实际情况，采取临时性措施，在一定时期内限定购房套数。

对境外机构和个人购房，严格按有关政策执行。

（四）发挥税收政策对住房消费和房地产收益的调节作用。财政部、税务总局要加快研究制定引导个人合理住房消费和调节个人房产收益的税收政策。税务部门要严格按照税法和有关政策规定，认

真做好土地增值税的征收管理工作，对定价过高、涨幅过快的房地产开发项目进行重点清算和稽查。

三、增加住房有效供给

（五）**增加居住用地有效供应。**国土资源部要指导督促各地及时制定并公布以住房为主的房地产供地计划，并切实予以落实。房价上涨过快的城市，要增加居住用地的供应总量。要依法加快处置闲置房地产用地，对收回的闲置土地，要优先安排用于普通住房建设。在坚持和完善土地招拍挂制度的同时，探索“综合评标”、“一次竞价”、“双向竞价”等出让方式，抑制居住用地出让价格非理性上涨。

（六）**调整住房供应结构。**各地要尽快编制和公布住房建设规划，明确保障性住房、中小套型普通商品住房的建设数量和比例。住房城乡建设部门要加快对普通商品住房的规划、开工建设和预销售审批，尽快形成有效供应。保障性住房、棚户区改造和中小套型普通商品住房用地不低于住房建设用地供应总量的 70%，并优先保证供应。城乡规划、房地产主管部门要积极配合国土资源部门，将住房销售价位、套数、套型面积、保障性住房配建比例以及开竣工时间、违约处罚条款等纳入土地出让合同，确保中小套型住房供应结构比例严格按照有关规定落实到位。房价过高、上涨过快的地区，要大幅度增加公共租赁住房、经济适用住房和限价商品住房供应。

四、加快保障性安居工程建设

（七）**确保完成2010年建设保障性住房300万套、各类棚户区改造住房280万套的工作任务。**住房城乡建设部、发展改革委、财政部等有关部门要尽快下达年度计划及中央补助资金。住房城乡建设部要与各省级人民政府签订住房保障工作目标责任书，落实工作责任。地方人民政府要切实落实土地供应、资金投入和税费优惠等政策，确保完成计划任务。按照政府组织、社会参与的原则，加快发展公共租赁住房，地方各级人民政府要加大投入，中央以适当方式给予资金支持。国有房地产企业应积极参与保障性住房建设和棚户区改造。住房城乡建设部要会同有关部门抓紧制定 2010-2012 年保障性住房建设规划（包括各类棚户区建设、政策性住房建设），并在 2010 年 7 月底前向全社会公布。

五、加强市场监管

（八）**加强对房地产开发企业购地和融资的监管。**国土资源部门要加大专项整治和清理力度，严格依法查处土地闲置及炒地行为，并限制有违法违规行为的企业新购置土地。房地产开发企业在参与土地竞拍和开发建设过程中，其股东不得违规对其提供借款、转贷、担保或其他相关融资便利。严禁非房地产主业的国有及国有控股企业参与商业性土地开发和房地产经营业务。国有资产和金融监管部门要加大查处力度。商业银行要加强对房地产企业开发贷款的贷前审查和贷后管理。对存在土地闲置及炒地行为的房地产开发企业，商业银行不得发放新开发项目贷款，证监部门暂停批准其上市、再融资和重大资产重组。

（九）**加大交易秩序监管力度。**对取得预售许可或者办理现房销售备案的房地产开发项目，要在规定时间内一次性公开全部销售房源，并严格按照申报价格明码标价对外销售。住房城乡建设部门要对已发放预售许可证的商品住房项目进行清理，对存在捂盘惜售、囤积房源、哄抬房价等行为的房地产开发企业，要加大曝光和处罚力度，问题严重的要取消经营资格，对存在违法违规行为的要追究相关人员的责任。住房城乡建设部门要会同有关部门抓紧制定房屋租赁管理办法，规范发展租赁市场。

各省（区、市）人民政府要对本地区房地产开发企业经营行为进行一次检查，及时纠正和严肃处理违法违规行为，检查处理结果要于 2010 年 6 月底之前报国务院。住房城乡建设部要会同有关部门组织抽查，确保检查工作取得实效。

（十）**完善房地产市场信息披露制度。**各地要及时向社会公布住房建设计划和住房用地年度供应计划。住房城乡建设部要加快个人住房信息系统的建设。统计部门要研究发布能够反映不同区位、不同类型住房价格变动的信息。

国务院各有关部门要根据本通知精神，加快制定、调整和完善相关的政策措施，各司其职、分工协作，加强对各地的指导和监督检查。各地区、各有关部门要积极做好房地产市场调控政策的解读工作。新闻媒体要加强正面引导，大力宣传国家房地产市场调控政策和保障性住房建设成果，引导居民住房理性消费，形成有利于房地产市场平稳健康发展的舆论氛围。

国务院

二〇一〇年四月十七日

关于规范商业性个人住房贷款中第二套住房认定标准的通知

建房〔2010〕83号

各省、自治区、直辖市、计划单列市和省会（首府）城市住房城乡建设厅（建委、房地局），人民银行上海总部，各分行、营业管理部、省会（首府）城市中心支行、副省级城市中心支行，各银监局，各国有商业银行、股份制商业银行，中国邮政储蓄银行：

为贯彻落实《国务院关于坚决遏制部分城市房价过快上涨的通知》（国发〔2010〕10号），规范商业性个人住房贷款中贷款申请人（以下简称借款人）第二套住房认定标准，现就有关事项通知如下：

一、商业性个人住房贷款中居民家庭住房套数，应依据拟购房家庭（包括借款人、配偶及未成年子女，下同）成员名下实际拥有的成套住房数量进行认定。

二、应借款人的申请或授权，直辖市、计划单列市、省会（首府）城市及其他具备查询条件的城市房地产主管部门应通过房屋登记信息系统进行借款人家庭住房登记记录查询，并出具书面查询结果。

如因当地暂不具备查询条件而不能提供家庭住房登记查询结果的，借款人应向贷款人提交家庭住房实有套数书面诚信保证。贷款人查实诚信保证不实的，应将其记作不良记录。

三、有下列情形之一的，贷款人应对借款人执行第二套（及以上）差别化住房信贷政策：

（一）借款人首次申请利用贷款购买住房，如在拟购房所在地房屋登记信息系统（含预售合同登记备案系统，下同）中其家庭已登记有一套（及以上）成套住房的；

（二）借款人已利用贷款购买过一套（及以上）住房，又申请贷款购买住房的；

（三）贷款人通过查询征信记录、面测、面谈（必要时居访）等形式的尽责调查，确信借款人家庭已有一套（及以上）住房的。

四、对能提供1年以上当地纳税证明或社会保险缴纳证明的非本地居民申请住房贷款的，贷款人按本通知第三条执行差别化住房信贷政策。

对不能提供1年以上当地纳税证明或社会保险缴纳证明的非本地居民申请住房贷款的，贷款人按第二套（及以上）的差别化住房信贷政策执行；商品住房价格过高、上涨过快、供应紧张的地区，商业银行可根据风险状况和地方政府有关政策规定，对其暂停发放住房贷款。

五、各地要把城市房屋登记信息系统建设作为落实国发〔2010〕10号文件的一项重要工作抓紧抓好。数据不完备的城市，要进一步完善系统；尚未建立房屋登记系统的城市，要加快建设。2010年年底前各设区城市要基本建立房屋登记信息系统。

要加强住房信息查询管理工作。房地产主管部门应严格按照《房屋权属登记信息查询暂行办法》（建住房〔2006〕244号）及《房屋登记簿管理试行办法》（建住房〔2008〕84号）进行查询，并出具书面查询结果。对提供虚假查询信息的，按有关规定严肃处理。

中华人民共和国住房和城乡建设部
中国人民银行
中国银行业监督管理委员会
二〇一〇年五月二十六日

北京市人民政府贯彻落实国务院关于坚决遏制部分城市房价过快上涨文件的通知

京政发〔2010〕13号

各区、县人民政府，市政府各委、办、局，各市属机构：

为全面贯彻落实《国务院关于坚决遏制部分城市房价过快上涨的通知》（国发[2010]10号）精神，进一步加强和改善房地产市场调控，坚决遏制房价过快上涨，切实解决城镇居民住房问题，促进房地产市场平稳健康发展，结合本市实际，现就有关问题通知如下：

一、进一步统一思想，提高认识

（一）各地区、各部门和各单位要迅速把思想统一到国务院文件精神上来，从首都经济发展和社会稳定大局出发，充分认识房价过快上涨的危害性，坚决贯彻落实国务院决策部署，采取切实有力措施，遏制房价过快上涨，促进民生改善和经济发展。

二、坚决抑制不合理住房需求

（二）严格执行差别化住房信贷政策。对购买首套自住房且套型建筑面积在90平方米以上的家庭（包括借款人、配偶及未成年子女，下同），贷款首付款比例不得低于30%;对贷款购买第二套住房的家庭，贷款首付款比例不得低于50%，贷款利率不得低于基准利率的1.1倍。

严格执行国家有关部门制定的第二套住房认定标准。金融机构依据有关规定，通过本市房屋交易权属系统数据等认定第二套住房。

严格限制各种名目的炒房和投机性购房。商业银行根据风险状况，暂停发放购买第三套及以上住房贷款;对不能提供1年以上本市纳税证明或社会保险缴纳证明的非本市居民，暂停发放购买住房贷款。自本通知发布之日起，暂定同一购房家庭只能在本市新购买一套商品住房。

（三）加强房地产税收管理。税务部门要严格按照税法和有关政策规定，认真做好土地增值税的征收管理工作，对定价过高、涨幅过快的房地产开发项目进行重点清算和稽查。

加强对存量房交易的税收管理，在计征税款时纳税人不能提供原购房价款凭证和其他完整准确税费凭证的，税务部门可通过住房城乡建设部门查询相关信息资料，或按照相关法律法规规定确定征收方式和应征税款。

三、增加住房有效供给

（四）增加居住用地有效供应，调整住房供应结构。及时制定并公布以住房为主的房地产供地计划，并切实予以落实。2010年政策性住房和中小套型普通商品住房用地不低于住房建设用地供应总量的70%，其中政策性住房建设用地供应占全市住房供地50%以上。市国土部门要会同有关部门将住房销售价位、套数、套型面积、政策性住房配建比例以及开竣工时间、违约处罚条款等纳入土地出让合同，确保中小套型住房供应结构比例严格按照有关规定落实到位。

要依法加快处置闲置房地产用地，对收回的闲置土地，要优先安排用于普通住房建设。在坚持和完善土地招拍挂制度的同时，探索“综合评标”、“一次竞价”、“双向竞价”等出让方式，抑制居住用地出让价格非理性上涨。

市有关部门和各区县政府要加强协调服务，加快审批速度，促进住宅项目尽早开工建设和销售，增加有效供应。对加快建设和销售、诚实守信的房地产开发企业在同等条件下优先供地。

四、加快保障性安居工程建设

（五）确保完成 2010 年新开工建设和收购政策性住房 13.6 万套，占全市住宅新开工套数 50%以上，竣工政策性住房 4.6 万套的工作任务。市有关部门和各区县政府要加快落实建设计划，力争 2010 年二季度实现供地，三季度全面开工。大力发展公共租赁住房，进一步推动住房保障向租售并举转变。创新方式，扩大公共租赁住房建设收购规模。在符合城市规划和土地利用规划的前提下，支持国有企业、产业园区和社会单位利用闲置自用土地建设公共租赁住房，鼓励集体经济组织依照规划、利用存量建设用地发展公共租赁住房。

（六）实施保障性住房全过程“阳光工程”。加强保障性住房各环节监督管理，实行政策制定公开、建设计划公开、土地供应公开、建设过程公开、资格审核公开、房源分配公开、资金使用公开、后期管理公开、违规查处公开、办事程序公开。

五、加强市场监管

（七）加强对房地产开发企业购地和融资的监管。市国土部门要会同有关部门加大专项整治和清理力度，依法严格查处土地闲置及炒地行为，对商品住宅用地储备量大、未按土地出让合同约定时限开竣工或存在严重违法违规行为的房地产开发企业，暂停土地竞买资格。房地产开发企业在参与土地竞拍和开发建设过程中，其股东不得违规对其提供借款、转贷、担保或其他相关融资便利。严禁非房地产主业的国有及国有控股企业参与商业性土地开发和房地产经营业务。国有资产监督和金融监管部门要加大查处力度。商业银行要加强对房地产企业开发贷款的贷前审查和贷后管理。对存在土地闲置及炒地行为的房地产开发企业，商业银行不得发放新开发项目贷款。

（八）加强商品房预售监督管理。对取得预售许可或者办理现房销售备案的房地产开发项目，要在 3 日内一次性公开全部销售房源，并严格按照申报价格明码标价对外销售。市住房城乡建设部门要对已发放预售许可证的商品住房项目进行清理，对存在捂盘惜售、囤积房源、哄抬房价等行为的房地产开发企业，加大曝光和处罚力度，问题严重的要依法取消经营资格，对存在违法违规行为的要追究相关人员的责任。

（九）市住房城乡建设部门要会同有关部门完善房屋租赁管理政策，规范房地产经纪机构行为，搭建房屋租赁信息平台，进一步规范和发展住房租赁市场。

（十）市住房城乡建设、发展改革、国土、规划、税务、工商、国有资产监督和金融监管等部门要各司其职、分工协作，加强对相关企业和房地产开发项目的监督管理。建立联动监管工作机制，采取联合执法、综合检查等方式，对发现的违法违规行为，依法严肃查处，规范房地产市场秩序。自本通知发布之日起至 2010 年 5 月底，市有关部门要组织开展房地产开发企业经营行为联合专项检查。

（十一）进一步加强房地产市场统计分析和监测，完善房价分类统计和发布机制，稳定市场预期。各有关部门和各区县政府要积极做好政策解读工作，大力宣传房地产市场调控政策和政策性住房建设成果，引导居民住房理性消费。

（十二）各有关部门和各区县政府要根据本通知精神，调整和完善相关措施，全面落实各项调控政策，全力推进政策性住房建设，切实担负起稳定房价和住房保障职责。市住房城乡建设和市监察部门要对市有关部门和各区县政府落实本通知情况加强监督检查，对稳定房价、推进政策性住房建设工作不力，影响社会发展和稳定的，要追究责任。

二〇一〇年四月三十日

关于印发《北京市商品房预售资金监督管理暂行办法》的通知

京建发〔2010〕612 号

各区县建委、房管局，各商业银行，各房地产开发企业，各有关单位：

为完善商品房预售制度，加强我市商品房预售资金监督管理，确保预售资金用于商品房项目工程建设，根据《中华人民共和国城市房地产管理法》、《城市商品房预售管理办法》（建设部令第 131 号）和《关于进一步加强房地产市场监管完善商品住房预售制度有关问题的通知》（建房［2010］53 号）等有关法律法规、政策，结合我市实际情况，北京市住房和城乡建设委员会、中国人民银行营业管理部、中国银行业监督管理委员会北京监管局制定了《北京市商品房预售资金监督管理暂行办法》，经市政府同意，现予以印发，请遵照执行。

附件：北京市商品房预售资金监管暂行办法

北京市住房和城乡建设委员会
中国人民银行营业管理部
中国银行业监督管理委员会北京监管局
二〇一〇年十月二十二日

北京市商品房预售资金监督管理暂行办法

第一章　总则

第一条　为加强本市商品房预售资金监督管理，保证商品房预售资金专款专用，根据《中华人民共和国城市房地产管理法》、《城市商品房预售管理办法》（建设部令第 131 号）、《关于进一步加强房地产市场监管完善商品住房预售制度有关问题的通知》（建房［2010］53 号），结合本市实际情况，制定本办法。

第二条　本市行政区域内申请预售许可的商品房、经济适用住房项目，其预售资金的存入、支出、使用及监督管理，适用本办法。

第三条　本市商品房预售资金的监督管理遵循政府指导、银行监管、多方监督、专款专用的原则。

第四条　北京市住房和城乡建设委员会（以下简称市住房城乡建设委）、中国人民银行营业管理部、中国银行业监督管理委员会北京银监局（以下简称北京银监局）共同制定商品房预售资金监管政策。

区县住房城乡建设主管部门负责指导、协调本行政区域内商品房预售资金监管政策的具体实施。

中国人民银行营业管理部负责指导商业银行开设商品房预售资金监管专用账户。商业银行应当按照监管规定和有关内部管理制度配合做好相关工作。

第二章　一般规定

第五条　本办法所称商品房预售资金,是指购房人按照商品房预售合同约定支付的定金、首付款、购房贷款以及其他形式的全部购房款。

第六条　商品房预售资金应当全部存入商品房预售资金监管专用账户（以下简称专用账户），并对其中用于项目工程建设的资金实行重点监管，保证预售资金优先用于工程建设。

第七条　房地产开发企业在申请商品房预售许可前，应当在预售方案中明确预售资金监管的以下事项：

1、项目工程建设费用；

2、项目用款计划；

3、选定的监管银行，并提交与银行签订的商品房预售资金监管协议（以下简称监管协议）；

4、专用账户名称、账号；

5、涉及其他情况。

取得预售许可后，上述事项应当在售楼场所公示。

第八条　项目工程建设费用应根据项目所需的建筑安装、材料设备、配套建设和代征代建等费用确定。其中，住宅项目应包括《北京市新建商品住宅小区住宅与市政公用基础设施、公共服务设施同步交付使用管理暂行办法》（京建法［2007］99 号，以下简称《同步交用办法》）规定的住宅与市政公用基础设施和公共服务设施达到同步交付使用条件所需的建设费用。

第九条　房地产开发企业应当根据项目建设方案及施工进度编制预售项目用款计划。用款计划应按照地下结构完成、结构封顶、竣工验收、完成初始登记并达到购房人可单方办理转移登记的条件等四个环节设置资金使用节点，并合理确定每个节点的用款额度。

完成初始登记并达到购房人可单方办理转移登记的条件节点前，专用账户内的资金不得低于项目工程建设费用的 5%。

第十条　房地产开发企业应当确定项目的监管银行。依照《同步交用办法》进行分期建设的，每一期内的项目，只能委托一家监管银行。

房地产开发企业应按照一个预售许可申请对应一个账户的原则，在监管银行设立专用账户，并与监管银行签订商品房预售资金监管协议。商品房预售资金监管协议格式文本由市住房城乡建设委、中国人民银行营业管理部、北京银监局共同拟定。

第十一条　项目预售过程中，监管银行原则上不得变更。

第十二条　区县住房城乡建设主管部门在审核预售许可时，根据房地产开发企业申报的项目工程建设费用，参照本区县建设项目综合造价情况以及该项目的交付使用条件等核定需重点监管的项目工程建设费用额度（以下简称重点监管额度）。

第十三条　房地产开发企业已签订工程建设合同并备案的，相应费用可凭已备案的工程建设合同在相应节点前提前支取，但不得超过节点用款额度。

第十四条　房地产开发企业已办理赋予强制执行效力公证的工程款支付担保所担保的工程款额度，可以从重点监管额度中相应抵扣，但其抵扣额度不得超过重点监管额度的 20%。

依据《关于印发〈关于进一步规范房地产开发项目工程保证担保的暂行办法〉的通知》（京建法〔2008〕134 号）列入“重点监管企业名单”的房地产开发企业，不得抵扣。

第十五条　房地产开发企业与购房人约定分期付款，并签订市住房城乡建设委制定的分期付款格式商品房预售合同的，分期付款额度视同纳入监管的预售资金。

第三章　监督管理

第十六条　商品房预售时，购房人应当将购房款直接存入专用账户。房地产开发企业不得直接收存商品房预售资金。

购房人申请抵押贷款的，房地产开发企业应当提供专用账户作为贷款到账账户。

第十七条　监管银行发现商品房预售资金未进入专用账户的，应当告知区县住房城乡建设主管部门。

区县住房城乡建设主管部门应当对商品房预售资金进入专用账户情况进行监督，并可对工程进度进行实地核查。

第十八条　进入专用账户的预售资金数额超过重点监管额度后，房地产开发企业可以向监管银行申请将超出部分转出，优先用于工程建设。

第十九条　房地产开发企业在资金使用节点申请使用监管资金的，应当持以下材料向监管银行提出书面申请：

1、地下结构完成节点，提交勘察、设计、施工、监理等单位签字的《地基与基础分部工程质量验收记录表》。

2、结构封顶节点，提交勘察、设计、施工、监理等单位签字的《主体结构分部工程质量验收记录表》。

3、竣工验收节点，提交建设、施工、监理、设计等单位签字的《单位工程质量竣工验收记录表》。

依照本办法第十三条规定在相应节点前提前支取资金的，提交与相关施工单位签订的已备案工程建设合同。

第二十条　监管银行收到房地产开发企业的申请后，应当对申请材料进行审核。符合本办法第十九条规定的资金使用条件的，应当在二个工作日内向房地产开发企业拨付资金；不符合条件的，应当向房地产开发企业出具不予拨付通知书。

第二十一条　入账资金未达到重点监管额度前，房地产开发企业与购房人解除购房合同的，房地产开发企业可持区县住房城乡建设主管部门出具的证明文件向监管银行申请退回相应购房款，监管银行应在二个工作日内拨付。入账资金超出重点监管额度后，房地产开发企业与购房人解除购房合同的，由房地产开发企业自行结算退款。

第二十二条　市、区县住房城乡建设主管部门应公示已批准预售项目的建设方案、工程进度情况等。购房人可以通过市、区县住房城乡建设主管部门网站查询相关信息。

第二十三条　预售项目完成初始登记并达到购房人可单方办理转移登记的条件，房地产开发企业可持区县住房城乡建设主管部门出具的相关证明文件向监管银行申请解除资金监管。监管银行应当在三个工作日内与房地产开发企业签订商品房预售资金终止监管协议，解除对商品房预售资金的监管。

第二十四条　有下列情形之一的，区县住房城乡建设主管部门应书面通知监管银行暂停拨付专用账户内的全部商品房预售资金，并启动应急措施，协调相关部门监督专用账户内资金的使用：

1、房地产开发企业存在违法违规行为导致工程停工的；

2、预售项目存在严重质量问题的；

3、预售项目未按期交付使用的；

4、市和区县住房城乡建设主管部门认定应当暂停拨付的其他情形；

5、其他违反商品房预售资金监管的行为。

第四章 法律责任

第二十五条 房地产开发企业有下列行为之一的，由市或区县住房城乡建设主管部门责令限期改正，暂停该房地产开发企业在本市所有开发项目的商品房预售，将其违法违规行为予以公示，并记入企业信用信息系统：

1、违反本办法规定直接收存商品房预售资金的；

2、未依照本办法规定及时将贷款转入专用账户的；

3、未依照本办法规定使用商品房预售资金的；

4、以收取其他款项为名变相逃避商品房预售资金监管的。

第二十六条 施工单位、监理单位提供虚假证明或采取其他方式协助房地产开发企业违规使用商品房预售资金的，由市或区县住房城乡建设主管部门将其违规行为记入企业信用信息系统，并依法对相关责任单位和责任人予以处理。

勘察单位、设计单位违反上述规定的，由市或区县住房城乡建设主管部门移交相关管理部门予以处理。

第二十七条 对违反本办法规定擅自拨付商品房预售资金的监管银行，由市住房城乡建设委会同相关部门按有关规定处理。

第二十八条 市、区县住房城乡建设主管部门和银行工作人员在商品房预售资金监管工作中存在玩忽职守、滥用职权、徇私舞弊等行为的，依法给予处分；构成犯罪的，依法追究刑事责任。

第五章 附则

第二十九条 自2010年12月1日起申请商品房预售许可的项目，依照本办法执行。

附录四 附表

附表1 2010年发放预售许可证项目

序号	项目名称	销售证号	开 发 商	地 址
1	水岸花墅	京房售证字（2009）445号	北京大地海阔房地产开发有限公司	密云镇密溪路西侧
2	理想家园	京房售证字（2009）经28号	北京鸿坤伟业房地产开发有限公司	西红门镇中心规划区B08-3、西红门镇中心规划区B09-2
3	郭庄子家园	京房售证字（2009）446号	北京建工集团有限责任公司	卢沟桥乡郭庄子村
4	明悦湾嘉园	京房售证字（2009）447号	北京日月房地产开发有限公司	旧宫镇
5	富力湾溪景花园	京房售证字（2009）448号	北京地源达房地产开发有公司	马坡镇香榭花园
6	龙之湾嘉园	京房售证字（2010）1号	北京英才房地产开发有限公司	天竺开发区21号地
7	怡然家园	京房售证字（2010）2号	北京永安兴业房地产开发有限公司	大红门西路20、22号D组团24#楼
8	欧陆风情园	京房售证字（2010）4号	北京凤桐祥瑞房地产开发有限公司	杨宋镇凤翔大街西侧
9	珠江拉维家园	京房售证字（2010）6号	北京中天顺通房地产开发有限公司	永顺镇
10	中海风情苑	京房售证字（2010）3号	北京嘉益德房地产开发有限公司	小红门乡小红门居住区北区一期C地块
11	华岳大厦	京房售证字（2010）7号	北京轻工房地产开发有限公司	广外马连道胡同1号（地块一）
12	景秀园	京房售证字（2010）限1号	北京天石基业房地产开发有限公司	衙门口居住公建项目用地C地块
13	未来家园	京房售证字（2010）8号	北京未来博海花园置业有限公司	半步桥街44号院
14	金第嘉苑	京房售证字（2010）9号	北京住总圣世源房地产开发有限公司	鲁谷G804号
15	新景家园四区5号楼	京房售证字（2010）11号	北京崇文.新世界房地产发展有限公司	崇外大街五号地危改区新景家园四区4#、5#、8#、9#、一区2#楼、独立车库

序号	项目名称	销售证号	开 发 商	地 址
16	双阳东区	京房售证字（2010）10 号	北京顺鑫佳宇房地产开发有限公司	杨镇一街东侧
17	润景茗苑	京房售证字（2010）5 号	北京春光置地房地产开发有限公司	来广营乡清河营村住宅及配套（2 号地 2–1 地块）
18	蓝岸丽舍	京房售证字（2010）12 号	北京银座合智房地产开发有限公司	南彩镇九王庄村
19	香海园	京房售证字（2010）13 号	北京顺驰置地达兴房地产开发有限公司	黄村卫星城北区 1 号地三、四、五期及六期部分
20	北回归线中心	京房售证字（2010）14 号	北京城建三房地产开发有限公司	回龙观文化居住区二期 F03 地块（配套商业）
21	万象新天家园（一期）	京房售证字（2010）15 号	北京天鸿置业有限公司	常营乡（常营居住区一期工程二区 201–215 号楼）
22	创业者家园	京房售证字（2010）16 号	北京科技园置地有限公司	西二旗居住区二期 S1 地块
23	顺成嘉苑	京房售证字（2010）17 号	北京龙乡房地产开发有限责任公司	城关街道北关大街 24 号
24	美立方家园	京房售证字（2010）20 号	中国水电建设集团房地产有限公司	北苑路大羊坊 6 号院（出让部分）
25	金石美苑	京房售证字（2010）18 号	北京北顺房地产开发有限公司	南湖南路 10 号（大西洋新城 G 区）
26	清河嘉园	京房售证字（2010）19 号	北京强佑房地产开发有限公司	清河镇
27	文翔苑	京房售证字（2010）24 号	北京第六大洲房地产开发有限公司	来广营乡清河营村（1 号地）1–6 地块
28	郭庄子家园	京房售证字（2010）21 号	北京建工集团有限责任公司	卢沟桥乡郭庄子村
29	京贸国际城	京房售证字（2010）23 号	北京天旭运河房地产开发有限责任公司	芙蓉路西侧
30	西荣阁	京房售证字（2010）22 号	中矿宏业（北京）房地产开发有限公司	西四环北路 136 号
31	海鱼国际中心	京房售证字（2010）25 号	北京市福建产品市场有限公司	十八里店乡小武基村福建产品市场 A 区
32	乐活家园	京房售证字（2010）26 号	北京天恒房地产股份有限公司	闫村中心镇 D 地块项目
33	鼓楼东区	京房售证字（2010）27 号	北京圣运通达房地产开发有限公司	鼓楼街道鼓楼北大街东、康复路南
34	凯德锦绣名苑	京房售证字（2010）28 号	北京恒世同方房地产开发有限公司	八里庄京棉集团生活区 A1 区
35	丽来花园	京房售证字（2010）29 号	北京丽来房地产开发有限公司	天竺镇薛大人庄村

序号	项目名称	销售证号	开 发 商	地 址
36	石坊院	京房售证字（2010）31 号	北京天元广建房地产开发有限公司	昌平一街
37	东钓鱼台家园	京房售证字（2010）30 号	中赫置地投资控股有限公司	玉渊潭公园北侧（玉渊府住宅项目）
38	万科蓝山苑	京房售证字（2010）34 号	北京万科企业有限公司	西大望路 27 号住宅及代建公建项目（B 地块）
39	理想家园	京房售证字（2010）经 2 号	北京鸿坤伟业房地产开发有限公司	西红门镇中心规划区 B08–2
40	首城国际中心	京房售证字（2010）32 号	北京首城置业有限公司	广渠路 36 号（A1–2 地块）
41	翠福园小区	京房售证字（2010）33 号	北京同马房地产开发有限公司	永顺镇北马庄村
42	融科香雪兰溪家园	京房售证字（2010）限 4 号	北京融科卓越房地产开发有限公司	马驹桥镇居住项目【国家环保产业园区 A1–1–（1–8）]北地块
43	远洋一方润园	京房售证字（2010）限 3 号	北京中联置地房地产开发有限公司	管庄乡（地块 3）
44	帕提欧庄园	京房售证字（2010）35 号	北京金科兴源置业有限公司	小汤山镇龙脉花园居住项目
45	润枫锦尚苑	京房售证字（2010）38 号	北京润兴伟业房地产开发有限责任公司	旧宫镇西广德
46	提香草堂	京房售证字（2010）36 号	北京锦绣花园投资发展有限公司	窦店镇锦绣路 18 号
47	首开常青藤家园	京房售证字（2010）37 号	北京首开天成房地产开发有限公司	东坝乡单店住宅二期 E 地块
48	昆泰嘉诚中心	京房售证字（2010）40 号	北京昆泰嘉诚房地产开发有限公司	中关村科技园区电子城西区商业金融（F1 酒店）项目用地
49	岳城经典大厦	京房售证字（2010）39 号	北京大成开发集团有限公司	卢沟桥乡郑常庄青塔二期配套综合楼
50	道丰园	京房售证字（2010）41 号	北京中关村丰台园道丰科技商务园建设发展有限公司	中关村丰台园产业基地二期内 34 地块
51	怀柔区南大街 2 号	京房售证字（2010）42 号	北京慧友房地产开发有限责任公司	南大街 2 号
52	马连洼竹园	京房售证字（2010）43 号	北京亿城山水房地产开发有限公司	东北旺乡马连洼村
53	广阳苑	京房售证字（2010）44 号	中铁嘉业（北京）投资有限公司	长阳镇长阳一村广阳家园 A、B 区（E 地块）

序号	项目名称	销售证号	开 发 商	地 址
54	北京宝隆大厦	京房售证字（2010）46 号	北京宝龙蓝德房地产开发有限公司	花乡南三环西路万柳桥西北侧商业及行政办公
55	香堤溪岸家园	京房售证字（2010）45 号	北京龙湖庆华置业有限公司	牛栏山镇
56	旭城家园	京房售证字（2010）47 号	京汉置业集团股份有限公司	衙门口东路北侧（东、西区）
57	溪城家园	京房售证字（2010）48 号	招商局嘉铭（北京）房地产开发有限公司	东小口镇陈营村
58	运河湾家园	京房售证字（2010）49 号	北京新华联伟业房地产有限公司	运河东岸奥体公园南侧
59	雅世合晶嘉园	京房售证字（2010）50 号	北京新岁丰置业有限公司	永定路甲 4 号住宅及商业项目
60	朝新嘉园	京房售证字（2010）限 5 号	北京金隅嘉业房地产开发有限公司	东坝乡朝阳新城 E 组团用地
61	美立方家园	京房售证字（2010）限 6 号	中国水电建设集团房地产有限公司	北苑路大羊坊 6 号院（出让部分）
62	京贸国际城	京房售证字（2010）51 号	北京天旭运河房地产开发有限责任公司	芙蓉路西侧
63	假日风景家园	京房售证字（2010）52 号	北京中粮万科假日风景房地产开发有限公司	小屯路 108 号
64	清水湾嘉园	京房售证字（2010）53 号	北京古城房地产开发有限公司	永顺镇王家场村（“运通人和良园”住宅项目 A 区）
65	华贸奥苑	京房售证字（2010）54 号	北京华贸奥苑房地产开发有限公司	来广营乡清河营村（3–4 号地）
66	海棠湾嘉园	京房售证字（2010）55 号	北京亚通房地产开发有限责任公司	梨园镇魏家坟村
67	三羊北里	京房售证字（2010）56 号	北京金融街奕兴置业有限公司	亦庄镇三羊居住区三至五期居住、商业项目
68	博悦嘉园	京房售证字（2010）58 号	北京长信达房地产开发有限公司	黄村镇
69	钱潮古运家园	京房售证字（2010）57 号	北京华成通房地产有限公司	梨园镇梨园村
70	运河湾家园	京房售证字（2010）59 号	北京新华联伟业房地产有限公司	运河东岸奥体公园南侧
71	理想家园	京房售证字（2010）60 号	北京鸿坤伟业房地产开发有限公司	西红门镇中心规划区 A06–2
72	柳明家园	京房售证字（2010）61 号	北京金隅嘉业房地产开发有限公司	田村柳明家园住宅小区西区

序号	项目名称	销售证号	开 发 商	地 址
73	绿城诚园	京房售证字（2010）62 号	北京亚奥绿城房地产开发有限公司	南沙滩东路 3 号
74	美和园	京房售证字（2010）63 号	北京金隅嘉业房地产开发有限公司	清河小营（加气混凝土厂）住宅及配套用地(A-4、A-8)
75	珠江拉维家园	京房售证字（2010）64 号	北京中天顺通房地产开发有限公司	永顺镇
76	芳源里	京房售证字（2010）65 号	北京军建利司达房地产开发有限公司	旧宫镇
77	启明星苑	京房售证字（2010）66 号	北京市开原房地产开发有限责任公司	梨园镇梨园村（启明星苑）
78	太阳宫火星园	京房售证字（2010）70 号	北京冠城正业房地产开发有限公司	太阳宫新区 B 区(B05、B06、B07 地块)
79	明悦湾嘉园	京房售证字（2010）经 7 号	北京日月房地产开发有限公司	旧宫镇
80	招商上苑	京房售证字（2010）71 号	招商局地产（北京）有限公司	东八里庄危改小区住宅、办公、商业及地下车库
81	四合上院家园	京房售证字（2010）69 号	北京天创世缘房地产开发有限公司	菜市口棉花片危改区 B-3 地块
82	中海紫玉苑	京房售证字（2010）68 号	北京中海豪峰房地产开发有限公司	松林里松林里危改小区（中海天地）
83	香悦四季花园	京房售证字（2010）67 号	北京合景房地产开发有限公司	马坡镇顺恒大街北合景地产地块 2
84	创新园	京房售证字（2010）72 号	北京金隅万科房地产开发有限公司	昌平科技园（振兴路北侧）居住及配套（A－6－2）
85	太阳御园	京房售证字（2010）75 号	北京信远筑诚房地产开发有限公司	太阳宫乡北四环东路南侧芍药居东区住宅及配套、公建项目用地 2 组团 2#-B 地块
86	提香草堂	京房售证字（2010）74 号	北京锦绣花园投资发展有限公司	窦店镇锦绣路 18 号
87	京贸国际城	京房售证字（2010）73 号	北京天旭运河房地产开发有限责任公司	芙蓉路西侧
88	佳景苑	京房售证字（2010）76 号	北京东方晟威房地产开发有限公司	厢白旗甲 8 号住宅综合项目
89	香堤溪岸家园	京房售证字（2010）77 号	北京龙湖庆华置业有限公司	牛栏山镇
90	香悦四季花园	京房售证字（2010）78 号	北京合景房地产开发有限公司	马坡镇顺恒大街北合景地产地块 2
91	永欣嘉园	京房售证字（2010）限 8 号	北京正华永兴房地产开发有限公司	站前西街南侧

序号	项目名称	销售证号	开 发 商	地 址
92	香海园	京房售证字（2010）79号	北京顺驰置地达兴房地产开发有限公司	黄村卫星城北区1号地三、四、五期及六期部分
93	福亿家园	京房售证字（2010）80号	北京中顺德房地产开发有限公司	李桥镇机场东路东侧
94	道丰园	京房售证字（2010）81号	北京中关村丰台园道丰科技商务园建设发展有限公司	中关村丰台园产业基地二期内32地块
95	创业者家园	京房售证字（2010）82号	北京科技园置地有限公司	西二旗居住区二期S1地块
96	龙熙顺景	京房售证字（2010）83号	北京龙熙顺景房地产开发有限责任公司	庞各庄镇工业区西侧京南绿色生态社区（A区）、（D区）
97	龙之湾嘉园	京房售证字（2010）84号	北京英才房地产开发有限公司	天竺开发区21#地
98	蔚澜香堤苑	京房售证字（2010）85号	北京龙湖天行置业有限公司	梨园镇西小马居住项目A-1地块
99	邑尚佳苑	京房售证字（2010）86号	北京昂内房地产开发有限公司	拱辰街道东羊庄村西侧
100	瑞雪春堂	京房售证字（2010）88号	北京瑞雪春堂房地产有限公司	良乡卫星城东南侧
101	广阳苑	京房售证字（2010）87号	中铁嘉业（北京）投资有限公司	长阳镇长阳一村广阳家园A、B区（D地块）
102	J8附属楼	京房售证字（2010）89号	北京怡合投资管理有限公司	农展馆南路J5、J7、J8号楼
103	珠江摩尔大厦	京房售证字（2010）90号	北京中关村国际商城发展有限公司	北清路与八达岭高速公路交叉口处中关村国际商城综合购物中心用地（北区）
104	远洋一方润园	京房售证字（2010）91号	北京中联置地房地产开发有限公司	管庄乡（地块2）
105	北街家园	京房售证字（2010）94号	北京罗顿沙河建设发展有限公司	沙河镇高教园区一期A区（D-11地块）住宅及配套
106	绿海甜园	京房售证字（2010）92号	北京兴港房地产有限公司	庞各庄镇薛营村东
107	藤花紫阁	京房售证字（2010）95号	北京华瑞兴业房地产开发有限公司	花园北路25号
108	中泽馨园	京房售证字（2010）93号	北京中泽房地产开发有限公司	梨园镇大稿村
109	冷泉林语山庄	京房售证字（2010）96号	保利（北京）房地产开发有限公司	西北旺镇冷泉村冷泉住宅区（西峰霞谷）B区
110	保利花园小区	京房售证字（2010）98号	保利（北京）房地产开发有限公司	鼓楼街道新东路东、水源路北、阳光街南

序号	项目名称	销售证号	开 发 商	地 址
111	新里苑	京房售证字（2010）99 号	北京绿地京城置业有限公司	黄村 20 号地
112	珠江拉维家园	京房售证字（2010）97 号	北京中天顺通房地产开发有限公司	永顺镇
113	万锦园	京房售证字（2010）100 号	北京万年花城房地产开发有限责任公司	花乡樊家村
114	香悦四季花园	京房售证字（2010）101 号	北京合景房地产开发有限公司	马坡镇顺恒大街北合景地产地块 2
115	蔚澜香堤苑	京房售证字（2010）104 号	北京龙湖天行置业有限公司	梨园镇西小马居住项目 A-1 地块
116	智慧小区	京房售证字（2010）106 号	北京城市开发集团有限责任公司	回龙观住宅及代建公建项目（D02A）
117	万科蓝山苑	京房售证字（2010）105 号	北京万科企业有限公司	西大望路 27 号住宅及代建公建项目（B 地块）
118	文翔苑	京房售证字（2010）103 号	北京第六大洲房地产开发有限公司	来广营乡清河营村（1 号地）1-6 地块
119	银河搜候中心	京房售证字（2010）102 号	北京凯恒房地产有限公司	小牌坊胡同甲七号
120	朝新嘉园	京房售证字（2010）限 9 号	北京金隅嘉业房地产开发有限公司	东坝乡朝阳新城 E 组团用地
121	湾流汇嘉园	京房售证字（2010）107 号	北京康堡房地产开发有限公司	小汤山镇常兴庄村南帝景园温泉独立式住宅小区
122	万象新天家园（一期）	京房售证字（2010）108 号	北京天鸿置业有限公司	常营乡（常营居住区一期工程二区 201-215 号楼）
123	润都嘉苑	京房售证字（2010）110 号	北京嘉禾远东置业有限公司	新海南里康桥溪镇住宅区
124	华贸奥苑	京房售证字（2010）109 号	北京华贸奥苑房地产开发有限公司	来广营乡清河营村（3-1 号地）
125	冷泉林语山庄	京房售证字（2010）111 号	保利（北京）房地产开发有限公司	西北旺镇冷泉村冷泉住宅区（西峰霞谷）B 区
126	假日风景家园	京房售证字（2010）112 号	北京中粮万科假日风景房地产开发有限公司	小屯路 108 号
127	太阳绿园	京房售证字（2010）114 号	北京东方信远房地产开发有限公司	芍药居东区住宅及配套、公建项目用地 1 组团
128	双阳东区	京房售证字（2010）113 号	北京顺鑫佳宇房地产开发有限公司	杨镇一街东侧
129	合生时代中心	京房售证字（2010）115 号	北京合生北方房地产开发有限公司	马驹桥镇商业金融、市政设施、住宅及配套项目
130	保利花园小区	京房售证字（2010）116 号	保利（北京）房地产开发有限公司	鼓楼街道新东路东、水源路北、阳光街南

序号	项目名称	销售证号	开 发 商	地　　址
131	柏阳景园（二期）	京房售证字（2010）117号	北京柏基置业有限公司	王四营乡道口村柏阳景园D区
132	开园小区	京房售证字（2010）121号	中铁建设集团中加伟业房地产有限公司	吉鼎商贸城（三期）、密云县吉鼎商贸城（四期）
133	新里苑	京房售证字（2010）120号	北京绿地京城置业有限公司	黄村镇20号地
134	华侨城欢乐嘉园	京房售证字（2010）118号	北京世纪华侨城实业有限公司	南磨房小武基（北路北京朝阳世纪华侨城旅游主题社区A1区）
135	银河湾嘉园（二期）	京房售证字（2010）119号	北京世纪鸿房地产开发有限责任公司	东直门外西八间房1号大山子环岛西侧住宅及配套用地
136	首开畅心园	京房售证字（2010）122号	北京城市开发集团有限责任公司	常营二期经济适用房A标段C–05地块
137	保利垄上庄园	京房售证字（2010）123号	北京金成华房地产开发有限公司	小汤山镇南侧（e代鹭洲居住区）
138	榆韵华都家园	京房售证字（2010）限10号	北京太和保兴房地产开发有限公司	永顺镇新建村北侧
139	芳苑小区	京房售证字（2010）124号	北京金融街奕兴置业有限公司	亦庄镇三羊居住区三至五期居住、商业项目
140	石榴派大厦	京房售证字（2010）128号	北京首开仁信置业有限公司	石榴庄配套公建
141	安宁华庭	京房售证字（2010）125号	北京上地房地产开发有限责任公司	东北旺乡安宁庄居易园住宅小区A区
142	公园两栋大厦	京房售证字（2010）130号	北京世纪今创房地产开发有限公司	东小口镇中滩村
143	定慧家园南里	京房售证字（2010）126号	北京京华都房地产开发有限 公司	亮甲店危改小区二期（南区）
144	润枫欣尚中心	京房售证字（2010）127号	北京润丰房地产开发有限公司	东小口镇中滩村
145	远洋山水家园	京房售证字（2010）131号	远洋地产有限公司	石槽
146	首开智慧大厦	京房售证字（2010）133号	北京城市开发集团有限责任 公司	回龙观住宅及代建公建项目（D02A）
147	新能国际大厦	京房售证字（2010）132号	新能（北京）国际房地产开发有限公司	鲁谷银河商务区M地块
148	创界大厦	京房售证字（2010）129号	北京力迅房地产开发有限公司	西马场南里三期

序号	项目名称	销售证号	开 发 商	地　　址
149	润枫锦尚苑	京房售证字（2010）134 号	北京润兴伟业房地产开发有限责任公司	旧宫镇西广德
150	香悦四季花园	京房售证字（2010）137 号	北京合景房地产开发有限公司	马坡镇顺恒大街北合景地产地块 2
151	泰和宜园	京房售证字（2010）135 号	北京顺义新城建设开发有限公司	马坡镇
152	鼎轩创业中心	京房售证字（2010）136 号	北京鼎轩基业科技发展有限公司	中关村科技园区石景山园北 II 区
153	乐活家园	京房售证字（2010）138 号	北京天恒房地产股份有限公司	阎村中心镇 D 地块项目
154	朝新嘉园	京房售证字（2010）139 号	北京金隅嘉业房地产开发有限公司	东坝非配套项目用地（F 组团 C 地块）（G 组团 D 地块）
155	檀府家园	京房售证字（2010）142 号	北京檀营房地产开发有限公司	檀营街东侧
156	彩虹园小区	京房售证字（2010）140 号	北京顺兴广厦房地产开发有限公司	密云镇沙河村车站路西侧
157	蓝岸丽舍	京房售证字（2010）141 号	北京银座合智房地产开发有限公司	南彩镇九王庄村
158	保利茉莉雅苑	京房售证字（2010）143 号	北京保利兴房地产开发有限公司	新城北区 2 号地
159	路兴旺达嘉园	京房售证字（2010）144 号	北京飞弘日房地产开发有限公司	平谷镇文化北街 3 号
160	大万购物中心	京房售证字（2010）145 号	北京大万房地产开发有限责任公司	角门路 18 号
161	金隅花石苑	京房售证字（2010）146 号	北京金隅嘉业房地产开发有限公司	梨园镇砖厂村北京市玻璃钢制品厂一期居住项目
162	大成郡	京房售证字（2010）147 号	北京金隅大成开发有限公司	青塔二期东区花雨园
163	东镇欣园	京房售证字（2010）148 号	北京将台房地产开发有限公司	将台乡驼房营村将府家园二期（AC 组团）
164	香堤溪岸家园	京房售证字（2010）151 号	北京龙湖庆华置业有限公司	牛栏山镇
165	广阳苑	京房售证字（2010）150 号	中铁嘉业（北京）投资有限公司	长阳镇长阳一村广阳家园 A、B 区（E 地块）
166	阳光美景花园	京房售证字（2010）149 号	恒盛合天和信（北京）房地产开发有限公司	采育镇京津塘科技园 88 号
167	亦城国际中心	京房售证字（2010）开 1 号	北京经济技术投资开发总公司	13 号街区

序号	项目名称	销售证号	开 发 商	地　址
168	蔚澜香堤苑	京房售证字（2010）152 号	北京龙湖天行置业有限公司	梨园镇西小马居住项目 A–1 地块
169	太阳绿园	京房售证字（2010）153 号	北京东方信远房地产开发有限公司	芍药居东区住宅及配套、公建项目用地 1 组团
170	盈润大厦	京房售证字（2010）155 号	北京兴创投资有限公司	黄村镇
171	新新天地家园	京房售证字（2010）154 号	北京硕和房地产开发有限公司	杨闸环岛东北侧“北京新天地”住宅小区二期
172	润景茗苑	京房售证字（2010）157 号	北京春光置地房地产开发有限公司	来广营乡清河营村住宅及配套（2 号地 2–1 地块）
173	中海风情苑	京房售证字（2010）158 号	北京嘉益德房地产开发有限公司	小红门乡小红门居住区北区一期 B 地块
174	运河湾家园	京房售证字（2010）156 号	北京新华联伟业房地产有限公司	运河东岸奥体公园南侧
175	首开同馨家园	京房售证字（2010）限 11 号	北京首开晟馨房地产开发有限责任公司	卢沟桥乡小屯村小屯馨城（9 号地）
176	锦和园	京房售证字（2010）159 号	北京金隅嘉业房地产开发有限公司	金顶街居住项目（9 号 11 号住宅楼及地下车库）
177	融盛家园	京房售证字（2010）160 号	金融街控股股份有限公司	大屯路 224 号
178	富力星光家园	京房售证字（2010）161 号	北京富力城房地产开发有限公司	广渠门外 10 号
179	新里苑	京房售证字（2010）163 号	北京绿地京城置业有限公司	黄村镇 20 号地
180	悦摩码大厦	京房售证字（2010）162 号	北京当代房地产开发有限责任公司	西三旗清河南库行政办公 D3 地块
181	半岛家园	京房售证字（2010）164 号	北京中粮万科房地产开发有限公司	长阳镇（长阳起步区 1 号地）B 地块
182	珠江拉维家园	京房售证字（2010）限 12 号	北京中天顺通房地产开发有限公司	永顺镇
183	清水湾嘉园	京房售证字（2010）165 号	北京古城房地产开发有限公司	永顺镇王家场村（“运通人和良园”住宅项目 A 区）
184	保利茉莉雅苑	京房售证字（2010）168 号	北京保利兴房地产开发有限公司	新城北区 2 号地
185	首创禧瑞都苑	京房售证字（2010）166 号	首创朝阳房地产发展有限公司	呼家楼（呼家楼商务居住综合区一期）
186	檀府家园	京房售证字（2010）限 13 号	北京檀营房地产开发有限公司	檀营街东侧
187	国风上观家园	京房售证字（2010）169 号	北京城市开发集团有限责任公司	望京新城 A1 区 C 组团 6 号地

序号	项目名称	销售证号	开 发 商	地 址
188	朝新嘉园	京房售证字（2010）限 14 号	北京金隅嘉业房地产开发有限公司	东坝乡朝阳新城 E 组团用地
189	红玺园	京房售证字（2010）167 号	北京懋源置业有限公司	太阳宫乡北四环东路南侧芍药居东区住宅及配套、公建项目用地 2 组团 2#-A 地块
190	康惠园	京房售证字（2010）限 15 号	北京金隅嘉业房地产开发有限公司	双桥路双柳巷 1 号（A1 地块）
191	天竺新新家园	京房售证字（2010）171 号	北京广厦富城置业有限公司	天竺镇薛大人庄村
192	东潞苑	京房售证字（2010）170 号	北京东安恒新房地产开发有限公司	永顺镇焦王庄村东潞苑北区（东）
193	融科资讯中心	京房售证字（2010）172 号	融科智地房地产股份有限公司	科学院南路 6 号联想科技园二期（融科资讯中心）D 座用地 1 期
194	联合置地中心	京房售证字（2010）173 号	联合置地房地产开发有限公司	朝外大街 1 号地
195	光熙家园	京房售证字（2010）174 号	北京阳光城房地产有限公司	柳芳北街和平里住宅小区 A 地块
196	远洋万和嘉园	京房售证字（2010）175 号	远洋地产有限公司	北四环东路 73 号住宅及配套项目 A、A1 地块
197	康惠园	京房售证字（2010）限 16 号	北京金隅嘉业房地产开发有限公司	双桥路双柳巷 1 号 A2 地块
198	保利垄上庄园	京房售证字（2010）178 号	北京金成华房地产开发有限公司	小汤山镇南侧（e 代鹭洲居住区）
199	世嘉光织苑	京房售证字（2010）176 号	北京军建育龙房地产开发有限责任公司	雁栖镇陈各庄村西
200	福亿家园	京房售证字（2010）177 号	北京中顺德房地产开发有限公司	李桥镇机场东路东侧
201	金隅花石苑	京房售证字（2010）限 17 号	北京金隅嘉业房地产开发有限公司	梨园镇砖厂村北京市玻璃钢制品厂一期居住项目
202	霞公尊府	京房售证字（2010）180 号	北京紫金世纪置业有限责任公司	王府井地区 E3、E4、E5 地块
203	方恒国际中心	京房售证字（2010）179 号	北京方恒置业股份有限公司	望京新城 B 区 6 号-10 号地 A 区 3 号楼
204	石龙高科大厦	京房售证字（2010）181 号	北京石龙经济开发区投资开发有限公司	石龙经济开发区永安路 20 号
205	莱圳家园	京房售证字（2010）182 号	北京海欣方舟房地产开发有限公司	东升乡小营大队潘庄村怡欣苑住宅小区（B1b 区）

序号	项目名称	销售证号	开 发 商	地　　址
206	香海园	京房售证字（2010）183 号	北京顺驰置地达兴房地产开发有限公司	黄村卫星城北区 1 号地三、四、五期及六期部分
207	万锦园	京房售证字（2010）184 号	北京万年花城房地产开发有限责任公司	花乡樊家村
208	锦和园	京房售证字（2010）限 18 号	北京金隅嘉业房地产开发有限公司	金顶街居住项目（9 号 11 号住宅楼及地下车库）
209	艺水芳园	京房售证字（2010）185 号	北京瑞成达房地产开发有限公司	三间房乡新房村天泰苑新村一期 B2、B3 区商业用房 A 栋；三间房新村一期 B2、B3 配套商业用房（B）栋
210	华园饭店改扩建	京房售证字（2010）187 号	北京华园饭店有限公司	霄云路 28 号
211	蓝光云鼎大厦	京房售证字（2010）186 号	北京和骏投资有限责任公司	大红门北天津庄 95 号
212	领秀慧谷	京房售证字（2010）189 号	北京科技园建设（集团）股份有限公司	回龙观镇朱辛庄村
213	原叶美苑	京房售证字（2010）188 号	北京城建兴华地产有限公司	北苑南区居住项目
214	泰和宜园	京房售证字（2010）195 号	北京顺义新城建设开发有限公司	马坡镇
215	玲珑天地中心	京房售证字（2010）196 号	北京金隅大成开发有限公司	五棵松路 32 号
216	半岛家园	京房售证字（2010）190 号	北京中粮万科房地产开发有限公司	长阳镇（长阳起步区 1 号地）B 地块
217	佳和宜园	京房售证字（2010）194 号	北京顺义新城建设开发有限公司	马坡镇
218	仰山嘉园	京房售证字（2010）193 号	北京金地融侨房地产开发有限公司	黄村镇新城北区 16 号地
219	泰和宜园	京房售证字（2010）191 号	北京顺义新城建设开发有限公司	马坡镇
220	仰山嘉园	京房售证字（2010）192 号	北京金地融侨房地产开发有限公司	黄村镇新城北区 16 号地
221	远洋一方润园	京房售证字（2010）限 19 号	北京中联置地房地产开发有限公司	管庄乡（地块 1）
222	帕提欧庄园	京房售证字（2010）197 号	北京金科兴源置业有限公司	小汤山镇龙脉花园居住项目
223	新里苑	京房售证字（2010）199 号	北京绿地京城置业有限公司	黄村镇 20 号地
224	泰和宜园	京房售证字（2010）198 号	北京顺义新城建设开发有限公司	马坡镇

序号	项目名称	销售证号	开 发 商	地 址
225	远洋山水家园	京房售证字（2010）200 号	远洋地产有限公司	石槽
226	远洋东方嘉园	京房售证字（2010）203 号	北京远河房地产开发有限公司	玉桥西里住宅小区（二期）
227	富力湾溪景花园	京房售证字（2010）204 号	北京地源达房地产开发有限公司	马坡镇香榭花园
228	华岳大厦	京房售证字（2010）202 号	北京轻工房地产开发有限公司	广外马连道胡同 1 号（地块二）
229	绿港家园	京房售证字（2010）201 号	北京金汉房地产开发有限公司	小东庄
230	泰和宜园	京房售证字（2010）205 号	北京顺义新城建设开发有限公司	马坡镇
231	嘉州阳光苑	京房售证字（2010）206 号	北京卓越房地产开发有限公司	梨园镇(嘉州阳光苑 C 地块）
232	阅园	京房售证字（2010）208 号	北京京大昆仑房地产开发有限公司	岳各庄居住区东区 1 号地 1#、2#、8#办公楼
233	华忆慧园	京房售证字（2010）207 号	北京华忆园房地产开发有限公司	顺榆路北侧
234	铂晶豪庭	京房售证字（2010）217 号	北京安盛华泰房地产开发有限公司	东直门外新中街住宅小区 1 号楼
235	华侨城欢乐嘉园	京房售证字（2010）211 号	北京世纪华侨城实业有限公司	金蝉欢乐园 1 号院（A1-4、6、8 号楼商品房用地）
236	安宁华庭	京房售证字（2010）213 号	北京上地房地产开发有限责任公司	东北旺乡安宁庄村居易园住宅小区 A 区
237	东泽园	京房售证字（2010）限 20 号	北京东泽房地产开发有限公司	东坝乡驹子房路东侧（西地块）
238	一品嘉园	京房售证字（2010）219 号	北京兴广厦房地产开发有限责任公司	魏善庄镇
239	漫香郡北里	京房售证字（2010）216 号	北京奕环天和置业有限公司	黄村镇孙村组团 A-06、07 地块
240	万锦园	京房售证字（2010）210 号	北京万年花城房地产开发有限责任公司	花乡樊家村
241	北街家园	京房售证字（2010）218 号	北京罗顿沙河建设发展有限公司	沙河镇高教园区三期 C 区（规划 D-4 地块）住宅及配套
242	乐活家园	京房售证字（2010）214 号	北京天恒房地产股份有限公司	阎村中心镇 D 地块项目
243	北潞馨家园	京房售证字（2010）212 号	北京昊远隆基房地产开发总公司	西潞街道北潞馨家园住宅小区
244	万锦园	京房售证字（2010）209 号	北京万年花城房地产开发	花乡樊家村

序号	项目名称	销售证号	开发商	地址
			有限责任公司	
245	嘉特美大厦	京房售证字（2010）215号	北京嘉特美房地产开发有限公司	右安门外商业、居住项目
246	中海风情苑	京房售证字（2010）220号	北京嘉益德房地产开发有限公司	小红门乡小红门居住区北区一期B地块
247	世嘉光织苑	京房售证字（2010）221号	北京军建育龙房地产开发有限责任公司	雁栖镇陈各庄村西
248	保利茉莉雅苑	京房售证字（2010）225号	北京保利兴房地产开发有限公司	新城北区2号地
249	保利花园小区	京房售证字（2010）223号	保利（北京）房地产开发有限公司	鼓楼街道阳光街北
250	东湖湾名苑	京房售证字（2010）224号	北京市东湖房地产有限公司	望京25–26#地块
251	首城国际中心	京房售证字（2010）222号	北京首城置业有限公司	广渠路36号(A1–1–C地块)
252	康秀嘉园	京房售证字（2010）226号	北京东亚信义国际会展中心有限公司	康庄（四期）居住项目
253	朝新嘉园	京房售证字（2010）限21号	北京金隅嘉业房地产开发有限公司	东坝乡朝阳新城F组团用地
254	腾龙源城	京房售证字（2010）227号	北京腾龙嘉华房地产开发有限公司	王辛庄镇齐各庄村南
255	华贸奥苑	京房售证字（2010）229号	北京华贸奥苑房地产开发有限公司	来广营乡清河营村（3–2、3号地）
256	山水汇豪苑	京房售证字（2010）228号	汇豪实业投资有限公司	窦店镇窦店村（聚豪苑四期）
257	北方中惠国际	京房售证字（2010）231号	北京北方中惠房地产开发有限公司	鲁谷银河商务区F地块
258	远洋新悦嘉园	京房售证字（2010）230号	北京中联置地房地产开发有限公司	管庄乡（B–2地块）
259	首城国际中心	京房售证字（2010）232号	北京首城置业有限公司	广渠路36号(A1–1–b地块)
260	康惠园	京房售证字(2010)限22号	北京金隅嘉业房地产开发有限公司	双桥路双柳巷1号A2地块
261	东亚·瑞晶苑	京房售证字（2010）236号	北京东亚信文国际会展中心有限公司	马驹桥镇环保园产业园金桥科技产业基地
262	融盛家园	京房售证字（2010）235号	金融街控股股份有限公司	大屯路224号
263	合生时代中心	京房售证字（2010）237号	北京合生北方房地产开发有限公司	马驹桥镇商业、市政设施、住宅及配套项目
264	远洋山水家园	京房售证字（2010）234号	远洋地产有限公司	石槽
265	合生时代中心	京房售证字（2010）238号	北京合生北方房地产开发有限公司	马驹桥镇商业、市政设施、住宅及配套项目

序号	项目名称	销售证号	开 发 商	地 址
266	紫郡华苑	京房售证字（2010）233 号	北京旭辉兴科置业有限公司	黄村镇新城北区 23 号地
267	半岛家园	京房售证字（2010）239 号	北京中粮万科房地产开发有限公司	长阳镇(长阳起步区 1 号地）D 地块
268	悦廷茗苑	京房售证字（ 2010 ）开 2 号	北京博大兴房地产开发有限公司	南部新区 X11 街区
269	怡然世家小区	京房售证字（2010）经 23 号	北京建机房地产有限责任公司	半壁店大街 23 号
270	学府树家园	京房售证字（2010）240 号	北京华润新镇置业有限责任公司	清河镇住宅及配套 H-17 地块
271	永欣嘉园	京房售证字（2010）242 号	北京正华永兴房地产开发有限公司	站前西街南侧
272	邑尚佳苑	京房售证字（2010）241 号	北京昂内房地产开发有限公司	拱辰街道东羊庄村西侧
273	丹棱大厦	京房售证字（2010）243 号	北京中冠房地产开发有限公司	中关村西区周边“海淀欣苑 III-1”地块
274	首邑溪谷嘉园	京房售证字（2010）244 号	北京昊坤嘉业房地产开发有限公司	新城北区 22 号地-2 地块
275	南宫景苑	京房售证字（2010）限 24 号	北京南宫恒业房地产开发有限公司	王佐镇自然城居住项目用地
276	融景家园	京房售证字（2010）245 号	北京天石基业房地产开发有限公司	衙门口居住公建项目用地 B 地块
277	住欣家园	京房售证字（2010）248 号	北京住总房地产开发有限责任公司	常营乡常营二期经济适用房 C 标段 A-11 地块
278	兴康家园	京房售证字（2010）247 号	北京住总房地产开发有限责任公司	康庄
279	永丰嘉园	京房售证字（2010）246 号	北京德成兴业房地产开发有限公司	永丰乡永丰产业基地 V-1 号地块永丰嘉园 3、4、5、6 组团住宅及配套
280	康秀嘉园	京房售证字（2010）限 26 号	北京东亚信义国际会展中心有限公司	康庄（四期）居住项目
281	龙山锦园小区	京房售证字（2010）250 号	北京正宏置业集团有限公司	城南街道办事处山峡村
282	颐景润园	京房售证字（2010）251 号	北京顺义新城建设开发有限公司	马坡镇
283	康惠园	京房售证字（2010）限 25 号	北京金隅嘉业房地产开发有限公司	双桥路双柳巷 1 号 A3、B3 地块
284	玉汤山庄园	京房售证字（2010）252 号	北京天时房地产开发有限公司	小汤山镇龙脉温泉庄园 D、E、F、G 地块

序号	项目名称	销售证号	开 发 商	地 址
285	绿城诚园	京房售证字（2010）249 号	北京亚奥绿城房地产开发有限公司	南沙滩东路 3 号
286	芳源里	京房售证字（2010）254 号	北京军建利司达房地产开发有限公司	旧宫镇南小街村
287	新华经典丽园	京房售证字（2010）253 号	北京实地房地产开发有限责任公司	新华大街南、中山大街北侧
288	安宁华庭	京房售证字（2010）255 号	北京上地房地产开发有限责任公司	东北旺乡安宁庄居易园住宅小区 A 区
289	枫树家园	京房售证字（2010）257 号	北京枫树置业有限公司	北七家镇枫树家园（B 区）
290	帕提欧庄园	京房售证字（2010）256 号	北京金科兴源置业有限公司	小汤山镇龙脉花园居住项目
291	理想家园	京房售证字（2010）261 号	北京鸿坤伟业房地产开发有限公司	西红门镇中心规划区 0801-0402-3 号
292	阳光美景花园	京房售证字（2010）260 号	恒盛合天和信（北京）房地产开发有限公司	采育镇京津塘科技园 88 号
293	龙山锦园小区	京房售证字（2010）259 号	北京正宏置业集团有限公司	城南街道办事处山峡村
294	世华泊郡家园	京房售证字（2010）258 号	北京世纪鸿城置业有限公司	来广营乡清河营村住宅及配套、商业金融（4 号地）
295	绿地财富中心	京房售证字（2010）262 号	北京绿地京城置业有限公司	黄村镇 19 号地
296	创界大厦	京房售证字（2010）264 号	北京力迅房地产开发有限公司	西马场南里三期
297	富力阳光美园	京房售证字（2010）263 号	北京极富房地产开发有限公司	常营乡居住及公共服务设施等用地 B2 组团
298	仰山嘉园	京房售证字（2010）266 号	北京金地融侨房地产开发有限公司	黄村镇新城北区 16 号地
299	财富公馆	京房售证字（2010）265 号	北京财富花园房地产开发有限公司	康营中街 9 号
300	万万树花园	京房售证字（2010）267 号	北京东君房地产开发有限公司	高丽营镇中心
301	燕都世界名园	京房售证字（2010）268 号	北京汇金房地产开发有限公司	窦店镇窦店村燕都科学城世界名园一期 A 组团
302	润枫锦尚苑	京房售证字（2010）270 号	北京润兴伟业房地产开发有限责任公司	旧宫镇西广德
303	远洋东方嘉园	京房售证字（2010）269 号	北京远河房地产开发有限公司	玉桥西里住宅小区（二期）
304	吉祥家园	京房售证字（2010）271 号	北京都城置业有限公司	鼓楼街道檀西路西侧

序号	项目名称	销售证号	开 发 商	地 址
305	富力金禧家园	京房售证字（2010）274 号	富力（北京）地产开发有限公司	新城南街
306	西路时代大厦	京房售证字（2010）272 号	北京盛兴建通房地产开发有限公司	西潞街道良乡西路 26 号
307	远洋一方润园	京房售证字（2010）273 号	北京中联置地房地产开发有限公司	管庄乡（地块 2）
308	水云居	京房售证字（2010）275 号	北京市海淀区玉渊潭农工商总公司	五路居
309	富力湾溪景花园	京房售证字（2010）278 号	北京地源达房地产开发有限公司	马坡镇香榭花园
310	学府树家园	京房售证字（2010）276 号	北京华润新镇置业有限责任公司	清河镇住宅及配套 H—17 地块
311	南宫景苑	京房售证字（2010）277 号	北京南宫恒业房地产开发有限公司	王佐镇自然城居住项目用地
312	大成郡	京房售证字（2010）280 号	北京金隅大成开发有限公司	青塔二期东区驭风园
313	创业者家园	京房售证字（2010）279 号	北京科技园置地有限公司	西二旗居住区二期 S1 地块
314	珑原家园	京房售证字（2010）282 号	招商局嘉铭（北京）房地产开发有限公司	东小口镇 CY–09 地块
315	春曦园	京房售证字（2010）281 号	北京亚连房地产开发有限公司	平谷南街北侧
316	红狮家园	京房售证字（2010）288 号	北京万科企业有限公司	东铁匠营宋庄路 38 号
317	万科蓝山苑	京房售证字（2010）286 号	北京万科企业有限公司	西大望路 27 号住宅及代建公建项目（B 地块）
318	华忆慧园	京房售证字（2010）287 号	北京华忆园房地产开发有限公司	顺榆路北侧
319	定福家园南里	京房售证字（2010）285 号	北京城建房地产开发有限公司	定福家园南里 1 号院 1 号、3 号、4 号、9 号楼（商业部分）
320	一品嘉园	京房售证字（2010）283 号	北京兴广厦房地产开发有限责任公司	魏善庄镇
321	倚景园	京房售证字（2010）284 号	北京万禾世家房地产开发有限公司	右安门内大街 10 号
322	石景嘉园	京房售证字（2010）293 号	北京石开房地产开发有限公司	衙门口经济适用房
323	方恒偶寓大厦	京房售证字（2010）291 号	北京方恒置业股份有限公司	于家坟公建
324	金第嘉苑	京房售证字（2010）292 号	北京住总圣世源房地产开发有限公司	鲁谷 G804 号

序号	项目名称	销售证号	开 发 商	地 址
325	邑尚佳苑	京房售证字（2010）限27号	北京昂内房地产开发有限公司	拱辰街道东羊庄村西侧
326	富力星光家园	京房售证字（2010）294号	北京富力城房地产开发有限公司	广渠门外10号
327	太阳宫火星园	京房售证字（2010）290号	北京冠城正业房地产开发有限公司	太阳宫新区B区（B04地块）
328	世嘉光织苑	京房售证字（2010）289号	北京军建育龙房地产开发有限责任公司	雁栖镇陈各庄村西
329	原叶美苑	京房售证字（2010）295号	北京城建兴华地产有限公司	北苑南区居住项目
330	漫香郡北、南里	京房售证字（2010）297号	北京奕环天和置业有限公司	黄村镇孙村组团A-06、07地块
331	朝新嘉园	京房售证字（2010）限28号	北京金隅嘉业房地产开发有限公司	东坝乡朝阳新城F组团用地
332	运河湾家园	京房售证字（2010）296号	北京新华联伟业房地产有限公司	运河东岸奥体公园南侧
333	祥云东方苑	京房售证字（2010）298号	中粮地产投资（北京）有限公司	空港工业区B区安祥大街北侧
334	京贸国际城	京房售证字（2010）301号	北京天旭运河房地产开发有限责任公司	芙蓉路西侧
335	首邑溪谷嘉园	京房售证字（2010）299号	北京昊坤嘉业房地产开发有限公司	新城北区22号地-2地块
336	朗峰嘉园	京房售证字（2010）304号	北京祈连房地产开发有限公司	永顺镇杨庄路（非常1+1）住宅项目
337	提香草堂	京房售证字（2010）306号	北京锦绣花园投资发展有限公司	窦店镇锦绣路18号
338	嘉泽生态小区	京房售证字（2010）305号	北京香江盛富房地产开发有限公司	马池镇“嘉泽生态住宅小区”2号地二期
339	熙典华庭	京房售证字（2010）307号	北京龙湖时代置业有限公司	中关村甲3号
340	影人四季家园	京房售证字（2010）308号	北京亿来置业有限公司	杨宋镇杨雁路东侧
341	康秀嘉园	京房售证字（2010）303号	北京东亚信义国际会展中心有限公司	康庄（四期）居住项目
342	融景家园	京房售证字（2010）300号	北京天石基业房地产开发有限公司	衙门口居住公建项目用地A地块（含A-1）
343	新里苑	京房售证字（2010）302号	北京绿地京城置业有限公司	黄村镇20号地
344	金隅花石苑	京房售证字（2010）309号	北京金隅嘉业房地产开发有限公司	梨园镇砖厂村北京市玻璃钢制品厂二期居住项目

序号	项目名称	销售证号	开 发 商	地 址
345	远洋新悦嘉园	京房售证字（2010）310 号	北京中联置地房地产开发有限公司	管庄乡（B-7 地块）
346	良工佳苑	京房售证字（2010）311 号	北京良工房地产开发有限公司	城关街道矿机路 3 号
347	东泽园	京房售证字（2010）312 号	北京东泽房地产开发有限公司	东坝乡驹子房路东侧（西地块）、东坝乡驹子房路东侧（东地块）
348	绿堤香廊	京房售证字（2010）313 号	北京世纪今创房地产开发有限公司	湖光小区甲 26 号
349	龙庆●望都佳园	京房售证字（2010）315 号	北京龙庆房地产开发有限公司	康庄镇三街村
350	龙山锦园小区	京房售证字（2010）318 号	北京正宏置业集团有限公司	城南街道办事处山峡村
351	悦都苑	京房售证字（2010）317 号	北京首创奥特莱斯房山置业有限公司	长阳镇长阳西站 1、2 号地
352	首开康乃馨园	京房售证字（2010）限 29 号	北京首开仁信置业有限公司	康庄限价商品住房（三期）项目用地
353	米拉家园	京房售证字（2010）314 号	北京京成远东房地产开发有限公司	马驹桥亦庄新城 V 街区 A-4-1、A-4-2、A-2 用地项目
354	融科钧廷苑	京房售证字（2010）316 号	北京融科卓越房地产开发有限公司	马驹桥镇马村
355	瑞雪春堂	京房售证字（2010）320 号	北京瑞雪春堂房地产有限公司	良乡卫星城东南侧
356	白家疃尚峰园	京房售证字（2010）319 号	北京世纪正源房地产开发有限公司	温泉镇中心区 D2 地块住宅、办公项目用地（D19、D20 地块）
357	清水湾嘉园	京房售证字（2010）321 号	北京古城房地产开发有限公司	永顺镇王家场村（“运通人和良园”住宅项目 A 区）
358	香悦四季花园	京房售证字（2010）322 号	北京合景房地产开发有限公司	马坡镇顺恒大街北合景地产地块 2
359	运通博远阁	京房售证字（ 2010 ） 开 3 号	北京运通博远房地产开发有限公司	26 号街区
360	香悦四季花园	京房售证字（2010）323 号	北京合景房地产开发有限公司	马坡镇顺恒大街北合景地产地块 2
361	假日风景家园	京房售证字（2010）325 号	北京中粮万科假日风景房地产开发有限公司	小屯路 108 号
362	红狮家园	京房售证字（2010）326 号	北京万科企业有限公司	东铁匠营宋庄路 38 号

序号	项目名称	销售证号	开 发 商	地 址
363	北街家园	京房售证字（2010）324 号	北京罗顿沙河建设发展有限公司	沙河镇高教园区三期 A 区（规划 D—20 地块）住宅及配套；沙河镇高教园区三期 B 区（规划 D—6 地块）住宅及配套
364	运通时代商业中心	京房售证字（ 2010 ）开 4 号	北京运通博远房地产开发有限公司	42 号街区
365	溪水花园	京房售证字（2010）327 号	北京市潮云房地产开发有限公司	溪翁庄镇溪翁庄村中心区
366	远洋万和润园	京房售证字（2010）329 号	远洋地产有限公司	北四环东路 73 号住宅及配套项目 C 地块
367	远洋万和中心	京房售证字（2010）328 号	远洋地产有限公司	北四环东路 73 号住宅及配套项目 C 地块
368	顺义东方太阳城	京房售证字（2010）334 号	北京东方太阳城房地产开发有限责任公司	仁和镇河南村
369	财富公馆	京房售证字（2010）333 号	北京财富花园房地产开发有限公司	孙河乡（财富花园项目南区）
370	青秀雅苑	京房售证字（2010）335 号	中铁房地产集团北京丰基置业有限公司	黄土岗
371	观唐云鼎小区	京房售证字（2010）332 号	北京世纪光华房地产开发有限公司	溪翁庄镇密溪路西侧
372	理想家园	京房售证字（2010）331 号	北京鸿坤伟业房地产开发有限公司	西红门镇中心规划区 0801-0402-1 号地块
373	润枫欣尚中心	京房售证字（2010）330 号	北京润丰房地产开发有限公司	东小口镇中滩村
374	彩虹嘉园南里	京房售证字（2010）经 30 号	北京和泓置地有限公司	大井西路
375	富力又一家园	京房售证字（2010）339 号	北京华恩房地产开发有限公司	豆各庄乡鲁店北路北侧豆各庄住宅小区三期
376	西单汇大厦	京房售证字（2010）340 号	北京金晟惠房地产开发有限公司	西单北大街 110 号综合楼
377	望都家园二期	京房售证字（2010）337 号	北京泰格经济开发公司	北七家镇平坊村
378	波普中心	京房售证字（2010）342 号	北京智地卓越房地产开发有限公司	黄村镇（枣园）商业金融项目
379	四合上院家园	京房售证字（2010）336 号	北京天创世缘房地产开发有限公司	菜市口棉花片危改区 B-3 地块
380	北美佳苑	京房售证字（2010）338 号	北京静水园房地产开发有限公司	宋庄镇疃里村
381	世华泊郡家园	京房售证字（2010）341 号	北京世纪鸿城置业有限公司	来广营乡清河营村住宅及配套、商业金融（4 号地）

序号	项目名称	销售证号	开 发 商	地 址
382	香堤溪岸家园	京房售证字（2010）限 31 号	北京龙湖庆华置业有限公司	牛栏山镇
383	智地普惠中心	京房售证字（2010）343 号	北京智地普惠房地产开发有限公司	三间房乡商业金融用地
384	润都嘉苑	京房售证字（2010）344 号	北京嘉禾远东置业有限公司	马驹桥镇新海南里康桥溪镇住宅区南区
385	首城国际中心	京房售证字（2010）346 号	北京首城置业有限公司	广渠路 36 号（A1–2 地块）
386	定泗路	京房售证字（2010）345 号	北京达华庄园房地产开发有限公司	北七家镇鲁疃村西北达华庄园住宅小区
387	锋创科技园	京房售证字（ 2010 ）开 6 号	锋创科技发展（北京）有限公司	路东区 F3 号街区
388	大道尚庭	京房售证字（ 2010 ）开 5 号	北京经开投资开发股份有限公司	景园北街 2 号
389	珠江丽景家园	京房售证字（2010）351 号	北京中天富通房地产开发有限公司	永顺镇焦王庄村及耿庄村
390	颐景花园	京房售证字（2010）限 34 号	北京景旭房地产开发有限公司	后沙峪镇裕华路东侧
391	中弘时代中心	京房售证字（2010）356 号	北京中弘投资有限公司	常营乡（中国特色经济之窗二期二号地）
392	翠福园小区	京房售证字（2010）348 号	北京同马房地产开发有限公司	永顺镇北马庄村（翠福园小区 2#、4#、10#—20#、33#、34#楼及地下车库）
393	珠江丽景家园	京房售证字（2010）限 32 号	北京中天富通房地产开发有限公司	永顺镇焦王庄村及耿庄村
394	首开幸福汇苑	京房售证字（2010）350 号	北京城市开发集团有限责任公司	工体北路幸福三村综合楼（南区、北区）
395	乐活家园	京房售证字（2010）354 号	北京天恒房地产股份有限公司	阎村中心镇 D 地块项目
396	江南山水园	京房售证字（2010）353 号	北京江南投资集团有限公司	小红门乡牌坊村小红门乡新村一期 E 组团（7–19 号楼）
397	中信沁园	京房售证字（2010）352 号	北京中信房地产有限公司	菜市口东南角大吉危改小区 2 号地
398	凯德锦绣名苑	京房售证字（2010）349 号	北京恒世同方房地产开发有限公司	八里庄京棉集团生活区 A1 区 B 地块
399	金科纳帕庄园	京房售证字（2010）355 号	北京金科纳帕置业有限公司	常兴庄组团北部地区 B 地块居住项目
400	华忆慧园	京房售证字（2010）限 33 号	北京华忆园房地产开发有限公司	顺榆路北侧

序号	项目名称	销售证号	开 发 商	地 址
401	鸿顺园东区	京房售证字（2010）347 号	北京德隆泰房地产开发有限公司	拱辰街道鸿顺园东区 K2-05
402	国风上观家园	京房售证字（2010）358 号	北京城市开发集团有限责任公司	望京新城 A1 区 C 组团 6 号地
403	上庄三嘉信苑	京房售证字（2010）357 号	北京三元嘉业房地产开发有限公司	上庄镇中心区 B—09 地块
404	珠江拉维家园	京房售证字（2010）359 号	北京中天顺通房地产开发有限公司	永顺镇住宅及配套项目
405	利山公馆	京房售证字（2010）361 号	北京利山房地产开发有限公司	朝阳门内南小街南口利山大厦
406	首邑溪谷嘉园	京房售证字（2010）360 号	北京昊坤嘉业房地产开发有限公司	新城北区 22 号地-1 地块
407	丽来花园	京房售证字（2010）362 号	北京长乐房地产开发有限公司	天竺镇薛大人庄村
408	半岛家园	京房售证字（2010）363 号	北京中粮万科房地产开发有限公司	长阳镇(长阳起步区 1 号地）D 地块;长阳镇（长阳起步区 1 号地）A 地块
409	绿地花都苑	京房售证字（2010）364 号	北京绿地京创置业有限公司	拱辰街道广阳家园 C、D 区
410	上奥世纪中心	京房售证字（2010）365 号	北京实创房地产开发公司	西三旗环岛东北角
411	瑞旗家园	京房售证字（2010）366 号	北京住总房地产开发有限责任公司	西三旗（原北京轮胎厂）住宅及配套项目（D22 地块）
412	绿谷雅园	京房售证字（2010）368 号	北京锦绣大地房地产开发有限公司	四季青乡龚村宝山新村一期
413	西堤红山苑	京房售证字（2010）367 号	华润置地（北京）股份有限公司	广安门外大街 305 号住宅及配套
414	鑫源贸大厦	京房售证字（2010）370 号	北京实地房地产开发有限责任公司	新华大街南、中山大街北侧
415	雅世合晶嘉园	京房售证字（2010）371 号	北京新岁丰置业有限公司	永定路甲 4 号住宅及商业项目
416	龙景湾	京房售证字（2010）369 号	北京龙熙顺景房地产开发有限责任公司	庞各庄镇工业区西侧京南绿色生态社区 A 区

附表 2　2010 年新建商品期房成交均价格表

区县	监测区域	区域范围	住宅均价（元/平方米）	高档住宅均价（元/平方米）
昌平区	昌平城区	昌平镇内	13663	
	东小口、回龙观、北苑	城铁十三号线周边	14810	
	城南城北	城南街道、城北街道	7256	16378
	温榆河周边	沙河镇、小汤山镇、北七家镇、百善镇	16352	
朝阳区	CBD	东至东四环中路、西至东二环中路、南至通惠河北路、北至朝阳北路	45805	65378
	奥运场馆周边	东至京承高速公路、西至天辰西路及北辰西路、南至北四环东路、北至北五环	36096	52404
	八达岭高速三四环沿线	东至北辰西路、西至志新西路、花园路、南至北三环中路、北至大屯路	27841	47764
	北苑	东至京承高速公路、西至仰山大沟、南至北五环东路、北至京包铁路	22042	31703
	朝阳公园	东至东四环北路，西至春秀路，南至工体北路，北至霄云路	49638	69828
	定福庄、管庄	东至朝阳区界，西至五环路，南至京沈高速，北至石各庄路	22020	
	东八里庄、青年路	东至东五环、西至东四环中路、南至朝阳路、北至姚家园路	26202	39944
	东坝	东至朝阳区界，西至五环路，南至石各庄路，北至机场高速	21241	16084
	东南四至五环	东至东五环南路、西至东四环南路、南至朝阳区边界、北至广渠路	26956	
	东外、朝外	东至春秀路、西至东二环、南至东城边界北至东城区界	38059	56108
	豆各庄、黑庄户	东至朝阳区界，西至五环路，南至朝阳区界，北至京沈高速	19356	25957

区县	监测区域	区域范围	住宅均价（元/平方米）	高档住宅均价（元/平方米）
	柳芳、左家庄	东至燕莎桥、西至东土城路、南至东直门外大街、北至北三环东路	31006	50325
	双井	东至东四环中路、西至东二环、南至广渠门外大街、北至通惠河北路	25512	44351
	四惠、甘露园	东至五环路，西至京包铁路，南至建国路，北至姚家园路	26208	0
	太阳宫	东至东北四环、西至东北三环、南至亮马桥路、北至京承高速公路	32975	48081
	望京、酒仙桥	东至五环路，西至北四环东路，南至京顺路，北至五环路	24334	25832
	姚家园	东至东五环、西至东四环北路、南至姚家园路、北至东风南路	22169	38021
崇文区	花市、前门	东至崇文区界，西至前门大街，南至珠市口东大街，北至前门东大街	39719	
	劲松	东至东三环南路、西至东二环、南至华威南路、北至京秦铁路线	34137	
	天坛、龙潭、体育馆路	东至广渠门南滨河路，西至前门大街，南至永定门东滨河路，北至珠市口东大街	34744	
	永外	东至广蒲黄榆二巷，西至南站幸福路，南至东铁匠营，北至滨河路	25437	42005
大兴区	大兴城区	清源街道、兴丰街道、林桥路街道、黄村镇、西红门镇	14025	
	大兴南部	北藏村镇、庞各庄镇、礼贤镇、榆垡镇	20107	
	旧宫	旧宫镇行政区域	15630	
东城区	东北 2 环内	东城区安定门、北新桥、交道口、东四、景山、东华门、朝阳门、建国门街道行政区域	44481	
房山区	长阳	长阳镇行政区域	10464	

区县	监测区域	区域范围	住宅均价（元/平方米）	高档住宅均价（元/平方米）
	房山南部	石楼镇、窦店镇、琉璃河镇	9676	
	良乡	良乡镇行政区域	14842	
	燕山地区	燕山行政区域	10242	
丰台区	菜户营、西罗园	东至菜户营西路，西至西三环南路，南至西三环西路，北至丽源路	34948	
	长辛店	长辛店行政区域	13516	17289
	丰台镇	东至西三环、西至西四环南路、南至南四环西路、北至丰台北路	25347	
	京石高速三四环沿线	东至西三环南路、西至丰台区界、青塔西路、南至吴家村路、丰台北路、北至莲花池西路	22765	
	刘家窑、大红门	东至丰台区界、西至南苑路、南至南四环中路、北至南三环东路	15186	
	六里桥	东至马连道路，西至西四环中路，南至丰台北路，北至莲花池西路	31358	
	马家堡、西马场	东至南苑路、西至京开高速、南至南四环中路、北至南三环西路	25465	
	梅市口路	东至青塔西路、西至西五环、南至京石高速、北至吴家村路	23763	
	南苑	东至丰台区区界、西至槐房路、南至丰台区区界、北至南四环中路	17314	
	新发地	东至槐房路、西至樊羊路、南至丰台区界、北至南四环中路	19439	
海淀区	北太平庄	东至新街口外大街、西至高梁桥斜街、南至德胜门西大街、北至学院南路	31519	
	定慧寺	东至西三环北路、西至西四环北路、南至永定河引水渠、北至板井路	27388	

区县	监测区域	区域范围	住宅均价（元/平方米）	高档住宅均价（元/平方米）
	清河	东至海淀区界、西至城铁 13 号线、南至北五环中路、北至小营西路	20655	
	西北旺	海淀区西北旺镇行政区域	19003	37998
	杏石口路	东至西四环北路、西至五环路、南至海淀区区界、北至闵庄路	14000	43035
	西三旗	东至海淀区界，西至安宁庄西路，南至五环路，北至海淀区界	22036	22654
	学院路	东至志新西路、花园路、西至中关村东路、南至学院南路、北至清华东路	35966	51202
	羊坊店、五棵松	东至三里河路、西至西四环中路、南至莲花池东路、北至永定河引水渠	28823	52778
	永定路	东至西四环中路、西至玉泉路、南至莲石东路、北至四环西路	27342	43196
怀柔区	怀柔城区	怀柔镇、庙城镇、泉河街道龙山街道	7687	
	怀柔城区周边	北房镇、杨宋镇、雁栖镇、怀北镇、渤海镇、九渡河镇、桥梓镇	10092	13207
门头沟区	门头沟城区	大峪街道办、龙泉镇、东辛房街道办、城子街道办	12064	
密云县	密云城区	密云镇、檀营乡	7177	
	密云城区周边	溪翁庄镇、西田各庄十里堡镇、河南寨镇、 东邵渠镇、穆家峪镇、巨各庄镇	7059	15308
平谷区	平谷城区	平谷镇、渔阳地区滨河街道兴谷街道	7163	
石景山区	鲁谷、八宝山、老山	东至玉泉路，西至五环路，南至石景山区界，北至石景山区界	26007	
	苹果园、八角、金顶街	苹果园行政区域	17503	
顺义区	机场地区	东至榆阳路，西至五环路，南至金盏北路，北至京密路	13293	23806

区县	监测区域	区域范围	住宅均价（元/平方米）	高档住宅均价（元/平方米）
	顺义城区	仁和镇、光明街道南法信镇、石园街道胜利街道	11283	
	顺义东北部	南彩镇、北小营镇、木林镇、龙湾屯镇、杨镇、张镇、大孙各庄镇	7824	
	顺义西北部	马坡镇、牛栏山镇、高丽营镇、赵全营镇、北石槽镇	13275	
通州区	通州城区	永顺镇、梨园镇、中仓街道、新华街道、北苑街道、玉桥街道	13461	
	通州东北部	宋庄镇、潞城镇	9305	25676
	通州西南部	台湖镇、马驹桥镇	12723	19258
西城区	金融街	西城区金融街、西长安街街道行政区域	50347	
	展览路、月坛	西城区展览路、月坛街道行政区域	49069	64897
	安外、德外	东至13号地铁沿线、西至新街口外大街、南至北二环、北至北三环中路	32770	
宣武区	椿树、广内	宣武区广安门内、椿树、大栅栏街道行政区域	32300	
	广外	广外街道行政区域	25823	
	陶然亭、白纸坊	东至前门大街、西至宣武门外大街、南至永定门西滨河路，北至宣武门东大街	33388	
延庆县	延庆城区	延庆镇	6375	11846
经济技术开发区	亦庄	北京经济技术开发区行政区域	18333	32261

附表 3　2010 年二手房销售均价

区域	销售均价（元/平方米）			
	一季度	二季度	三季度	四季度
东城区				
安外、德外	25000	29348	29788	30614
东北二环内	28600	32507	33160	34056
东直门外	24700	27597	28602	31862
西城区				
金融街	31800	32920	34691	38571
新街口、什刹海	28600	33110	33903	35493
展览路、月坛	30400	35714	34019	36741
崇文区				
花市、前门	26000	29299	28032	31375
天坛、龙潭湖	24000	25915	28114	29220
宣武区				
椿树、广内	24500	26437	28785	29004
广外	22900	25861	26545	27369
陶然亭、白纸坊	24300	27562	30684	29982
朝阳区				
CBD	25200	27826	30310	30685
安慧	21300	23710	25052	26543
八达岭高速 3-4 环沿线	22900	25638	27345	28899
北苑	18800	21196	21355	22555
朝阳公园	23100	27183	26460	28737
崔各庄、孙河	17100	22055	25086	24844
定福庄、管庄	16100	18457	19556	19049
东八里庄、青年路	20500	24246	23969	25016
东坝	15800	17451	18680	19693
东南 4-5 环沿线	18100	20136	24196	23314
黑庄户	15600	18286	18616	18108
机场	12200	15547	17632	15861
劲松	20600	26989	23954	23562
柳芳、左家庄	22100	25586	27200	27092
十八里店		24371	24141	23059
双井	24000	28098	28352	31034

区域	销售均价（元/平方米）			
	一季度	二季度	三季度	四季度
双桥农场	14800	18055	16995	17629
四惠、甘露园	19500	22778	23147	23693
松榆、磨房	20500	22931	23520	24529
太阳宫	28000	30504	30450	33333
望京、酒仙桥	20100	21611	23522	24732
亚运村	21200	25290	25729	26881
姚家园	23500	24352	24452	29939
海淀区				
八达岭高速 3–4 环沿线	22900	25869	27345	28899
北太平庄	26100	29141	29870	30744
定慧寺	24900	27446	29576	29132
马连洼	20300	22831	23947	24000
清河	18100	20439	23370	22391
上地	19300	22440	24170	24602
万柳	29200	32335	33722	35735
五里坨		11666	12019	14612
西北旺		22581	24274	23371
西三旗	17700	20671	20087	21672
香山		26004	23756	28206
杏石口路	24900	33049	26081	31619
学清路	26100	29809	29593	30952
学院路	24300	29248	28906	29828
羊坊店、五棵松	23300	27745	28520	29049
永定路	19600	23379	24473	24495
圆明园、颐和园	20700	25553	26094	26498
中关村	27500	28867	30460	32966
紫竹院、甘家口	25100	29007	30026	33284
丰台区				
莱户营、西罗园	19500	19776	22616	23922
长辛店		12710	10375	13708
丰台镇	18400	18133	20921	22089
京石高速 3–4 环沿线	19400	21340	22640	23509
刘家窑、大红门	18700	19227	21255	22884
六里桥	21800	22829	24511	24878

区域	销售均价（元/平方米）			
	一季度	二季度	三季度	四季度
马家堡、西马场	19200	22308	22473	22679
梅市口路		20895	22449	23523
南苑	14300	17148	16159	18153
世界公园、宛平	14900	16754	17060	17399
新发地	15700	16669	16878	17734
永外、方庄	20400	22822	24234	24085
石景山区				
鲁谷、八宝山、老山	19400	22067	23225	24130
苹果园、八角、金顶街	16200	19194	18738	20102
通州区				
潞城	11100	12903	11705	11907
马驹桥		13042	14284	14029
宋庄		12312	9403	10118
通州北苑玉桥梨园	13100	16577	15547	15839
新华中仓永顺	12200	16206	14303	14969
房山区				
长阳	12100	12394	12986	16239
良乡		13017	13267	12637
顺义区				
高丽营镇		11421	10924	15653
后沙峪		15358	20295	21390
马坡镇		10705		11632
牛栏山		18579	16293	19851
胜利、光明、石园	11000	12682	13253	13921
天竺	11300	13655	17559	14262
杨镇		9047		
大兴区				
黄村	13500	15300	14502	15333
旧宫	15000	17306	16175	17054
庞各庄		8747	8730	8430
清源		15469	15291	14522
西红门	13000	14313	14413	15206
兴丰		12525		15413
瀛海	14200	14932	14289	14854

区域	销售均价（元/平方米）			
	一季度	二季度	三季度	四季度
昌平区				
北七家	12600	12535	14297	15032
城南城北	15700	18837	17526	19083
东小口		14229	15456	16280
回龙观	14600	16012	16566	18000
马池口镇		6808	7900	
沙河		14090	17918	19341
小汤山		16205	16376	17415
门头沟				
大峪、城子、龙泉、东辛房	10300	14248	11777	14714
密云				
密云镇		15229		15821
开发区				
亦庄	15300	17586	17563	18271

附表 4 2010 年住房租赁成交价格

区域	租金［（元/（月·使用平方米）］			
	一季度	二季度	三季度	四季度
东城区				
安外、德外	62.7	67.6	72.3	72.4
东北二环内	67.9	79.0	85.8	86.6
东直门外	70.8	82.3	82.3	84.1
西城区				
金融街	83.3	88.8	86.0	90.4
新街口、什刹海	62.8	74.8	78.2	78.7
展览路、月坛	66.3	74.0	79.0	76.6
崇文区				
花市、前门	65.1	69.4	75.0	72.4
天坛、龙潭湖	56.1	58.8	63.1	60.7
宣武区				
椿树、广内	54.7	62.6	69.0	69.8
广外	47.8	56.4	63.6	61.5
陶然亭、白纸坊	51.4	57.7	62.1	62.5
朝阳区				
CBD	75.8	76.0	82.2	83.8
安慧	53.8	61.8	65.7	65.2
北苑	50.2	54.1	58.8	58.9
朝阳公园	52.8	72.5	72.2	71.4
崔各庄、孙河	48.0	45.5	54.7	56.5
定福庄、管庄	41.1	48.1	48.9	50.0
东八里庄、青年路	52.7	56.0	61.4	64.0
东坝	34.9	40.5	39.7	41.4
东南 4–5 环沿线	44.7	44.1	46.7	49.6
黑庄户	0.0	32.7	50.8	
机场	38.5	42.4	41.8	43.2
劲松	52.4	62.0	65.6	61.9
柳芳、左家庄	59.0	69.3	71.3	70.4
十八里店	0.0	37.7	57.9	69.2
双井	68.9	71.3	75.1	75.4
双桥农场	37.5	38.7	39.5	42.1
四惠、甘露园	50.9	58.5	61.9	64.8
松榆、磨房	64.3	59.1	60.1	61.0
太阳宫	66.1	75.1	72.1	72.6

区域	租金［（元/（月·使用平方米）］			
	一季度	二季度	三季度	四季度
望京、酒仙桥	56.4	62.1	64.0	63.4
亚运村	64.9	64.9	68.4	69.8
姚家园	0.0	33.6	47.9	49.3
海淀区				
八达岭高速 3–4 环沿线	56.7	63.7	68.7	67.3
北太平庄	63.0	67.0	73.7	74.0
定慧寺	62.0	60.9	65.9	66.2
马连洼	45.8	54.2	61.1	57.6
清河	43.8	53.8	50.6	54.7
上地	47.0	55.4	62.2	61.4
万柳	75.9	72.0	75.0	77.5
温泉	0.0	25.2	27.9	
西北旺	0.0	41.9	50.8	48.7
西三旗	41.1	45.3	50.4	52.3
香山	0.0	29.7	33.5	34.4
杏石口路	62.3	57.0	60.5	69.7
学清路	59.8	71.5	78.6	75.1
学院路	63.9	71.3	77.5	75.0
羊坊店、五棵松	47.4	63.2	65.7	66.6
永定路	43.6	52.4	56.9	55.0
圆明园、颐和园	51.0	58.8	66.6	68.2
展览路、月坛	66.3	66.1	70.2	76.6
中关村	72.1	78.1	81.3	84.7
紫竹院、甘家口	66.7	71.0	75.6	75.2
丰台区				
菜户营、西罗园	44.8	50.3	55.4	55.0
长辛店	0.0	24.4	39.5	25.3
丰台镇	40.8	44.3	48.2	48.0
京石高速 3–4 环沿线	43.5	46.5	50.3	49.6
刘家窑、大红门	43.7	50.1	52.8	46.2
六里桥	48.9	51.9	57.0	53.7
马家堡、西马场	47.3	52.3	54.0	54.1
梅市口路	37.9	38.5	40.3	46.4
南苑	39.0	40.7	41.9	43.7
世界公园、宛平	34.4	35.4	38.2	38.4
新发地	36.2	34.8	40.8	39.0
永外、方庄	49.1	54.9	57.7	55.7
石景山区				

<table>
<tr><th rowspan="2">区域</th><th colspan="4">租金［（元/（月·使用平方米）］</th></tr>
<tr><th>一季度</th><th>二季度</th><th>三季度</th><th>四季度</th></tr>
<tr><td>鲁谷、八宝山、老山</td><td>45.0</td><td>48.0</td><td>52.1</td><td>50.2</td></tr>
<tr><td>苹果园、八角、金顶街</td><td>40.4</td><td>43.0</td><td>45.2</td><td>45.3</td></tr>
<tr><td>五里屯</td><td>0.0</td><td>27.5</td><td>32.9</td><td></td></tr>
<tr><td colspan="5">通州区</td></tr>
<tr><td>潞城</td><td>20.4</td><td>24.4</td><td>25.7</td><td>25.1</td></tr>
<tr><td>马驹桥</td><td>15.3</td><td>32.5</td><td>29.0</td><td>31.2</td></tr>
<tr><td>宋庄</td><td>0.0</td><td>15.3</td><td></td><td>17.7</td></tr>
<tr><td>通州北苑玉桥梨园</td><td>32.0</td><td>34.6</td><td>33.8</td><td>35.8</td></tr>
<tr><td>新华中仓永顺</td><td>28.3</td><td>31.5</td><td>30.2</td><td>31.4</td></tr>
<tr><td>张家湾镇</td><td>0.0</td><td>24.1</td><td></td><td></td></tr>
<tr><td colspan="5">房山区</td></tr>
<tr><td>长阳</td><td>0.0</td><td>23.5</td><td>39.9</td><td>43.1</td></tr>
<tr><td>良乡</td><td>0.0</td><td>27.1</td><td>94.0</td><td></td></tr>
<tr><td colspan="5">顺义区</td></tr>
<tr><td>后沙峪</td><td>33.0</td><td>62.2</td><td>48.5</td><td>48.1</td></tr>
<tr><td>胜利、光明、石园</td><td>23.5</td><td>21.9</td><td>28.7</td><td>27.7</td></tr>
<tr><td>天竺</td><td>34.4</td><td>42.4</td><td>38.7</td><td>40.6</td></tr>
<tr><td colspan="5">大兴区</td></tr>
<tr><td>黄村</td><td>29.3</td><td>32.0</td><td>32.4</td><td>35.3</td></tr>
<tr><td>旧宫</td><td>32.4</td><td>36.7</td><td>38.6</td><td>39.0</td></tr>
<tr><td>林校镇</td><td>0.0</td><td>66.5</td><td></td><td></td></tr>
<tr><td>清源</td><td>28.0</td><td>31.9</td><td>32.6</td><td>34.2</td></tr>
<tr><td>西红门</td><td>30.0</td><td>31.0</td><td>32.4</td><td>33.1</td></tr>
<tr><td colspan="5">昌平区</td></tr>
<tr><td>北七家</td><td>27.0</td><td>33.6</td><td>36.8</td><td>36.7</td></tr>
<tr><td>城南城北</td><td>43.1</td><td>48.8</td><td>50.5</td><td>53.4</td></tr>
<tr><td>东小口</td><td>30.7</td><td>37.3</td><td>40.5</td><td>34.3</td></tr>
<tr><td>回龙观</td><td>34.7</td><td>39.1</td><td>42.6</td><td>39.6</td></tr>
<tr><td colspan="5">门头沟区</td></tr>
<tr><td>大峪、城子、龙泉、东辛房</td><td>0.0</td><td>31.2</td><td>30.6</td><td>34.6</td></tr>
<tr><td colspan="5">亦庄</td></tr>
<tr><td>亦庄</td><td>40.7</td><td>42.4</td><td>46.0</td><td>49.0</td></tr>
</table>

附表 5　2010 年房地产开发企业名录

序号	证书编号	企业名称	资质证书情况
东城区			
1	DC-A-0026	北京首开天鸿集团有限公司	一级
2	DC-A-0014	北京首都开发股份有限公司	一级
3	DC-A-0073	华纺房地产开发公司	一级
4	DC-A-5025	当代节能置业股份有限公司	一级
5	DC-A-0001	北京王府井置业投资有限公司	二级
6	DC-A-0023	北京市东方置地投资有限公司	二级
7	DC-A-0054	北京京铁房地产开发公司	二级
8	DC-A-5056	中色发展投资有限公司	二级
9	DC-B-0159	凯德置地（中国）投资有限公司	二级
10	DC-A-0115	北京信远置业有限公司	二级
11	DC-B-0149	北京凯恒房地产有限公司	二级
12	DC-A-7401	北京金隅股份有限公司	二级
13	DC-A-0042	北京海晟房地产开发有限公司	三级
14	DC-A-0093	北京中色房地产开发有限公司	三级
15	DC-A-0097	北京中海油房地产开发有限责任公司	三级
16	DC-A-5010	北京市万发房地产开发股份有限公司	三级
17	DC-A-5042	神华房地产有限责任公司	三级
18	DC-B-0105	北京亿洋星城房地产开发有限公司	三级
19	DC-B-0156	北京三峡大厦房地产有限公司	三级
西城区			
1	XC-A-0228	金融街控股股份有限公司	一级
2	XC-A-0232	北京西都地产发展有限公司	一级
3	XC-A-0233	北京西环置业有限公司	一级
4	XC-A-0247	北京城建房地产开发有限公司	一级
5	XC-A-0294	北京城市开发集团有限责任公司	一级
6	XC-A-0315	北京天恒房地产股份有限公司	一级
7	XC-A-6126	北京金隅大成开发有限公司	一级
8	XC-B-0263	华润置地（北京）股份有限公司	一级
9	XC-A-0382	京能置业股份有限公司	一级
10	XC-A-0205	北京市华远置业有限公司	一级
11	XC-A-0240	北京兆泰置地（集团）股份有限公司	一级
12	XC-A-0302	北京世安住房股份有限公司	二级
13	XC-A-0357	国联房地产公司	二级

序号	证书编号	企业名称	资质证书情况
14	XC–A–0371	新华房地产开发公司	二级
15	XC–A–6118	金融街（北京）置业有限公司	二级
16	XC–A–6142	北京中建恒基建设投资有限公司	二级
17	XC–B–0266	北京敬远房地产开发有限公司	二级
18	XC–A–0249	中国海洋置业公司	三级
19	XC–A–0271	北京盈泰房地产开发有限公司	三级
20	XC–A–0304	北京安福房地产开发有限公司	三级
21	XC–A–0379	北京新奥西郡房地产开发有限公司	三级
22	XC–A–0388	中国华联房地产开发公司	三级
23	XC–A–6115	北京天正中广置业有限公司	三级
24	XC–B–0329	北京凯晨置业有限公司	三级
25	XC–B–0340	北京融金房地产开发有限公司	三级
26	XC–A–6147	北京凯帝克房地产开发有限公司	三级
27	XC–B–0264	北京英蓝置业有限公司	三级
崇文区			
1	CW–A–0501	北京市崇文区城市建设开发公司	一级
2	CW–A–0502	北京兴隆置业有限公司	一级
3	CW–A–0517	中冶置业有限责任公司	一级
4	CW–A–0515	北京国瑞兴业地产有限公司	二级
5	CW–A–0518	北京鸿运置业股份有限公司	二级
6	CW–A–0519	北京能源房地产开发有限责任公司	二级
7	CW–A–0543	北京崇开嘉信房地产开发有限公司	二级
8	CW–A–0550	北京崇文·新世界房地产发展有限公司	二级
9	CW–A–0524	北京市丽水嘉园房地产开发有限公司	三级
10	CW–A–0540	北京岳安实业股份有限公司	三级
11	CW–A–0566	北京天街置业发展有限公司	三级
12	CW–A–0527	百荣投资控股集团有限公司	三级
13	CW–A–7209	北京和达创建置业有限公司	三级
宣武区			
1	XW–A–0469	茂华控股集团有限公司	一级
2	XW–A–5303	北京建工集团有限责任公司	一级
3	XW–A–0429	北京新中实经济发展有限责任公司	一级
4	XW–A–0430	北京市宣武区城市建设综合开发总公司	一级
5	XW–A–0404	北京国际建设集团总公司	二级
6	XW–A–0409	北京永同昌房地产开发有限公司	二级

序号	证书编号	企业名称	资质证书情况
7	xw-A-0411	北京中融物产有限责任公司	二级
8	XW-A-0418	北京中实恒业房地产开发有限责任公司	二级
9	XW-A-0432	北京裕昌置业股份有限公司	二级
10	XW-A-0435	北京润博房地产开发有限公司	二级
11	XW-A-0450	北京裕泰达房地产开发有限公司	二级
12	XW-A-0461	北京宣兴房地产开发股份有限公司	二级
13	XW-A-0468	一瓶房地产开发（北京）有限公司	二级
14	XW-A-0473	北京大厚房地产开发有限责任公司	二级
15	XW-A-0499	北京金泰恒业有限责任公司	二级
16	WX-A-5304	恒迅科创（北京）置业有限公司	二级
17	XW-A-5306	北京中信房地产有限公司	二级
18	XW-A-0402	北京富卓创业房地产开发有限公司	二级
19	XW-B-0484	北京鲁能陶然房地产开发有限公司	二级
20	XW-A-0416	北京市天叶房地产开发公司	三级
21	XW-A-0427	北京大宅房地产开发中心	三级
22	XW-A-0438	北京科林房地产开发有限公司	三级
23	XW-A-0440	北京中房长远房地产开发有限责任公司	三级
24	XW-A-0443	北京军华房地产开发有限公司	三级
25	XW-A-0464	北京华电房地产开发有限责任公司	三级
26	XW-A-5349	北京陶然房地产开发有限责任公司	三级
27	XW-A-0495	北京市二商集团有限责任公司	三级
28	XW-A-5305	未来建设集团有限公司	三级
29	XW-A-5315	北京恒嘉置业有限公司	三级
朝阳区			
1	CY-A-3725	北京富华园房地产开发有限公司	一级
2	CY-B-0636	远洋地产有限公司	一级
3	CY-A-0661	北京华汇房地产开发中心	一级
4	CY-A-0675	华瀚投资集团有限公司	一级
5	CY-A-0687	北京北化房地产开发有限公司	一级
6	CY-A-0728	北京住总房地产开发有限责任公司	一级
7	CY-A-0732	北京金隅嘉业房地产开发有限公司	一级
8	CY-A-0841	北京富力城房地产开发有限公司	一级
9	CY-A-0845	北京万方源房地产开发有限公司	一级
10	CY-A-0853	山水文园凯亚房地产开发有限公司	一级
11	CY-B-0863	北京合生北方房地产开发有限公司	一级

序号	证书编号	企业名称	资质证书情况
12	CY-A-3617	北京太阳宫房地产开发有限公司	一级
13	CY-B-3619	北京北辰实业股份有限公司	一级
14	CY-A-5905	中信房地产股份有限公司	一级
15	CY-A-5968	亚太房地产开发集团股份有限公司	一级
16	CY-A-0622	北京嘉源置业投资有限公司	一级
17	CY-B-3764	国奥投资发展有限公司	一级
18	CY-A-0671	北京奥林匹克置业投资有限公司	一级
19	CY-A-3773	中建国际发展股份有限公司	一级
20	CY-B-0638	北京红石建外房地产开发有限公司	一级
21	CY-A-0631	北京源海房地产开发有限公司	二级
22	CY-A-0643	北京旭日房地产开发有限责任公司	二级
23	CY-A-0647	北京北辰房地产开发股份有限公司	二级
24	CY-A-0677	三能达置业有限公司	二级
25	CY-A-0692	北京华瀛置业房地产开发有限公司	二级
26	CY-B-0701	北京世纪朝阳房地产开发有限公司	二级
27	CY-A-0703	北京电子城有限责任公司	二级
28	CY-A-0717	北京新天朝来房地产开发有限公司	二级
29	CY-B-0722	北京香江兴利房地产开发有限公司	二级
30	CY-A-0739	北京市朝阳城市建设综合开发公司	二级
31	CY-A-6099	北京润泽庄苑房地产开发有限公司	二级
32	CY-A-0795	北京世纪华侨城实业有限公司	二级
33	CY-A-0810	北京柏基置业有限公司	二级
34	CY-A-0811	北京京通天泰房地产开发有限公司	二级
35	CY-B-0834	北京通盈房地产开发有限责任公司	二级
36	CY-A-0844	北京大洋房地产开发有限公司	二级
37	CY-A-0856	北京博成房地产有限公司	二级
38	CY-A-3718	北京达义北方置业有限公司	二级
39	CY-B-3720	北京泛海信华置业有限公司	二级
40	CY-B-3724	北京奥中兴业房地产开发有限公司	二级
41	CY-A-3738	北京世茂投资发展有限公司	二级
42	CY-A-3753	北京恒兴置地房地产有限公司	二级
43	CY-A-3760	北京硕和房地产开发有限公司	二级
44	CY-A-3768	北京金远房地产开发集团有限公司	二级
45	CY-A-3776	北京安联置业发展有限公司	二级
46	CY-B-3780	北京东环望京房地产有限公司	二级

序号	证书编号	企业名称	资质证书情况
47	CY-A-3796	北京新奥集团有限公司	二级
48	CY-A-5928	北京新安能置业有限公司	二级
49	CY-A-5969	北京元亨房地产开发有限公司	二级
50	CY-A-5979	北京政泉置业有限公司	二级
51	CY-A-5949	北京住总集团有限责任公司	二级
52	CY-B-6046	北京利星房地产开发有限公司	二级
53	CY-A-3782	北京世博宏业房地产开发有限公司	二级
54	CY-A-0615	北京金朝城乡建设开发股份有限公司	二级
55	CY-A-7028	北京瑞意投资有限公司	二级
56	CY-A-7036	北京房地置业发展有限公司	二级
57	CY-A-0601	首创朝阳房地产发展有限公司	二级
58	CY-A-0604	北京京朝房地产开发有限公司	二级
59	CY-A-0871	北京冠城正业房地产开发有限公司	二级
60	CY-A-0875	北京商务中心区开发建设有限责任公司	二级
61	CY-A-3622	北京天运房地产综合开发经营有限责任公司	二级
62	CY-A-3642	北京中联置地房地产开发有限公司	二级
63	CY-B-3648	北京世源光华房地产开发有限公司	二级
64	CY-B-3706	和记黄埔地产（北京朝阳）有限公司	二级
65	CY-A-0645	北京龙天陆房地产开发有限公司	三级
66	CY-A-3785	北京照杰房地产开发有限公司	三级
67	CY-A-0663	北京优孚房地产开发有限公司	三级
68	CY-A-0685	北京财富花园房地产开发有限公司	三级
69	CY-A-0695	北京鸿天泽房地产开发有限公司	三级
70	CY-A-0716	北京柏宏房地产开发有限公司	三级
71	CY-A-0719	北京市绿化隔离地区基础设施开发建设有限公司	三级
72	CY-B-0742	北京世纪城市房地产开发有限公司	三级
73	CY-A-0744	北京中鼎基业房地产开发有限公司	三级
74	CY-A-0767	北京顺长房地产开发有限公司	三级
75	CY-B-0780	北京太平洋城房地产开发有限公司	三级
76	CY-A-0783	北京市朝阳区房地产经营开发公司	三级
77	CY-A-0790	北京天翌房地产开发有限责任公司	三级
78	CY-B-0829	北京合生绿洲房地产开发有限公司	三级
79	CY-A-0850	北京麒麟房地产开发有限责任公司	三级
80	CY-A-0857	民福置业集团有限公司	三级
81	CY-B-0862	北京合生愉景房地产开发有限公司	三级

序号	证书编号	企业名称	资质证书情况
82	CY-A-0870	北京方晟房地产开发有限责任公司	三级
83	CY-B-0874	北京鑫丰物业发展有限公司	三级
84	CY-A-0899	北京中关村电子城建设有限公司	三级
85	CY-A-3632	北京世纪恒丰房地产开发有限公司	三级
86	CY-A-3636	北京成荣房地产发展有限公司	三级
87	CY-A-3676	北京蓝色港湾置业有限公司	三级
88	CY-A-3692	北京京德顺房地产开发有限公司	三级
89	CY-A-3710	北京浙金都房地产开发有限公司	三级
90	CY-A-3800	北京世纪恒成建设开发有限公司	三级
91	CY-A-5909	北京翔鸣房地产开发有限公司	三级
92	CY-A-5927	北京市朝阳万科房地产开发有限公司	三级
93	CY-A-5937	北京天伦房地产有限公司	三级
94	CY-B-5943	北京新松房地产开发有限公司	三级
95	CY-A-5945	北京高盛华房地产开发有限公司	三级
96	CY-A-6006	北京首城置业有限公司	三级
97	CY-A-6026	北京时代风尚房地产开发有限公司	三级
98	CY-A-0890	北京世纪龙祥房地产开发有限公司	三级
99	CY-B-3664	北京京励房地产开发有限公司	三级
100	CY-B-5921	北京京汇房地产开发有限公司	三级
101	CY-A-5933	北京山水居房地产开发有限公司	三级
102	CY-A-6075	北京天鸿置业有限公司	三级
103	CY-A-6085	北京中关村开发建设股份有限公司	三级
104	CY-A-6093	北京建工置地有限责任公司	三级
105	CY-A-7015	富力（北京）地产开发有限公司	三级
106	CY-A-0840	北京鼎新基业房地产开发有限公司	三级
107	CY-A-7051	北京信远时代房地产开发有限公司	三级
108	CY-A-0624	北京华恩房地产开发有限公司	三级
109	CY-A-0614	北京新华联恒业房地产开发有限公司	三级
110	CY-A-6041	北京华松房地产开发有限责任公司	三级
111	CY-A-0623	北京朝来绿色家园房地产开发有限公司	三级
海淀区			
1	HD-A-6599	北京宝晟住房股份有限公司	一级
2	HD-A-0914	北京万通地产股份有限公司 （万通先锋置业股份有限公司）	一级
3	HD-A-0925	北京安地房地产开发有限责任公司	一级
4	HD-A-0950	北京金源鸿大房地产开发有限公司	一级

序号	证书编号	企业名称	资质证书情况
5	HD-A-0993	北京高校房地产开发总公司	一级
6	HD-A-1005	北京澳林房地产开发有限公司	一级
7	HD-A-1077	北京城建投资发展股份有限公司	一级
8	HD-A-1084	北京城建兴华地产有限公司	一级
9	HD-A-3821	北京科技园建设股份有限公司	一级
10	HD-A-0952	北京市威凯房地产开发经营公司	一级
11	HD-A-3864	永泰房地产（集团）有限公司	一级
12	HD-A-6533	中国水电建设集团房地产有限公司	一级
13	HD-A-6546	中建科产业有限公司	一级
14	HD-A-6551	华通置业有限公司	一级
15	HD-A-6560	鑫城世金房地产开发有限公司	一级
16	HD-A-0928	北京泰跃房地产开发有限责任公司	二级
17	HD-A-0951	北京市京门房地产开发公司	二级
18	HD-A-0980	北京德成置地房地产开发有限公司	二级
19	HD-A-0991	北京万景房地产开发有限责任公司	二级
20	HD-A-1000	北京德成兴业房地产开发有限公司	二级
21	HD-A-1001	融科智地房地产股份有限公司	二级
22	HD-A-1022	北京实创科技园开发建设股份有限公司	二级
23	HD-A-1032	北京实创房地产开发公司	二级
24	HD-A-1045	北京京师大房地产开发有限责任公司	二级
25	HD-A-1073	北京中关村科学城建设股份有限公司	二级
26	HD-A-3815	北京西三旗高新建材城经营开发有限公司	二级
27	HD-A-3818	北方房地产开发有限责任公司	二级
28	HD-A-5472	中国新兴置业公司	二级
29	HD-A-5488	五矿置业有限公司	二级
30	HD-A-5494	北京世博伟业房地产开发有限公司	二级
31	HD-A-6508	北京科技园置地有限公司	二级
32	HD-A-3835	北京首开立信置业股份有限公司	二级
33	HD-A-3863	北京罗兰德房地产开发有限公司	二级
34	HD-A-6544	北京元亨房地产开发有限公司	二级
35	HD-A-3843	北京辉煌世纪房地产开发有限公司	二级
36	HD-A-5477	北京亿城山水房地产开发有限公司	二级
37	HD-A-5445	中国电子产业开发公司	二级
38	HD-A-5417	北京首钢融创置地有限公司	二级
39	HD-A-0992	北京海开房地产集团公司	二级

序号	证书编号	企业名称	资质证书情况
40	HD-A-0995	北京市云建房地产开发有限责任公司	二级
41	HD-A-0923	北京中物信和房地产开发有限公司	三级
42	HD-A-0932	北京锦绣大地房地产开发有限公司	三级
43	HD-A-0938	北京市公交房地产开发公司	三级
44	HD-A-0954	北京市安达房地产开发公司	三级
45	HD-A-0963	北京中雅房地产开发有限公司	三级
46	HD-A-0978	北京成大房地产开发有限公司	三级
47	HD-A-1025	北京中物理想房地产开发有限公司	三级
48	HD-A-1055	北京金悦鑫房地产开发有限公司	三级
49	HD-A-1074	北京科技园置业股份有限公司	三级
50	HD-B-1093	北京鼎固房地产开发有限公司	三级
51	HD-A-3827	北京市御水苑房地产开发有限责任公司	三级
52	HD-A-3830	北京象地房地产开发有限公司	三级
53	HD-A-3848	北京亚太友谊房地产开发房地产开发有限责任公司	三级
54	HD-A-3856	北京中冠房地产开发有限公司	三级
55	HD-A-3867	北京海湾京城房地产开发有限公司	三级
56	HD-A-5437	北京嘉润鸿达置业有限公司	三级
57	HD-A-6521	北京西山产业投资有限公司	三级
58	HD-A-0935	北京市鲁艺房地产开发有限责任公司	三级
59	HD-A-0956	北京龙海苑开发建设有限责任公司	三级
60	HD-A-3836	北京创辉房地产开发有限公司	三级
61	HD-A-5498	中铁六局集团北京置业有限公司	三级
62	HD-A-6562	北京中凯置业有限公司	三级
63	HD-A-6569	北京绿宸房地产开发有限公司	三级
64	HD-A-6526	北京中基宏源房地产开发有限公司	三级
65	HD-A-3854	北京中关村软件园发展有限责任公司	三级
丰台区			
1	FT-A-1101	北京鸿基世业房地产开发有限公司	一级
2	FT-A-1200	保利（北京）房地产开发有限公司	一级
3	FT-A-1157	北京东方恒嘉房地产开发有限公司	一级
4	FT-A-1162	北京市丰台区城市建设综合开发公司	一级
5	FT-A-1195	北京万年花城房地产开发有限责任公司	一级
6	FT-A-4009	北京中筑置业有限公司	一级
7	FT-A-4021	北京懋源房屋开发有限公司	一级
8	FT-A-4034	北京金泰房地产开发有限责任公司	一级

序号	证书编号	企业名称	资质证书情况
9	FT-A-6239	中铁置业集团有限公司	一级
10	FT-A-6286	航天时代置业发展有限公司	一级
11	FT-A-1121	北京玺萌置业有限公司	一级
12	FT-A-1106	北京丰台科技园建设发展有限公司	二级
13	FT-A-1113	北京世纪景房地产开发有限公司	二级
14	FT-A-1117	北京市新时特房地产开发有限公司	二级
15	FT-A-1123	北京市丰台区鸿华房地产开发经营公司	二级
16	FT-A-1129	北京银地房地产开发有限责任公司	二级
17	FT-A-1130	北京市永联房地产开发有限责任公司	二级
18	FT-A-1131	华凯投资集团有限公司	二级
19	FT-A-1134	北京益恒房地产开发有限责任公司	二级
20	FT-A-1136	北京东兴联房地产开发有限责任公司	二级
21	FT-A-1138	泛华工程有限公司	二级
22	FT-A-1147	北京市华世房地产开发有限公司	二级
23	FT-A-1180	北京龙腾房地产开发有限公司	二级
24	FT-A-4009	北京中筑置业有限公司	二级
25	FT-A-4016	中铁华丰（北京）房地产开发有限公司	二级
26	FT-A-4033	北京新鸿基盛城置业集团有限公司	二级
27	FT-A-4035	泛华建设集团有限公司	二级
28	FT-A-4095	北京恒政通房地产开发管理有限责任公司	二级
29	FT-A-4096	国润建设集团有限公司	二级
30	FT-A-6206	北京首开亿信置业股份有限公司	二级
31	FT-A-6229	北京泰益德置业集团	二级
32	FT-B-1152	北京怡海花园房地产开发有限公司	二级
33	FT-B-4010	北京中关村丰台园道丰科技商务园建设发展有限公司	二级
34	FT-A-6242	北京顺驰置地丰润房地产开发有限公司	二级
35	FT-A-1183	北京南宫恒业房地产开发有限公司	二级
36	FT-A-1119	北京创世愿景房地产开发有限公司	三级
37	FT-A-1167	北京华诚达房地产开发有限公司	三级
38	FT-A-1169	北京宏基源房地产开发有限公司	三级
39	FT-A-1178	北京恒旭房地产开发有限公司	三级
40	FT-A-4011	北京富民住房有限公司	三级
41	FT-A-4027	北京京大昆仑房地产开发有限公司	三级
42	FT-A-4039	北京诚信杰房地产开发有限公司	三级
43	FT-A-4043	北京航天海鹰房地产开发公司	三级

序号	证书编号	企业名称	资质证书情况
44	FT-A-4063	北京寅丰房地产开发有限责任公司	三级
45	FT-A-4082	北京筑鼎源置业有限公司	三级
46	FT-A-6225	北京富通基业房地产开发有限公司	三级
47	FT-A-6243	北京金万墅房地产开发有限责任公司	三级
48	FT-B-4001	北京恒泰基业房地产开发有限公司	三级
49	FT-A-4005	北京丰泰新房地产开发有限责任公司	三级
50	FT-A-4062	北京鹏睿房地产开发有限公司	三级
51	FT-A-4072	北京金兰甫房地产开发有限公司	三级
石景山区			
1	SJ-A-1201	北京石开房地产开发有限公司	一级
2	SJ-A-1205	北京首钢房地产开发有限公司	一级
3	SJ-A-1211	京汉置业集团股份有限公司	一级
4	建开企【2007】729 号	中铁房地产集团有限公司	一级
5	SJ-A-1202	北京实兴腾飞置业发展公司	二级
6	SJ-A-1207	北京八大处房地产开发有限公司	二级
7	SJ-A-1223	北京东和伟业房地产开发有限公司	二级
8	SJ-A-1229	北京天海兆业房地产开发有限公司	二级
9	SJ-A-6346	北京京奥港房地产开发有限责任公司	二级
10	SJ-A-1206	北京盛世兆业房地产开发有限责任公司	三级
11	SJ-A-1217	北京物美置地房地产开发有限公司	三级
12	SJ-A-1227	北京昂内房地产开发有限公司	三级
13	SJ-A-6304	北京安德信房地产有限公司	三级
14	SJ-A-6307	北京燕京源置业有限公司	三级
门头沟区			
1	MT-A-1554	北京市国信嘉业房地产开发有限公司	一级
2	MT-A-1592	北京峻成房地产开发有限责任公司	二级
3	MT-A-1620	北京新兴建业房地产开发有限公司	二级
4	MT-A-1626	北京昊泰房地产开发有限公司	二级
5	MT-A-1551	北京雅世置业有限公司	三级
6	MT-A-1552	北京颐德房地产开发有限公司	三级
7	MT-A-1557	北京中宸房地产开发有限公司	三级
8	MT-A-1571	北京中协诚达房地产开发有限公司	三级
9	MT-A-1601	北京天平房地产开发经营有限责任公司	三级
10	MT-A-1628	北京永兴嘉业房地产开发有限公司	三级
11	MT-A-1671	北京市祺洋房地产开发有限责任公司	三级

序号	证书编号	企业名称	资质证书情况
12	MT-A-5223	华岳原林投资（北京）有限公司	三级
平谷区			
1	PG-A-2619	北京嘉铭房地产开发有限责任公司	一级
2	PG-A-2687	北京市住邦房地产开发有限责任公司	一级
3	PG-A-2703	北京嘉轩房地产开发有限公司	一级
4	PG-A-2739	北京金第房地产开发有限责任公司	一级
5	PG-A-2797	北京天润置地房地产开发（集团）有限公司	一级
6	PG-A-5146	北京城乡房屋建设开发有限责任公司	一级
7	PG-A-5159	北京金都房地产实业股份有限公司	一级
8	PG-A-3531	北京润丰房地产开发有限公司	一级
9	PG-A-2506	北京强佑房地产开发有限公司	二级
10	PG-A-2507	北京智能通达房地产开发有限公司	二级
11	PG-A-2521	北京都市房地产开发有限责任公司	二级
12	PG-A-2541	北京千禧福临房地产开发有限公司	二级
13	PG-A-2554	北京东方依水源房地产开发有限公司	二级
14	PG-A-2588	北京泰格经济开发公司	二级
15	PG-A-2626	北京当代房地产开发有限责任公司	二级
16	PG-A-2629	北京乾元房地产开发有限公司	二级
17	PG-A-2702	北京福环房地产开发有限公司	二级
18	PG-A-2728	四海捷高(北京)置业有限公司	二级
19	PG-A-3401	北京住总正华开发建设集团有限公司	二级
20	PG-A-3538	北京达义兴业房地产开发有限公司	二级
21	PG-A-3554	北京华油房地产开发有限公司	二级
22	PG-A-3572	北京中弘投资有限公司	二级
23	PG-A-2540	北京景旭房地产开发有限公司	二级
24	PG-A-2546	北京志远伟业房地产开发有限公司	二级
25	PG-A-2614	融合置地有限公司	二级
26	PG-A-3406	北京海欣方舟房地产开发有限公司	二级
27	PG-A-2616	北京市裕发房地产开发集团	二级
28	PG-A-2510	北京融利达房地产开发有限公司	三级
29	PG-A-5191	北京倚基土地开发有限公司	三级
30	PG-A-2555	北京城建正裕达房地产开发有限公司	三级
31	PG-A-2600	北京远望君安房地产开发有限公司	三级
32	PG-A-2606	北京恒森房地产开发有限公司	三级
33	PG-A-2678	北京时代金侨房地产开发有限公司	三级

序号	证书编号	企业名称	资质证书情况
34	PG-A-2685	北京贝迪克集团	三级
35	PG-A-2720	北京首建建设有限责任公司	三级
36	PG-A-2753	北京林河兴业房地产开发有限公司	三级
37	PG-A-2773	北京龙洋房地产开发有限责任公司	三级
38	PG-A-3404	北京斯贝兰房地产开发公司	三级
39	PG-A-3476	北京庄子天运房地产开发有限公司	三级
40	PG-A-5133	北京建机天润房地产开发有限公司	三级
41	PG-A-5151	北京中弘兴业房地产开发有限公司	三级
42	PG-B-2502	首创置业方舟房地产发展有限公司	三级
43	PG-A-2519	北京裕泰房地产开发公司	三级
44	PG-A-3466	北京金基力房地产开发有限公司	三级
45	PG-A-3507	北京华野投资管理有限公司	三级
46	PG-A-5178	北京市东湖房地产有限公司	三级
大兴区			
1	DX-A-1856	北京市大兴城镇建设综合开发集团公司	一级
2	DX-A-1903	北京和泓置地有限公司	一级
3	DX-A-1829	北京春光房地产开发有限公司	一级
4	DX-A-1861	北京华润曙光房地产开发有限公司	一级
5	DX-A-1761	北京兴集房地产开发有限公司	二级
6	DX-A-1772	北京艺苑房地产开发有限责任公司	二级
7	DX-A-1814	北京日月房地产开发有限公司	二级
8	DX-A-1840	北京龙熙房地产开发有限责任公司	二级
9	DX-A-1849	北京方正房地产开发有限公司	二级
10	DX-A-1872	北京金冠达房地产开发有限公司	二级
11	DX-A-1891	北京鸿坤伟业房地产开发有限公司	二级
12	DX-A-1950	北京顺驰置地达兴房地产开发有限公司	二级
13	DX-A-5844	北京金融街奕兴置业有限公司	二级
14	DX-A-1751	北京兴广厦房地产开发有限责任公司	三级
15	DX-A-1752	北京京南住房开发有限责任公司	三级
16	DX-A-1753	北京震环房地产开发有限公司	三级
17	DX-A-1764	北京日月星房地产开发有限责任公司	三级
18	DX-A-1767	北京儒林房地产开发有限责任公司	三级
19	DX-A-1771	北京兴创房地产开发有限公司	三级
20	DX-A-1774	北京兴红顺房地产开发有限公司	三级
21	DX-A-1777	北京美晟房地产开发有限责任公司	三级

序号	证书编号	企业名称	资质证书情况
22	DX-A-1778	北京宣颐房地产开发有限责任公司	三级
23	DX-A-1791	北京大兴华房地产集团	三级
24	DX-A-1792	北京鑫起达房地产开发有限责任公司	三级
25	DX-A-1793	北京首创风度房地产开发有限责任公司	三级
26	DX-A-1802	北京爱达星房地产开发有限公司	三级
27	DX-A-1816	北京彼德房地产开发有限公司	三级
28	DX-A-1839	北京万成房地产开发有限责任公司	三级
29	DX-A-1845	北京育龙房地产开发有限责任公司	三级
30	DX-A-1854	北京银信兴业房地产有限公司	三级
31	DX-A-1855	北京军建利司达房地产开发有限公司	三级
32	DX-A-1858	北京德鸿基房地产开发有限公司	三级
33	DX-A-1898	北京中坤锦绣房地产开发有限公司	三级
34	DX-A-1948	北京旭东置业有限公司	三级
35	DX-A-1973	北京兴基伟业置业有限公司	三级
36	DX-A-1984	恒盛合天和信(北京)房地产开发有限公司	三级
37	DX-A-5811	北京力迅房地产开发有限公司	三级
顺义区			
1	SY-A-2401	北京市大龙房地产开发有限公司	一级
2	SY-A-2404	北京隆华广厦房地产开发有限公司	一级
3	SY-A-2433	北京建升房地产开发有限公司	一级
4	SY-A-2443	北京甄氏房地产开发有限公司	一级
5	SY-A-2445	北京泰福恒投资发展有限公司	一级
6	SY-A-4621	北京仁和日升房地产有限公司	一级
7	SY-A-2419	北京万科企业有限公司	一级
8	SY-A-2456	北京东方太阳城房地产开发有限责任公司	二级
9	SY-A-2402	北京市天竺房地产开发公司	二级
10	SY-A-2403	北京天源房地产开发有限公司	二级
11	SY-A-2410	北京英才房地产开发有限公司	二级
12	SY-A-2424	北京市宏城房地产开发有限公司	二级
13	SY-A-2453	北京顺鑫佳宇房地产开发有限公司	二级
14	SY-A-2454	北京新城房地产开发有限公司	二级
15	SY-A-2471	北京顺义新城建设开发有限公司	二级
16	SY-A-2481	北京空港天恒房地产开发有限公司	二级
17	SY-A-2483	北京龙湖置业有限公司	二级
18	SY-A-4685	北京首都机场房地产有限公司	二级

序号	证书编号	企业名称	资质证书情况
19	SY-A-6412	北京实力房地产开发有限公司	二级
20	SY-A-6420	首都机场地产集团有限公司	二级
21	SY-A-2418	北京碧水源房地产开发有限公司	三级
22	SY-A-2475	北京英诚房地产开发有限公司	三级
23	SY-A-2476	北京渔阳兴顺房地产开发公司	三级
24	SY-A-2478	北京都禾房地产开发有限公司	三级
25	SY-A-2490	北京大地林肯房地产开发有限公司	三级
26	SY-A-2498	中国航空集团建设开发有限公司	三级
27	SY-A-6496	北京恒实房地产开发有限公司	三级
28	SY-A-4615	北京金房房地产开发有限公司	三级
29	SY-A-4618	北京京泰鸿地产开发有限公司	三级
30	SY-B-4619	北京丽来房地产开发有限公司	三级
31	SY-A-4620	北京天竺空港工业开发公司	三级
32	SY-A-4622	北京空港天瑞置业投资有限公司	三级
33	SY-A-4678	北京新恒基创业房地产有限责任公司	三级
34	SY-A-4686	北京东君房地产开发有限公司	三级
35	SY-A-6426	北京龙湖庆华置业有限公司	三级
36	SY-A-2412	北京辰光家园房地产开发有限公司	三级
密云县			
1	MY-A-3130	凤凰城房地产开发集团有限公司	一级
2	MY-A-4386	北京方恒置业股份有限公司	一级
3	MY-A-3001	北京市密云县房地产开发总公司	一级
4	MY-A-3053	北京双全房地产开发有限公司	二级
5	MY-A-3119	北京昆泰嘉业房地产开发有限公司	二级
6	MY-A-3135	北京兴源房地产开发有限公司	二级
7	MY-A-3191	北京嘉恒基业房地产开发有限公司	二级
8	MY-A-4315	通用地产有限公司	二级
9	MY-A-4335	北京中海地产有限公司	二级
10	MY-A-4471	北京九洲房地产综合开发有限责任公司	二级
11	MY-A-4576	北京慧诚房地产开发有限公司	二级
12	MY-A-3007	北京海城房地产开发集团有限公司	三级
13	MY-A-3012	北京世豪房地产开发有限责任公司	三级
14	MY-A-3078	北京人济房地产开发集团有限公司	三级
15	MY-A-3079	北京鸿润房地产开发有限公司	三级
16	MY-A-3094	北京晨枫房地产开发有限公司	三级

序号	证书编号	企业名称	资质证书情况
17	MY-A-3124	北京名流未来置业有限公司	三级
18	MY-A-3136	北京亿城房地产开发有限公司	三级
19	MY-A-3169	北京中海宏洋地产有限公司	三级
20	MY-A-3177	北京中加伟业房地产开发有限公司	三级
21	MY-A-4355	北京顺兴广厦房地产开发有限公司	三级
22	MY-A-4366	北京飞勇恒基置业有限责任公司	三级
23	MY-A-4397	北京世博元房地产开发有限公司	三级
24	MY-A-4482	北京天泽锦程房地产开发有限公司	三级
25	MY-A-4517	北京市一正房地产开发有限公司	三级
26	MY-A-4522	德润房地产开发集团有限公司	二级
27	MY-A-6677	北京鸿坤基业房地产开发有限公司	三级
28	MY-A-4575	北京振兴华房地产开发有限公司	三级
29	MY-B-3120	北京美迪亚置业有限公司	三级
30	MY-A-3025	北京百世园房地产开发有限公司	三级
31	MY-A-3072	北京豪景苑房地产有限公司	三级
32	MY-A-3131	北京恒鑫房地产开发有限公司	三级
33	MY-A-6601	美林房地产开发集团有限公司	三级
34	MY-B-3109	北京新松家园房地产开发有限公司	三级
35	MY-B-3137	北京三九建业房地产开发有限公司	三级
房山区			
1	FS-A-1314	北京昊远隆基房地产开发总公司	一级
2	FS-A-1315	北京集达房地产开发公司	一级
3	FS-A-1341	北京市碧桂园房地产开发有限公司	一级
4	FS-B-1384	北京日兴房地产开发有限公司	一级
5	FS-A-1357	北京福洲房地产开发有限公司	一级
6	FS-A-1308	北京银信光华房地产开发有限公司	二级
7	FS-A-1309	北京盛荣房地产开发有限公司	二级
8	FS-A-1322	北京韩建房地产开发有限公司	二级
9	FS-A-1327	北京玺萌房地产开发有限公司	二级
10	FS-A-1329	北京金恒通房地产开发有限公司	二级
11	FS-A-1335	北京阳光绿城房地产开发有限公司	二级
12	FS-A-1343	北京华风腾龙房地产开发有限公司	二级
13	FS-A-1365	北京高盛房地产开发有限公司	二级
14	FS-A-1409	北京中铁华升房地产开发有限责任公司	二级
15	FS-A-1440	北京万达广场房地产开发有限公司	二级

序号	证书编号	企业名称	资质证书情况
16	FS-A-1508	北京玉亭房地产开发有限公司	二级
17	FS-A-6818	北京国锐房地产开发有限公司	二级
18	FS-A-1533	北京瑞雪春堂房地产有限公司	二级
19	FS-A-1324	北京市鸿翔房地产开发有限责任公司	三级
20	FS-A-1326	北京永兴达房地产开有限公司	三级
21	FS-A-1328	北京靠山居房地产开发有限公司	三级
22	FS-A-1332	北京祥龙房地产开发有限公司	三级
23	FS-A-1339	北京锦秋知春房地产开发有限公司	三级
24	FS-A-1351	北京汇豪房地产开发建设有限公司	三级
25	FS-A-1361	北京天景泰房地产开发有限公司	三级
26	FS-A-1363	北京森阳房地产开发有限责任公司	三级
27	FS-A-1364	北京田家园房地产开发有限公司	三级
28	FS-A-1385	北京汇金房地产开发有限公司	三级
29	FS-A-1388	北京紫都置业发展有限公司	三级
30	FS-B-1406	北京荣丰房地产开发有限公司	三级
31	FS-B-1450	北京锦绣花园投资发展有限公司	三级
32	FS-A-1468	北京中集宏达房地产开发有限公司	三级
33	FS-A-1495	北京地杰昌盛置业投资有限公司	三级
怀柔区			
1	HR-A-2902	北京星泰房地产开发有限公司	一级
2	HR-A-2802	北京宏怀房地产开发有限公司	二级
3	HR-A-2803	北京慧友房地产开发有限责任公司	二级
4	HR-A-2823	北京合成房地产开发有限责任公司	二级
5	HR-A-2907	北京新荣房地产开发有限公司	二级
6	HR-B-2966	北京万置房地产开发有限公司	二级
7	HR-B-4208	首创置业股份有限公司	二级
8	HR-A-4209	北京玉泉新城房地产开发有限公司	二级
9	HR-A-4256	北京中鑫源房地产开发集团有限公司	二级
10	HR-A-2804	北京大地房地产开发有限责任公司	三级
11	HR-A-2811	北京天民房地产开发有限公司	三级
12	HR-A-2818	北京京北鑫民房地产开发有限公司	三级
13	HR-A-2830	北京凤翔房地产开发有限公司	三级
14	HR-A-2850	北京山天置业有限公司	三级
15	HR-A-2868	北京同方星城置业有限公司	三级
16	HR-A-2876	北京银科房地产开发有限公司	三级

序号	证书编号	企业名称	资质证书情况
17	HR-A-2903	北京远坤房地产开发有限公司	三级
18	HR-A-2908	华睿房地产开发有限公司	三级
19	HR-B-2917	北京金马文华园房地产开发有限公司	三级
20	HR-A-2937	北京金地兴业房地产有限公司	三级
21	HR-A-2948	北京佳汇房地产开发有限公司	三级
22	HR-B-2970	北京建华时代房地产有限公司	三级
23	HR-B-2985	北京京伯房地产开发有限公司	三级
24	HR-B-2986	北京恒阳华隆房地产有限公司	三级
25	HR-A-4207	北京市凯龙房地产开发有限公司	三级
26	HR-A-4231	北京阳光金都置业有限公司	三级
27	HR-A-4247	北京华安泰房地产开发有限公司	三级
28	HR-A-4274	北京国融置业有限公司	三级
29	HR-A-2822	北京晨益房地产开发有限责任公司	三级
30	HR-A-4279	北京中鸿房地产开发有限公司	三级
昌平区			
1	CP-A-2017	北京新龙房地产开发有限公司	一级
2	CP-A-2097	北京百环房地产实业有限公司	一级
3	CP-A-2240	顺天通房地产开发集团有限公司	一级
4	CP-A-2063	北京中联亚房地产开发有限公司	一级
5	CP-A-2002	北京市昌平房地产开发总公司	二级
6	CP-A-2035	北京碧水庄园房地产开发有限公司	二级
7	CP-A-2041	北京天运通房地产开发有限责任公司	二级
8	CP-A-2057	北京翰宏基业房地产开发有限公司	二级
9	CP-A-2074	顺驰置地(北京)房地产开发有限公司	二级
10	CP-A-2076	北京昌信回龙园别墅有限公司	二级
11	CP-A-2107	北京新领域房地产开发有限公司	二级
12	CP-A-2132	北京铭嘉房地产开发有限公司	二级
13	CP-A-2134	北京罗顿沙河建设发展有限公司	二级
14	CP-A-2144	北京天鸿嘉诚房地产开发有限公司	二级
15	CP-A-2149	北京时光房地产开发有限公司	二级
16	CP-A-2171	北京佰嘉置业有限公司	二级
17	CP-A-2005	北京法政实业有限公司	三级
18	CP-A-2008	北京市八仙房地产开发有限责任公司	三级
19	CP-A-2022	北京兆恒房地产开发有限公司	三级
20	CP-A-2025	北京中关村国际商城发展有限公司	三级

序号	证书编号	企业名称	资质证书情况
21	CP-A-2039	北京世涛基业房地产开发有限公司	三级
22	CP-A-2040	北京肆维基业房地产开发有限责任公司	三级
23	CP-A-2047	北京市玉龙吉胜房地产开发有限公司	三级
24	CP-A-2063	北京中联亚房地产开发有限公司	三级
25	CP-A-2068	北京天元广建房地产开发有限公司	三级
26	CP-A-2101	北京鸿安兴业房地产开发有限公司	三级
27	CP-A-2160	北京中关村生命科学园发展有限责任公司	三级
28	CP-A-2165	北京金成华房地产开发有限公司	三级
29	CP-A-2204	北京兴昌高科技发展总公司	三级
30	CP-A-2031	北京天龙苑房地产开发有限公司	三级
31	CP-A-2136	龙德置地有限公司	三级
32	CP-A-2194	北京金环房地产开发有限公司	三级
33	CP-A-6719	北京未来科技城开发建设有限公司	三级
34	YQ-A-3236	北京翔峰房地产开发有限公司	一级
35	YQ-A-3204	北京市广厦房地产开发公司	二级
36	YQ-A-3208	北京京西北房地产开发集团有限公司	二级
37	YQ-A-3209	北京夏都房地产开发有限公司	二级
38	YQ-A-3280	北京宏济创业房地产开发有限公司	二级
39	YQ-A-3252	北京龙庆房地产开发有限公司	二级
40	YQ-A-3296	北京光辉伟业房地产开发有限公司	二级
41	YQ-A-3222	北京光华建业房地产开发有限公司	三级
42	YQ-A-3255	北京正鹏房地产开发有限公司	三级
43	YQ-A-3285	北京正华致远房地产投资有限公司	三级
44	YQ-A-3293	北京蓝德汇丰房地产开发有限公司	三级
45	YQ-A-5608	北京正江房地产开发有限公司	三级
46	TZ-A-2251	北京通州房地产开发有限责任公司	一级
47	TZ-A-2351	北京瑞景房地产开发有限公司	二级
48	TZ-A-2280	北京嘉利恒德房地产开发有限公司	二级
49	TZ-A-2287	北京金致达房地产开发有限公司	二级
50	TZ-A-2316	北京百年房地产开发有限公司	二级
51	TZ-A-2353	北京东杰房地产开发有限公司	二级
52	TZ-A-5718	北京鹏润房地产开发有限责任公司	二级
53	TZ-A-5730	北京珠江房地产开发有限公司	二级
54	TZ-B-2266	北京新华联伟业房地产有限公司	二级
55	TZ-B-2296	北京新华联房地产开发有限公司	二级

序号	证书编号	企业名称	资质证书情况
56	TZ-B-2298	北京武夷房地产开发有限公司	二级
57	TZ-B-2347	北京津华通达房地产开发有限公司	二级
58	TZ-A-2263	北京市欣达园房地产开发有限公司	二级
59	TZ-A-2286	北京天行雅坤房地产开发有限公司	二级
60	TZ-A-2350	北京顺华房地产开发有限公司	二级
61	TZ-A-4110	北京华成通房地产有限公司	二级
62	TZ-A-6904	北京京投置地房地产有限公司	二级
63	TZ-A-5715	北京新华联置业有限公司	二级
64	TZ-A-5719	北京五河房地产开发有限公司	二级
65	TZ-A-5727	北京联东金桥置业有限责任公司	二级
66	TZ—A-5785	北京东亚新华投资有限公司	二级
67	TZ-A-2252	北京市民望房地产开发有限责任公司	三级
68	TZ-A-2253	北京顺开房地产开发有限公司	三级
69	TZ-A-6960	北京金时代置业有限公司	三级
70	TZ-A-2356	昊宇房地产开发有限公司	三级
71	TZ-A-2359	北京富利华房地产开发有限公司	三级
72	TZ-A-2369	北京市京工房地产开发有限公司	三级
73	TZ-A-2254	北京市开原房地产开发有限责任公司	三级
74	TZ-A-2255	北京潞隆房地产开发有限责任公司	三级
75	TZ-A-2256	北京永泰宏基房地产开发有限公司	三级
76	TZ-A-2260	北京怡园伟业房地产开发有限公司	三级
77	TZ-A-2261	北京中博房地产开发有限公司	三级
78	TZ-A-2291	北京筑高房地产开发有限公司	三级
79	TZ-A-2297	北京隆鹤房地产开发有限公司	三级
80	TZ-A-2301	北京富新房地产开发有限责任公司	三级
81	TZ-A-2314	北京东安恒新房地产开发有限公司	三级
82	TZ-A-2329	北京中泽房地产开发有限公司	三级
83	TZ-A-2334	北京市紫金恒房地产开发有限责任公司	三级
84	TZ-A-2348	北京万佳房地产开发有限公司	三级
85	TZ-A-2355	北京福润达房地产开发有限公司	三级
86	TZ-A-2358	北京东润投资集团有限公司	三级
87	TZ-A-2361	北京颐西房地产开发有限公司	三级
88	TZ-A-2363	北京天旭运河房地产开发有限责任公司	三级
89	TZ-A-2372	北京金五环房地产开发有限公司	三级
90	TZ-A-4104	北京源泉房地产开发有限公司	三级

序号	证书编号	企业名称	资质证书情况
91	TZ-B-5776	北京恒帝隆房地产开发有限公司	三级
92	TZ-A-2325	北京北亚华欣置业有限公司	三级
93	TZ-A-2399	北京静水园房地产开发有限公司	三级
94	TZ-A-5726	北京恒盛阳光房地产开发有限公司	三级
95	TZ-B-4142	北京卓越房地产开发有限公司	三级
96	TZ-A-2275	北京运河新城房地产开发有限公司	三级
97	TZ-A-2290	北京豪光房地产开发有限公司	三级
98	TZ-A-2328	北京亚通房地产开发有限责任公司	三级
99	TZ-A-5796	北京龙湖中佰置业有限公司	三级
100	TZ-A-6907	北京融科卓越房地产开发有限公司	三级
101	TZ-A-6939	北京紫峰房地产开发有限公司	三级
开发区			
1	JK-A-3359	北京国锐房地产开发有限公司	一级
2	JK-A-3324	北京经济技术投资开发总公司	一级
3	JK-A-3323	北京汇德甫房地产开发有限公司	二级
4	JK-A-3319	北京经开投资开发股份有限公司	二级
5	JK-A-3334	北京和裕房地产开发有限公司	三级
6	JK-A-3341	北京丰裕房地产开发有限公司	三级
7	JK-A-3333	北京博大坤元房地产开发有限公司	三级
8	JK-A-3302	北京朝林置业有限公司	三级
9	JK-A-3343	中冀乐业（北京）房地产开发有限公司	三级